Gestão do Conhecimento e Inovação nas Empresas

Gestão do Conhecimento e Inovação nas Empresas

Organização

Martius Vicente Rodriguez y Rodriguez, pDSc.

Coordenação de Projetos de Organização desta Obra

Darwin Magnus Leite, PMP, MSc.

**Colaboradores na Organização desta Obra
(por ordem alfabética)**

Alexandre Korowajczuk, BSc.

Ana Cláudia Freire, MSc.

Ariane Ramos Gonçalves, MSc.

Heitor Pereira, DSc.

José Augusto Carrinho Antonio, MSc.

Vanessa Mendes de Almeida, BSc.

Organizador
Martius Vicente Rodriguez y Rodriguez

Gestão do Conhecimento e Inovação nas Empresas

QUALITYMARK

Copyright© 2013 by Martius Vicente Rodriguez y Rodriguez

Todos os direitos desta edição reservados à Qualitymark Editora Ltda.
É proibida a duplicação ou reprodução deste volume, ou parte do mesmo,
sob qualquer meio, sem autorização expressa da Editora.

Direção Editorial SAIDUL RAHMAN MAHOMED editor@qualitymark.com.br	Produção Editorial EQUIPE QUALITYMARK
Capa RENATO MARTINS Artes & Artistas	Editoração Eletrônica ARAUJO EDITORAÇÃO

1ª Edição: 2011
1ª Reimpressão: 2013

CIP-Brasil. Catalogação-na-fonte
Sindicato Nacional dos Editores de Livros, RJ

G333
    Gestão do conhecimento e inovação nas empresas / (organização) Martius Vicente Rodriguez y Rodriguez – Rio de Janeiro : Qualitymark Editora, 2013.
    432p.

    Anexos
    Inclui bibliografia
    ISBN 978-85-7303-971-9

    1. Gestão do conhecimento. 2. Aprendizagem organizacional. 3. Desenvolvimento organizacional. I. Rodriguez, M. V. R. (Martius Vicente Rodriguez y).

10-5134   CDU: 658.4038
                                                                                                                                                    CDD: 005.94

2013
IMPRESSO NO BRASIL

Qualitymark Editora Ltda.
Rua Teixeira Júnior, 441
São Cristóvão
20921-405 – Rio de Janeiro – RJ
Tels.: (21) 3094-8400/3295-9800

Fax: (21) 3295-9824
www.qualitymark.com.br
E-mail: quality@qualitymark.com.br
QualityPhone: 0800-0263311

Apresentação

O lançamento desta obra intitulada *Gestão do Conhecimento e Inovação nas Empresas* não poderia ter sido feito em um momento mais oportuno. As estratégias para gerir o conhecimento e a inovação se transformaram em fatores críticos para o sucesso de longo prazo, dada a atual volatilidade que afeta todas as atividades ligadas aos negócios das empresas. Os casos práticos e as informações conceituais contidos aqui configuram um caminho consistente para desenvolver e proteger o conhecimento nas organizações.

A gestão do aprendizado organizacional e a habilidade em se estimular nas pessoas o alinhamento de valores pessoais e organizacionais são dois ingredientes importantes para um negócio bem-sucedido no ambiente altamente mutável em que hoje se desenvolvem os negócios, como o da tecnologia e da Internet. A habilidade de se concentrar nos negócios e ao mesmo tempo promover a manutenção do conhecimento, a inovação e o desenvolvimento das redes colaborativas em torno dos negócios nunca foi tão importante.

Tais condições ensejaram este amplo debate promovido pelo Grupo Interativo de Gestão do Conhecimento e Inovação. Embora o poderio econômico-financeiro de determinadas organizações possa lhes conferir um papel de preponderância de curto prazo, com a reconfiguração da ordem econômica mundial e conforme avançamos para outro patamar de normalidade, somente as ideias duradouras e a exitosa gestão da inovação fundamentarão as estratégias de crescimento de longo prazo.

Em meio a esse contexto de desafios e oportunidades que alguns consideram únicos nesta geração, o lançamento deste livro adquire uma relevância maior levando-se em conta a turbulência estrutural nos negócios enfrentada pelas empresas atualmente:

- A maioria das empresas bem-sucedidas, tanto em relação ao seu crescimento sustentável quanto em relação à lucratividade de seus negócios, possuem estratégias vencedoras para a Gestão da Inovação e do Conhecimento.
- As exigências da boa governança e o atendimento de um conjunto de partes relacionadas cada vez mais regulamentado levam à necessidade de se estabelecer práticas eficazes de Gestão da Inovação e do Conhecimento administrativos.

- As fontes de novas ondas de crescimento estarão fortemente influenciadas pela gestão de ativos intangíveis ou ocultos. Portanto, pelo conhecimento e pela inovação encontraremos oportunidades únicas para fortalecer e expandir os negócios sustentáveis das empresas.

Com o objetivo de tornar este livro um guia útil para a busca da sustentabilidade na Gestão da Inovação e do Conhecimento, os autores e organizadores incluíram casos, guias práticos e definições, como a de lições aprendidas, por exemplo, de uma maneira que os leitores poderão utilizá-lo como ferramenta para refletir sobre o futuro da economia atual. Pela sua leitura, parece que estamos permanentemente sendo lembrados de que condições turbulentas criam fronteiras difusas e menos tempo para reagir, mas também criam oportunidades únicas para se estabelecer estratégias vencedoras e para reinvestir na remodelagem das nossas práticas de Gestão da Inovação e do Conhecimento.

Certamente vocês gostarão do livro e terão sucesso com as ideias aqui apresentadas.

Washington Luiz Faria Salles
Gerente Executivo da PETROBRAS
Desenvolvimento de Sistemas de Gestão

Prefácio

3M do Brasil

O sucesso de uma empresa no mundo globalizado está na sua capacidade de surpreender seus clientes com soluções diferenciadas. O pensamento estratégico baseado apenas no *Core* não nos levaria a resultados relevantes na esfera da Inovação.

A busca pela competitividade, eficiência e práticas sustentáveis nos faz pensar de forma diferente de modo a atingir nossos objetivos, respeitando as futuras gerações. O desafio da liderança é capacitar, dar liberdade para a criação, incentivando a inovação nas atividades do dia a dia.

Liderar com inovação é fazer com que cada colaborador se sinta capaz de ir além. É criar um ambiente favorável para que possa expressar e materializar suas ideias. A inovação, na maioria das vezes, só é reconhecida quando resulta em um sucesso comercial, e isso pode ter como origem ideias simples e não necessariamente de complexos *insights* envolvendo avançadas tecnologias.

Ideias simples podem gerar grandes soluções e novas oportunidades. Pensar o "simples" não quer dizer que o caminho trilhado foi fácil ou que houve falta de disciplina na busca e obtenção de uma solução. Mesmo o "simples" requer conhecimento, foco e objetivos desafiadores para conquistar resultados significantes.

Viver em um clima onde a inovação é parte do DNA de uma empresa faz com que as nossas ações sejam, incessantemente, procurar por novas e práticas soluções.

Os capítulos deste livro revelam a importância de tratarmos assuntos como Inovação e Gestão do Conhecimento, pois não basta evoluir em tecnologia se não compartilharmos as boas práticas e experiências como as aqui apresentadas.

Encontraremos bons exemplos, nesta seleção de *cases*, que demonstram a efetividade de trabalho em equipe, aproveitamento do conhecimento e experiências em grandes empresas.

Estamos diante de contribuições muito significativas que provam a evolução e a determinação de empresas e seus colaboradores na busca por melhorias contínuas.

Michael Vale
Diretor-Presidente – 3M do Brasil Ltda.

Serviço Federal de Processamento de Dados – SERPRO

Cada vez mais, a temática da inovação faz parte da agenda de desenvolvimento do país. É reconhecido que a produtividade de nossa economia, fundamentalmente das empresas brasileiras, possui um papel decisivo na retomada do desenvolvimento.

As empresas brasileiras que buscam investir em pesquisa e no desenvolvimento tecnológico são as que reconhecidamente aumentam sua competitividade nos mercados interno e externo. A capacidade de competir, mais do que nunca, depende da capacidade de inovação das empresas, o que, no contexto do governo, se traduz na ampliação da capacidade das suas instituições em gerar novos conhecimentos em resposta às demandas da sociedade.

Se há hoje o reconhecimento da importância da inovação na produtividade e na competitividade das empresas brasileiras, há também que se destacar que os resultados e o desempenho dessas empresas podem aumentar significativamente com o compartilhamento do conhecimento promovendo uma relação de parceria e colaboração nos mais diversos setores da economia.

Para isso, é fundamental tornar mais equânime o acesso ao conhecimento centrado nas organizações com alto nível de excelência para que se possa fortalecer e possibilitar melhores resultados para o conjunto das instituições brasileiras.

Este livro permite que as trajetórias de sucesso de parte representativa de empresas inovadoras que têm como base a Gestão do Conhecimento para a promoção da cooperação, internalização e disseminação do conhecimento acumulado possam ser compartilhadas com um público maior.

Marcos Vinicius Ferreira Mazoni
Diretor-Presidente – SERPRO

Pensata

Vivemos em um mundo em constante mudança e com grandes transformações. Nesse contexto, na tentativa de se agregar tantas inovações e descobertas nos mais diversos campos, conceitos relativamente recentes passaram a ser de grande valia como, por exemplo, Gestão do Conhecimento, empreendedorismo, redes sociais e organizacionais, fusões, aquisições e, em um âmbito de nível mais técnico, a análise da cadeia de valor e a cogeração do conhecimento a partir dos clientes.

A raiz destes novos conceitos, portanto, se pauta em um mundo em acelerada mudança com o uso de tecnologias e de um intenso fluxo de informações, que tem promovido uma transformação nas organizações da mesma forma com que o universo se formou e continua em evolução: por vezes centralizando e em outros momentos descentralizando.

Todavia, muito embora seja patente a importância dessa inovação conceitual, poucas pessoas dominam tais aspectos críticos com visão sistêmica e bem fundamentada. O número de raros profissionais, que se esforçam para ampliar e pulverizar as informações importantes sobre o que fazer e como fazer, tem tido dificuldades em se multiplicar, haja vista a falta de incentivo governamental e o conhecimento escasso da iniciativa privada sobre a relevância do tema.

Dentro desse seleto grupo de pessoas que se dedicam ao aprofundamento de tão importante matéria destaca-se o prof. Dr. Martius Vicente Rodriguez y Rodriguez, que lança este excelente livro, com conteúdo atual e abrangente, criando e disseminando o conhecimento nas organizações.

É importante ressaltar que diante de tantos fatos cíclicos, de mudanças rápidas em virtude de tecnologias cada vez mais integradas em uma conectividade mais e mais evidente entre tudo o que está no planeta e no restante do universo, resta algo que está sempre presente em tudo isso o tempo todo: as pessoas e a sua forma de agir.

Assim, buscando fundir os conhecimentos técnicos sobre o tema com a atuação dos indivíduos, esta obra traz ao leitor conceitos de gestão, fazendo uma ponte destes elementos com o mundo contemporâneo no qual vivemos.

Trata-se de uma obra que deve ser merecedora da atenção de todas as empresas que acreditam na criação de modelos de novos conhecimentos.

Este livro deve servir como um exemplo para a construção e o fortalecimento de um conhecimento diferenciado na formação de profissionais inseridos em uma Sociedade do Conhecimento e Inovação que tem hoje nos desafiado.

Martius Vicente Rodriguez y Rodriguez (Org.)

Sinto-me honrada em escrever estas breves linhas que resumem o olhar da entidade e instigam o leitor para os desafios que o mundo atual nos oferece.

Sonia Wada Tomimori
Diretora-Presidente
SBGC – Sociedade Brasileira de Gestão do Conhecimento

Sumário

Parte I – Gestão do Conhecimento

Capítulo 1

INTRODUÇÃO: COGERAÇÃO DO CONHECIMENTO 3
   1. Introdução 4
   2. Histórico 5
   3. Modelo de Gestão 11
   4. Resumo Executivo 20
      Questões para Reflexão 21
      Referência Bibliográfica 22

Capítulo 2

CRIANDO CONHECIMENTO NAS ORGANIZAÇÕES 23
   1. Introdução ao Conhecimento na Empresa 24
   2. Conhecimento – Diferentes Abordagens 24
   3. Conceito de Dados, Informação e Conhecimento 25
   4. Classificando o Conhecimento 26
   5. O Conhecimento como Processo 27
   6. Criação do Conhecimento Organizacional 29
   7. O Modelo de Transferência do Conhecimento 31
   8. Ambientes para a Criação do Conhecimento Organizacional 36
   9. Implantando a Gestão do Conhecimento nas Empresas 41
   10. Resumo Executivo 44
      Questões para Reflexão 45
      Referências Bibliográficas 46

Capítulo 3

ANÁLISE DE VALORES PESSOAIS E ORGANIZACIONAIS:
UM ESTUDO DE CASO 47
   1. Introdução 48
   2. Situação Inicial e os Desafios a Serem Alcançados 49
   3. O Projeto Proposto – Estruturação e Etapas 49
   4. Estudo de Caso 54
   5. Os Resultados Obtidos – Benefícios 55
   6. Conclusões 63

7. Resumo Executivo 65
    Questões para Reflexão 66
    Referências Bibliográficas 67

Capítulo 4
IMPLANTAÇÃO DA GESTÃO DO CONHECIMENTO:
UM ESTUDO DE CASO EM UMA EMPRESA DE ENERGIA 69
    1. Introdução 70
    2. A Situação Inicial e os Desafios a Serem Atingidos 72
    3. Desenvolvimento do Projeto e suas Etapas 74
    4. A Implantação do Programa 83
    5. Resultados Obtidos e Benefícios 88
    6. Conclusões e Recomendações 89
    7. Resumo Executivo 90
        Questões para Reflexão 91
        Referências Bibliográficas 92

Capítulo 5
IMPLANTAÇÃO DA GESTÃO DO CONHECIMENTO COM O USO DE GED:
UM ESTUDO DE CASO ANP 95
    1. Introdução 96
    2. A Origem do Projeto 97
    3. O Projeto Proposto – Estruturação e Etapas 101
    4. O Projeto Implantado – Etapas Cumpridas e como Foi Feito 104
    5. Os Resultados Obtidos – Benefícios/Desafios a Serem Enfrentados 109
    6. Conclusões 111
    7. Resumo Executivo 112
        Questões para Reflexão 113
        Referências Bibliográficas 114
        Glossário – Definição de Conceitos Essenciais 115

Capítulo 6
EQUIPES COLABORATIVAS EM UMA UNIDADE DE PRODUÇÃO DE PETRÓLEO:
UM ESTUDO DE CASO 117
    1. Introdução 118
    2. Situação Inicial e os Desafios a Serem Alcançados 119
    3. O Projeto Proposto – Estruturação e Etapas 121
    4. O Projeto Implantado – Etapas Cumpridas e como Foi Feito 123
    5. Os Resultados Obtidos – Benefícios 125
    6. Conclusões 126

7. Resumo Executivo 126
    Questões para Reflexão 128
    Referências Bibliográficas 129
    Glossário 130

Capítulo 7
O PAPEL DA GESTÃO DO CONHECIMENTO EM UM PROCESSO DE MUDANÇA: ESTUDO DE CASO ELETROBRAS 131
1. Introdução 132
2. Contextualização da Empresa e do Problema a Ser Resolvido 133
3. Algumas Definições 134
4. Aprendizado Organizacional 137
5. Breve Histórico da Gestão do Conhecimento e Alguns Modelos Aplicáveis 139
6. Análise de um Modelo da Dinâmica do Conhecimento Organizacional 141
7. Modelo de Três Níveis de Firestone e McElroy 143
8. Conclusões 145
9. Resumo Executivo 146
    Questões para Reflexão 148
    Referências Bibliográficas 149

Capítulo 8
A IMPLANTAÇÃO DO PROCESSO DA GESTÃO DO CONHECIMENTO EM UMA ORGANIZAÇÃO: UM ESTUDO DE CASO PETROBRAS – ABASTECIMENTO 151
1. Introdução: Contextualização da Empresa e do Problema a Ser Resolvido 152
2. Situação Inicial e os Desafios a Serem Alcançados 155
3. O Projeto Proposto – Estruturação e Etapas 157
4. O Projeto Implantado – Etapas Cumpridas e como Foi Feito 158
5. Os Resultados Obtidos – Benefícios 173
6. Conclusões 173
7. Resumo Executivo 174
    Questões para Reflexão 175
    Referências Bibliográficas 176
    Glossário 177

Capítulo 9
LIÇÕES APRENDIDAS COMO ALAVANCADOR DO CONHECIMENTO ORGANIZACIONAL: UM ESTUDO DE CASO COM AQUISIÇÕES INTERNACIONAIS 179
1. Introdução 180
2. Bases Conceituais 181
3. Estudo de Caso sobre Lições Aprendidas 186
4. Considerações Finais 194

5. Resumo Executivo 195
    Questões para Reflexão 197
    Referências Bibliográficas. 198

Capítulo 10
O Uso de Trilhas Técnicas de Desenvolvimento e a Criação de Redes de Compartilhamento do Conhecimento: Estudo de Caso Vale 201
1. Competências Profissionais na Sociedade do Conhecimento 202
2. A Educação Corporativa 202
3. Comunidades de Prática: Referencial Teórico 203
4. Trilhas Técnicas de Desenvolvimento Técnico-Operacional 205
5. O Projeto de Construção de Trilhas 205
6. Considerações Finais 207
7. Resumo Executivo 208
    Questões para Reflexão 210
    Referências Bibliográficas 211

Capítulo 11
Gestão do Conhecimento: Um Modelo Corporativo Integrado com Foco na Competitividade e Sustentabilidade Organizacional 213
1. Introdução 214
2. Modelos Identificados na Literatura 214
3. Modelo de Gestão do Conhecimento Proposto 220
4. Aplicação do Modelo de Gestão do Conhecimento Proposto 227
5. Conclusões 229
6. Resumo Executivo 229
    Questões para Reflexão 231
    Referências Bibliográficas 232

Parte II – Inovação

Capítulo 12
Modelos e Estratégias de Gestão de Inovação e o Mercado Brasileiro 237
1. A Evolução dos Modelos e Estratégias de Gestão de Inovação 238
2. O Papel da Gestão do Conhecimento nos Processos de Gestão da Inovação 240
3. Os Princípios de uma Estratégia Organizacional com Foco na Inovação 241
4. Estratégias de Inovação com Base na Criação de Valor Junto ao Cliente 244
5. O Modelo de Inovação Aberta – Inovando nos Modelos e Estratégias de Inovação 247

6. Estratégias de Inovação Aplicadas ao Mercado Brasileiro 251
7. Conclusão 252
8. Resumo Executivo 253

   Questões para Reflexão 255

   Referências Bibliográficas 256

Capítulo 13
INOVAÇÃO EM SERVIÇOS AO CLIENTE – LOGÍSTICA REVERSA:
UM ESTUDO DE CASO DOS CORREIOS 257
1. Introdução 258
2. Metodologia de Pesquisa 260
3. Situação Inicial 260
4. Aplicação do Estudo de Caso 261
5. Resultados Obtidos 263
6. Conclusões e Sugestões para Trabalhos Futuros 267
7. Resumo Executivo 269

   Questões para Reflexão 270

   Referências Bibliográficas 271

Capítulo 14
REDES COLABORATIVAS NO DESENVOLVIMENTO DO AGRONEGÓCIO 273
1. Introdução 274
2. Redes Colaborativas 275
3. Estratégia Tecnológica e Construção Colaborativa 280
4. Metodologia Utilizada na RIPA para a Estruturação de Portfólio de Projetos ... 283
5. Portfólio de Projetos em Aquicultura 287
6. Conclusão 292
7. Resumo Executivo 292

   Questões para Reflexão 293

   Referências Bibliográficas 294

Capítulo 15
SABEDORIA DAS MULTIDÕES: ESTUDO DE CASO EM UMA
EMPRESA DE ENERGIA 295
1. Introdução 296
2. A Importância da Diversidade 297
3. A Sabedoria das Multidões 298
4. Espécies de Sabedoria das Multidões 298
5. Falhas na Sabedoria das Multidões 299
6. Visão de um Ambiente para a Tomada de Decisão com Base na Sabedoria
   das Multidões 299

7. O Poder das Conexões 301
8. Estudo de Caso – Ambiente de Previsão do Preço de Energia no
   Mercado Brasileiro da Petrobras (PLD Mensal) 303
9. Resumo Executivo 305
   Questões para Reflexão 306
   Referências Bibliográficas 307

Capítulo 16
OS PRINCÍPIOS E REQUISITOS DA INOVAÇÃO: ESTUDO DE CASO 3M 309
1. Introdução 310
2. Gestão do Conhecimento 311
3. Geração de Ideias 312
4. Investimento em Pesquisa 313
5. Métricas para a Inovação 314
6. Caso de Sucesso – Líquido Supressor de Poeira – LSP 1000 317
7. Conclusão 321
8. Resumo Executivo 321
   Questões para Reflexão 324
   Referência Bibliográfica 325

Capítulo 17
CRISES E INOVAÇÃO: DINÂMICAS MODERNA E CONTEMPORÂNEA DO
CAPITALISMO E DO ESTADO 327
1. Introdução 328
2. O Quarto Fator 329
3. Objetivos Permanentes: Produtividade e Cooperação 332
4. Crises e Inovação 334
5. Conclusão 340
6. Resumo Executivo 342
   Questões para Reflexão 343
   Referências Bibliográficas 344

Capítulo 18
O PAPEL DOS ÓRGÃOS DE FOMENTO AO DESENVOLVIMENTO DA
GESTÃO DO CONHECIMENTO NO BRASIL: ESTUDO DE CASO FINEP 345
1. Introdução 346
2. O Brasil na Era do Conhecimento 347
3. O Modelo da Hélice Tripla 348
4. A Hélice Tripla na Prática 351
5. Considerações Finais 356
6. Resumo Executivo 357

Questões para Reflexão 358
Referências Bibliográficas 359

Anexos

Anexo I
CUSTOS INVISÍVEIS: CONHECENDO O INVISÍVEL PODE-SE FAZER MELHOR!
UMA HISTÓRIA NO CAMBOJA 361

Anexo II
A PROTEÇÃO DO CONHECIMENTO 381

Anexo III
AUTORES E REVISORES 391

PARTE I

Gestão do Conhecimento

Capítulo 1

Introdução: Cogeração do Conhecimento

Autor:
Martius Vicente Rodriguez y Rodriguez, pDSc.

Revisores:
Darwin Magnus Leite, MSc.
Renilda Ouro, BSc.

1. INTRODUÇÃO

Esta obra é fruto de um processo de colaboração formado a partir da iniciativa de um grupo de empresas que, vivenciando os mesmos desafios de implantar a gestão do conhecimento e inovação, buscaram ideias e formas de colaboração que pudessem acelerar o desenvolvimento dessa gestão de forma compartilhada.

Este grupo surgiu em 7 de maio de 2008 após o entendimento de três grandes instituições que perceberam a necessidade comum de aperfeiçoar seus processos de gestão do conhecimento e inovação. As empresas envolvidas foram: Petrobras, Vale do Rio Doce e a Agência Nacional do Petróleo (ANP). Os trabalhos começaram com uma primeira reunião formal ocorrida nas instalações da Petrobras.

Atualmente o grupo, denominado Grupo Interativo de Gestão do Conhecimento e Inovação – GIGCI, é composto por 26 empresas, conforme apresentado na Figura 1. Seus representantes reúnem-se mensalmente para discutir práticas e formas de implantar a gestão do conhecimento e a inovação nas suas organizações.

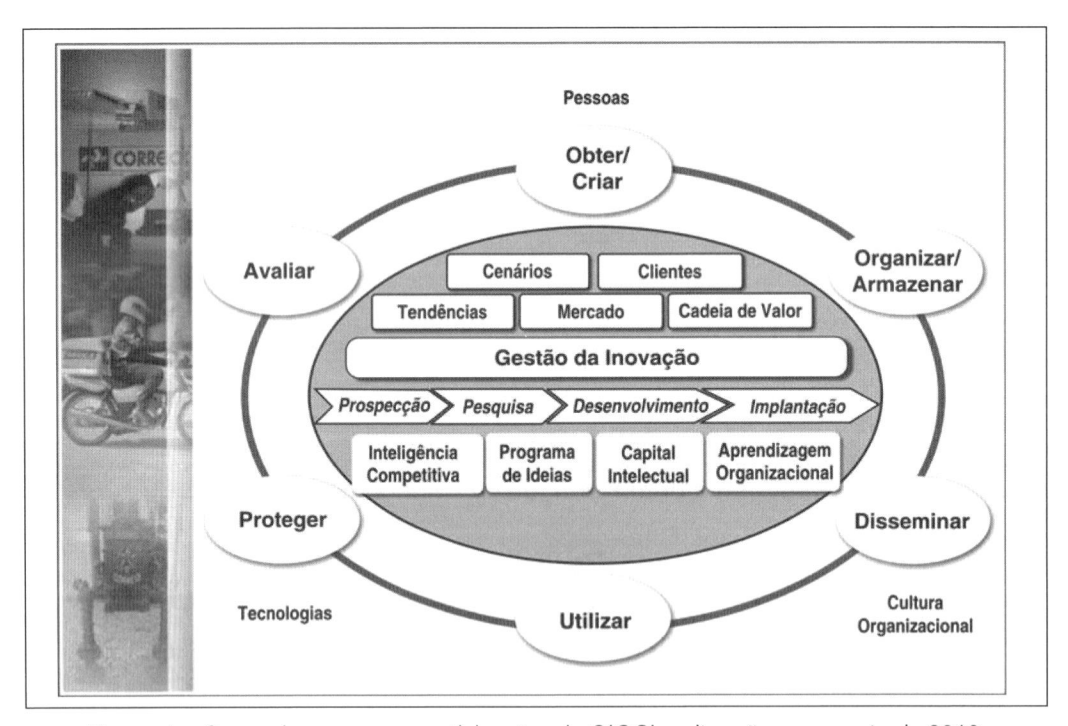

Figura 1 – Grupo de empresas participantes do GIGCI – situação em agosto de 2010.

Assim, este trabalho é fruto do esforço compartilhado daqueles que chamamos de "Bandeirantes do Conhecimento e da Inovação", representados pelo grupo formado por gestores e pesquisadores atuantes em suas empresas na área de gestão do conhecimento e inovação.

2. Histórico

Em 2000 a Petrobras, assim como outras empresas, concentrou esforços para estruturar a área de gestão do conhecimento. Com esse propósito, muitas empresas nacionais e estrangeiras foram ouvidas em diversas sessões de *workshops*.

A partir de um grupo formal constituído por representantes das diversas áreas da Petrobras, foi concebido no ano de 2000 o primeiro modelo de gestão do conhecimento para a empresa.

Essa iniciativa permitiu que fosse constituída formalmente na Petrobras uma Gerência Corporativa de Gestão do Conhecimento, e logo a seguir outras empresas, que ainda não haviam se estruturado, passaram a buscar soluções semelhantes. No período de 2000 a 2007 algumas dessas empresas criaram gerências relacionadas ao tema conhecimento e inovação, e dentre estas estavam a Vale do Rio Doce, o BNDES, o Tribunal de Justiça, o Operador Nacional do Sistema Elétrico (ONS), a Gerdau, os Correios, entre outras.

No Brasil, surgiu a Sociedade Brasileira de Gestão do Conhecimento (SBGC) como uma forma de integrar os esforços na área de Gestão do Conhecimento a partir de grupos de debate, palestras e seminários.

A SBGC obteve sucesso na forma de divulgação dos esforços das empresas e dos pesquisadores com a realização de diversos encontros e de grandes Congressos Anuais, como o ocorrido em 2009 em Salvador, na Bahia, com a participação de mais de 500 pessoas, confirmando o seu êxito.

Essas ações tornaram-se tão importantes que na área acadêmica, por meio da Universidade Federal de Santa Catarina – UFSC, foi decidida a criação de uma área de pesquisa multidisciplinar em Gestão do Conhecimento, com a estruturação de um Departamento Acadêmico exclusivamente para este fim.

A necessidade de estruturar, cada vez mais, as organizações nas áreas de gestão do conhecimento e inovação fez surgir em 2008 mais uma importante iniciativa impulsionada por uma demanda interna da Petrobras, que terminou por envolver diversas outras empresas nacionais.

Em fevereiro de 2008, o resultado de um diagnóstico em gestão do conhecimento, na Petrobras, evidenciou a necessidade de ouvir as propostas para implantar a gestão do conhecimento na área de Gás e Energia, envolvendo diversas consultorias do mercado, conforme histórico apresentado na Figura 2.

A partir do relatório das empresas consultadas foi evidenciada a falta de consenso sobre o tema gestão do conhecimento e inovação. E, em maio de 2008, foi organizado um encontro com várias empresas que estavam enfrentando os mesmos problemas relativos a gestão do conhecimento e inovação.

Histórico

GIGCI

2008

Fevereiro: Relatório conclusivo sobre as empresas que poderiam implantar GC – Terra, PWC, IBM, SISGEN, NORWAY, entre outras.

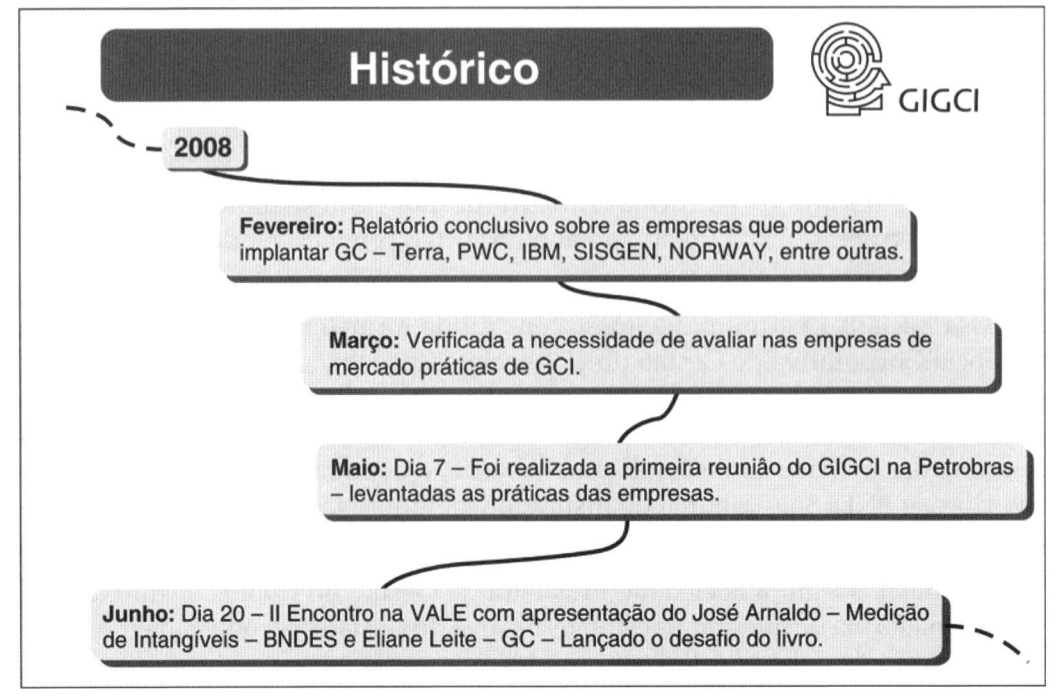

Março: Verificada a necessidade de avaliar nas empresas de mercado práticas de GCI.

Maio: Dia 7 – Foi realizada a primeira reunião do GIGCI na Petrobras – levantadas as práticas das empresas.

Junho: Dia 20 – II Encontro na VALE com apresentação do José Arnaldo – Medição de Intangíveis – BNDES e Eliane Leite – GC – Lançado o desafio do livro.

Figura 2 – Histórico dos encontros de gestão do conhecimento com empresas até junho de 2008.

Após os primeiros encontros do GIGCI – Grupo Interativo de Gestão do Conhecimento e Inovação, quando mais de 20 empresas participaram, foi ratificado que não havia no mercado um consenso sobre qual o real entendimento relacionado à implantação da gestão do conhecimento nas empresas.

Cada empresa que apresentava uma proposta relacionada ao tema introduzia uma definição diferente da outra.

Para algumas, a gestão do conhecimento estava relacionada à implantação da gestão por competências; para outras, ao conhecimento requerido pelos processos de negócio, enquanto para outras estava relacionada diretamente ao treinamento ou à capacitação na organização.

Ficou evidente que para nivelar os entendimentos seria necessário explorar mais o tema, com a inclusão nos debates daqueles que o estavam vivenciando no seu dia a dia. Assim, surgiu a necessidade de ampliar o grupo de empresas que vivenciavam problemas semelhantes.

Iniciado pela Petrobras e seguido pela ANP – Agência Nacional do Petróleo, e pela VALE Mineradora, foi feito um grande esforço para agrupar outras grandes empresas que pudessem vir a somar esforços no sentido de cogerar conhecimento e suprimir etapas deste processo de evolução na gestão.

Desta forma, foi definida uma agenda anual com a participação das empresas que foram gradativamente convidadas, a partir do estabelecimento de uma rede social informal entre os participantes do grupo.

Os encontros foram temáticos, conforme apresentado nas Figuras 3, 4 e 5.

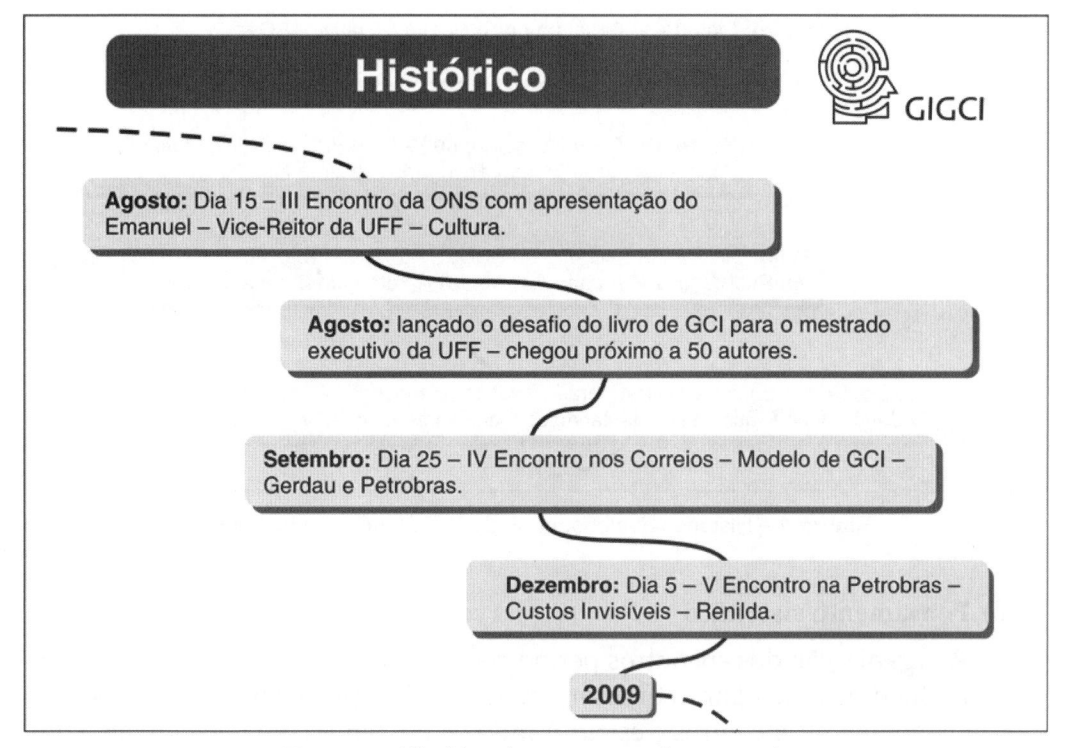

Figura 3 – Histórico dos encontros de gestão do conhecimento com empresas até dezembro de 2008.

Para viabilizar o projeto foram identificados alguns desafios para o grupo, quais sejam:

a) **Comprometimento e alinhamento estratégico**

O projeto precisava conquistar a alta gerência nas empresas envolvidas. Para tanto, os contatos sobre a indicação dos participantes foram feitos via alta administração ou, preferencialmente, por aqueles formalmente designados para atuar como gestores da área de gestão do conhecimento e inovação. Visando dar visibilidade e alinhamento estratégico, o grupo se reunia periodicamente, cada vez nas instalações de uma empresa participante, ocasião em que o diretor ou principal executivo relacionado ao tema da empresa visitada recebia o grupo e passava sua mensagem corporativa ao GIGCI.

Histórico GIGCI

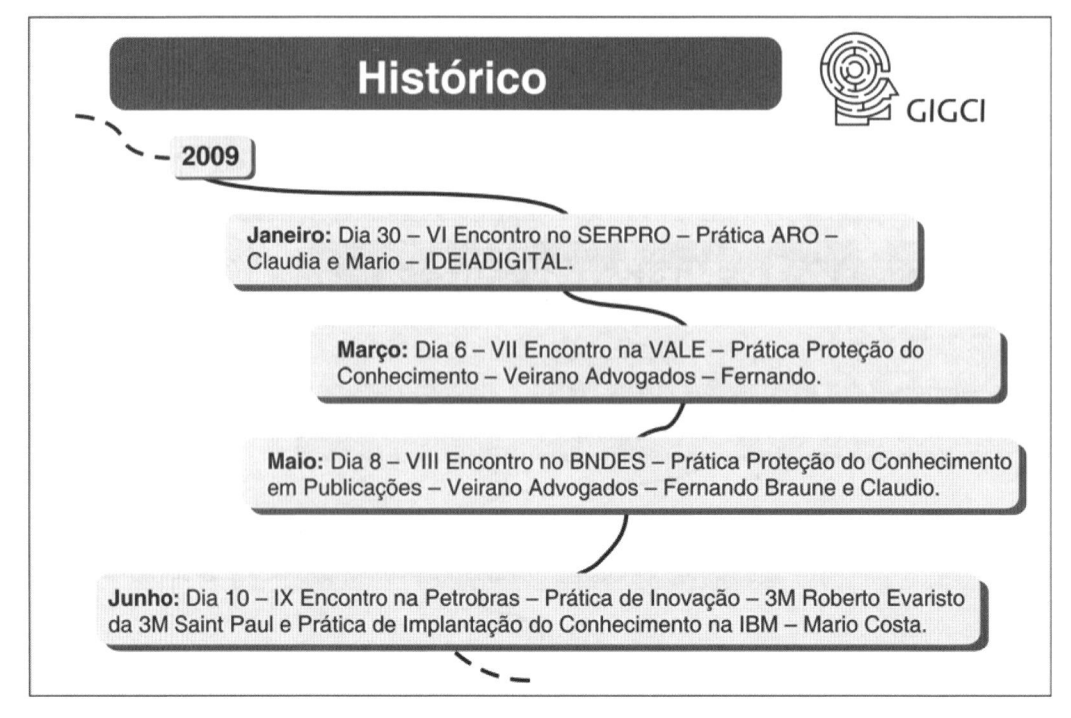

2009

Janeiro: Dia 30 – VI Encontro no SERPRO – Prática ARO – Claudia e Mario – IDEIADIGITAL.

Março: Dia 6 – VII Encontro na VALE – Prática Proteção do Conhecimento – Veirano Advogados – Fernando.

Maio: Dia 8 – VIII Encontro no BNDES – Prática Proteção do Conhecimento em Publicações – Veirano Advogados – Fernando Braune e Claudio.

Junho: Dia 10 – IX Encontro na Petrobras – Prática de Inovação – 3M Roberto Evaristo da 3M Saint Paul e Prática de Implantação do Conhecimento na IBM – Mario Costa.

Figura 4 – Histórico dos encontros do GIGCI até julho de 2009.

b) **Pensamento sistêmico**

A organização dos encontros periódicos foi planejada com base em uma espinha dorsal dos temas que seriam abordados, proporcionando o sequenciamento dos encontros e estruturando os trabalhos com início, meio e fim. Desta forma, o planejamento dos encontros foi construído conforme as etapas a seguir apresentadas:

- *Estratégia* – definição da estratégia empresarial com a incorporação de diretrizes relacionadas à gestão do conhecimento e inovação.
- *Cultura* – fatores que facilitam e/ou dificultam a instauração de uma cultura voltada para o desenvolvimento da gestão do conhecimento e inovação.
- *Modelo de gestão* – definição dos elementos do modelo de gestão voltado para gestão do conhecimento e inovação.
- *Práticas* – identificação e apresentação de práticas de gestão do conhecimento e inovação que possam trazer uma agregação de valor à empresa.
- *Tecnológicas* – identificação de ferramentas de colaboração e de estruturação do conhecimento organizacional.

Histórico

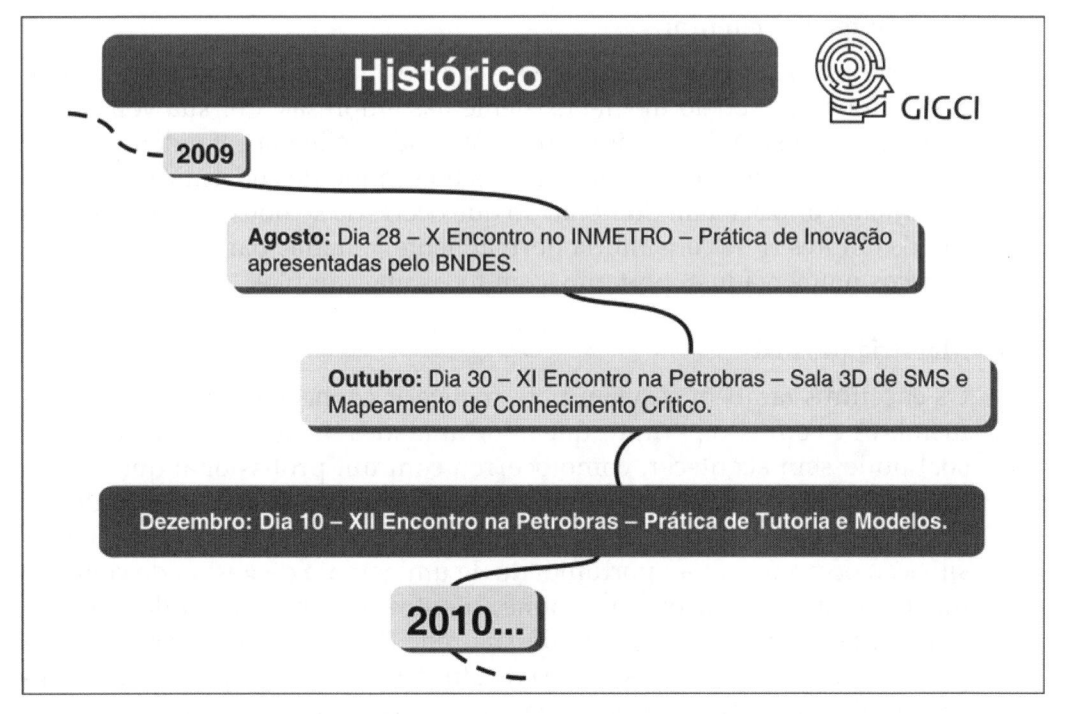

GIGCI

2009

Agosto: Dia 28 – X Encontro no INMETRO – Prática de Inovação apresentadas pelo BNDES.

Outubro: Dia 30 – XI Encontro na Petrobras – Sala 3D de SMS e Mapeamento de Conhecimento Crítico.

Dezembro: Dia 10 – XII Encontro na Petrobras – Prática de Tutoria e Modelos.

2010...

Figura 5 – Histórico dos encontros do GIGCI até dezembro de 2009.

- *Resultados* – identificação e apresentação de indicadores e métricas que possam refletir os resultados construídos a partir das ações relacionadas à implantação da gestão do conhecimento e inovação.

c) **Objetivos comuns**

A identificação de objetivos comuns ao grupo foi um grande desafio. Para tanto, foi necessário restringir as ações, em um primeiro momento, a participantes exclusivamente das empresas do GIGCI para somente depois ampliar a participação para consultorias convidadas. Este procedimento facilitou a identificação dos objetivos comuns que estavam diretamente relacionados aos interesses das empresas em implantar gestão do conhecimento e inovação.

d) **Aprendizado em equipe**

Os encontros foram construídos de forma que em parte do tempo fossem utilizados trabalhos em grupo, em que todos pudessem construir um conhecimento coletivo, explicitando práticas, estratégias e comportamentos que levassem à construção de um conhecimento organizacional.

e) **Modelo mental comum**

Os encontros funcionavam como facilitadores para a identificação de pontos comuns do modelo mental existente nas empresas. Por sua vez, a participação exclusiva dos gestores das empresas facilitava esta identificação, pois as necessidades eram semelhantes no sentido de construir um conhecimento organizacional, diferente do que ocorreria se houvesse a participação de empresas de consultoria normalmente voltadas para a prestação de serviços no mercado e, portanto, com focos mais amplos.

f) **Maestria pessoal**

Os encontros também serviam para transferir conhecimento entre os seus membros e com isso permitir que oportunidades de desenvolvimento pessoal pudessem acontecer, como ocorreu com um profissional que obteve uma oportunidade em uma empresa participante na área de gestão do conhecimento ao relacionar no seu *curriculum* sua participação no grupo. Outra situação ocorreu com a oportunidade de um gerente de gestão do conhecimento em apresentar os seus conhecimentos em uma turma de pós-graduação, permitindo o aumento da sua rede de relacionamentos, além de possibilitar a expansão de sua área de atuação. Estes exemplos e tantos outros começaram a surgir a partir da estruturação sistêmica e consistente do GIGCI.

g) **Produto tangível**

A identificação de um produto tangível que representasse o grupo e materializasse todo o esforço desenvolvido foi um ponto de grande importância. Para isso, no segundo encontro do grupo realizado na VALE, foi proposto um desafio ainda maior: materializar o resultado do grupo em um livro que registrasse experiências e estudos de casos, o que representou um desafio instigador e para muitos uma oportunidade ímpar de se tornar um autor ou coautor de uma produção relacionada à gestão do conhecimento. Assim, essa iniciativa tornou-se uma mola motora de motivação e de inspiração para todos no grupo. Inicialmente obteve-se uma adesão muito alta, chegando a 120 pessoas interessadas. Mas, ao final, houve uma natural redução no número de participantes. Portanto, é possível afirmar que o desafio de produzir esta obra foi realmente um elemento de grande relevância para o grupo.

h) **Efeito multiplicador**

Outro aspecto relevante que a formação do grupo proporcionou foi levar o tema gestão do conhecimento para cada empresa hospedeira e, através dos encontros, agregar às discussões novos participantes da empresa organizadora. Por não serem componentes frequentes do grupo, essas pessoas não tinham a oportunidade de participar de iniciativas como essa. Isso gerou um aumento da rede social individual e também do conhecimento individual com relação à gestão do conhecimento e inovação.

3. MODELO DE GESTÃO

3.1. Modelos de gestão – Estudo de caso

A partir das reuniões realizadas pelo GIGCI foram obtidas algumas percepções sobre os modelos de gestão existentes, ou pelo menos disponíveis, para uso pelas empresas, sendo apresentados nas Figuras 6 e 7 dois dos modelos debatidos pelo GIGCI.

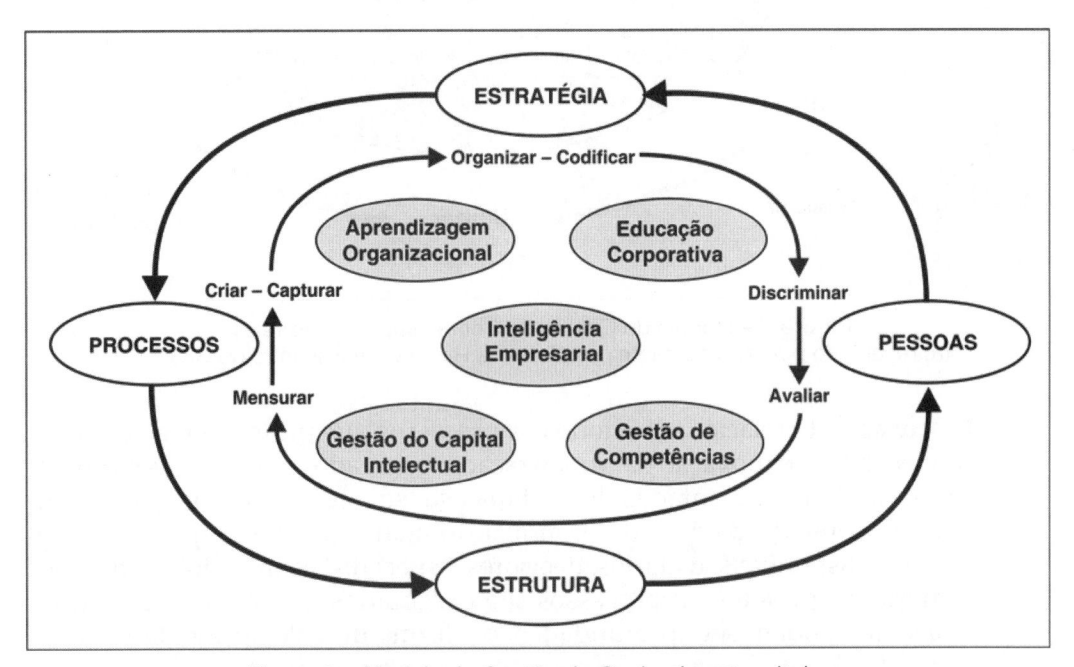

Figura 6 – Modelo de Gestão do Conhecimento – Itaipu
(apresentado por Heitor Pereira – SBGC – no XII Encontro do GIGCI).

Um modelo de gestão do conhecimento e de inovação genérico é apresentado na Figura 8. Neste modelo há um conjunto de macroelementos básicos que na realidade podem ser utilizados em qualquer modelo.

Estes macroelementos são identificados como:

- **Direcionadores:** estão relacionados às estratégias de gestão do conhecimento e inovação, ou seja, "como" serão obtidos os objetivos que a organização pretende alcançar.

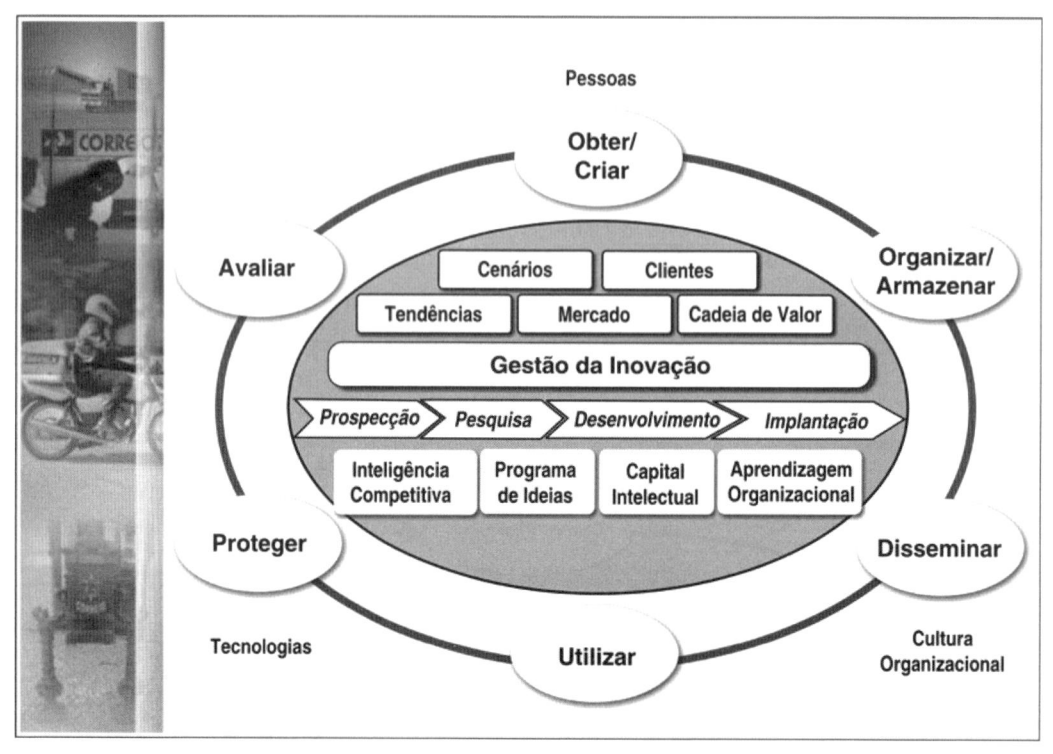

Figura 7 – Modelo de Gestão do Conhecimento – Correios
(apresentado por representante dos Correios/RJ – no XII Encontro do GIGCI).

- **Execução:** está relacionada a todos os processos que promovem a gestão do conhecimento e inovação na organização, objetivados em projetos e processos a serem implementados. Esta etapa está sujeita a variáveis que dependem do contexto da área da organização analisada, como, por exemplo: recursos disponíveis, usuários, decisores, especialistas, métodos ou padrões com que os projetos ou processos são executados e competências individuais, que podem ser aprofundadas, conforme modelo apresentado na Figura 10.

E, finalmente, como um "pano de fundo", temos elementos que são fundamentais para que tudo ocorra de forma estruturada e objetiva, quais sejam: a tecnologia, a liderança, a cultura e os indicadores que podem servir de termômetro, visando a identificação do quanto a organização está caminhando para os seus objetivos finais.

- **Avaliação de resultados:** esta última fase representa a avaliação final em que se comparam os resultados finais obtidos com aqueles planejados no início do período estabelecido. Nesta etapa os indicadores finais ou de resultados são fundamentais para que se verifique se a organização alcançou os resultados planejados durante a etapa estratégica.

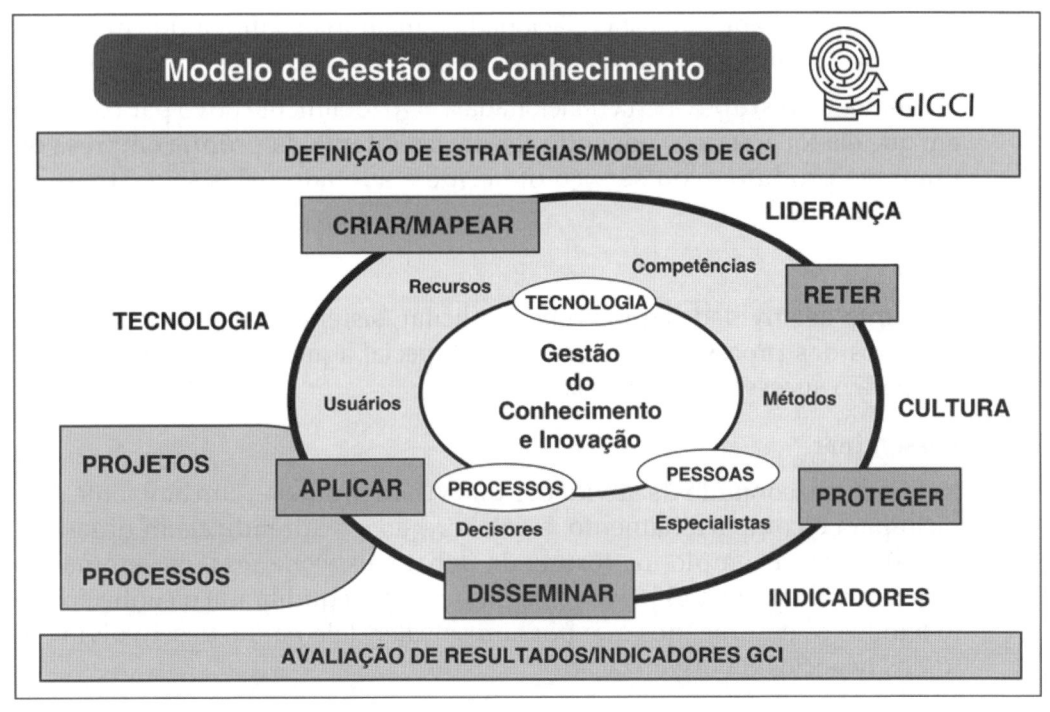

Figura 8 – Modelo de Gestão do Conhecimento Genérico
(apresentado por Martius V. Rodriguez – Petrobras – no XI Encontro do GIGCI).

3.2. Modelos de gestão – Processos de Gestão do Conhecimento e Inovação (Rodriguez, 2006)

Após a definição do modelo de gestão do conhecimento e inovação, a etapa seguinte consistiu em identificar e apresentar os processos relacionados, conforme exemplo de processos genéricos apresentado na Figura 9.

A construção do conhecimento organizacional depende de uma estruturação de processos que venham a contribuir para a transferência do conhecimento individual e tácito para o conhecimento explícito acessível a todos aqueles que dele precisem para a agregação de valor ao negócio da organização. Para tanto, temos os processos de GCI – Gestão do Conhecimento e Inovação a seguir relacionados:

- **Criar**

  Conjunto de atividades que visam à identificação e ao desenvolvimento dos conhecimentos necessários para realizar os objetivos do negócio, assegurando o seu acesso e aplicação. Nesta etapa ocorre a busca pelo conhecimento a partir dos processos de negócio da organização e pelas práticas que visam à inovação incremental ou disruptiva, ou seja, aquela inovação que traz um reposicionamento da empresa frente ao mercado em que atua.

A inovação incremental está relacionada à melhoria contínua dos processos de negócio ou dos produtos e/ou serviços comercializados pela organização.

Já a inovação disruptiva está relacionada a algo totalmente novo para o grupo em que ela foi aplicada, podendo ser de uso interno da própria empresa ou um novo produto e/ou serviço oferecido e adotado pelos seus atuais ou novos clientes.

- **Reter**

  Conjunto de atividades que visam explicitar, sistematizar e reter os conhecimentos dos processos e projetos, em especial aqueles considerados críticos para o sucesso da organização.

- **Disseminar**

  Representa o conjunto de atividades que visam promover um ambiente propício para o compartilhamento, a colaboração e a aprendizagem organizacional. Como exemplo, os fóruns de debate, os *workshops*, os seminários desenvolvidos com o objetivo de levar de forma equilibrada o conhecimento a todos os empregados que possam se valer dele para o desenvolvimento dos negócios da organização.

- **Aplicar**

  Representa o conjunto de atividades que visam utilizar práticas de gestão do conhecimento e inovação voltadas ao aperfeiçoamento dos processos e fortalecimento das competências da organização, objetivando a criação e sustentação de vantagens competitivas.

- **Proteger**

  Representa o conjunto de atividades que visam garantir o acesso seguro e controlado ao conhecimento e as inovações que possam gerar a diferenciação. Este processo faz parte de todos os demais processos de GCI, pois em cada um deles é preciso garantir uma política e um controle de acesso às informações críticas e essenciais, de forma a proteger o negócio da organização, tornando-o difícil de ser copiado ou reproduzido por outras empresas.

3.3. Modelos de gestão por competências

Vimos nos itens anteriores o Modelo de Gestão do Conhecimento e Inovação (exemplos de modelos) e o processo de GCI para fazer acontecer, de forma organizada e sistêmica, a transferência do conhecimento das pessoas para outras pessoas e para a organização. A seguir apresentaremos como as pessoas podem alinhar os conhecimentos requeridos pela sua empresa àqueles que são de seu domínio.

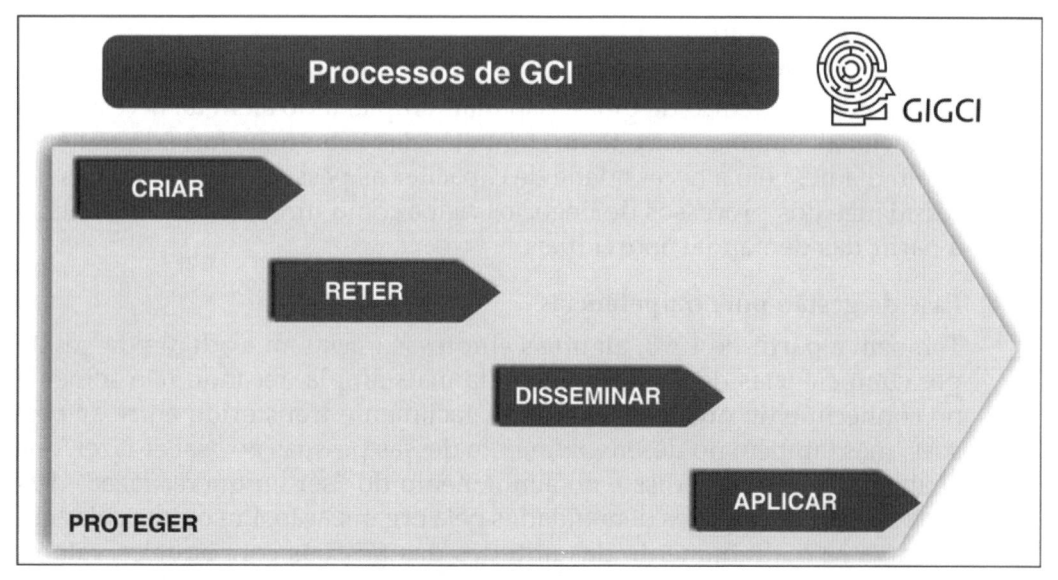

Figura 9 – Principais processos de gestão do conhecimento – Genérico (apresentado por Martius V. Rodriguez – Petrobras – no XI Encontro do GIGCI).

Para tanto, as empresas passaram a utilizar a partir da década de 90, mais exatamente a partir de 1996, a denominada Gestão por Competências, que por sua vez utiliza também um modelo que, se analisado, possui alguns elementos comuns ao do Modelo de GCI, tendo como diferencial o foco nas competências das pessoas e da organização ou, mais precisamente, as competências requeridas pela empresa.

O Modelo de Gestão por Competências, apresentado na Figura 10, foi desenvolvido no período de 2004 a 2005, quando a Petrobras fez um levantamento em todas as suas áreas, com o propósito de identificar como elas estavam implantando a gestão por competências. Como resultado, verificou-se que as fases de evolução dessa gestão ocorrem, normalmente, conforme apresentado a seguir:

a) **Fase do treinamento**

Até o final da década de 90 as empresas estavam voltadas para o treinamento dos seus empregados com base na demanda das áreas de negócio. Logo, naquela época a demanda surgia de baixo, ou dos níveis mais operacionais, para cima. Era um processo *bottom-up*.

Isso foi muito positivo, pois o treinamento era voltado para as necessidades diárias e dentro dos interesses da área de negócio. Contudo, trazia o inconveniente de, em muitos casos, capacitar pessoas para as atividades que existiam na época e não necessariamente para aquelas que elas precisariam ter no futuro, por vezes bem próximo.

b) **Fase da capacitação**

A partir de 1998, as empresas começaram a utilizar o conceito de "capacitar" as pessoas dentro de uma visão mais ampla, indo além da necessidade operacional; então o conceito de competências ficou mais forte. Dessa época em diante, veio a necessidade de capacitar as pessoas em função das necessidades dos processos de negócio, vistos como um todo, e não somente a partir das demandas individuais.

c) **Fase da gestão por competências**

Também a partir de 1998, algumas empresas iniciaram a adoção da gestão por competências de uma forma ainda mais ampla, focando não somente no conhecimento que podia ser mais facilmente transferido entre as pessoas, mas também no desenvolvimento dessas pessoas no "saber fazer", na "habilidade", e, além disso, no alinhamento do "ser ou querer fazer" dessas pessoas com aqueles demandados pela organização. Em outras palavras, buscava-se o alinhamento das atitudes das pessoas com aqueles valores definidos, pela organização, como necessários para que ela atingisse seus objetivos.

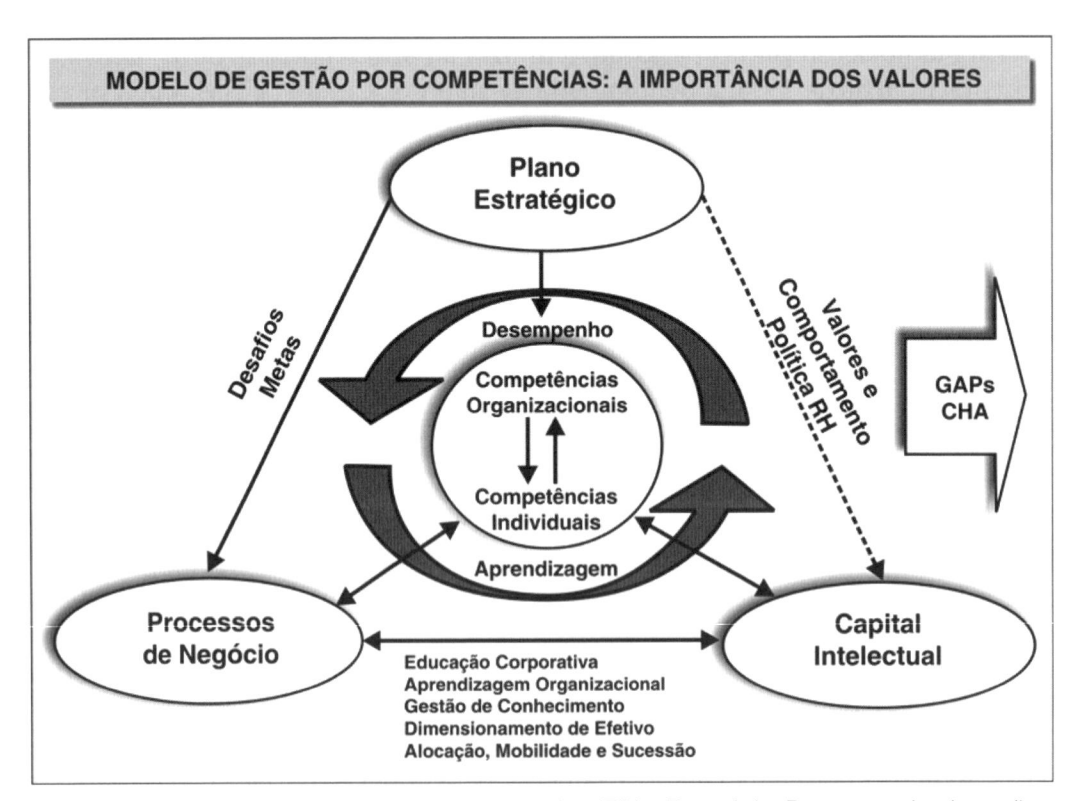

Figura 10 – O modelo de gestão por competências (EPI – Estratégia, Processos, Intelectual).

Entre 2005 e 2006 foi feito um levantamento junto às diversas áreas de negócio da Petrobras e foi constatada a riqueza com que a gestão por competências estava sendo implantada na companhia.

Dentro das necessidades de negócio de cada área, a forma de implantação do sistema possuía uma prioridade diferenciada. Por exemplo, em áreas mais operacionais, a prioridade estava nas competências técnicas, enquanto nas áreas de negócio ou nas a elas vinculadas, mais voltadas à gestão, a prioridade estava nas competências gerenciais.

Após este levantamento, ocorreram mais de oito encontros com a participação das áreas de Abastecimento, Tecnologia da Informação, Exploração e Produção, Engenharia, Pesquisa, Recursos Humanos. Foi, então, elaborado um primeiro modelo de Gestão por Competências, conforme apresentado na Figura 10 e detalhado a seguir.

O Modelo de Gestão por Competências, definido como Estratégia, Processos, Intelectual (EPI), visou a integração dos elementos que pudessem promover uma gestão estratégica por meio das pessoas. O modelo se baseia em três pilares para o desenvolvimento organizacional, que são:

- O *plano estratégico:* concebido no nível estratégico da organização, contém a visão de futuro da organização, seus objetivos, estratégias e metas, além dos valores desejados para a organização e suas políticas, em especial a gestão de pessoas.

- Os *processos de negócio:* definidos a partir do plano estratégico, ou seja, dos objetivos, metas e desafios vinculados.

- O *capital intelectual:* representado pelas pessoas e a sua capacidade de agregação de valor, a partir do conhecimento que pode gerar novas ideias e novos negócios para a organização.

O tripé formado pela estratégia, pelos processos de negócio e pelo capital humano cria um efeito indutor de transferência de conhecimento, propiciando uma via bidirecional entre as competências organizacionais necessárias e aquelas disponíveis nas pessoas. Este fluxo bidirecional permite que as pessoas direcionem suas competências às requeridas pela organização, para que, então, a organização possa usufruir ou dispor destas mesmas competências, em um processo do tipo "ganha-ganha".

O resultado desta diferença entre as competências individuais e organizacionais é representado no modelo pelo "GAP", ou hiato de competência – CHA (Conhecimento – Habilidade – Atitude), que precisa ser trabalhado na organização no sentido de torná-lo o menor possível, próximo de zero, o que é conseguido via capacitação e desenvolvimento pessoal.

Os valores representados no modelo constituem-se num importante elemento para que a empresa se desenvolva no sentido de cumprir suas estratégias, sendo, portanto, relevante a sua identificação, e, principalmente, na atuação dos hiatos identificados, quando se comparam os valores pessoais e aqueles definidos pelo Plano Estratégico da organização.

Quando comparado o modelo EPI com o Modelo GCI observam-se alguns pontos em comum. Esses pontos podem ser evidenciados como:

a) As estratégias – existem em ambos e deverão aparecer em qualquer modelo semelhante, pois são elas que direcionam as ações para os resultados esperados.

b) Os processos e as pessoas – existem em ambos os modelos, ficando evidenciado que no Modelo de GCI estes estão considerados na etapa de execução ou ao correspondente ao nível tático e operacional.

É aceito, conforme a Tabela 1, que na era da gestão do conhecimento obrigatoriamente migramos do mundo tido como mecanicista, em que reconhecíamos organizações baseadas na premissa mecânica, para o mundo baseado em premissas da chamada organização "orgânica". Organizações percebidas como máquinas constroem para si próprias estruturas rígidas, intransponíveis e como corolário trazem para dentro do ambiente organizacional a inflexibilidade e resistências ao novo.

Da mesma forma, os canais de comunicação se restringem a essa estrutura, ignorando quaisquer outras estruturas, informações e relacionamentos significativos; a "parte" parece maior do que o todo. Compartilhamento espontâneo não é visto como um "valor". Esse fato leva as organizações a um desempenho limitado, carente de conexões que podem potencializar conhecimentos existentes nas partes, criando um todo maior; um "todo" maior do que a soma das partes.

A rede de discussão do tema "gestão do conhecimento", então criada, que deu origem a esse exemplar, não é uma mera associação; é um espaço pelo qual transitam informações, um espaço de troca sistemática e construção coletiva. Novidade para nós, humanos (em parte, pois o ser humano sempre viveu de associações!), pois se nos aprofundarmos nos estudos das ciências biológicas, verificaremos que abelhas, formigas e outros insetos representam o que há de mais rico e eficaz em termos de cooperação e construção coletiva, indo do simples ao mais complexo, a depender de suas necessidades.

Essa iniciativa nos faz concluir que, cada vez mais, o caminho da criação da cultura do não-desperdício de conhecimentos, competências e outros recursos vem rompendo despropositadas medidas de proteção do que deve e precisa ser compartilhado.

Tabela 1. Características da Organização Mecânica – Orgânica

Premissas da Organização Mecânica	Premissas da Organização Orgânica
Rigidez estrutural e do estilo de gestão	Competências e relacionamentos como valor
Decisões autocráticas, não compartilhadas	Decisões compartilhadas a partir do diálogo permanente
Visão de gestão por partes, limitada à área de abrangência funcional	Visão da gestão como uma grande rede de relacionamentos
Estruturas definidas segundo necessidades internas	Estruturas alinhadas aos clientes, mercados e sociedade, cumprindo seu papel social
Estratégia vista como função do topo	Estratégia no "sangue" de todos
Comunicação referenciada a dados e informações estanques	Comunicação como instrumento para compartilhar significados
Aprendizagem organizacional não sistematizada	Gestão do conhecimento como parte da gestão
Liderança que determina as realizações e cobranças	Liderança que dá poder e autonomia aos grupos para realizações
Atividades e projetos realizados a qualquer custo	Responsabilidade social em todos os níveis; cultura do não-desperdício de ativos físicos e conhecimento
Visão estratégica vinculada ao negócio e aos clientes	Visão estratégica vinculada à contribuição para a sociedade
Educação para o negócio, seletiva e limitada	Educação como responsabilidade de todos, em qualquer nível como parte do modelo de gestão
Valores como conceito e moldura da organização	Valores traduzidos em práticas organizacionais saudáveis
Executivos com a responsabilidade de fazer o negócio funcionar	Executivos com a responsabilidade de compartilhar significados e obter adesões pelo alinhamento da missão organizacional com missões pessoais

Pode-se, assim, afirmar que a partir de sua criação equipes interdisciplinares, interorganizacionais e colaborativas possibilitam:

- Criar uma atmosfera de comunicação que motiva as pessoas para além dos seus presentes horizontes.
- Inovar na gestão, viabilizando a riqueza de informações que não seria possível sem a colaboração das pessoas.
- Aplicar as melhores práticas de gestão e solução de problemas em tempo infinitamente menor em relação ao da organização mecânica.
- Considerar questões que surgem no dia a dia, ao mesmo tempo, em várias organizações.
- Valorizar as pessoas, pelo uso da sua criatividade e poder de inovação.
- Conhecer as competências distribuídas nas organizações e acioná-las, para benefício dos negócios.

- Reduzir os custos de atividades e projetos, pela economia de tempo de aprendizagem e facilidade para a implantação.
- Comprometer as pessoas e equipes com a construção organizacional coletiva.

Da palavra à ação há todo um caminho que busca a fluidez, através de canais de confiança, respeito e ações baseadas em valores coletivos. Sem isso, qualquer iniciativa de construção de equipes ideais, propícias à realização de bons resultados de negócios, está destinada à frustração. E as organizações continuarão seu caminho administrando retenções, bloqueios, traumas, num desempenho com pouca vida pulsante, carente de significado e de conexões de valor.

4. Resumo Executivo

- A cogeração do conhecimento é um modo estruturado de construção do conhecimento a partir de pessoas que possuam interesses complementares, e o Grupo Interativo de Gestão do Conhecimento e Inovação é um caso vivo desta experiência.
- A socialização do conhecimento a partir de grupos de interesses complementares pode ser uma ótima forma de acelerar o processo de transferência do conhecimento entre organizações.
- O grupo interativo de gestão do conhecimento surgiu a partir de uma lacuna no ambiente de negócios da necessidade de aceleração do processo de aprendizagem relacionado à gestão do conhecimento e inovação.
- Uma estrutura lógica para a organização dos encontros e uma forma de construir gradativamente o conhecimento a partir de um grupo.
- A ideia de explicitação do conhecimento a partir da elaboração deste livro representa um importante passo no sentido de sedimentar o conhecimento acumulado pelo grupo.

QUESTÕES PARA REFLEXÃO

a) Quais os cuidados a serem tomados na construção de grupos que possam cogerar conhecimento?

b) Qual o benefício da diversidade de interesses e conhecimentos no processo de cogeração do conhecimento?

c) Quais os elementos básicos a serem considerados na construção de um modelo baseado em competências?

d) Quais os elementos de um modelo de gestão do conhecimento e inovação nas empresas?

e) Quais as etapas de transferência de conhecimento que foram contempladas quando da elaboração deste livro pelo grupo interativo de gestão do conhecimento e inovação?

REFERÊNCIA BIBLIOGRÁFICA

RODRIGUEZ, Martius. *Gestão empresarial em organizações aprendizes.* Rio de Janeiro: Qualitymark Editora, 2006.

Capítulo 2

Criando Conhecimento nas Organizações

Autores:
Darwin Magnus Leite, PMP, MSc.
Sandra L. S. C. Gontijo, MSc.
Regina B. Meneghelli, MSc.

Revisores:
Martius V. Rodriguez y Rodriguez, pDSc.
Angela Albernaz Skaf, BSc.
Margareth R. C. Freitas, BSc.

1. Introdução ao Conhecimento na Empresa

> *"A vida não desdenha nenhum saber.*
> *Nunca sabemos qual deles será importante no próximo instante."*
> Pierre Levy

O avanço tecnológico das últimas décadas mostra que o ser humano entrou por um caminho sem volta, cada vez mais dependente e de uma busca incessante por evolução e rápida superação de desafios crescentes de incertezas e de mudanças. Porém, paralelamente à celeridade e à competitividade desse contexto, as empresas precisam buscar novos modelos de organização que possibilitem seu desenvolvimento sustentável e que ao mesmo tempo considerem seus valores e crenças, sua identidade.

Nesse contexto, assume papel importante a discussão do conhecimento, da humanidade associada a esse valor e como a sua utilização pode ser decisiva para as organizações na geração de seus produtos e serviços competitivos. Alguns autores (Grant, 1996; Nonaka, Takeuchi e Toyama, 2002) ratificam esta ideia e defendem que a habilidade para fazer gerar o conhecimento pode ser um fator decisivo para que a empresa se mantenha competitiva no mercado.

2. Conhecimento – Diferentes Abordagens

As inúmeras discussões sobre o conhecimento possibilitaram algumas diferentes abordagens sobre o enfoque a ser dado. Uma abordagem normativa acredita que o conhecimento é um bem que pode ser controlado, manipulado e estocado por meio de ferramentas da Tecnologia da Informação e Comunicação (TIC). Defende ainda que ele pode ser separável do indivíduo e da ação e ainda apresenta regras que podem ser generalizadas. Em contraponto, em outra vertente, a abordagem interpretativa apresenta características contrárias, ou seja, seu enfoque está na geração do conhecimento e está pautado nas práticas organizacionais, além de acreditar que dificilmente pode ser gerenciado.

Nonaka e Takeuchi (1997), quando falam de gestão do conhecimento, abordam o processo e não o conhecimento propriamente dito, adotando a abordagem interpretativa. A Tabela 1 apresenta um quadro comparativo entre as duas abordagens para o conhecimento que exprime a essência de cada visão e exibe seus aspectos característicos.

Diante das diversas ambiguidades apresentadas na literatura sobre o conhecimento e sua gestão, uma outra muito comum diz respeito ao uso da terminologia – dado, informação e conhecimento. Assim, torna-se necessário ampliar o entendimento sobre estes conceitos.

Tabela 1. Quadro comparativo entre Abordagem Normativa e Interpretativa

Abordagem Normativa	Abordagem Interpretativa
Estuda o conhecimento como um objeto ou bem	Estuda o processo de construção do conhecimento e da aprendizagem
O conhecimento pode ser controlado e gerenciado	O conhecimento está arraigado nas práticas organizacionais e dificilmente pode ser gerenciado
O conhecimento pode ser manipulado, estocado e comunicado por meio de TIC	As TIC apresentam limitações no que se referem à sistematização do conhecimento tácito
O conhecimento é externo e separável do indivíduo	O conhecimento é inseparável do indivíduo e socialmente construído
O conhecimento apresenta regras e procedimentos generalizáveis	O conhecimento apresenta características situacionais e dinâmicas
As TIC facilitam o aprendizado	As TIC podem facilitar ou inibir o aprendizado
O conhecimento pode ser separado da ação	O conhecimento é inseparável da ação, sendo tanto *input* quanto *output* da ação

Fonte: Balestrin (2005).

3. CONCEITO DE DADOS, INFORMAÇÃO E CONHECIMENTO

Dentro de uma abordagem normativa no contexto organizacional, Davenport e Prusak (1998) conceituam "dados" como um conjunto de fatos distintos e objetivos, relativos a eventos, como registros estruturados de transações. Seu gerenciamento é facilitado hoje em dia com o auxílio da tecnologia que nos permite obter, armazenar e comunicar. Fuld (1995) define como "pedaços de conhecimento", um fragmento bruto, e, por fim, este item também é definido como sendo um fato objetivo (números, símbolos, figuras) livre de contexto e interpretação (Brasil, 2003).

De acordo com Davenport e Prusak (1998), a informação é o dado dotado de relevância e propósito. Wurman entende que esse termo só pode ser aplicado a

> "aquilo que leva à compreensão (...). O que constitui informação para uma pessoa pode não passar de dados para outra" (1995, p. 43).

Da mesma maneira, Miranda conceitua informação como sendo:

> "dados organizados de modo significativo, sendo subsídio útil à tomada de decisão" (1999, p. 285).

Ao contrário da informação, o conhecimento está relacionado a crenças e costumes. Outro ponto de separação conceitual importante é a relação do conhecimento com a interação, a ação, a atitude que visa alcançar uma finalidade específica. Por fim, tanto na informação quanto no conhecimento, é importante observar que esses dois conceitos dizem respeito ao significado dentro de um contexto e são criados a partir da interação entre pessoas. A informação seria, então, a via, o fluxo dos dados que vão tornar possível a geração do conhecimento (Nonaka e Takeuchi, 1997, p. 63).

Nessa visão, de acordo com a Figura 1, o conhecimento é apresentado como o resultado da ação humana de realizar operações lógicas e interpretação, transformando dado em informação e posteriormente em conhecimento.

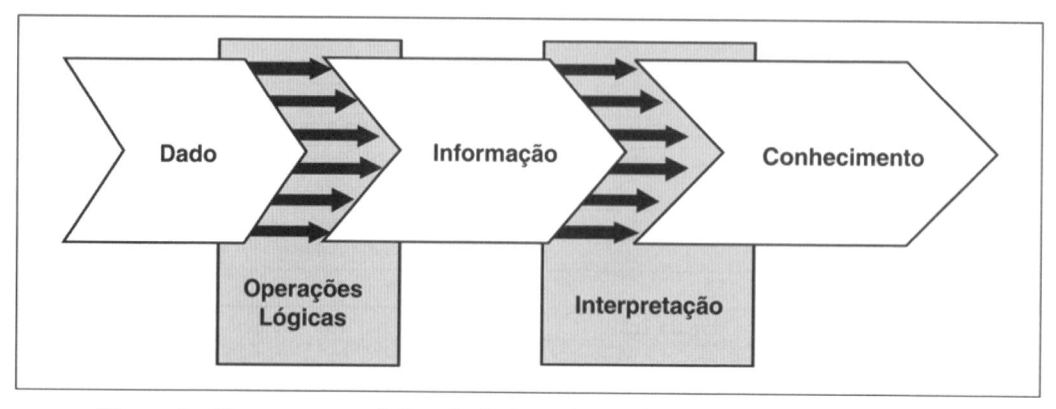

Figura 1 – O processo evolutivo de dados até o conhecimento gerando uma ação (Rodriguez, 2002).

4. CLASSIFICANDO O CONHECIMENTO

Dentro da abordagem interpretativa, o estudo do conhecimento, ou epistemologia, foi alvo antigo do trabalho de diversos autores e ainda hoje tem diferentes e importantes abordagens que originam significativas contribuições para as organizações. Várias questões foram discutidas em profundidade, como as relacionadas ao conhecimento nas empresas e à identificação das características das organizações para que aspectos como visão, missão, estratégia, cultura, estrutura, processos e práticas pudessem se traduzir em eficiência.

Porém, a visão que se apresenta como objetivo do estudo de Nonaka e Takeuchi é a do conhecimento associado a uma crença justificada e ao compromisso com ela, assumido por todos os componentes de uma organização. Esta abordagem é caracteristicamente oriental e contrapõe-se à visão ocidental, que enfatiza ideias fundamentadas em estatísticas e na impessoalidade que, segundo os autores, acaba por dificultar a criação do conhecimento (1997, p. 67).

O conhecimento humano é, então, classificado de duas formas: explícito e tácito. Um texto de Michael Polanyi[1] publicado em 1966 é um marco para a conceituação do que vem a ser o conhecimento tácito (Terra, 2005).

---

[1] Michael Polanyi desenvolveu em sua maior obra chamada *Conhecimento Pessoal* (*Personal Knowledge*) um relato da natureza do conhecimento humano. Empregando sua teoria de conhecimento tácito, Polanyi descreve as diferenças entre o conhecimento perceptivo comum e o conceitual, o que é encontrado nas classes de artefatos especiais encontrados nas artes e na religião (1891-1976). Nativo da Hungria e de família judia, médico, seguiu carreira como químico, imigrou primeiramente para a Alemanha, onde provou seu brilhantismo como cientista. Em 1933, Polanyi rumou para a Grã-Bretanha, onde lá seus interesses migraram das ciências físicas para as sociais. O conceito de ordem espontânea, sobre o qual F. A. Hayek mais tarde construiria a teoria da evolução cultural, deriva em parte dos escritos de Michael Polanyi. Quando Polanyi mudou o foco da investigação científica para as questões filosóficas e sociais, também se interessou pelo papel da religião na socie-

O conhecimento explícito é passível de uma articulação formal e, por isso, pode ser mais facilmente transmitido de indivíduo para indivíduo. Esta forma de conhecimento é a que predomina na cultura ocidental.

O conhecimento tácito é mais difícil de ser articulado através de uma linguagem formal. Entretanto, torna-se mais importante, uma vez que representa o acúmulo da experiência do indivíduo e caracteriza a verdadeira essência do conhecimento, manifestada através de crenças e valores. Esta forma de conhecimento é bastante valorizada na cultura japonesa, pois é dela que se origina a característica competitiva de suas empresas: a criação do conhecimento. Na visão de grande parte das empresas ocidentais, o conhecimento tácito ainda representa um novo paradigma que precisa ser compreendido.

Essas duas formas de conhecimento, entretanto, não funcionam de maneira isolada. Os conhecimentos explícito e tácito podem se ajustar e formar processos de conversão de conhecimento dentro da organização. Se inter-relacionados e complementados, podem originar a partir dessa interação a principal dinâmica da criação do conhecimento organizacional, um processo cíclico em forma de espiral (Nonaka e Takeuchi, 1997, p. 80). Este processo será mais bem abordado em item próprio sobre a teoria da criação do conhecimento.

Choo (*apud* Moresi, 2001) distingue, além dos conhecimentos tácito e explícito, o cultural. Este tipo de conhecimento consiste nas estruturas afetiva e cognitiva que são usadas habitualmente pelos membros de uma organização para perceber, explicar, avaliar e construir a realidade.

5. O CONHECIMENTO COMO PROCESSO

A perspectiva japonesa do conhecimento remonta à abordagem de criação do conhecimento, principalmente sob o aspecto não compartilhado pelos japoneses da visão ocidental, que enxerga a geração do conhecimento organizacional como algo exclusivamente ligado ao processamento de informações.

A abordagem japonesa evidencia a forma codificada do conhecimento apenas como uma das possíveis formas de sua expressão, mas não como a principal. Reconhece, então, no conhecimento tácito, de difícil expressão e de caráter pessoal, a base para a formação do conhecimento organizacional.

O conhecimento tácito se apresenta sob duas dimensões. Uma delas, técnica, que pode ser compreendida como *know-how*, mas que é de difícil articulação de seus princípios técnicos. A outra dimensão é cognitiva, caracterizada por modelos mentais, crenças e percepções do mundo à volta dos indivíduos.

Os japoneses também compreendem que a comunicação do conhecimento tácito é uma tarefa complexa, composta de diversos elementos subjetivos: ideais,

---

dade e na vida dos indivíduos modernos. Escreveu muito sobre a liberdade de pensamento científico, filosofia de ciência e ciência social e morreu em Oxford. De seus livros figuraram como sucesso, entre outros, *Cultural Significance of Science* (1941), *Personal Knowledge: Towards a Post Critical Philosophy* (1952-1958), *Science, Faith and Society* (1964) e *The Tacit Dimension. Garden City* (1966).

valores, imagens, símbolos etc. Assim, a criação do conhecimento, nesse enfoque, está relacionada com as implicações que o conhecimento tácito pode trazer, considerando a abordagem da experiência direta pessoal, em que o aprendizado é mais intenso. O tácito também engloba o modelo de tentativa e erro, bastante enraizado e valorizado na gestão japonesa.

Outra implicação do conhecimento tácito tem origem na própria percepção de sua importância, que serve de partida para conceituação da inovação, através de ideais e ideias, constituídas pelo indivíduo e por sua interação com os outros na organização. Por fim, outra abordagem corresponde ao entendimento do lado informal da geração do conhecimento, com um cunho subjetivo, baseado em intuições e palpites, estimulados por metáforas, imagens e experiências (Nonaka e Takeuchi, 1997, p. 66).

O processo de transformação do conhecimento tácito em explícito, a partir da abordagem dos gerentes japoneses, pode ser compreendido por exemplos reais e por algumas características que são profundamente relacionadas a essa transformação, tais como:

a) A explicação do inexplicável – para tal, utiliza-se fortemente da linguagem figurada e do simbolismo. O exemplo do desenvolvimento do Honda City[2] mostra claramente como ocorre o uso da linguagem figurada na geração do conhecimento. O uso de *slogans* do tipo "Evolução do automóvel" motiva o desenvolvimento de ideias a partir de um ideal implícito na frase. É a utilização da metáfora que serve de estímulo às manifestações daquilo que as pessoas sabem mas ainda não são capazes de materializar. A metáfora assume, então, uma grande importância no início do processo de criação do conhecimento organizacional pela integração das pessoas em torno do compromisso com ideias (Nonaka e Takeuchi, 1997, p. 11).

Um exemplo desse modelo está sintetizado na frase: "Máximo para o homem, mínimo para a máquina." A evolução que a metáfora sugeriu às pessoas se materializou na forma de uma esfera, trazendo consigo a otimização dos espaços. Era a visão do "Tall Boy", resultado de um formato de *design* inovador e conduziu à concepção do automóvel Honda City. Dessa forma, a analogia tem uma estruturação além da metáfora, visto que busca a identificação de semelhanças e diferenças. É a transformação da imaginação em raciocínio lógico, precedendo à inovação de fato (Nonaka e Takeuchi, 1997, p. 12).

---

[2] O Honda City foi o resultado da evolução do processo conceitual empreendido pela Honda a partir de 1978 que buscava a inovação para competir com as montadoras de automóveis de Detroit, Estados Unidos. O Honda City foi considerado um modelo revolucionário ao colocar o homem diante da máquina e deu origem à geração de compactos atualmente predominantes no Japão.

b) A transmissão do conhecimento – traz em evidência a necessidade de compartilhamento. Esse conceito se fundamenta no indivíduo como princípio, uma vez que o conhecimento organizacional é construído pela transmissão do conhecimento entre pessoas. Os principais mecanismos desse processo são as discussões, diálogos e debates para o intercâmbio de experiências e observações a respeito do tema a ser transmitido.

Como exemplo, pode-se mencionar o desenvolvimento do projeto da máquina de fazer pão, ou Home Bakery, pela Matsushita Electric Industrial. Os conceitos inovadores que envolviam o projeto precisavam ser transmitidos à equipe para que o produto atingisse as expectativas de seus consumidores. Dessa forma, as equipes de planejamento do projeto foram aos EUA para observar características e hábitos dos americanos para consumo de pão. A inserção de um padeiro no grupo também transmitiu à equipe alguns conhecimentos sobre fabricação de pão. O projeto considerou ainda o intercâmbio de ideias e entendimentos sobre o projeto entre os membros de diferentes áreas da empresa (Nonaka e Takeuchi, 1997, p. 113).

c) O nascimento de novos conhecimentos – novos conhecimentos vão surgir em meio à ambiguidade e à redundância.

O projeto REGA, para desenvolvimento de uma escavadeira hidráulica pela *joint venture* firmada entre Caterpillar e Mitsubishi, exigiu um grande esforço de comunicação e transmissão de conhecimentos de seus participantes. A experiência proporcionou o surgimento de uma nova abordagem na criação de produtos, alavancando a vantagem competitiva no lançamento de novos produtos, adotando um ciclo de desenvolvimento mais curto (Nonaka e Takeuchi, 1997, p. 246).

6. CRIAÇÃO DO CONHECIMENTO ORGANIZACIONAL

Começando sempre a partir do indivíduo, que propõe a ideia inicial, o conceito inovador se desenvolve, é posto em discussão, é questionado e debatido até que seja finalmente assimilado pela organização. O conhecimento organizacional pode, ainda, ser reforçado na organização através de ideias práticas como a redundância, percebida como desperdício na concepção ocidental, mas vista pelas empresas japonesas como um estímulo ao diálogo e à troca de ideias. A redundância auxilia na formação da base cognitiva organizacional, que facilita a difusão do conhecimento explícito na empresa (Nonaka e Takeuchi, 1997, p. 16).

Nas empresas japonesas não há uma estrutura característica e exclusiva responsável pela criação do conhecimento. Este, então, é gerado pela constante interação de três funções na empresa. Os funcionários da linha de frente, envolvidos com a tecnologia, têm foco nos detalhes das especificações, enquanto a média gerência busca solucionar o caos criativo produzido pelos ideais da alta gerência.

A média gerência funciona como elemento de síntese dos conhecimentos tácitos dos funcionários e da alta administração. Ela é a responsável pela incorporação desse conhecimento aos produtos e serviços da organização. Por fim, restam os gerentes seniores, que têm a função do direcionamento, da visão e da geração das ideias que deverão ser desenvolvidas (Nonaka e Takeuchi, 1997, p. 18).

Gestão do conhecimento, portanto, pode ser entendida como a capacidade que uma empresa tem de criar conhecimento, promover sua disseminação interna e incorporá-lo em seus produtos, serviços e sistemas, conforme mostra a Figura 2. Assim, entre outras explicações para o sucesso das empresas japonesas, emerge a gestão do conhecimento nas organizações, surgindo a partir de seu princípio mais fundamental: o conhecimento humano.

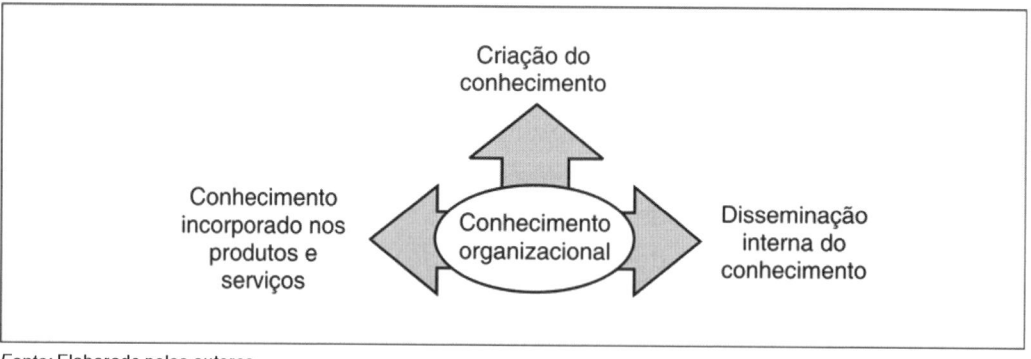

Fonte: Elaborado pelos autores.

Figura 2 – Relações do conhecimento organizacional.

A teoria da criação do conhecimento organizacional proposta por Nonaka e Takeuchi (1997) busca explicar a inovação, através de interações, dinâmicas entre os indivíduos, entre a organização e o ambiente (Nonaka, Takeuchi e Toyama, 2002).

A abordagem ocidental considera como base duas dimensões: a epistemológica e a ontológica. A dimensão epistemológica é onde ocorre a conversão do conhecimento tácito para conhecimento explícito; e a dimensão ontológica, onde o conhecimento criado pelos indivíduos é transformado em conhecimento em nível de grupo, organizacional e interorganizacional. Esses níveis não são independentes entre si, mas interagem continuamente e produzem a espiral do conhecimento.

A espiral do conhecimento envolve os quatro modos de conversão do mesmo (socialização, externalização, combinação e internalização) e é fortemente influenciada pelo papel das organizações em promover condições apropriadas para criação e acúmulo do conhecimento.[3]

---

[3] O conhecimento é uma ação própria ou natural de um comportamento ou de uma percepção, "um processo humano dinâmico de justificar a crença pessoal com relação à verdade" (Nonaka e Takeuchi, 1997, p. 63).

7. O MODELO DE TRANSFERÊNCIA DO CONHECIMENTO

A transferência do conhecimento entre pessoas e para a organização é explicada pelo modelo japonês de conhecimento e enfatiza o aprendizado como parte da experiência direta; da integração corpo e a mente, e também através de tentativa e erro. Define "criação de conhecimento organizacional" como a capacidade que uma empresa tem de criar conhecimento, disseminá-lo na organização e incorporá-lo a produtos, serviços e sistemas (Nonaka e Takeuchi, 1997).

A teoria da criação do conhecimento organizacional baseia-se em duas dimensões, a epistemológica[4] e a ontológica[5], mostradas na Figura 3. A dimensão epistemológica, representada no eixo vertical, distingue dois tipos de conhecimento, o tácito[6], inerente às habilidades pessoais (sistêmico, fortemente relacionado à ação, procedimentos, rotinas, ideias, valores e emoções, e o conhecimento explícito[7], possível de verbalizar e registrar (objetivo, expresso de maneira formal e sistemática e compartilhado em forma de dados, fórmulas científicas e especificações). Para a definição da dimensão epistemológica os autores se basearam nos argumentos de Michael Polanyi, onde este afirma que os seres humanos adquirem conhecimentos criando e organizando suas experiências, e que o conhecimento expresso em palavras e números representa apenas a ponta do *iceberg* do conjunto de conhecimentos como um todo. Portanto, experiências, valores, emoções e ideais de um indivíduo é que amparam o conhecimento tácito.

> *"Muito do que sabemos não pode ser verbalizado ou escrito em palavras.*
> *Podemos saber mais do que podemos dizer."*
> Polanyi (1996)

A dimensão ontológica, representada no eixo horizontal, aborda os níveis de entidades criadoras do conhecimento que ocorrem através do indivíduo, grupo, as organizações e interorganizacionais. Neste sentido, o conhecimento é criado apenas pelos indivíduos e transformado em conhecimento em nível de grupo e organizacional. O papel das organizações neste processo deve ser compreendido como um apoio aos indivíduos, promovendo condições para facilitar a criação do conhecimento.

---

[4] Epistemologia ou teoria do conhecimento (do grego [*episteme*], ciência, conhecimento; [*logos*], discurso) é um ramo da filosofia que trata dos problemas filosóficos relacionados à crença e ao conhecimento. A epistemologia estuda a origem, a estrutura, os métodos e a validade do conhecimento (daí também se designar por filosofia do conhecimento). (Origem: Wikipedia; 21/8/08).

[5] Ontologia (grego *ontos* + *logoi* = "conhecimento do ser") é a parte da filosofia que trata da natureza do ser, da realidade, da existência dos entes e das questões metafísicas em geral. A ontologia trata do *ser enquanto ser*, isto é, do ser concebido como tendo uma natureza comum que é inerente a todos e a cada um dos seres. (Origem: Wikipedia; 21/8/08).

[6] A palavra tácito vem do latim *tacitus*, que significa "não expresso por palavras".

[7] A palavra explícito vem do latim *explicitus*, que significa "formal, explicado, declarado".

Conforme pensamento dos autores, a criação do conhecimento organizacional deve ser compreendida como um processo que amplifica "organizacionalmente" o conhecimento criado pelos indivíduos e o cristaliza como parte da rede de conhecimentos da organização (Nonaka e Takeuchi, 1997, p. 57).

O processo de transformação dentro dessas duas espirais do conhecimento é a chave para a compreensão da teoria de Nonaka e Takeuchi.

Os autores apresentam uma reflexão ampla em torno da origem, estrutura, etapas e limites do conhecimento humano (a teoria do conhecimento), por vezes apresentando vasta diversidade da abordagem ocidental em relação à oriental (Nonaka; Takeuchi, 1997).

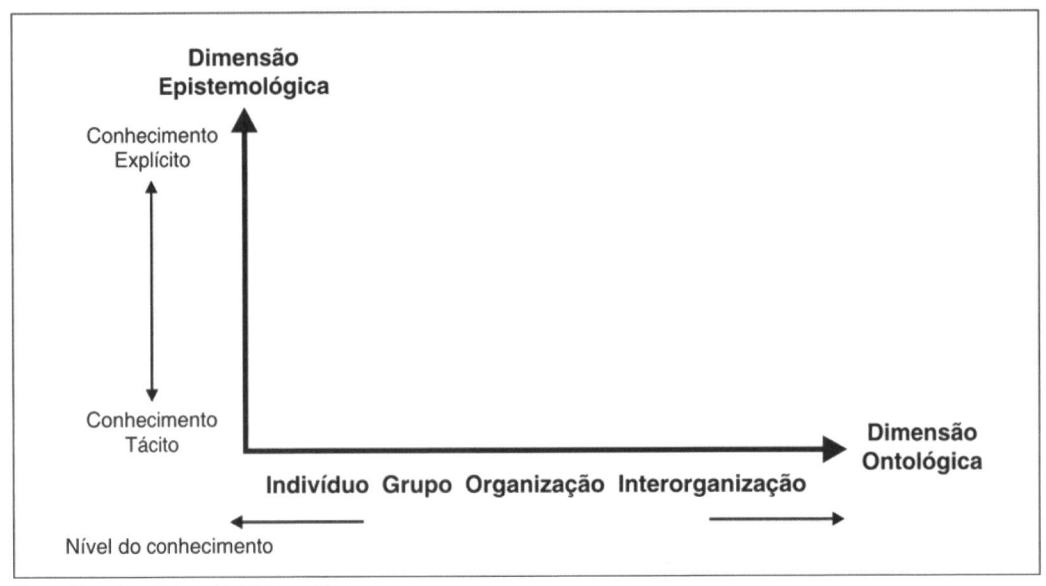

Fonte: Nonaka e Takeuchi, 1997, p. 62.

Figura 3 – Dimensões da criação do conhecimento.

O modelo de criação do conhecimento proposto por Nonaka e Takeuchi está ancorado no pressuposto crítico de que o conhecimento humano é criado e expandido por meio da interação social entre o tácito e o explícito. Tal interação é chamada de "conversão do conhecimento" (Nonaka; Takeuchi, 1997, p. 67).

7.1. Um modelo de interação dinâmica

A criação do conhecimento é uma interação contínua e dinâmica entre conhecimento tácito e explícito. Tal interação é chamada pelos autores de "conversão do conhecimento" e se tornou conhecida na literatura como modelo, processo ou espiral SECI (Socialização, Externalização, Combinação e Internalização).

Este modelo descreve as formas de conversão do conhecimento como um processo em que os conhecimentos tácitos e explícitos são amplificados em termos de qualidade e quantidade, mecanismos através dos quais o conhecimento individual é articulado e expandido na organização.

Dessa forma, as empresas criadoras de conhecimento são as que, sistematicamente, criam e propagam novos conhecimentos por toda a organização, incorporando-os rapidamente aos seus produtos e serviços. Segundo Nonaka e Takeuchi (1997, p. 80), esse processo se dá a partir da espiral do conhecimento, baseando-se no comprometimento pessoal e nos modos de conversão entre o conhecimento tácito e o explícito, que envolve tanto o indivíduo quanto o grupo, a organização e o seu ambiente.

Conforme ilustra a Figura 4, os modos de conversão são: socialização; externalização; combinação e internalização.

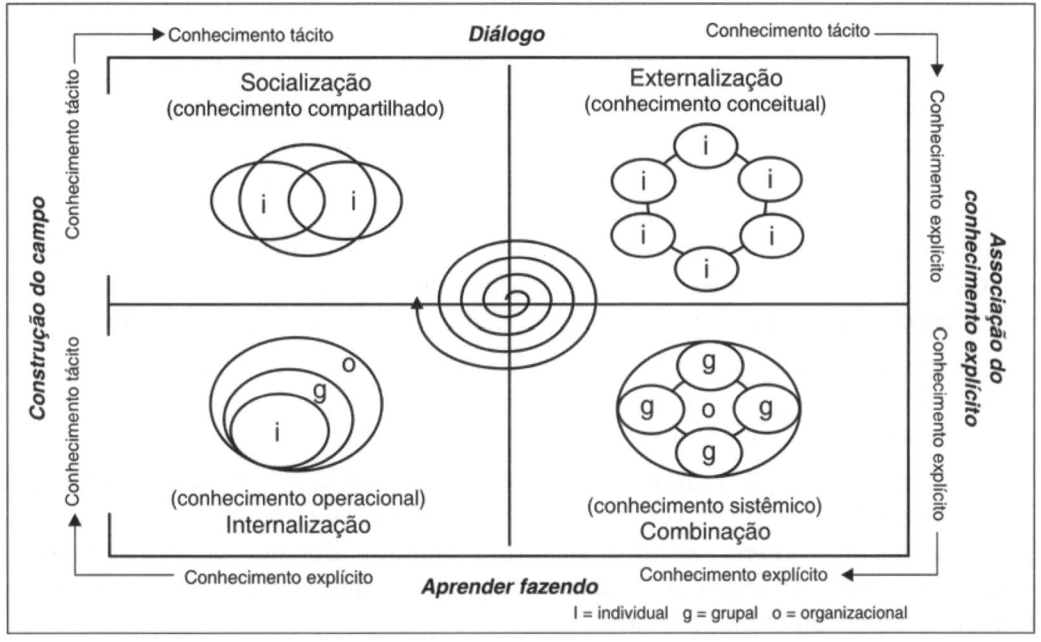

Fonte: Nonaka e Takeuchi, 2008.

Figura 4 – Modelo SECI de criação do conhecimento.

Socialização: conversão do conhecimento tácito em tácito.

A experiência constitui a essência desse modo de aprendizagem. Nele se adquire o conhecimento pela observação, imitação e prática. Para os autores "a mera transferência de informações muitas vezes fará pouco sentido se estiver desligada das emoções associadas e dos contextos específicos nos quais as experiências compartilhadas são embutidas" (Nonaka; Takeuchi, 1997).

Normalmente este tipo de conversão acontece através do diálogo e da comunicação "face a face"; dos trabalhos em que a relação mestre-aprendiz se faz presente; e do compartilhamento e troca de experiências por meio do trabalho em equipe. Neste processo de compartilhamento de experiências a literatura aponta, também, o *brainstorming* como um exemplo utilizado em inúmeras empresas japonesas, como um espaço de diálogo criativo e de expansão da crença entre os envolvidos. Outro exemplo clássico de socialização vem da Matsushita Electric Industrial Company, que, na busca de mecanização do processo de fazer pão, precisou captar o conhecimento tácito da arte de preparar a massa, entender e explicar os mistérios do conhecimento tácito do padeiro através da observação, imitação e prática dos profissionais envolvidos. O treinamento prático, o diálogo e estágios em diferentes áreas e/ou organizações empregam os mesmos preceitos. Revisitamos uma frase que pode sintetizar esta conversão: "troca de conhecimentos face a face entre as pessoas".

Externalização: conversão do conhecimento tácito em explícito.

Constitui o mais relevante processo de conversão de conhecimento; uma transformação do tácito do indivíduo em algum tipo de conceito e conhecimento explícito. Nonaka e Takeuchi (1997, p. 71) indicam que as metáforas, analogias, modelos, conceitos ou hipóteses tornam-se meios de expressão do conhecimento, pois quando se tenta conceitualizar uma imagem, normalmente essa é expressa por meio da linguagem figurada. Mesmo que, em alguns momentos insuficientes e/ou inconsistentes, as imagens e expressões provoquem uma reflexão e interação entre os indivíduos, relacionando conceitos distantes em nossa mente.

A exposição através de planilhas, documentos, imagens, ilustrações, relatos orais e filmes são algumas formas do conhecimento conceitual do indivíduo que pode ser registrado por ele mesmo.

Um exemplo apresentado pelos autores que utilizou a metáfora e/ou analogia para o processo criativo do conhecimento foi o conceito de carro "compacto", pequeno no comprimento e grande na altura, Tall Boy, que deu origem ao Honda City e que nasceu da imagem de uma esfera; uma analogia entre "máximo para o homem e mínimo para a máquina".

Esses autores consideram que "a escrita é uma forma de converter o conhecimento tácito em conhecimento articulável", de alta relevância, pois quando um técnico de serviços, por exemplo, escreve o que sabe, multiplica-se o saber. A externalização é a chave para a criação do conhecimento, uma vez que cria conceitos novos e explícitos a partir do conhecimento tácito. A externalização, no processo da criação do conhecimento, é provocada pelo diálogo ou pela reflexão coletiva, utilizando como método frequente a combinação de dedução e indução. Uma passagem que resume esta conversão é "o registro do conhecimento da pessoa feito por ela mesma".

Combinação: conversão do conhecimento explícito para explícito.

Processo de sistematização de conceitos em um sistema de conhecimento, em que o conhecimento explícito é combinado e reconfigurado, dando origem a um conhecimento novo. Esse processo envolve o emprego de documentos, reuniões, conversas por telefone ou redes de computadores. A reconfiguração das informações através da classificação, acréscimo, combinação, categorização do conhecimento explícito leva ao surgimento de novos conhecimentos. Outros exemplos dessa conversão ocorrem no ensino em cursos de pós-graduação, no desdobramento de visões empresariais, conceitos de negócios ou de produtos pela gerência de nível médio para os níveis operacionais.

A utilização das redes de informação e de bancos de dados facilita esse modo de conversão do conhecimento. A Intranet é usada nas empresas como veículo para disseminação de ideias e metas da companhia. Seu emprego disponibiliza, em tempo real, dados e informações relevantes sobre os negócios, através de correio eletrônico (*e-mail*), hipertexto e transferência de arquivos. As empresas ainda podem favorecer a combinação, utilizando suas redes de informação para o treinamento de seus funcionários, organizando cursos e seminários.

Internalização: conversão do conhecimento explícito em tácito.

É o processo de incorporação do conhecimento explícito no conhecimento tácito que se relaciona diretamente com a prática, com o "aprender fazendo". Nonaka e Takeuchi (1997, p. 77) dizem que "quando são internalizadas na base de conhecimentos tácitos dos indivíduos sob a forma de modelos mentais ou *know-how* técnico compartilhado, as experiências através da socialização, externalização e combinação tornam-se ativos valiosos". Em uma organização, quando um profissional absorve um determinado conhecimento a ponto de não mais precisar das informações no próximo trabalho, podemos dizer que ocorreu a incorporação do conhecimento explícito em tácito; que ocorreu a transformação de conceitos em conhecimento operacional. Este processo acontece por meio de leitura e estudo de diferentes tipos de documentos e imagens; vivência e práticas individuais de experimentos – um aprendizado pessoal, uma visita aos seus conceitos, às suas histórias e personagens; uma consulta aos registros de conhecimentos.

Para viabilizar a criação do conhecimento organizacional, o conhecimento tácito acumulado precisa ser socializado com os membros da organização, iniciando uma nova espiral de criação do conhecimento.

> *"Para que o conhecimento explícito se torne tácito, são necessárias a verbalização e a diagramação do conhecimento sob a forma de documentos, manuais ou histórias orais. A documentação ajuda os indivíduos a internalizarem suas experiências, aumentando assim seu conhecimento tácito. Além disso, documentos ou manuais facilitam a transferência do conhecimento explícito para outras pessoas, ajudando-as a vivenciar indiretamente as experiências dos outros (ou seja, 'reexperimentá-las')"* (Nonaka; Takeuchi, 1997, p. 78).

A Tabela 2 relaciona os modos de conversão com as entidades envolvidas na criação do conhecimento na empresa.

Tabela 2. Modos de conversão e entidades de criação do conhecimento

Modos de conversão do conhecimento		Entidades de criação do conhecimento	Conhecimento gerado
Socialização	Compartilhar e criar conhecimento tácito através de experiência direta	Indivíduo para indivíduo	Conhecimento compartilhado
Externalização	Articular conhecimento tácito através do diálogo e da reflexão	Indivíduo para grupo	Conhecimento conceitual
Combinação	Sistematizar e aplicar o conhecimento explícito e a informação	Grupo para organização	Conhecimento sistêmico
Internalização	Aprender e adquirir novo conhecimento tácito na prática	Organização para indivíduo	Conhecimento operacional

Fonte: Processo SECI adaptado de Nonaka e Takeuchi, 2008.

7.2. Espiral do conhecimento

A espiral do conhecimento, exibida na Figura 5, representa a dinâmica da interação e surge quando os conteúdos do conhecimento gerados nos quatro modos de conversão interagem.

A organização deve mobilizar o conhecimento tácito criado e acumulado no nível individual de forma que a conversão do conhecimento ocorra continuamente, ampliando em escala cada vez maior e cristalizando em níveis ontológicos superiores. Chamamos isso de "espiral do conhecimento", na qual conhecimentos tácito e explícito interagem, começando no nível individual, subindo e ampliando as comunidades de interação que cruzam fronteiras entre seções, departamentos, divisões e organizações.

8. AMBIENTES PARA A CRIAÇÃO DO CONHECIMENTO ORGANIZACIONAL

A teoria da criação do conhecimento organizacional postula que o conhecimento nas organizações é criado por meio de conversões do conhecimento e de condições capacitadoras que formam uma espiral da criação do conhecimento. Para que essa espiral ocorra efetivamente, é necessário compreender o que Nonaka e Takeuchi (1997) chamam de condições capacitadoras para a criação do conhecimento organizacional, que são: intenção, autonomia, flutuações e caos criativo, redundância e variedade de requisitos.

A **intenção** direciona a espiral do conhecimento e se relaciona com a aspiração da organização, portanto, com seus objetivos e metas representados na missão e na visão. Normalmente, os esforços para alcançar a intenção se enquadram na estratégia do contexto organizacional.

Parte I – Gestão do Conhecimento

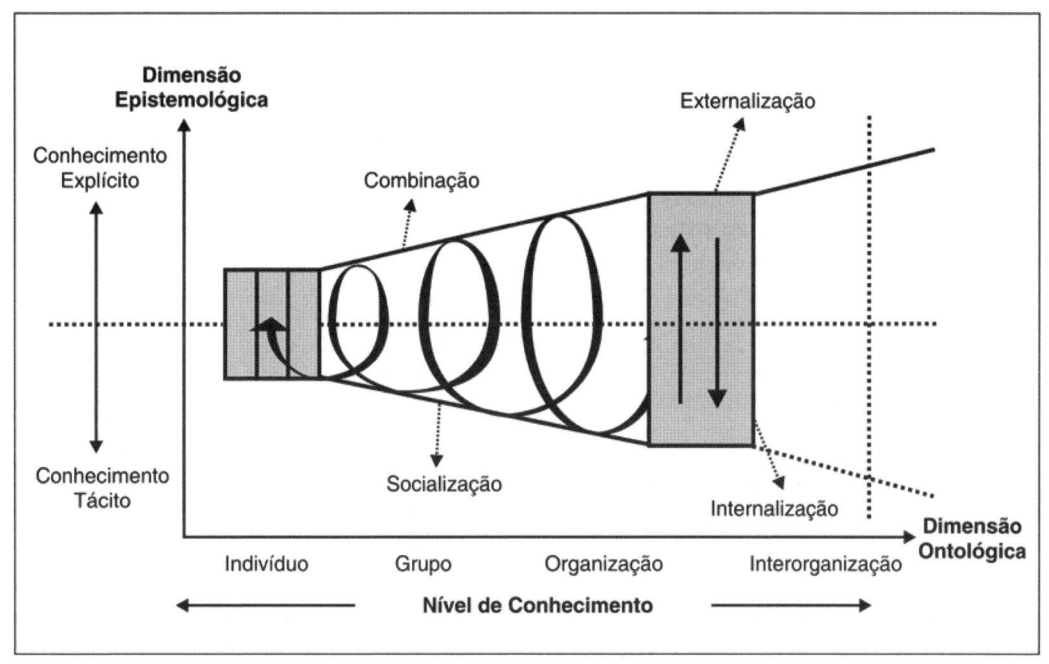

Fonte: Nonaka e Takeuchi, 1997, p. 82.

Figura 5 – Espiral do conhecimento.

Segundo os autores, "a intenção organizacional é necessariamente carregada de valor" e fornece o critério mais importante para julgar a veracidade de um determinado conhecimento, que é expresso frequentemente por padrões organizacionais ou visões que servem para justificar o conhecimento criado.

A essência da estratégia reside no desenvolvimento da capacidade organizacional para adquirir, criar, acumular e explorar o conhecimento. O elemento mais crítico da estratégia corporativa é conceituar uma visão sobre o tipo de conhecimento a ser desenvolvido e operacionalizá-lo em um sistema administrativo, visando a sua implementação (Nonaka e Takeuchi, 2008).

> "Para criar conhecimento, as organizações de negócios devem favorecer o comprometimento de seus empregados, formulando uma intenção organizacional e propondo a eles. A alta gerência e os gerentes de nível intermediário podem chamar a atenção da organização para a importância do comprometimento com os valores. (...) Conforme Polanyi (1958), o comprometimento é subjacente à atividade de criação do conhecimento" (Nonaka; Takeuchi, 2008, p. 72).

A **autonomia** corresponde à segunda condição imprescindível à criação do conhecimento, na medida em que, no nível individual, os membros da organização devem agir de forma autônoma conforme as circunstâncias. Dessa forma, além de motivar os indivíduos a criarem novos conhecimentos, dilata as chances de gerar oportunidades inesperadas favoráveis à inovação e ao compartilhamento das informações. Indivíduos que gozam de autonomia estão propensos à geração de ideias originais que se difundem dentro da equipe e se transformam em ideias organizacionais. Do ponto de vista da criação do conhecimento, a organização que propicia autonomia está propensa a ser mais flexível ao adquirir, interpretar e relacionar informações. Nonaka e Takeuchi sustentam ainda que "indivíduos autônomos e grupos em organizações criadoras de conhecimento estabelecem as fronteiras de suas tarefas por conta própria, a fim de buscar a meta definitiva expressa na mais elevada intenção da organização".

Flutuações e caos criativo, na opinião de Nonaka e Takeuchi, constituem a terceira condição para promover a espiral do conhecimento ao estimular interação entre a organização e o ambiente externo. A flutuação é diferente da desordem total e se caracteriza pela ordem sem recursividade, cujo padrão é difícil de prever inicialmente. Trata-se de situações inseridas propositadamente – pseudocrises – pela alta gerência com o intuito de promover a criatividade por meio da investigação ativa de alternativas para os procedimentos estabelecidos. Esse fenômeno, desencadeado mediante a provocação de choque nas rotinas, hábitos ou estruturas cognitivas, requer ênfase no diálogo por meio da interação social. A flutuação na organização pode precipitar o caos criativo, que induz e fortalece o compromisso subjetivo dos indivíduos.

> *"O caos é gerado naturalmente quando a organização enfrenta situações de crise, como o rápido declínio de desempenho devido a mudanças nas necessidades do mercado, ou o crescimento significativo dos concorrentes. Também pode ser gerado intencionalmente quando os líderes da organização tentam evocar um 'sentido de crise' entre os membros da organização propondo metas desafiadoras"* (Nonaka; Takeuchi, 1997, p. 77).

A proposição de metas desafiadoras, comum entre as empresas japonesas, provoca intencionalmente o caos criativo, aumentando a tensão dentro da organização e focalizando a atenção dos membros na definição do problema e resolução da situação de crise.

A **redundância**, como a quarta condição da espiral do conhecimento apontada pelos autores, é a existência de informações que transcendem as exigências operacionais imediatas dos membros da organização. A redundância refere-se à superposição intencional de informações sobre atividades da empresa, responsabilidades da gerência e sobre a empresa como um todo.

Nonaka e Takeuchi indicam que é necessário que os conceitos criados por indivíduos ou por grupos sejam compartilhados mesmo que os indivíduos não precisem prontamente dos conceitos. O conhecimento tácito é partilhado por meio do compartilhamento de informações redundantes, já que os indivíduos podem sentir o que os demais tentam expressar. A redundância beneficia a organização e acelera o processo de criação do conhecimento, possibilitando ultrapassar limites e fronteiras das percepções dos indivíduos e permitindo, assim, o "aprendizado por intrusão".

Em um ambiente em que predomina a redundância os indivíduos não estão desconectados, mas livremente associados uns aos outros. Assim, assumem posições relevantes no contexto organizacional como um todo, o que resulta em um mecanismo de autocontrole que mantém a organização voltada para determinada direção, ao facilitar o intercâmbio de informações entre a hierarquia e a não-hierarquia.

A **variedade de requisitos** é a quinta condição que favorece o desenvolvimento da espiral do conhecimento. O ambiente impõe desafios à organização que deve condizer com uma variedade de requisitos à altura da complexidade apresentada. As diferentes situações podem ser enfrentadas com melhor desempenho se os membros da organização puderem contar com uma variedade de requisitos, que podem ser aprimorados por meio da combinação de informações de forma rápida e flexível e do acesso às informações em todos os níveis da organização. Nonaka e Takeuchi argumentam que "quando existem diferenciais de informações dentro da organização, seus membros não conseguem interagir nos mesmos termos, retardando a busca de diferentes interpretações de novas informações". Esses autores dizem ainda que "outra forma de reagir rapidamente a flutuações inesperadas no ambiente e manter a diversidade interna é mudar frequentemente a estrutura organizacional". Portanto, uma forma de lidar com a complexidade do ambiente provém do "desenvolvimento de uma estrutura organizacional horizontal e flexível, na qual diferentes unidades são interligadas por intermédio de uma rede de informações" (Nonaka; Takeuchi, 1997, p. 83-95).

8.1. *Ba:* Local de criação do conhecimento

O processo de criação e compartilhamento do conhecimento necessita de um contexto apropriado em termos de espaço, tempo e relacionamento entre os indivíduos; um contexto em que a informação adquire significado através da interpretação e se transforma em conhecimento. Este conceito de um ambiente para partilhar a criação de conhecimento organizacional – *Ba*[8] – (não existe tradução exata da palavra) foi introduzido por Nonaka, Takeuchi e Toyama em 1997, e está fortemente impregnado pela cultura japonesa e, por vezes, de difícil compreensão pela cultura ocidental, pois se utiliza de termos únicos e específicos. Para os autores, este espaço partilhado para a criação do conhecimento pode ser físico (um escritório, um espaço de negócios), virtual (e-mail, teleconferência), mental (experiências compartilhadas, ideias), ou ainda qualquer combinação destes (Nonaka e Konno, 1998).

---

[8] *Ba* é um ideograma *kanji* que, em sua parte esquerda, representa a terra, a água fervente, o crescimento; e, a parte direita significa a capacidade de realização (*enable*). Um lado designa um potencial e o outro indica um tipo de motor ou um movimento que proporciona uma transformação. Qualifica-se como um *good ba* as situações relacionais que energizam as pessoas, tornando-as criativas, dentro de uma interação positiva e dinâmica. A parte direita do ideograma refere-se à filosofia do *yin* e do *yang* ou da transformação permanente (Wikpedia, 5/1/09).

"(...) contexto compartilhado em movimento, no qual o conhecimento é partilhado, criado e utilizado. Ba proporciona a energia, qualidade e os locais para desempenhar as conversões individuais de conhecimento e percorrer a espiral de conhecimento" (Nonaka; Takeuchi, 2008, p. 99-100).

O Ba é o lugar onde a informação é interpretada para se tornar conhecimento. Mais do que um espaço físico como de um escritório, é entendido como um espaço de interações que ocorrem em tempo e local específicos. O conceito reúne espaço virtual e espaço mental, sendo considerado um espaço existencial em que ocorre um compartilhamento com os outros e o ambiente, criando assim novos significados (ver Figura 6).

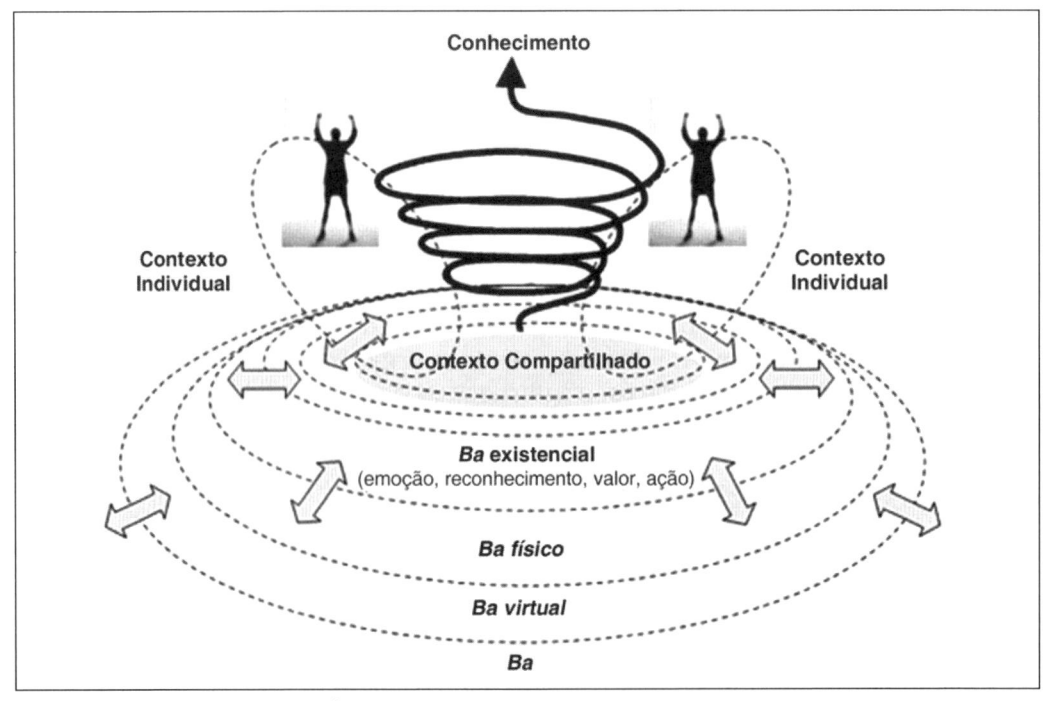

Fonte: Adaptado de Nonaka e Takeuchi (2008).

Figura 6 – Representação conceitual de Ba.

Considerado um espaço de "concentração de recursos" entendidos aqui como conhecimento organizacional e competências intelectuais, o Ba pode criar um ambiente maior, conhecido como *basho*. Para os indivíduos um Ba seria os times, para os times o Ba seria a organização, por fim, o mercado seria um Ba para a organização. A empresa, como organismo, possui vários Bas que possibilitam evidenciar o tipo de conhecimento a ser criado, identificar as pessoas com conhecimento embutido e verificar a forma de interação adequada para criação de conhecimento sem as restrições da estrutura organizacional.

Como parte do processo de criação do conhecimento, Nonaka, Takeuchi e Kono (1998) apresentam quatro tipos de Ba, contextos específicos em que ocorre um compartilhamento dinâmico de conhecimento – Ba: de origem (*originating ba*), de interação (*interacting ba*) ou (*dialoguing ba*), sistêmico (*systemising ba*) ou (*cyber ba*) e o de exercício (*exercising ba*), em que cada local de criação suporta um modo de conversão do conhecimento (ver Figura 7).

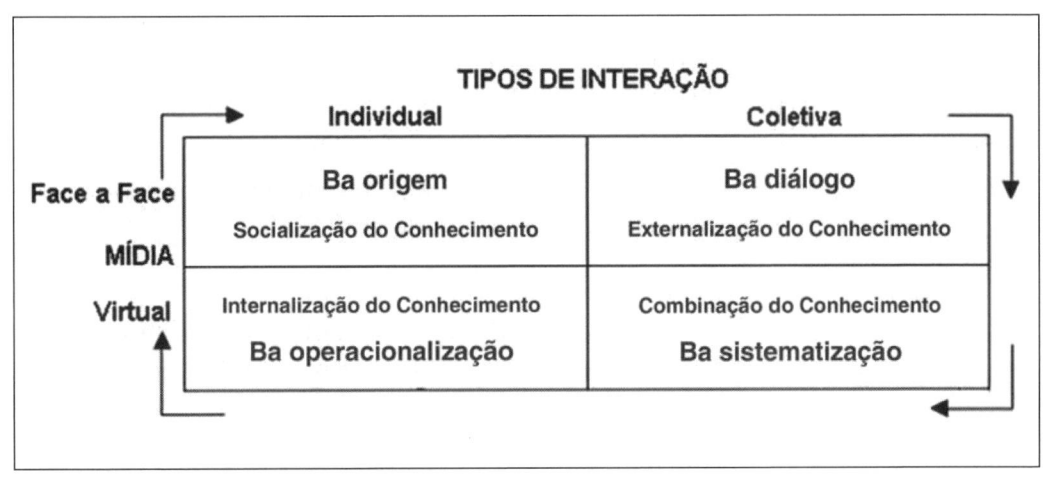

	TIPOS DE INTERAÇÃO	
	Individual	**Coletiva**
Face a Face	**Ba origem** Socialização do Conhecimento	**Ba diálogo** Externalização do Conhecimento
MÍDIA **Virtual**	Internalização do Conhecimento **Ba operacionalização**	Combinação do Conhecimento **Ba sistematização**

Fonte: Adaptado de Nonaka e Konno (1998, p.16-17).

Figura 7 – Quatro tipos de Ba

Observa-se, então, que um Ba pode emergir dentro de indivíduos, grupos de trabalho, círculos informais, reuniões temporárias, espaços virtuais e demais momentos em que as relações correm em um tempo e espaço compartilhados.

9. Implantando a Gestão do Conhecimento nas Empresas

Muitos autores têm se dedicado ao estudo da gestão do conhecimento como parte da estratégia empresarial, entendendo que o conhecimento gerado e armazenado é essencial para as organizações, sendo matéria-prima para a sua sobrevivência. Drucker (1997) percebe que a gestão do conhecimento pode ser entendida como um processo, uma forma do gestor de perceber, capturar, analisar, interpretar, organizar, mapear e disseminar a informação para que esta seja transformada em conhecimento disponível e útil para os demais da empresa. Não é uma tarefa fácil para o gestor, pois dentre as suas inúmeras atribuições precisa equilibrar seu desempenho em diversos papéis que, segundo Mintzberg (1986), podem ser classificados como os interpessoais, papéis de decisão e informação, cabendo a este último a responsabilidade por monitorar, disseminar e servir como porta-voz para transportar para fora da empresa a informação ou o conhecimento julgados pertinentes e importantes.

> *"Feliz aquele que transfere o que sabe e aprende o que ensina."*
> Cora Coralina

Na era do conhecimento e da informação, fase esta que sucedeu a era industrial é perceptível que a riqueza tenha deixado de ser a famosa tríade – terra, capital e trabalho – para ser uma nova força, em que o poder está no capital humano, na informação e na velocidade com que este é capaz de gerar resultados. Assim, este novo paradigma reconhece na criação e geração do conhecimento, na criatividade e na inovação o valor antes atribuído às máquinas. A força competitiva das empresas começou a se transferir do físico para o "intelecto". Produzir conhecimento passou a ser uma grande necessidade para as empresas.

Desta forma, Nonaka e Takeuchi identificaram sete diretrizes que permitem aos gestores a implementação de um programa de criação do conhecimento empresarial.

> *"Há três caminhos para o fracasso: não ensinar o que se sabe; não praticar o que se ensina e não perguntar o que se ignora."*
> São Beda Venerável

De acordo com Laufer (2006), a mente humana tem por hábito funcionar através de dualidades, comparações de dicotomias. E durante o percurso feito pelos autores da teoria sobre a criação do conhecimento na empresa e na geração de inovação, Nonaka e Takeuchi se depararam com alguns indícios destas ideias contrárias e as chamam de "falsas dicotomias" e que se não forem explicitadas tendem a nos dar ideias fragmentadas da teoria, priorizando uma vertente e excluindo a outra.

a) **Individual/organizacional** – criar conhecimento é uma prerrogativa do indivíduo, mas a empresa tem sua importância quando possibilita a ampliação deste conhecimento. Assim, o primeiro se torna o produtor, e o segundo, o ampliador deste conhecimento (Nonaka e Takeuchi, 2008, p. 26).

E isto acontece quando a empresa:

- Cria espaços favoráveis à troca de experiências.
- Admite erros.
- Favorece intercâmbios entre seus colaboradores.
- Reconhece e valoriza a diversidade.
- Reconhece e valoriza seus talentos.
- Busca sempre a inovação.
- Dissemina a cultura da visão compartilhada.

- Sistematiza e organiza o conhecimento adquirido.
- Permite a redundância.
- Reconhece no conflito um início do "caos criativo".
- Valoriza a gerência intermediária.
- Incentiva a delegação e a autonomia.
- Investe em capacitação.
- Propicia elementos para a visão sistêmica.
- Utiliza a tecnologia como uma ferramenta de apoio.
- Possibilita acessos às informações em todos os níveis.
- Incentiva a criatividade.
- Propicia ambientes lúdicos.

b) *Top-Down/Bottom-up* – de cima para baixo ou de baixo para cima, são duas propostas que se opõem e por isso a teoria apresenta o modelo *middle-up-down*, que utiliza a gerência média para realizar a síntese entre aqueles dois modelos. Os administradores medianos fazem o "meio de campo", se utilizarmos o futebol como uma metáfora, e estes normalmente estão à frente de projetos como líderes de equipes ou força-tarefa e a importância da sua função está em intermediar as relações entre o topo e a base da empresa.

c) **Burocracia/Força-tarefa** – estas são duas formas de estrutura organizacional opostas. A teoria proposta apresenta a estrutura em hipertexto que representa também uma síntese entre os dois modelos tradicionais por conter um terceiro nível organizacional. A flexibilidade do modelo em hipertexto possibilita o trâmite do conhecimento, pois, ao encerrar um projeto, equipes são desfeitas e o aprendizado tem maior chance de ser disseminado em outras equipes.

d) **Corrida de revezamento/rúgbi** – no primeiro modelo as funções são especializadas e a norma é a divisão do trabalho; no segundo, a velocidade é a tônica. Baseando-se no futebol americano, mescla o que os dois têm de melhor. Esta pode ser uma analogia utilizada no desenvolvimento de produtos, ou seja, cada etapa do projeto não deve ser passada de um para outro como se a missão já tivesse terminado, como um bastão, e sim como o princípio de uma nova forma de "passar a bola" e propiciar o avanço de toda a equipe.

e) **Oriente/Ocidente** – No Ocidente a estratégia competitiva e a gestão da inovação, o método do estudo de caso e simulação; do outro, a produção enxuta, a qualidade total, o seminário e a produção de teses. Diferenças enormes distanciam estas culturas, mas de que lado está a forma certa? A resposta é que ambos têm pontos fortes e pontos a desenvolver, melhorar.

10. Resumo Executivo

- O conhecimento é percebido pelas empresas como fonte de competitividade e nesse contexto a compreensão do processo de sua geração torna-se essencial no ambiente contemporâneo.

- O conhecimento se forma na empresa pelo resultado de um processo interativo entre os conhecimentos tácitos e explícitos, que se relacionam de diferentes formas, nas dimensões epistemológicas e ontológicas, produzindo a espiral do conhecimento.

- A visão japonesa sobre a geração do conhecimento nas empresas associa a necessária inovação produtiva com as relações e comportamentos dos componentes das organizações, considerando aspectos subjetivos e informais na formação do conhecimento.

- A compreensão da geração do conhecimento na empresa proporciona o entendimento da participação dos principais atores e as condições capacitadoras para esse processo, permitindo à alta administração direcionar e estimular a espiral do conhecimento e desenvolver a capacidade organizacional.

- A criação do conhecimento requer a satisfação de requisitos como estrutura organizacional e interações, mas principalmente de um ambiente propício a essa finalidade, que concentre os recursos necessários e relacione aspectos existenciais, físicos e virtuais na empresa.

QUESTÕES PARA REFLEXÃO

a) Como organizar a gestão do conhecimento na empresa, considerando os conceitos para sua geração propostos por Nonaka e Takeuchi?

b) As diferenças entre as abordagens ocidental e oriental sobre o entendimento da geração do conhecimento podem responder pelas diferenças de capacidade em inovação?

c) Qual a contribuição do modelo de transferência do conhecimento apresentado por Nonaka e Takeuchi no aprendizado organizacional?

d) Citar uma prática que utilize a etapa de socialização do modelo de transferência de conhecimento apresentado por Nonaka e Takeuchi. Como esta prática contribui para o aprendizado organizacional?

e) Como a aprendizagem organizacional pode ocorrer a partir do modelo SECI?

REFERÊNCIAS BIBLIOGRÁFICAS

BALESTRIN, A. *A dinâmica de complementaridade de conhecimentos no contexto das redes interorganizacionais*. Tese de Doutorado, Porto Alegre: Programa de Pós-Graduação em Administração – Universidade Federal do Rio Grande do Sul, 2005.

BRASIL. Ministério da Saúde. Secretaria Executiva. *Cem palavras para gestão do conhecimento*. Brasília: Ministério da Saúde, 2003.

DAVENPORT, T. H. e PRUSAK, L. *Working knowledge: how organizations manage what they know*. Boston: Harvard Business School Press, 1998.

DRUCKER, P. *A Organização do Futuro: como preparar hoje as empresas de amanhã*. São Paulo: Futura, 1997.

FULD, L. *The new competitor intelligence: the complete resource for finding, analysing, and using information about your competitors*. Nova York: J. Wiley & Sons, 1995, 482 p.

GRANT, R. M. Toward a knowledge-based theory of the firm. *Strategic Management Journal*, vol. 17, 1996.

LAUFER, Miguel. *Falsas dicotomias e dualidades na ciência*. INCI, jun., vol. 31, nº 6. 2006. p. 395-395.

MINTZBERG, Henry. *Trabalho do executivo: o folclore e o fato. In*: Coleção Harvard de Administração. São Paulo: Nova Cultural, 1986.

MIRANDA, R. C. da R. *O uso da informação na formulação de ações estratégicas pelas empresas*. Ciência da Informação, Brasília, vol. 28, nº 3, p. 284-290, set./dez. 1999.

MORESI, Eduardo Amadeu Dutra. *Inteligência organizacional: um referencial integrado*. Inf., Brasília, vol. 30, nº 2, agosto de 2001.

Disponível<http://www.scielo.br/scielo.php?script=sci_arttext&pid=S01001965200 1000200006&lng=e &nrm=iso>. Acesso em: 12 jan. 2009.

NONAKA, Ikujiro e TAKEUCHI, Hirotaka. *Criação de conhecimento na empresa: Como as empresas japonesas geram a dinâmica da inovação*. Tradução Ana Beatriz Rodrigues, Priscilla Martins Celeste, 19ª ed. Rio de Janeiro: Elsevier, 1997, 358 p.

_____. *Gestão do conhecimento*. Tradução de Ana Thorell. Porto Alegre: Bookman 2008.

NONAKA, Ikujiro; KONO, N. The concept of "Ba": building a foundation for knowledge creation. *California Management Review*, Spring 1998, p. 40-54.

NONAKA, I.; TAKEUCHI, H. e TOYAMA, R. A firm as a dialectical being: towards a dynamic theory of a firm. *Industrial and Corporate Charge*, vol. 11, p. 995-1.009, 2002.

RODRIGUEZ, Martius. *Gestão empresarial – Organizações aprendizes*. Rio de Janeiro: Qualitymark Editora, 2002.

TERRA, José Cláudio Cyrineu. *Gestão do conhecimento: o grande desafio empresarial*. Rio de Janeiro: Elsevier, 2005.

WURMAN, R. S. *Ansiedade de informação: como transformar informação em compreensão*. 5ª ed. São Paulo: Cultura Editores, 1995, 38 p.

Capítulo 3

Análise de Valores Pessoais e Organizacionais: Um Estudo de Caso

Autores:

Beatriz Resende Hallak, MSc.
Martius Vicente Rodriguez y Rodriguez, pDSc.
Maria Ignez C. de Azevedo Limeira, MSc.

Revisora:

Ariane Ramos Gonçalves, MSc.

1. INTRODUÇÃO

O atual cenário empresarial apresenta como principal desafio a busca pela inovação, forte característica da era da aprendizagem e do conhecimento, em que o talento humano é valorizado e reconhecido como grande propulsor para o salto qualitativo das organizações. As empresas, portanto, devem buscar vantagens competitivas modificando a si mesmas, em tempo real e adequando-se ao mercado, e isso só é possível através de pessoas comprometidas e da geração de conhecimento (Hallak, 2008).

Dentro desta nova lógica, Barrett (2000) argumenta que a única maneira de construir verdadeira vantagem competitiva é por intermédio do capital humano e que as empresas, ao adquirirem esta consciência, se veem diante do desafio de examinar seriamente suas culturas e seus valores corporativos. Reforçando essa necessidade explicitada pelo autor está a demanda de um mercado global cada vez mais consciente e exigente por produtos social e ambientalmente responsáveis.

Em função desses aspectos, verifica-se a importância de se estudar a cultura das organizações à luz de suas estratégias, identificando as possíveis subculturas existentes, seus valores subjacentes e seu grau de alinhamento. Para embasar este estudo, foi escolhida a teoria de Barrett (2006), autor de obras sobre transformação pessoal e organizacional, tendo conduzido desde 1997 o mapeamento de valores em mais de 500 empresas em 35 países.

O autor defende em suas obras que as organizações não se transformam, as pessoas, sim, e que a cultura se sustenta sobre os valores subjacentes a ela, demonstrados por meio de comportamentos observados. Segundo o autor, as empresas mais bem-sucedidas são guiadas por uma visão e orientadas por valores e buscam o alinhamento entre os valores pessoais e organizacionais para serem sustentáveis.

Em um ambiente no qual a gestão do conhecimento é altamente valorizada, os valores e crenças ganham especial destaque, já que, segundo Davenport e Prusak (1998), influenciam em grande medida os pensamentos e atos das pessoas, determinando o que veem, absorvem e concluem por suas observações. Daí a importância de estudar tais valores e crenças, procurando desenvolver aqueles que convertam informações e dados em conhecimento, criando um ambiente de aprendizado contínuo.

Dessa forma, com base no modelo apresentado por Barrett (2006), será resolvida a seguinte questão-problema: como se posicionam os valores pessoais e organizacionais em uma empresa de grande porte?

A pesquisa foi realizada em uma empresa brasileira de energia que possui um quadro robusto de empregados próprios, alocados em suas áreas de negócio, bem como nas unidades corporativas.

A empresa atua nos segmentos de exploração e produção de petróleo, refino, gás, energia renovável e distribuição, com operações consolidadas em todo o território brasileiro e em expansão nos mercados internacionais.

Outra característica de seu efetivo é a diferença de idade e de experiência profissional entre os novos e os antigos empregados, demandando ações estruturadas e políticas claras de retenção e transferência de conhecimento, principalmente nas unidades operacionais. A área de Recursos Humanos da companhia tem como principal política o desenvolvimento de seus empregados, sejam eles recém-admitidos ou não, objetivando fortalecer as competências necessárias ao alcance de suas estratégias.

2. Situação Inicial e os Desafios a Serem Alcançados

A empresa possuía um diagnóstico de cultura qualitativo concluído em 2004, o qual apontava para alguns valores emergentes já provenientes de novos empregados contratados à época, que participaram da pesquisa e do novo direcionamento corporativo para o cenário de abertura de mercado que se consolidava.

A referida pesquisa de cultura aplicada em 2007, dessa vez voltada para o mapeamento de valores, teve como objetivo identificar o grau de alinhamento entre os valores pessoais, organizacionais atuais e organizacionais ideais para o alcance de suas estratégias, segundo o modelo dos sete níveis de consciência de Barrett (2000).

Esse modelo é uma expansão da hierarquia das necessidades de Maslow (1954). Sua base fundamental se apoia no fato de que as organizações são compostas por indivíduos e por isso possuem motivações e necessidades similares às desses indivíduos (Barret, 2006).

Outros desafios foram também colocados:

- Identificar os dez principais valores pessoais e organizacionais atuais que permeiam o grupo pesquisado, segmentando por faixa etária, sexo, função e tempo de empresa.

- Identificar os níveis de consciência presentes na organização, caracterizando se a cultura organizacional está focalizada no interesse próprio, na transformação ou no bem comum.

- Apresentar os índices culturais apontados no referencial teórico utilizado.

3. O Projeto Proposto – Estruturação e Etapas

A cultura das organizações é formada por pessoas que, por sua vez, carregam consigo traços, perfis e características culturais de seus países de origem. É, portanto, inevitável afirmar que a cultura nacional migra para dentro das empresas através das pessoas que as constituem (Junqueira, 2005). Os autores Motta e Caldas (1997) afirmam que as organizações são partes de uma sociedade e, portanto, partes de sua cultura, formando as subculturas de uma sociedade.

Considerando a cultura organizacional variável, Schein (2004) destaca a possibilidade de seu gerenciamento para obter padrões elevados de eficiência organizacional por meio do desenvolvimento de culturas fortes e integradas.

Já Ulrich (2008) destaca sua forte relação com a mudança nas organizações, pois, na medida em que a cultura estabelece padrões ao longo do tempo, a mudança gera eventos que impactam e transformam esses padrões. Segundo o autor, mudança sem cultura gera atividades randômicas, ao passo que cultivar a cultura sem mudança, um ambiente ultrapassado.

É consenso, porém, que os valores constituem o cerne da cultura, sendo o elemento menos aparente.

3.1. Valores pessoais

Maslow (1999), em seu estudo sobre a hierarquia das necessidades, afirma que os valores pessoais estão intimamente ligados às necessidades básicas ou metas, divididas em cinco categorias: fisiológicas, segurança, sociais, estima e autorrealização. Essas metas são dispostas hierarquicamente e por ordem de predominância, revelando que a meta mais preponderante irá monopolizar a consciência do indivíduo, impactando nas escolhas de seu organismo. Nessa dinâmica, quando uma necessidade é razoavelmente satisfeita, a próxima necessidade presente na hierarquia emerge, influenciando o comportamento do indivíduo para alcançá-la, tornando-se, portanto, um motivador ativo (Limeira, 2004).

3.2. Valores organizacionais

A literatura mostra que, entre os vários elementos presentes na cultura organizacional, os valores e crenças se destacam, podendo ser os valores considerados a essência que orienta a vida da organização (Teves, 2005).

No caso de organizações com fortes culturas corporativas, os valores são considerados regras, influenciando diretamente a rotina e as ações das pessoas, ou seja, os valores fazem uma declaração aberta da organização de como se espera que todos se comportem, inclusive os líderes e administradores. Quando isso acontece de fato, constrói-se uma cultura coesa que reforça a visão e a missão da empresa, e cada empregado se torna responsável pelo seu sucesso (Barret, 2000).

Segundo Barrett (2006), assim como os indivíduos têm personalidades identificadas através de seus valores, crenças e comportamentos, os grupos ou organizações têm culturas que também são identificadas através de seus valores, crenças e comportamentos. Quando pessoas entram para uma organização encontram valores que podem ser similares ou não aos seus, ocorrendo o que o autor denomina de grau de "alinhamento de valores" variável que segundo ele, impacta diretamente nos resultados da empresa.

Neste contexto, a clara percepção e compartilhamento dos valores organizacionais pelas pessoas que nela atuam influenciam o seu comportamento a ponto de impactar na capacidade de motivação, criação e inovação do grupo e da organização e, consequentemente, na execução de suas estratégias (Barrett, 2006).

Diante de algumas questões recorrentes, tais como atração e retenção de talentos, retorno aos acionistas, inovação e ética, Barrett (2006) enfatiza a necessidade de se ter uma cultura corporativa forte, em que há alinhamento de valores entre empregados e organização.

3.3. Gestão do conhecimento

Atualmente o sucesso organizacional está muito mais em conquistar vantagens dinâmicas do que nos fatores tradicionais de produção. Silva *et al.* (2007) define a gestão do conhecimento como um diferencial em ascensão, já que as organizações passam a compreender que informações e dados por si sós não garantem mais o que necessitam para sobreviver neste contexto.

A gestão do conhecimento surge, portanto, possibilitando a criação e o compartilhamento dos conhecimentos, enquanto se preocupa também em manter o foco nos objetivos e metas empresariais (Davenport e Prusak, 1998). Embora esteja relacionado a dados e informações, o conceito de conhecimento extrapola estas duas definições, aproximando-se da ação, podendo ser mensurado através de resultados, do desenvolvimento de produtos e da eficiência nos processos.

Para Davenport e Prusak (1998), o conhecimento é um misto de experiência; verdade; complexidade; discernimento; práticas e intuição; valores e crenças. Aqui será enfocada a influência da cultura organizacional na gestão do conhecimento.

O processo de transformação da informação em conhecimento requer a presença humana, através do relacionamento e da troca de ideias entre as pessoas (Silva *et al.*, 2007). No contexto da organização, entendida como construção social, a dinâmica da interação – e principalmente a atividade comunicativa entre as pessoas – torna-se essencial à sua manutenção e sobrevivência (Silva e Castro, 2007).

É possível concluir, assim, que o conhecimento é resultado dos processos de intercâmbio de ações individuais, grupais e organizacionais, sendo o conhecimento tácito dos indivíduos a base da criação do conhecimento organizacional. O conhecimento tácito está profundamente arraigado nas ações e experiências dos indivíduos – em suas emoções, valores ou ideais –, podendo ser transformado em conhecimento facilmente compreensível por todos em linguagem formal e sistemática, o chamado conhecimento explícito.

Como afirmam Silva *et al.* (2007), a gestão do conhecimento pode ser considerada "uma atitude, um posicionamento de *mindset* das pessoas da organização. *Mindset* é a forma como trabalhamos os conceitos enraizados pela nossa experiência anterior". É necessário modificar formas de pensar e modelos mentais que possam ser uma barreira à gestão do conhecimento.

Uma das soluções que minimizam essas limitações é o estabelecimento de consenso através de educação, discussão, publicações, trabalho em equipe e rodízio de funções (Davenport e Prusak, 1998).

Focar apenas na filosofia da gestão do conhecimento ou em modismos passageiros impossibilitará a estruturação do conhecimento nas organizações, tornando-o transitório. Assim, é fundamental a existência de valores que propiciem a gestão do conhecimento, promovendo uma cultura organizacional que favoreça este processo (Rodriguez, 2002).

3.4. Modelo de Barrett para avaliação da cultura organizacional

Para realizar a pesquisa foi utilizado o modelo de Richard Barrett para avaliar a cultura corporativa. Segundo Barrett (2006), as empresas com mais altos desempenhos são aquelas que estabelecem e preservam uma cultura orientada por valores. São empresas com identidade própria, baseada nas motivações coletivas e em valores compartilhados, em que todos trabalham para criar a mesma visão de futuro e buscam encontrar realização pessoal no trabalho, satisfazendo suas necessidades físicas, emocionais, mentais e espirituais.

O autor acredita que o maior desafio das empresas está em compreender a motivação dos empregados e por isso utiliza como base para o seu modelo a teoria da motivação de Maslow (1954). Em sua proposta, Barrett (2006) amplia a hierarquia das necessidades com a perspectiva espiritual, tratando de ações e significados que transcendem o egoísmo e buscam a alma do indivíduo, cuja satisfação não se dá nas possibilidades do mundo exterior, mas sim no mundo interior – encontrar significado, fazer diferença e ser útil por meio do serviço, realizando o bem comum.

O modelo considera o conjunto de valores, crenças e comportamentos manifestados pelas pessoas e os enquadra em sete níveis de consciência pessoal e organizacional. Os sete níveis de consciência pessoal são detalhados a seguir, iniciando pelo que o autor define como "consciência", que representa um estado de conhecimento do eu (pensamentos, sentimentos, ideias) baseado num conjunto de crenças e valores pelos quais a realidade é interpretada.

A passagem para um estado mais elevado de consciência implica mudança nas crenças, nos valores e nos comportamentos. Os valores num nível mais elevado de consciência promovem maiores compreensão e conexão e menores separação e fragmentação (Barrett, 2000, p. 59), conforme descrito a seguir:

- Nível 1: Consciência de sobrevivência – principal fonte de motivação do sentimento de autopreservação.
- Nível 2: Consciência do relacionamento – manifesta-se pela preocupação quanto aos relacionamentos desenvolvidos.
- Nível 3: Consciência da autoestima – relacionado à necessidade de reconhecimento do indivíduo.
- Nível 4: Consciência da transformação – foco na autorrealização e na busca pelo crescimento pessoal.
- Nível 5: Consciência da alma – significado/coesão – o primeiro dos três níveis mais altos da consciência humana, que correspondem a um senso maior de conexão da pessoa com o mundo.
- Nível 6: Consciência divina – fazer a diferença/comunidade – forte conexão com toda a criação, identificando-se com a humanidade.
- Nível 7: Consciência da unidade – serviço/social – a pessoa deseja que suas ações afetem toda a sociedade e que sua vida seja positiva para o planeta.

Os níveis mais baixos (um ao três) focam em necessidades básicas de sobrevivência, segurança física e emocional e autoestima – interesses pessoais. Os níveis mais altos (cinco ao sete) focam nas necessidades espirituais, a necessidade de se ter um significado na vida, de fazer a diferença e de estar a serviço do mundo – interesses do bem comum. O quarto nível foca na transformação, ou seja, quando ocorre a troca de foco dos interesses pessoais para o interesse pelo bem comum (Barrett, 2006).

Segundo o autor, para ter sucesso as pessoas devem aprender a satisfazer a todas as sua necessidades, possibilitando-as operarem plenamente nos sete níveis.

Segundo Barrett (2006), para serem bem-sucedidas as empresas precisam aprender como satisfazer a cada nível de consciência. Suas pesquisas mostraram que essas empresas são mais rentáveis e mais resilientes, pois têm a habilidade de responder apropriadamente a todos os desafios dos negócios. Para a melhor compreensão do modelo, a Figura 1 clarifica a relação entre os níveis de consciência pessoal e organizacional e sua distribuição nos três estágios: Bem Comum, Transformação e Interesse Próprio.

Para idenificar os níveis de consciência pessoal e organizacional, inclusive investigando o nível de consciência organizacional ideal, e verificar o grau de alinhamento, utiliza-se o mapeamento dos valores através de uma lista de valores/crenças/comportamentos previamente elaborada baseada no modelo proposto pelo autor.

Os valores/crenças/comportamentos são classificados em positivos (P) ou potencialmente limitadores (L) para enriquecer a análise. Alguns valores e comportamentos de níveis mais baixos de consciência – um ao três – são potencialmente limitadores (L), ou seja, aparecem quando sentimentos de medo levam a ações que solapam o bem comum, podendo causar frustração às pessoas e atrapalhar o progresso da empresa se não forem bem trabalhados. No nível quatro as pessoas aprendem a vencer esses medos, e nos demais níveis – cinco ao sete – já não aparecem valores limitadores.

PESSOAL		ORGANIZACIONAL	
Responsabilidade social Servir à humanidade e ao planeta	7 SERVIÇO	Responsabilidade social Servir à humanidade e ao planeta	BEM COMUM
Envolvimento comunitário Contribuir com a comunidade local	6 FAZER A DIFERENÇA	Alianças estratégica e parcerias Comunidade, realização do funcionário	
Sentido de propósito Trabalho com significado	5 COESÃO INTERNA	Forte identidade cultural Visão/valores compartilhados, criatividade	
Autorrealização Autoconhecimento, crescimento pessoal	4 TRANSFORMAÇÃO	Renovação e aprendizado contínuo Novos produtos e serviços, adaptabilidade	TRANSFOR- MAÇÃO
Autodesenvolvimento Crescimento profissional, ser o melhor	3 AUTOESTIMA	Eficiência organizacional Produtividade, eficiência e qualidade	INTERESSE PRÓPRIO
Relacionamentos harmoniosos Família, amizade, respeito	2 RELACIONAMENTO	Relacionamentos harmoniosos Comunicação aberta, satisfação ao cliente	
Segurança pessoal Segurança física e financeira	1 SOBREVIVÊNCIA	Segurança financeira Lucro, valor/acionista, segurança	

Figura 1 – Os Sete Níveis de Consciência Pessoal e Organizacional

4. ESTUDO DE CASO

Foi utilizado para o estudo de caso uma empresa na área de gás e energia, sendo para isso realizada uma pesquisa de campo cuja amostra utilizada é não probabilística intencional definida segundo os critérios de acessibilidade e tipicidade.

Foram considerados como população para aplicação da pesquisa empregados de duas unidades da referida área de negócio cujas atividades contemplam vários processos em um ambiente diverso e complexo, sendo, portanto, representativas em relação ao todo.

A população abrangeu 287 pessoas, representando 100% do total de empregados próprios das unidades pesquisadas. Os questionários foram distribuídos para toda a população. A amostra da pesquisa foi constituída pelos empregados da empresa que se disponibilizaram a responder aos questionários, representando 37% da população.

Como instrumento de pesquisa optou-se por aplicar um questionário como principal fonte de coleta de dados em função do modelo teórico adotado e do tamanho da amostra. Os questionários distribuídos aos empregados foram analisados de forma quantitativa, enquanto os documentos da empresa foram analisados qualitativamente.

O modelo utilizado na pesquisa permite a identificação dos valores em três dimensões: a de valores pessoais; a de valores organizacionais atuais e a de valores organizacionais ideais. No caso deste estudo, pelo fato da empresa já possuir os valores organizacionais ideais declarados, optou-se por lançar mão apenas do mapeamento das duas primeiras dimensões.

O questionário de valores foi construído à luz do modelo desenvolvido por Barrett (2006), observando-se, porém, a realidade do país e da empresa a ser pesquisada. O questionário apresenta dois formulários com 70 valores/crenças/comportamentos cada um – o de valores pessoais (para identificar valores pessoais) e o de valores organizacionais (para identificar valores organizacionais atuais) –, para tanto, cada empregado respondeu a duas perguntas:

- Quais dos valores/crenças/comportamentos a seguir mais representam quem você é, como age e em que acredita (não quem você gostaria de ser)?
- Quais dos valores/crenças/comportamentos a seguir mais representam, em sua opinião, como a sua empresa opera atualmente?

Conforme o modelo utilizado na pesquisa, todos os valores/crenças/comportamentos são relacionados a um dos sete níveis de consciência – pessoal ou organizacional, e classificados em positivos (P) ou potencialmente limitadores (L).

5. Os Resultados Obtidos – Benefícios

Os dados do estudo foram gerados por meio da pesquisa documental, seguida de pesquisa de campo.

Considerando os valores declarados no plano estratégico da empresa estudada, bem como sua visão e seus atributos, e baseado no modelo utilizado na pesquisa de campo, chegou-se a um conjunto de valores representados na Tabela 1. A classificação obedeceu à ordem decrescente de alocação dos valores relacionados aos sete níveis de consciência, sendo os primeiros relacionados aos níveis mais altos, e os últimos, aos níveis mais baixos.

Na Tabela 2 são identificados os 15 valores organizacionais ideais para suportar as estratégias da companhia. Pode-se depreender dessa lista que a empresa estudada deseja ter forte orientação para as questões sociais, ambientais e de valorização de seu pessoal, na medida em que valoriza temas como ética, sustentabilidade, responsabilidade social, proteção ambiental e saúde dos empregados.

Tabela 1. Valores Organizacionais Ideais: adequação
ao modelo utilizado na pesquisa de campo

Nº	Valores Organizacionais Ideais	Nível de Consciência
1	Buscar sustentabilidade em suas ações	7
2	Atuar com ética	7
3	Estimular o empreendedorismo	7
4	Ser socialmente responsável	7
5	Proteger o meio ambiente	6
6	Preocupar-se com as necessidades dos empregados	6
7	Buscar parcerias com clientes e fornecedores	6
8	Trabalhar em equipe	5
9	Possuir valores compartilhados	5
10	Ser voltada para a inovação	4
11	Valorizar a competência	3
12	Ser reconhecida como a melhor (L)	3
13	Ser competitiva (L)	3
14	Ter comunicação aberta/transparente	2
15	Preocupar-se com a saúde dos empregados	1

Fonte: Hallak (2008).

Por outro lado, valores como inovação, competitividade e reconhecimento são destacados como importantes para o alcance de suas estratégias, sendo os dois últimos valores potencialmente limitadores, pois, caso não sejam trabalhados de maneira correta, podem causar frustração às pessoas e atrapalhar o progresso da empresa (Barrett, 2006).

As Tabelas 2 e 3 apresentam os 10 valores pessoais e organizacionais atuais mais votados para todo o grupo pesquisado, classificados em ordem decrescente em número de votos e relacionados aos seus respectivos níveis de consciência. No caso de empate na votação, mais de um valor foi considerado para a mesma colocação.

Observam-se algumas diferenças entre os valores pessoais e organizacionais atuais, principalmente quando se analisam os dois primeiros valores mais votados das duas tabelas: "gosto de aprender" e "busco qualidade de vida", para os valores pessoais e "é hierárquica" e "quer ser reconhecida como a melhor", para os valores organizacionais atuais.

Os dois valores pessoais mais votados são positivos e demonstram o interesse das pessoas na busca por desenvolvimento e por uma vida saudável e equilibrada; em contrapartida, os outros dois valores (organizacionais atuais) são potencialmente limitadores e remetem a um modelo hierárquico e rígido e de busca por melhores desempenhos, podendo gerar competição interna.

Tabela 2. Valores Pessoais: os 10 primeiros colocados em número de votos

Valores Pessoais	Votos	Nível de Consciência
1. Gosto de aprender	66	4
2. Busco qualidade de vida	52	4
3. Sou responsável	45	4
4. Sou íntegro	40	5
5. Sou confiável	40	5
6. Cultivo minhas amizades	30	5
7. Sou comprometido	30	5
8. Gosto de contribuir com os outros	29	6
9. Gosto de trabalhar em equipe	27	5
10. Saúde e segurança são importantes	26	1
11. Gosto de ser respeitado (L)	26	3

Fonte: Hallak (2008).

Tabela 3. Valores Organizacionais: os 10 primeiros colocados em número de votos

Valores Organizacionais Atuais	Votos	Nível de Consciência
1. É hierárquica (L)	51	3
2. Quer ser reconhecida como a melhor (L)	47	3
3. Preocupa-se com a imagem (L)	44	2
4. É socialmente responsável	43	7
5. Há perspectiva de longo prazo	42	7
6. Possui forte identidade cultural	41	5
7. Preocupa-se com a saúde dos empregados	34	1
8. Desenvolve ações visando contribuição social	32	6
9. Cultiva a burocracia (L)	31	3
10. Busca o aprendizado contínuo	31	4

Fonte: Hallak (2008).

Dentre os demais valores organizacionais atuais mais votados, reforçando os já citados, aparecem: "cultiva a burocracia" e "preocupa-se com a imagem", também valores potencialmente limitadores se não forem bem trabalhados, típicos de grandes empresas. Entretanto, três desses quatro valores limitadores tendem a desaparecer, pois não guardam qualquer relação com os valores pessoais, e apenas um deles – "ser reconhecida como a melhor" – está entre os desejados pela empresa.

A partir dos 15 valores identificados, pela análise documental, como sendo os organizacionais ideais e dos 10 valores pessoais e organizacionais atuais mais votados, foi feita a distribuição para cada uma das três dimensões – valores pessoais, organizacionais atuais e organizacionais ideais – pelos sete níveis de consciência (Figura 2). As "bolas" representam os valores, sendo as "bolas cheias" os valores potencialmente limitadores.

Fonte: Hallak (2008).

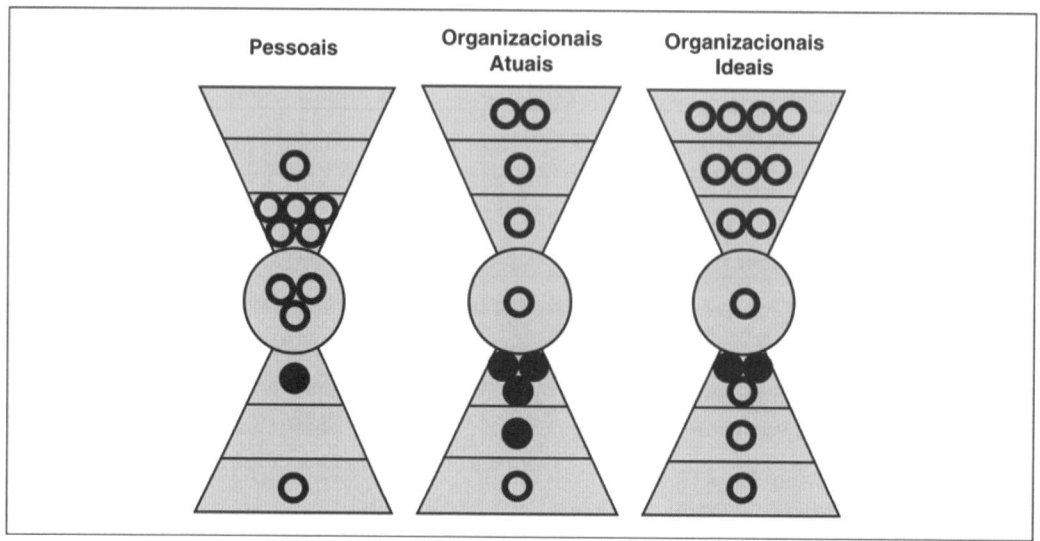

Figura 2 – Distribuição dos principais valores identificados nas três dimensões.

Segundo Barrett (2006), as empresas mais bem-sucedidas tendem a se focalizar nos níveis superiores, a partir do nível quatro, no qual ocorre o processo de transformação em que passam a ter coesão interna, envolvimento dos empregados e foco em inovação. Observa-se que, quanto ao desejo da empresa, além de estar mais focado nos níveis superiores (nível quatro para cima), em que estão alocados 10 de seus 15 valores, há apenas um valor no nível quatro, "ser voltada para inovação", certamente um dos pilares do sucesso da empresa desde a sua criação e que estará sustentando as suas estratégias. Entretanto, os empregados reconhecem que a empresa atualmente valoriza o aprendizado, pois, também como único valor no nível quatro, aparece "busca o aprendizado contínuo", sem o qual não há a inovação.

Percebe-se ainda grande concentração de valores pessoais nos níveis quatro e cinco, favorecendo o alinhamento com os valores organizacionais ideais, na medida em que no nível quatro as pessoas estão mais maduras, preparadas para reexaminar suas crenças e iniciar o processo de transformação; e no nível cinco, as pessoas já buscam no trabalho um meio de dar significado à vida, interessam-se mais pelo bem comum e têm forte senso de integridade (Barrett, 2006). Dos 10 valores pessoais mais votados, os três primeiros estão presentes no nível quatro: "gosto de aprender", "busco qualidade de vida" e "sou responsável", reforçando sua importância. Os valores presentes no nível cinco são "sou íntegro", "sou confiável", "cultivo as minhas amizades", "sou comprometido" e "gosto de trabalhar em equipe", e sinalizam que as pessoas estão prontas para evoluir para níveis superiores da consciência.

Em contrapartida, percebe-se pouco alinhamento entre os valores pessoais e os valores organizacionais atuais, principalmente no que tange aos três primeiros níveis: dos 10 valores organizacionais atuais mais votados, cinco estão alocados do nível um ao nível três, sendo apenas um valor positivo.

Isso demonstra que a empresa se preocupa muito com sistemas, processos e melhores práticas, reforçando o controle e a hierarquia e inibindo a capacidade de inovar e evoluir para níveis mais altos de consciência e criatividade. No caso dos valores pessoais, apenas dois estão alocados do nível um ao nível três, sendo um deles positivo e outro potencialmente limitador.

Em resumo, considerando que 75% dos pesquisados possuem até cinco anos de casa, percebe-se que as pessoas não terão dificuldades em estabelecer uma cultura mais próxima ao que a empresa espera ou idealiza para suportar suas estratégias.

O índice PL pode ser gerado dessa distribuição em cada dimensão. Este índice representa o número de valores positivos (P) comparado com o número de valores potencialmente limitadores (L) dentro dos principais valores identificados, apresentados na Tabela 4.

Tabela 4. Índice PL para cada dimensão

Pessoais	Organizacionais Atuais	Organizacionais Ideais
PL = 10 – 1	PL = 6 – 4	PL = 13 – 2

Fonte: Hallak (2008).

Conforme a Tabela 4, para os valores pessoais, o índice PL é considerado um bom resultado, pois demonstra que 10 dos 11 valores mais votados são positivos. Em contrapartida, para os valores organizacionais atuais, o índice PL é considerado bastante limitador, uma vez que evidencia quatro valores potencialmente limitadores.

Os indicadores referentes aos valores organizacionais ideais são bastante favoráveis, pois apresentam um bom PL (13 – 2), confirmando que, com base nos resultados dos valores pessoais, não será difícil para a empresa alcançar tal configuração.

As Figuras 3 e 4 demonstram a distribuição percentual de votação de todos os valores, não apenas os 10 mais votados, dentro dos sete níveis de consciência nas dimensões pessoal e organizacional atual.

No caso dos valores organizacionais ideais, por terem sido identificados na pesquisa documental, não foi possível fazer essa distribuição. As barras mais escuras sinalizam o percentual de valores potencialmente limitadores dos níveis um ao três, que, somados ao percentual das respectivas barras mais claras (imediatamente abaixo), fornecem o percentual total de todos os votos para aquele nível.

Fonte: Hallak (2008).

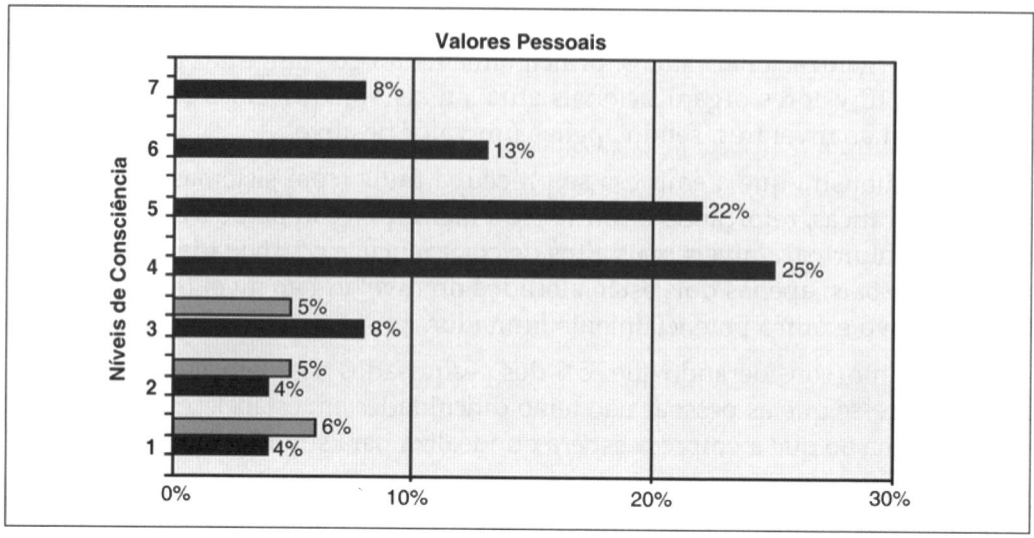

Figura 3 – Distribuição dos valores pessoais x níveis de consciência.

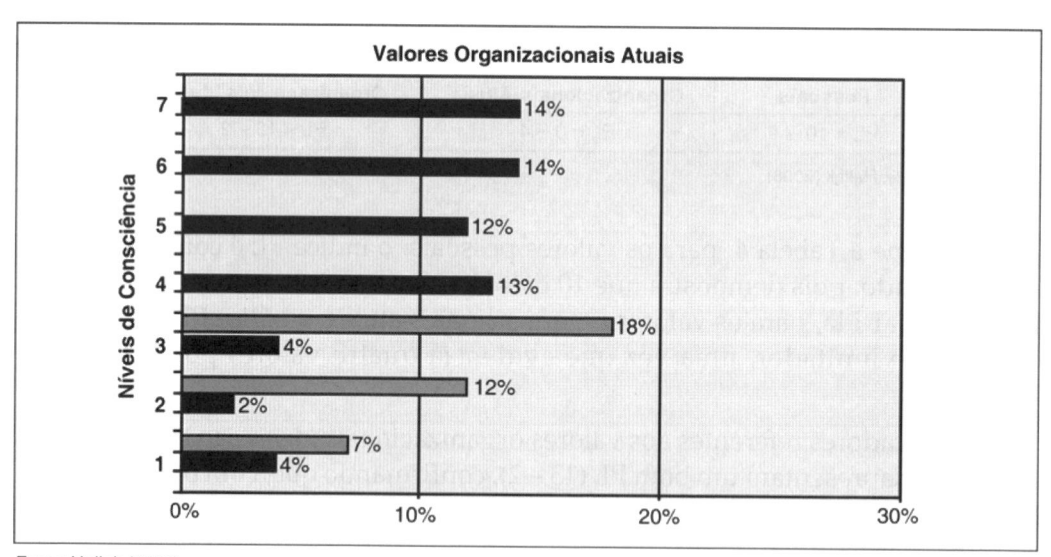

Fonte: Hallak (2008).

Figura 4 – Distribuição dos valores organizacionais atuais x níveis de consciência.

Na distribuição dos valores pessoais, confirma-se que grande parte dos valores votados (47%) refere-se aos níveis quatro e cinco, demonstrando que as pessoas estão focadas na autorrealização, na busca pelo crescimento pessoal e pelo significado do trabalho. Na distribuição dos valores organizacionais atuais, observa-se uma boa concentração de valores nos níveis seis e sete (28%), ligados às questões de responsabilidade social e parcerias estratégicas, assim como menor percentual no nível cinco, coesão interna (12%). Outro índice pode ser gerado dessa distribuição, qual seja:

- Nível de entropia – número total de votos nos valores potencialmente limitadores em relação ao número total de votos em todos os valores (em percentual). Segundo Barrett (2006), entropia é a proporção de energia consumida na organização por atividades não produtivas como burocracia, competição interna, ostentação e controle.

Tabela 5. Índices de entropia

Pessoais	Organizacionais Atuais	Organizacionais Ideais
Entropia = 16%	Entropia = 37%	–

Observa-se o alto nível de entropia presente na cultura organizacional atual, em que 37% dos valores organizacionais atuais votados são valores potencialmente limitadores, que, conforme classificação de Barrett (2006), em uma escala de um a cinco, está no nível quatro de entropia cultural, portanto, com questões sérias a serem equacionadas principalmente no que tange às lideranças. Já o nível de entropia presente nos valores pessoais é aceitável, necessitando apenas de ajustes estruturais ou culturais.

Para atender aos objetivos específicos investigaram-se quatro categorizações: faixa etária, sexo, função e tempo de empresa. Dentro de cada categorização foram analisados os 10 valores mais votados, tanto pessoais quanto organizacionais ideais.

Análise em função da Faixa Etária

Para "faixa etária" foram investigados dois grupos: empregados com idade entre 22 e 40 anos, compondo 64% de toda a amostra, e aqueles com idade acima de 41 anos, representando 36% da amostra. Analisando os valores pessoais, conclui-se que há semelhança na questão dos dois grupos estarem fortes nos níveis quatro e cinco de consciência, porém o grupo mais jovem apresenta, no nível um, um valor potencialmente limitador – "estabilidade no trabalho é importante" –, enquanto o outro grupo, para o mesmo nível, apresenta um valor positivo, "saúde e segurança são importantes".

Quanto aos valores organizacionais, o mais votado é igual para os dois grupos: "é hierárquica", valor potencialmente limitador de nível três de consciência, o que indica que esta característica da organização é facilmente percebida, não importando a idade. Outros valores potencialmente limitadores, de níveis dois e três de consciência, aparecem como mais votados para os dois grupos, tais como: "quer ser reconhecida como a melhor" e "preocupa-se com a imagem".

Pelo fato de ser considerada hierárquica, este pode ser um valor que iniba ou retarde a transferência do conhecimento, fazendo-se necessárias ações que minimizem esses atritos. O conhecimento pode não estar no cargo, sendo necessário estimular a aproximação não hierárquica, propiciando relacionamentos e troca de experiências.

Análise em função do Sexo

Na segmentação por "sexo", em que 36% da amostra são mulheres e 64% homens, sendo essa maioria justificada pela natureza da atividade da empresa e das profissões ofertadas, verificaram-se alguns pontos de análise. Nos valores pessoais, observa-se que as opções dos dois grupos são bastante semelhantes, chegando a ser idênticas no que se refere aos três valores mais votados: "gosto de aprender", "busco qualidade de vida" e "sou responsável", sendo valores de nível de consciência quatro – transformação.

No âmbito dos valores organizacionais a semelhança dos dois grupos é observada na grande quantidade de votos em valores potencialmente limitadores: cinco, sendo apenas dois não coincidentes. Os valores coincidentes são: "quer ser reconhecida como a melhor", "preocupa-se com a imagem" e "é hieráquica", sendo também os três mais votados entre as mulheres, que também escolheram "há controle da informação" e "é competitiva". Para os homens "cultiva a burocracia" e "há interesses nos relacionamentos" foram os outros dois valores potencialmente limitadores mais votados.

Análise em função da Posição Hierárquica

Para esta segmentação foram investigados dois grupos: empregados que possuem algum tipo de função gratificada e, portanto, exercendo atividades de liderança, e aqueles que são enquadrados em cargos de níveis superior e médio. Para o grupo de gestores, apesar de terem escolhido valores pessoais de níveis mais elevados, um valor de nível um aparece, refletindo a responsabilidade e o comprometimento dessas pessoas com os resultados da empresa: "preocupo-me com os resultados financeiros". Outros valores inerentes à função de liderança também aparecem entre os mais votados: "sou criativo" e "tenho visão de futuro"; nota-se ainda que não aparecem valores potencialmente limitadores.

No que se refere aos valores organizacionais, o grupo de gestores percebe a empresa operando nos níveis mais altos de consciência, porém identifica quatro valores potencialmente limitadores, sendo os dois primeiros os mais votados: "é hierárquica", "preocupa-se com a imagem", "quer ser reconhecida como a melhor" e "há interesses nos relacionamentos".

Para o outro grupo, cujos dois valores mais votados são coincidentes, destaca-se ainda como valor potencialmente limitador "cultiva a burocracia", valor muitas vezes reforçado pela liderança porém não percebido por ela. Isso pode indicar que dificilmente a empresa deixará de cultivar a burocracia, podendo inibir seu desenvolvimento e sua busca pela inovação.

Análise em função do Tempo de Empresa

Para "tempo de empresa" foram investigados empregados de até cinco anos de casa, que estão sofrendo ainda um processo de aculturação, e aqueles que possuem mais de seis anos de casa. Para o grupo recém-chegado, verifica-se em seus valores pessoais grande concentração nos níveis quatro e cinco, favorecendo a renovação, o aprendizado, o comprometimento e a motivação pessoal, além de boas perspectivas de alinhamento aos valores organizacionais desejados. Nota-se, no entanto, um valor potencialmente limitador: "estabilidade no trabalho é importante", valor recorrente, principalmente entre o grupo de jovens analisado anteriormente no tópico "faixa etária".

Quanto aos valores organizacionais atuais, o grupo com menos tempo de casa visualiza três valores de nível sete: "há perspectiva de longo prazo", "é socialmente responsável" e "busca sustentabilidade em suas atividades", revelando uma percepção otimista e de admiração. Já para os empregados com mais tempo de casa, seu foco está ainda em valores de nível seis: "desenvolve ações visando contribuição social", "protege o meio ambiente" e "busca parcerias com clientes e fornecedores", demonstrando um maior nível de exigência e crítica desse grupo com relação às ações da companhia.

Um fato que deve ser destacado se refere ao grande vale entre empregados com pouco tempo de empresa (até cinco anos) e outros já próximos à aposentadoria, sendo grande a concentração de pessoas nesses dois extremos. É importante, assim, construir uma ponte que interligue e possibilite a transferência principalmente do conhecimento tácito entre os mais antigos e os recém-chegados, impedindo a perda com a saída dos mais experientes.

O tempo que os novos empregados permanecem em treinamento na universidade corporativa (que pode variar de quatro meses a mais de um ano para cargos técnicos), é uma boa estratégia para que possam ter contato com termos próprios da organização, bem como com sua cultura, facilitando, mais tarde, a comunicação com outros profissionais e o intercâmbio dentro da própria empresa.

6. CONCLUSÕES

A pesquisa de campo provou que existem diferenças significativas entre os 10 principais valores pessoais e aqueles atribuídos à organização. A principal diferença está na comparação entre os três valores mais votados: "gosto de aprender", "busco qualidade de vida" e "sou responsável", para os valores pessoais, e "é hierárquica", "quer ser reconhecida como a melhor" e "preocupa-se com a imagem", para os valores organizacionais atuais.

As pessoas estão preocupadas com desenvolvimento, crescimento pessoal, em ter uma vida saudável e em contribuir de forma responsável para o sucesso da empresa. Pelo valor pessoal mais votado, "gosto de aprender", percebe-se uma atmosfera propícia ao conhecimento no que se refere principalmente ao desejo e ao gosto pelo aprendizado constante. Desejam também ter mais liberdade e ser avaliadas pelo seu desempenho, e não pela quantidade de horas que passam na empresa.

Já o modelo organizacional vigente está baseado em valores de níveis de consciência mais baixos, ou seja, ainda há a preocupação com controles, imagem e burocracia. Esse modelo pode ser uma barreira para o sucesso da companhia nos médio e longo prazos, mas tende a mudar com a entrada de empregados mais jovens, de outra geração, voltados à produtividade, realização profissional e satisfação no ambiente de trabalho.

Observa-se que o alinhamento entre os valores pessoais e organizacionais ideais não é direto mas sim potencial: oito dos onze valores pessoais mais votados estão concentrados nos níveis quatro e cinco de consciência, ou seja, as pessoas estão em transformação, preparando-se para alcançar níveis mais altos, onde preocupações como sustentabilidade, ética, responsabilidade social e proteção ao meio ambiente são o foco. Outro indicador desse potencial alinhamento é o fato de que grande parte dos pesquisados possui pouco tempo de casa (até cinco anos) e são jovens (até 40 anos de idade), ou seja, os futuros líderes possuem um perfil favorável à cultura que se idealiza para suportar os desafios e as estratégias da empresa.

Há distanciamento entre os valores organizacionais atuais e ideais, tanto no conteúdo e na sua distribuição pelos sete níveis de consciência, como nos indicadores culturais apurados. Enquanto atualmente existem valores organizacionais que se referem à hierarquia, à burocracia e a preocupações com sistemas, controles e imagem, a companhia deseja valorizar a competência, buscar parcerias e ser voltada para a inovação, opções coerentes para sobreviver no atual cenário.

Um dos indicadores mais expressivos identificados no estudo e que demonstra o distanciamento entre as duas dimensões (valores organizacionais atuais e ideais) é o Nível de Entropia, que representa o quanto a organização perde de energia com questões não produtivas como burocracia, competição interna, ostentação e controle. O alto índice de entropia apresentado (37%) é preocupante, principalmente se considerarmos as metas desafiadoras que estão colocadas para todas as áreas da companhia, exigindo alto grau de sinergia entre pessoas, processos e tecnologias.

Tendo como premissa que as organizações, no contexto atual, são valorizadas e diferenciadas pelo que sabem, levantar e analisar esses valores são essenciais para o sucesso organizacional.

Propiciar um ambiente de aprendizado contínuo e a transferência do conhecimento implica então promover esses valores e crenças. Cabe lembrar, contudo, que a gestão do conhecimento deve estar atrelada às estratégias organizacionais e, conforme a própria definição de conhecimento, à prática – caso contrário, acaba por se tornar um elemento passivo e sem uso nas organizações.

7. Resumo Executivo

- Reconhecimento da importância do capital intelectual. Gestão do conhecimento como diferencial competitivo organizacional.
- Em um ambiente no qual a gestão do conhecimento é altamente valorizada, os valores e crenças ganham especial destaque e influenciam em grande medida os pensamentos e atos das pessoas, determinando o que veem, absorvem e concluem por suas observações.
- As empresas mais bem-sucedidas são guiadas por uma visão e orientadas por valores e buscam o alinhamento entre os valores pessoais e organizacionais para serem sustentáveis.
- O estudo de caso apresentado tem como objetivo geral identificar o grau de alinhamento entre os valores pessoais, organizacionais atuais e organizacionais ideais para o alcance das estratégias da empresa.
- A entropia de uma empresa pode ser medida pelo número de valores limitadores.

QUESTÕES PARA REFLEXÃO

1. Como garantir a gestão do conhecimento aplicada à prática, em um contexto no qual alguns valores organizacionais, como hierarquia e burocracia, podem atuar como inibidores do processo?

2. Como garantir a transferência do conhecimento tácito e valores em uma empresa?

3. Como alinhar variáveis subjetivas, como valores e crenças, para o alcance dos objetivos estratégicos?

4. Qual o papel do RH como catalisador da gestão do conhecimento?

5. Qual a responsabilidade do líder para promover o alinhamento dos valores individuais e organizacionais?

REFERÊNCIAS BIBLIOGRÁFICAS

BARRETT, Richard. *Libertando a alma da empresa: como transformar a organização numa entidade viva*. São Paulo: Cultrix, 2000.

_____. *Building a values-driven organization: a whole system approach to cultural transformation*. Oxford: Elsevier, 2006.

DAVENPORT, T. H. e PRUSAK, L. *Conhecimento empresarial*. São Paulo: Elsevier, 1998. 237 p.

HALLAK, Beatriz. *Alinhamento de valores pessoais e organizacionais: um estudo de caso em uma empresa de energia*. 2008, Dissertação (Mestrado em Sistemas de Gestão) – Laboratório de Tecnologia, Universidade Federal Fluminense, Rio de Janeiro, 2008.

JUNQUEIRA, Cladis. *Citações de aula*. Rio Grande do Sul; UFRGS – Escola de Administração, 2005. Apostila.

LIMEIRA, Maria Ignez C. A. *Alinhamento de valores pessoais e organizacionais: um estudo de caso em uma empresa de médio porte*. 2004, 171f. Dissertação (Mestrado em Sistemas de Gestão) – Laboratório de Tecnologia, Universidade Federal Fluminense, Rio de Janeiro, 2004.

MASLOW, Abraham H. *Motivation and personality*. Nova York: Harper & Brothers, 1954.

_____. *Toward a psychology of being*. 3ª ed. Nova York: John Wiley & Sons, 1999.

MOTTA, Fernando Prestes e CALDAS, Miguel P. *Cultura organizacional e cultura brasileira*. São Paulo: Atlas, 1997.

NONAKA, Ikujiro e TAKEUCHI, Hirotaka. *Criação de conhecimento na empresa: como as empresas japonesas geram a dinâmica da inovação*. Rio de Janeiro: Editora Campus, 1997.

RODRIGUEZ, Martius. *Gestão empresarial em organizações aprendizes*. Rio de Janeiro: Qualitymark Editora, 2002.

SILVA, C. A. da e CASTRO, C. "Comportamentos e resistências na era do conhecimento" *In:* SILVA, R. V. da; NEVES, A. (orgs.). *Gestão de empresas na era do conhecimento*. São Paulo: Serinews, 2007. p. 81-106.

SILVA, R.; SOFFNER, R. e PINHÃO, C. "A gestão do conhecimento" *In:* SILVA, R. V. da; NEVES, A. (orgs.). *Gestão de empresas na era do conhecimento*. São Paulo: Serinews, 2007. p. 173-205.

SCHEIN, E. H. *Organizational culture and leadership*. São Francisco: Jossey-Bass, 2004.

TEVES, Nilda. *Diagnóstico de cultura organizacional*. Rio de Janeiro, 2005.

ULRICH, Dave; BROCKBANK, Wayne; JOHNSON, Dani; SANDHOLTZ, Kurt e YOUNGER, Jon. *HR Competencies: mastery at the intersection of people and business*. Provo, Utah, The RBL Institute, 2008.

Capítulo 4

Implantação da Gestão do Conhecimento: Um Estudo de Caso em uma Empresa de Energia

Autores:

Raquel Borba Balceiro, DSc.
José Augusto Carrinho Antônio, BSc.

Revisor:

Martius V. Rodriguez y Rodriguez, pDSc.

1. Introdução

A Petrobras é a principal empresa brasileira de óleo e gás e recentemente se reposicionou como uma "empresa integrada de energia", atuando nas áreas de Exploração, Perfuração, Produção, Refino e Petroquímica, Gás, Energia, Transporte & Distribuição e Pesquisa & Desenvolvimento, em 27 países, possuindo quase 70 mil empregados em todo o mundo.

O crescimento do efetivo acompanhou a expansão expressiva da companhia em um período de cinco anos, tendo se tornado autossuficiente na produção de petróleo em 2006. Por este motivo, a empresa tem também propiciado aos seus empregados a possibilidade de desenvolver competências muito particulares, associadas a conhecimentos e experiências adquiridos pelas equipes no desempenho de suas atividades.

A Petrobras é uma empresa cujas características mais marcantes são a superação de desafios e o foco em inovação, peculiaridades que lhe têm permitido aumentar constantemente sua base de conhecimentos.

Atualmente, entre as quinze maiores empresas petrolíferas no âmbito internacional, a Petrobras expande sua atuação para além do território brasileiro, destacando-se por ser detentora de uma das tecnologias mais avançadas do mundo na produção de petróleo em águas profundas e ultraprofundas e no refino de óleo pesado. Graças ao seu desempenho na produção de petróleo em águas profundas, a companhia foi premiada duas vezes, em 1992 e 2001, pela Offshore Technology Conference (OTC), com o mais importante prêmio do setor. Hoje, a empresa vislumbra um novo desafio: disseminar o conhecimento organizacional e preservar a cultura inserida num contexto global.

A gestão do conhecimento é uma prática presente na história da empresa desde a sua criação, como demonstra a criação do Centro de Pesquisas e Desenvolvimento Leopoldo Américo Miguez de Mello (CENPES), nos primeiros anos de existência da Petrobras. Ciente da importância que o conhecimento teve na construção dessa história de sucesso, ela vem investindo, a cada ano, na formação e no desenvolvimento de seus profissionais e na criação de um ambiente voltado para o conhecimento, de modo a permitir um crescimento sustentável.

Em janeiro de 2003, foi criada uma gerência corporativa de gestão do conhecimento, na unidade de Desenvolvimento de Sistemas de Gestão (DSG/GC), com a responsabilidade de desdobrar a função gestão do conhecimento no Sistema Petrobras[1]. A criação dessa gerência foi recomendada por grupo de trabalho multidisciplinar, formado por especialistas e executivos de diversas áreas da companhia, que estudou todos os aspectos inerentes à função gestão do conhecimento.

---

[1] O Sistema Petrobras inclui as atividades da *holding* e de suas subsidiárias – empresas independentes com diretorias próprias, interligadas à sede, quais sejam: Petrobras Distribuidora S/A (BR), Petrobras Energia Participaciones S/A, Petrobras Química S/A (PETROQUISA), Petrobras Gás S/A (GASPETRO), Petrobras Transporte S/A (TRANSPETRO), Downstream Participações S/A. e Petrobras International Finance Company (PIFCo).

A necessidade de uma atuação corporativa foi enfatizada pelo relatório final desse grupo de trabalho, no sentido de que essa gerência fosse a guardiã do conceito gestão do conhecimento, alinhado com a estratégia da empresa, e assumisse um caráter integrador entre as iniciativas que já ocorriam em várias áreas do Sistema Petrobras, além de ser a responsável por:

1. propor um conjunto de políticas, diretrizes e orientações para a função gestão do conhecimento;
2. realizar prospecção de práticas de gestão do conhecimento (*benchmarking* interno, externo e competitivo), de modo a manter as várias unidades organizacionais alinhadas e atualizadas quanto ao estado-da-arte e às novas estratégias, ferramentas e tendências da disciplina gestão do conhecimento;
3. propor metodologias de gestão do conhecimento (criadas, adaptadas ou adquiridas) para apoiar as diversas unidades organizacionais na implantação de seus projetos e programas;
4. formar facilitadores de gestão do conhecimento;
5. dar consultoria (orientações) na condução de projetos e programas de gestão do conhecimento.

Com estas atribuições, a gerência da Gestão do Conhecimento Corporativa (GC), elaborou um modelo para a gestão do conhecimento, conforme é apresentado na Figura 1, e buscou montar uma equipe capacitada e multidisciplinar de forma a suportar uma atuação como consultora interna das diversas unidades organizacionais do Sistema Petrobras.

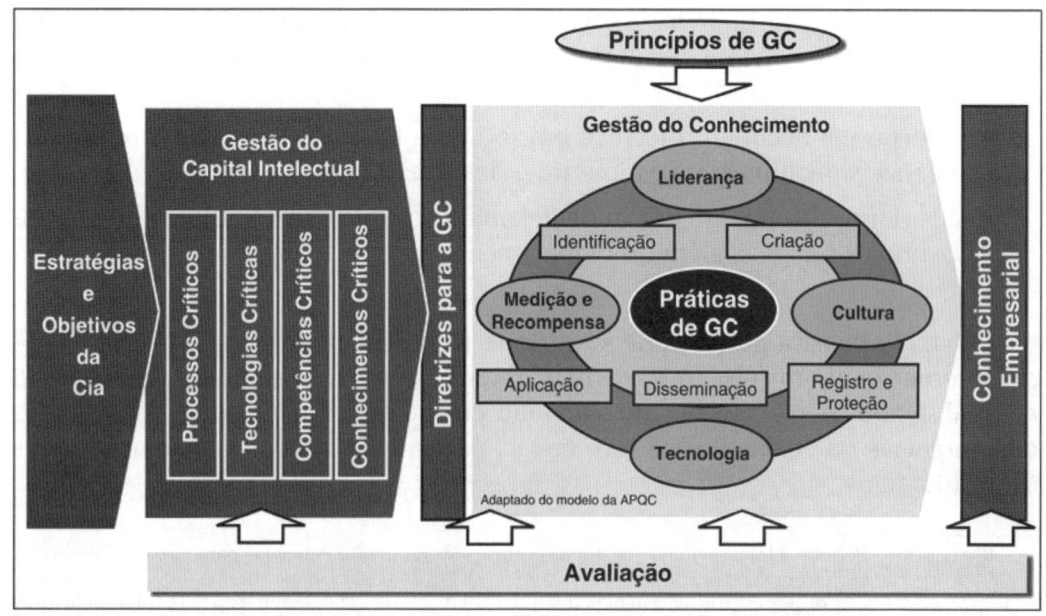

Fonte: Petrobras, Desenvolvimento de Sistemas de Gestão, Gerência de Gestão do Conhecimento, 2006.

Figura 1 – Modelo de Gestão do Conhecimento da Petrobras.

A atuação da gerência de Gestão do Conhecimento Corporativa (GC) foi, de certo modo, facilitada pelo fato de a maioria dos empregados da organização compreender que a Petrobras faz gestão do conhecimento desde que foi criada, em 1953. A maior parte das atividades relacionadas ao processo-chave da organização, de exploração, produção, refino e distribuição de petróleo é composta de atividades baseadas em conhecimento. Além disso, o investimento realizado em Pesquisa & Desenvolvimento deu origem a um conjunto de inovações tecnológicas que tem garantido a posição competitiva da companhia, propiciando, inclusive, uma efetiva atuação no mercado internacional.

2. A Situação Inicial e os Desafios a Serem Atingidos

Além do Brasil, a Petrobras tem atuado em outros países, enfrentando desafios que vão muito além do conhecimento técnico necessário para a realização de suas atividades. Desde a criação da Área de Negócio Internacional, em 2000, que absorveu as atividades antes desempenhadas pela BRASPETRO[2], tanto o conhecimento de negócio quanto o conhecimento sobre a cultura dos países onde atua têm sido cada vez mais valorizados entre a força de trabalho da empresa. Ligada à Área de Negócio Internacional, foi criada, em junho de 2004, a Gerência Executiva de Suporte Técnico aos Negócios (Inter-Tec), com as seguintes atribuições:

- prover suporte técnico para as operações existentes;
- garantir a conformidade das operações das Unidades de Negócios (UNs) com o padrão do Sistema Petrobras, disseminar as melhores práticas de negócio e avaliar riscos técnicos;
- aportar conhecimento técnico em todas as fases do desenvolvimento dos negócios, incluindo investimento e desinvestimento;
- aportar conhecimento para o planejamento estratégico e avaliação do desempenho estratégico, além do planejamento tático e avaliação do desempenho tático.

O papel que essa gerência de suporte técnico desempenha na Área de Negócio Internacional em relação às demais gerências está representado na Figura 2, na qual se pode perceber uma atuação matricial no sentido de apoiar as operações das gerências do "Cone Sul" e "Américas, África e Eurásia", as chamadas áreas de resultados.

---

[2] A BRASPETRO – Petrobras Internacional S.A. foi a empresa subsidiária da Petrobras para atuação internacional, incorporada à Petrobras no dia 30 de setembro de 2002. Em 2002 para aproximar o modelo societário ao de gestão, tornou-se desnecessária a existência Institucional da BRASPETRO, tendo sido então efetivada a sua incorporação pela Petrobras através da Assembleia Geral Extraordinária da Petrobras realizada em 30 de setembro de 2002, concluindo, assim, o processo de reestruturação iniciado em 2000 (Transpetro, 2007).

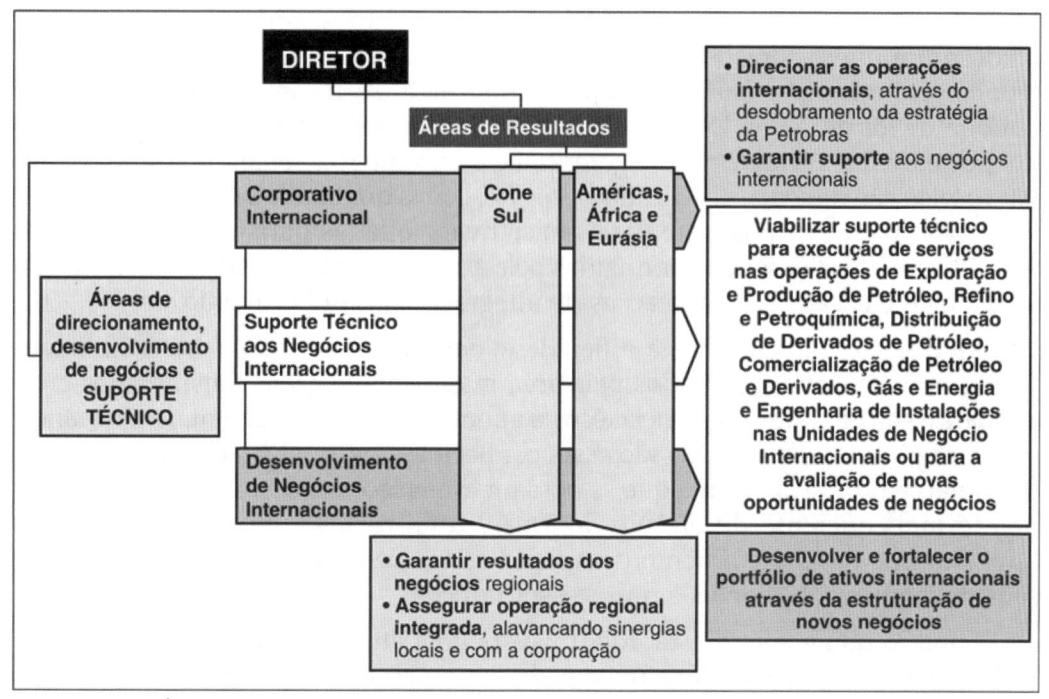

Fonte: Petrobras, Área de Negócio Internacional, 2005.

Figura 2 – Organização da Área de Negócio Internacional.

A consciência de que somente com uma sinergia entre os conhecimentos do negócio, o cultural e o técnico, a Petrobras será capaz de conquistar e se manter em novos mercados foi o ponto de partida para que a Inter-Tec, por meio de seu gerente executivo, percebesse a necessidade de identificar, priorizar, preservar e desenvolver seus conhecimentos estratégicos, principalmente no que diz respeito aos conhecimentos críticos. Assim, com o apoio da gerência de Gestão do Conhecimento Corporativa (GC), foram tomadas iniciativas para o desenvolvimento conjunto de um projeto para a elaboração do Programa de Integração do Conhecimento na Área Internacional, tendo como principais elementos motivadores os cinco pontos descritos a seguir:

O primeiro deles diz respeito à demanda frequente da área por profissionais altamente especializados e experientes, que a área de RH da companhia não tem conseguido atender em sua plenitude.

Outro ponto relevante é a proximidade da aposentadoria de profissionais experientes, capazes de lidar com as situações impostas pela atuação internacional, sem a devida transferência de conhecimentos e experiência aos novos empregados. Isto, agravado pelo fato de a Petrobras não ter contratado pessoal ao longo da década de 90, causou um *gap* no processo natural de formação dos técnicos.

Um processo contrário vem ocorrendo nos últimos anos, com a empresa contratando um número considerável de novos profissionais que, geralmente, não detêm os conhecimentos suficientes para atuar na área, mesmo passando por um período de formação na Universidade Petrobras. Esses profissionais têm requerido, por parte do corpo técnico e gerencial da área internacional, um esforço extra para aceleração de seu aprendizado *on-the-job*, com a qualidade adequada. A equipe do projeto pôde perceber que várias iniciativas voltadas para a aceleração desse aprendizado já estão sendo conduzidas pela área, de forma não sistemática, ou não formalmente encaradas como ações de integração do conhecimento.

O terceiro ponto envolvia a dificuldade em reconhecer quais os conhecimentos e competências requisitados pela área internacional eram considerados críticos para a sua atuação. A gerência técnica apontou para a fundamental importância de conseguir identificar quais são esses conhecimentos, explicitando suas demandas atuais e futuras de forma que se possam estabelecer critérios para um planejamento mais eficiente do efetivo da área e uma relação mais estreita com as atividades de desenvolvimento do aprendizado, além de otimizar a alocação de seus melhores profissionais em processos críticos.

O quarto ponto a ser destacado diz respeito à atuação por meio de Unidades de Negócio (UNs) no exterior e o papel de assessoria e consultoria desempenhado pela Inter-Tec. Foi observado que, em várias situações, as demandas por conhecimentos e competências provenientes de uma Unidade de Negócio no exterior não eram específicas dessa UN. As soluções deveriam ser, portanto, compartilhadas com as demais, adotando-se uma base de conhecimentos estruturada, acessível remotamente pelos técnicos envolvidos.

A estruturação de uma Base de Conhecimentos surgiu para facilitar o acompanhamento dos principais problemas enfrentados pelas UNs em suas operações, permitindo planejar a busca por conhecimentos e competências específicos.

Finalmente, o quinto ponto envolve os problemas decorrentes da expatriação (do Brasil para o exterior) e repatriação (do exterior para o Brasil) dos empregados, questões que também devem ser tratadas pela gestão do conhecimento. A transferência de conhecimento desses empregados para seus substitutos geralmente não ocorre da maneira mais adequada, ficando ao encargo do empregado decidir quando, para quem e de que forma ela será feita.

3. DESENVOLVIMENTO DO PROJETO E SUAS ETAPAS

Para a definição do Programa de Gestão do Conhecimento na Área Internacional, a equipe da Gerência de Gestão do Conhecimento Corporativa (GC) elaborou um "projeto" baseado na metodologia do PMBOK (Cleland & Ireland, 2002) e do American Productivity & Quality Center (APQC, 2002), com as seguintes fases:

- Análise Estratégica.
- Diagnóstico.
- Elaboração do Plano de Ação.
- Execução ou Implementação.
- Avaliação.
- Comunicação e Gestão da Mudança, como atividades de suporte, fundamentais para a execução do projeto com sucesso.

Este processo está retratado na Figura 3, a seguir:

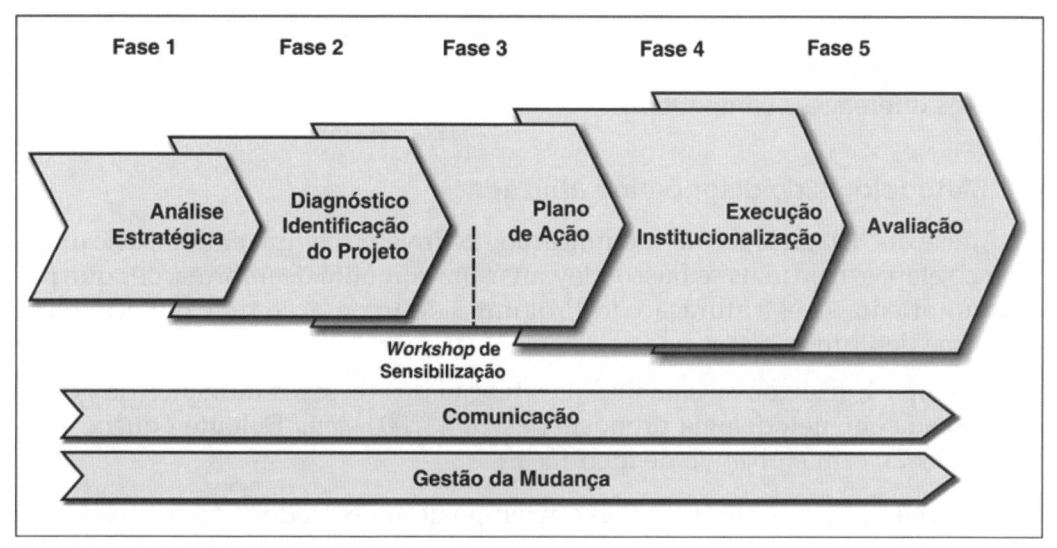

Fonte: Adaptado do APQCs Roadmap for Knowledge Management (2002).

Figura 3 – Projeto de estruturação do programa de integração do conhecimento para a área de negócio internacional.

Para a fase "Análise Estratégica" buscou-se avaliar para quais objetivos de negócio da área internacional a gestão do conhecimento serviria como suporte. Este procedimento visava definir a "Estratégia de Conhecimento" para a Área de Negócio Internacional, alinhada ao seu mapa estratégico, segundo a metodologia do *Balanced Scorecard* (Kaplan e Norton, 1992), de modo a estabelecer o papel do conhecimento para essa área, de que forma ele deveria ser gerenciado junto a outros recursos para obter vantagem competitiva para a organização, como desenvolver serviços baseados em conhecimento que otimizassem o desempenho da área como um todo e, finalmente, como estabelecer uma relação entre esse conhecimento gerenciado e a capacidade de inovação (Davenport, 2004).

Como *input* desta análise, o mapa estratégico da área foi utilizado, tomando-se como ponto de partida os objetivos estratégicos da dimensão "Aprendizado e

Crescimento", diretamente relacionados com os processos de gestão do conhecimento, quais sejam:

1. Desenvolver e fortalecer competências técnicas e de gestão (adquirindo Inteligência Competitiva).
2. Desenvolver práticas para gestão do conhecimento.

Como resultado desta análise, o segundo objetivo estratégico foi modificado e desdobrado da seguinte forma:

- Desenvolver Competências por meio de práticas de Gestão do Conhecimento: garantir a disseminação, retenção e criação do conhecimento interno, assim como o intercâmbio de conhecimentos com outras áreas da companhia, por meio de práticas de Gestão do Conhecimento, visando fortalecer os diferenciais competitivos.

3.1. Metodologia de diagnóstico utilizada

A fase de "Diagnóstico de Identificação do Projeto" compreendeu basicamente cinco etapas, nas quais se buscou levantar um conjunto de informações que pudessem orientar a estruturação do Programa de Integração do Conhecimento, conforme descrito a seguir.

Na etapa 1, realizou-se a análise da situação dos recursos humanos da gerência, baseada em metodologia proposta pela SPE (2003, *apud* Deloitte Touche Tohmatsu, 2007), com o objetivo de identificar:

- a quantidade de empregados com tempo de aposentadoria ou em condições de requerê-la;
- a relação entre a quantidade de empregados com idade acima de 40 anos e a base de conhecimento que eles representam;
- a quantidade de novos empregados que ingressaram na área nos últimos cinco anos.

Na etapa 2, conforme recomendado por Davenport e Prusak (1998), foram feitas as análises da estrutura organizacional e de seus processos de negócio. Nas etapas 3 e 4, levantou-se a prontidão dessa gerência para incorporar os processos de gestão do conhecimento aos seus processos de negócio, segundo as seguintes atividades:

- aplicação de questionário a 39 empregados dessa gerência (etapa 3), dos quais 76,9% retornaram, equivalentes a 30 respondentes (envolvendo gerente executivo, gerentes, coordenadores e consultores). Seu objetivo era, através de um conjunto de 29 perguntas fechadas, identificar a situação presente com relação aos fatores críticos de sucesso para iniciativas de gestão do conhecimento, propostos por Davenport e Prusak (1998). Como referência para elaborar este questionário de prontidão, a equipe do projeto baseou-se no questionário de diagnóstico da PriceWaterhouse&Coopers (2002). Para facilitar a tabulação e a análise dos dados, estas questões foram divididas entre os fatores: Estratégia de Negócio, Estrutura & Processos, Sistemas & Tecnologia, Cultura & Comunicação e, finalmente, Gestão de Pessoas.

- realização de 37 entrevistas, com gerentes e empregados que foram expatriados e repatriados de todas as UNs (etapa 4), utilizando-se a metodologia de entrevista não estruturada (Markoni e Lakatos, 2002).

Optou-se por identificar, ainda, ao longo de dois *workshops* de sensibilização realizados com os empregados dessa gerência, alguns pontos que não haviam sido devidamente explorados ao longo das entrevistas (etapa 5). Para realizar esta identificação, adotou-se uma metodologia simples, utilizando-se uma ferramenta para que cada participante do *workshop* expusesse suas preocupações e sugestões em relação ao projeto, denominada "Painel do Livre Pensar"[3].

Para tal, disponibilizou-se em cada uma das mesas quantidade suficiente de blocos autoadesivos (do tipo *post-it*) nas cores verde e amarela, instruindo-se os participantes a registrarem suas preocupações nos blocos amarelos e suas sugestões nos blocos verdes. Ao longo dos dois eventos, foi coletado um total de 275 preocupações e sugestões que, consolidadas e qualificadas, serviram como mais um *input* para a estruturação do programa. Dos tópicos mencionados pelos participantes, os que mais se destacaram foram a Política de Recursos Humanos (mencionada em 21% dos registros) e a relação entre o que seria proposto e a Estratégia de Negócio (mencionada em 17% dos registros), o que refletia o entendimento dos participantes em relação à metodologia que estava sendo proposta.

A análise deste conjunto de dados e das informações coletadas nas entrevistas foi feita considerando-se os processos focados em conhecimento realizados pelos empregados, as tecnologias organizacionais que seriam necessárias para otimizar o intercâmbio e a disseminação de conhecimento entre eles, na forma de desenvolver capacidades individuais através da configuração atual das equipes, bem como estimular o aprendizado *on-the-job* individual e em grupo (Davenport, 2006).

3.2. Processo de sensibilização dos envolvidos

Ao longo de toda a fase de diagnóstico, houve uma preocupação muito grande em formalizar o projeto, buscando patrocínios formais e comunicando todas as suas etapas permanentemente aos envolvidos, inclusive durante o processo de condução das entrevistas.

---

[3] Esta metodologia foi desenvolvida em conjunto pelas equipes da gerência de Gestão do Conhecimento do Desenvolvimento de Sistemas de Gestão da Petrobras e do Centro de Referência em Inteligência Empresarial, da COPPE/UFRJ, em projeto realizado em 2003.

O principal patrocinador atuou, na maior parte das vezes, como o divulgador do andamento de cada uma das fases e as ferramentas mais utilizadas foram as *e-letters*, por possuírem grande abrangência e serem facilmente utilizáveis. Como projetos de gestão do conhecimento requerem um cuidado muito grande com a mudança que eles provocam, uma rotina de comunicação dos objetivos de cada etapa foi adotada, de modo a manter as pessoas informadas.

Como ferramenta de sensibilização, optou-se por realizar, em datas diferentes, dois *workshops* de Integração do Conhecimento da Área Internacional, já que não seria possível mobilizar toda a equipe em um único evento fora da empresa. Os dois *workshops* tiveram três dias de duração, com atividades intensas de integração e sensibilização, apresentação de práticas de gestão do conhecimento externa à companhia (*benchmarking* externo) e de outras áreas da Petrobras (*benchmarking* interno), além da apresentação de práticas de gestão do conhecimento já adotadas na Área Internacional, mas não percebidas como tal pela maioria dos presentes.

O principal objetivo dessas apresentações foi mostrar aplicações práticas de gestão do conhecimento e os benefícios tangíveis que poderiam ser alcançados pelo grupo com a incorporação dessas práticas aos processos de negócio. Nesses dois *workshops*, foi possível contar ainda com a participação dos empregados para a construção de uma proposta de trabalho para a gestão do conhecimento, utilizando-se a metodologia de *brainwriting*[4] em uma oficina denominada "Projetando o Nosso Futuro".

Das oficinas realizadas extraíram-se dois planos de ação: um com 18 propostas de ação, relativas ao grupo que participou do *workshop* de setembro, e outro com 20 propostas, relacionadas ao grupo do *workshop* de outubro. Tais planos também foram considerados *inputs* na elaboração do Programa.

3.3. Definição de uma estratégia de conhecimento para a área internacional

A opção pela definição de uma estratégia de conhecimento para cada Área de Negócio do Sistema Petrobras é uma decisão corporativa e deve estar alinhada com o mapa estratégico da área em questão.

---

[4] *Brainwriting* é a versão silenciosa do *brainstorming* que é parte essencial do processo de pensamento de um negócio ou nova ideia em toda e qualquer organização. Ao retirar a interação oral, elimina a possibilidade de que determinados participantes mais ativos e extrovertidos sejam preferencialmente favorecidos. No *brainwriting*, todas as pessoas podem ter ideias simultaneamente e são incentivadas a desenvolver as ideias geradas pelos outros participantes. Consiste em realizar discussões sobre um problema de forma a obter o número máximo de ideias no menor tempo possível, sem censuras prévias, para, em seguida, fazer a seleção das melhores. É recomendado quando no grupo há discordância sobre o tópico a ser discutido e debates interpessoais e conflitos precisam ser evitados; alguns indivíduos, devido à sua posição ou *status* de especialista, tendem a dominar as outras pessoas do grupo; ou as ideias vão demorar a surgir porque os participantes estão pensando na raiz do problema. O resultado do *brainwriting*, da mesma forma que o *brainstorming*, leva à elaboração de Planos de Ação, contendo o planejamento resultante de um consenso para solucionar o problema (Petrobras, DSG/GC, 2006).

Parte I – Gestão do Conhecimento

Para a definição da estratégia de conhecimento, orientou-se a equipe da Área Internacional a utilizar a metodologia SWOT[5] para Ativos de Conhecimento (Zack, 1999, 2002).

Segundo o autor, a partir da estratégia de negócio definida pela Alta Direção no Planejamento Estratégico, torna-se necessário identificar que "conhecimento organizacional" a empresa precisa desenvolver, captar externamente ou até mesmo adquirir para suportar esta estratégia. Esta metodologia está representada através da Figura 4.

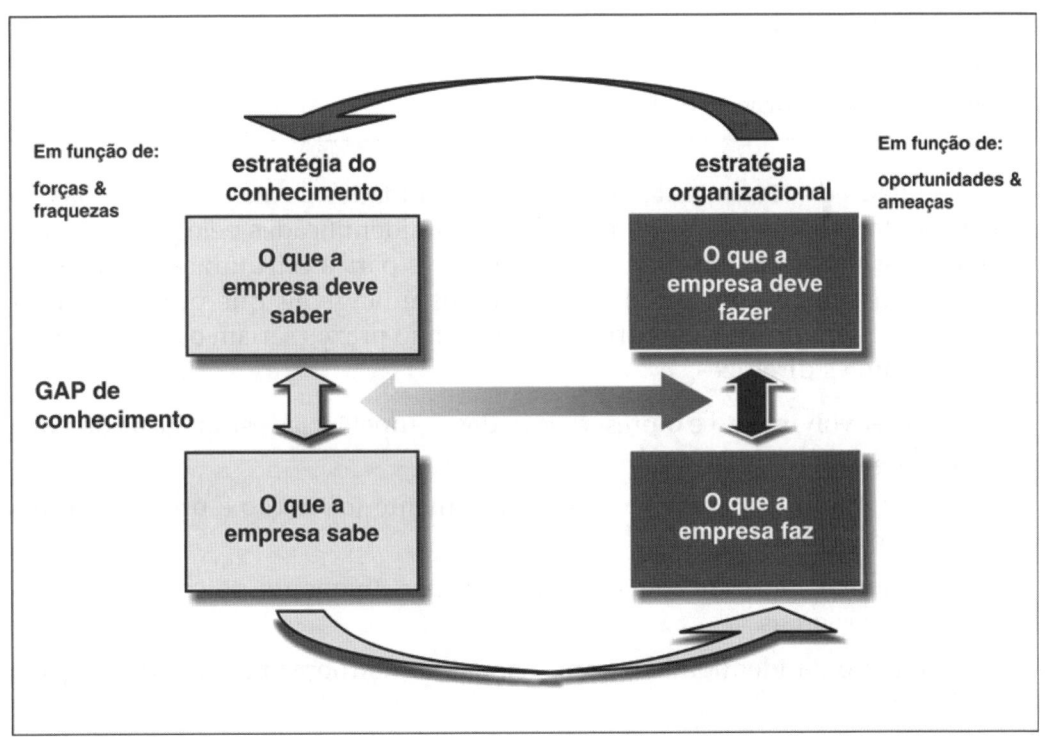

Fonte: Michael Zack, California Management Review, 1999.

Figura 4 – Metodologia para definição da estratégia de conhecimento organizacional.

Como resultado do SWOT do Conhecimento, algumas forças e fraquezas da Área Internacional foram apontadas, tais como:

---

[5] A análise da matriz SWOT é uma técnica muito utilizada por organizações como parte do planejamento estratégico, desenvolvida na década de 60 pelos professores Kenneth Andrews e Roland Christensen, da Harvard Business School. O termo SWOT vem do inglês e representa as iniciais das palavras *Strengths* (forças), *Weaknesses* (fraquezas), *Opportunities* (oportunidades) e *Threats* (ameaças). A ideia central da análise SWOT é avaliar os pontos fortes, os pontos fracos, as oportunidades e as ameaças da organização (área, unidade, gerência etc.) e do "mercado" (ambiente) onde ela está atuando (Manktelow, 2005).

Forças	Fraquezas
• Política de educação e treinamento.	• Falta de sistematização e registro de conhecimento e experiência.
• Possibilidade de carreira gerencial ou técnica (carreira em Y).	• Certa dificuldade de lidar com diferenças culturais.
• Intercâmbio de experiências.	• Política de recrutamento e seleção diferente na sede e nas UNs.
• Adaptabilidade em atuação em várias áreas de negócio.	• Necessidade de um processo mais estruturado de gestão da informação.
• Competência tecnológica.	
• Patrocínio da liderança.	
• Pesquisa e Desenvolvimento (P&D).	

O resultado do cruzamento entre as Oportunidades e Ameaças definidas no Planejamento Estratégico e as Forças e Fraquezas identificadas pelo grupo permitiu que fosse elaborado um conjunto de diretrizes para a estruturação do programa. Os profissionais concluíram que os ativos intangíveis que precisavam ser desenvolvidos em projetos de curto, médio e longo prazos seriam os relacionados com as seguintes diretrizes:

1. O desenvolvimento e a preservação das competências estratégicas da Área de Negócio Internacional.

2. A integração dos ambientes de conhecimento (operação e projetos) com a aprendizagem.

3. A sistematização do registro e do compartilhamento de conhecimentos organizacionais.

4. O reforço da identidade organizacional da Petrobras na Área de Negócio Internacional.

5. A otimização do relacionamento interno e externo à Área de Negócio Internacional.

Estas diretrizes estão relacionadas aos seguintes ativos intangíveis: ao desenvolvimento de **capital humano**, à retenção de **conhecimento organizacional**, à consolidação da **imagem** da companhia no exterior junto aos seus empregados e demais partes interessadas e à formalização de algumas **redes sociais** informais identificadas na Área de Negócio.

As diretrizes elaboradas serviram como base para a seleção e priorização dos projetos que viriam a compor o Programa de Integração do Conhecimento da Área Internacional, estruturado durante a fase "Plano de Ação", de acordo com a metodologia da APQC, mencionada anteriormente.

3.4. Escopo do Programa de Integração do Conhecimento para a Área Internacional

Em reunião gerencial, realizada em janeiro de 2006, da qual participaram o diretor e gerentes executivos da área, o Programa de Integração do Conhecimento foi apresentado e aprovado, definindo-se quais projetos-pilotos seriam realizados.

O nome *Programa de Integração do Conhecimento* foi adotado, em detrimento do nome *Programa de Gestão do Conhecimento*, por se haver diagnosticado que possivelmente o sucesso do programa seria maior na medida em que se buscasse transmitir a mensagem de reconhecimento da importância do conhecimento de cada colaborador no processo de retenção e disseminação do conhecimento organizacional, aumentando o comprometimento com os resultados esperados e mitigando possíveis resistências à implantação do programa.

Compõe o Programa de Integração do Conhecimento da Área Internacional um conjunto de dez projetos de gestão do conhecimento, conforme apresentado na Figura 5, e com os objetivos descritos a seguir:

- *Projeto 1 – Mapeamento dos Ativos de Conhecimento:* conhecer todos os ativos de conhecimento existentes e disponíveis na Área Internacional e em uso por suas gerências.

- *Projeto 2 – Mapeamento das Competências Estratégicas Críticas:* identificar as competências estratégicas críticas por processo.

- *Projeto 3 – Mentor e Aprendiz:* desenvolver as competências estratégicas críticas da gerência mediante interação supervisionada entre dois empregados, sendo um deles detentor de competência estratégica crítica.

- *Projeto 4 – Elaboração de Estudos de Caso:* identificar questões relevantes dentro das diversas atividades da Área de Negócio Internacional, que possam ser discutidas através da elaboração e aplicação de estudos de caso, a serem utilizadas como recursos para aprendizagem.

- *Projeto 5 – Registro das Experiências de Especialistas da Área Internacional por Meio de Narrativas:* levantar quais experiências relevantes em projetos da Área Internacional merecem ser transformadas em relatos estruturados.

- *Projeto 6 – Redes de Relacionamento:* identificar os fluxos de conhecimentos estratégicos críticos.

- *Projeto 7 – Catálogo de Especialistas:* disponibilizar um catálogo dos especialistas de competências críticas para toda a Área Internacional.

- *Projeto 8 – Replicação das Melhores Práticas de GC Existentes:* permitir a disseminação e adoção das melhores práticas de gestão do conhecimento em curso na Área Internacional e nas demais áreas de negócio da companhia.

- *Projeto 9 – Comunidades de Práticas:* fomentar um ambiente virtual de apoio ao desenvolvimento das tarefas das gerências que permita aos seus especialistas, principalmente aos que estejam separados geograficamente dos demais, uma intensa troca de conhecimentos.

- *Projeto 10 – Fortalecer a Utilização da Intranet:* fomentar o uso do ambiente da intranet como ferramenta de comunicação interna e compartilhamento de informação das diversas gerências.

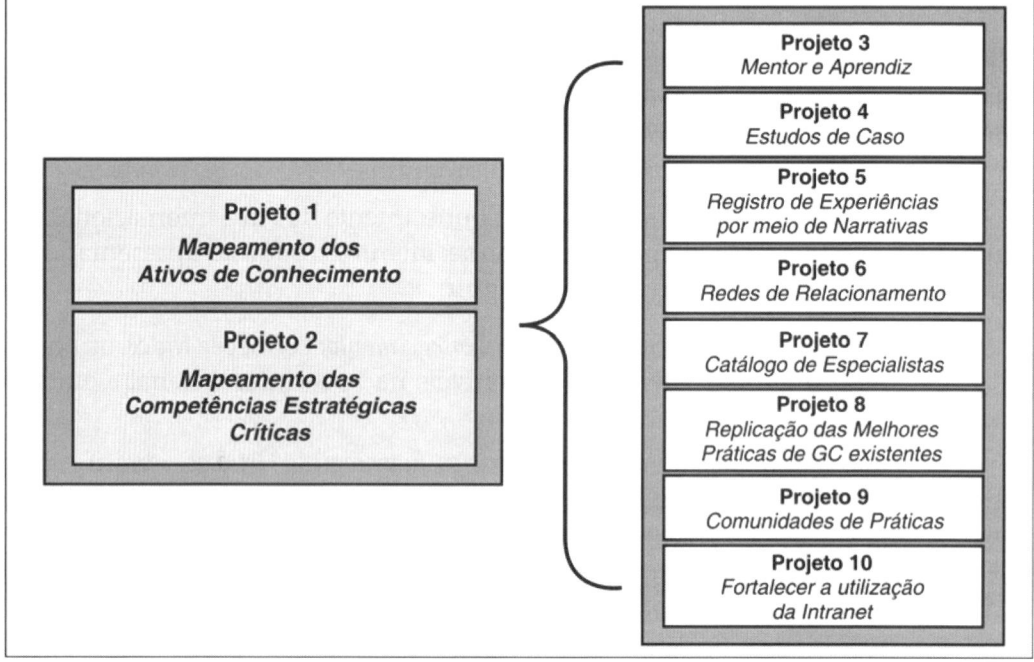

Fonte: Petrobras, Área de Negócio Internacional, Corporativo, Recursos Humanos, Gestão do Conhecimento, 2005.

Figura 5 – Programa de integração do conhecimento da área de negócio internacional.

Para a implementação dos projetos 1 e 2, considerados "projetos-pilotos", foi realizada uma reunião gerencial para definir em qual área eles seriam inicialmente desenvolvidos. Esses projetos foram chamados de estruturantes, pois, a partir dos *gaps* identificados nos mapeamentos realizados, um ou mais projetos dentre os de número 3 a 10 seriam recomendados e implantados, de acordo com o *gap* observado.

A gerência geral de exploração de petróleo foi a escolhida para a implantação dos "pilotos", por deter um conjunto muito extenso de conhecimentos estratégicos críticos e por reunir um grupo de profissionais muito especializados, detentores de um conhecimento bastante específico e, pode-se dizer, cobiçado por outras empresas do mercado.

4. Implantação da Gestão do Conhecimento: Um Estudo de Caso em uma Empresa de Energia

4. A IMPLANTAÇÃO DO PROGRAMA

Para conduzir a implantação dos dez projetos identificados, o grupo de trabalho sugeriu a criação de uma coordenadoria de projetos especiais. Porém, a Área Internacional estava em um processo de discussão para readequação da estrutura organizacional e surgiu uma nova proposição, a de criar uma gerência setorial de Gestão do Conhecimento, ligada à gerência de Recursos Humanos da Área Internacional, ampliando o escopo de atuação da nova gerência para as outras gerências executivas e Unidades de Negócio no exterior.

Oficialmente criada em junho de 2006, a Gerência Setorial de Gestão do Conhecimento (Inter-Corp/RH/GC) tem como missão gerir ativos de conhecimento na Área Internacional, identificando e avaliando as melhores práticas utilizadas em áreas específicas da companhia e/ou outras empresas, visando a disseminação para utilização pelas demais áreas da Área Internacional, com o objetivo de otimizar e preservar o conhecimento organizacional, garantindo o seu alinhamento aos objetivos e estratégias do Sistema Petrobras.

Com a ampliação do escopo de atuação, foi necessário considerar outras questões importantes para uma atuação internacional, principalmente a diversidade do conhecimento no ambiente global, no qual as questões relativas aos negócios e questões culturais são fatores críticos determinantes para um desempenho efetivo. Assim, o modelo de gestão do conhecimento passou a considerar também essas variáveis para o desenvolvimento do programa de GC, conforme representado na Figura 6.

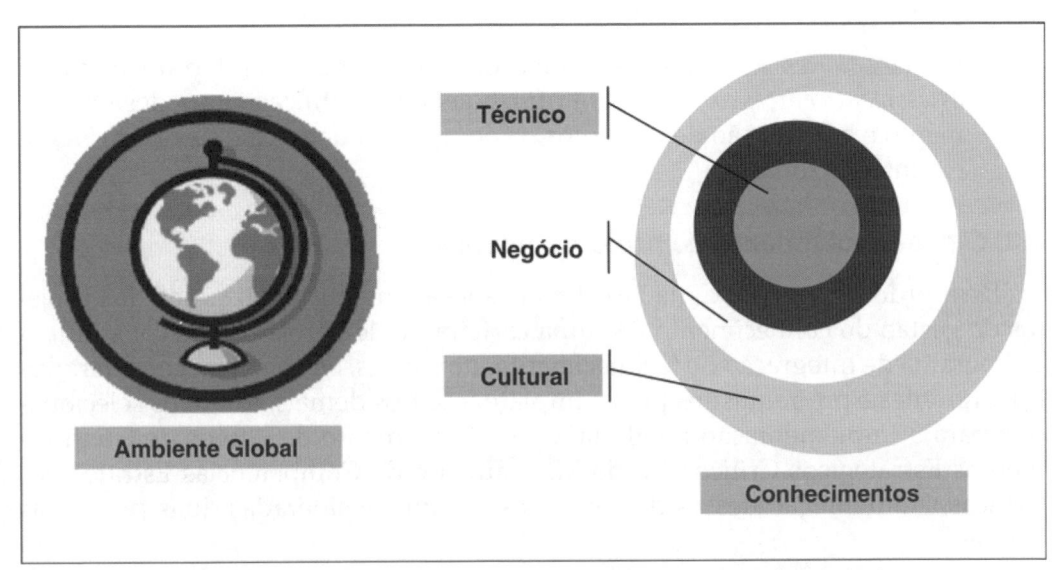

Fonte: Petrobras, Desenvolvimento de Sistemas de Gestão, Gerência de Gestão do Conhecimento, 2005.

Figura 6 – Diversidade do conhecimento da área internacional.

Assim, a nova gerência passou a ter as seguintes atribuições:

- **Integração do conhecimento:** congrega as atividades de identificação, criação, disseminação, desenvolvimento, preservação e utilização do conhecimento nos diversos setores da Área Internacional.

- **Gestão de competências:** abrange as atividades de identificação, disseminação e otimização das competências e conhecimentos críticos ao negócio, visando a adequação da força de trabalho e a melhoria do desempenho. Reúne também as atividades de identificação de desenvolvimento e retenção de talento da equipe de liderança e de futuros líderes da Área de Negócio Internacional.

4.1. Ampliação do Programa de GC

Com a ampliação do escopo de atuação, novos projetos na área de gestão de competências foram implantados, cujos objetivos principais são:

- *Educação intercultural:* criar projetos que promovam o compartilhamento, a disseminação e a transmissão de conhecimentos para fortalecer a habilidade necessária ao melhor desempenho da competência Flexibilidade Intercultural.

- *Ferramentas gerenciais:* desenvolver sistema que permita aos gerentes a análise do perfil de suas equipes, tendo como insumos os resultados da avaliação de desempenho, do perfil comportamental e outras ferramentas de avaliação.

- *Carreira e sucessão:* desenvolver um processo integrador das ferramentas (ex.: *assessment center*, *coaching* etc.) utilizadas na identificação, no desenvolvimento e na retenção dos talentos da equipe de liderança da Área de Negócio Internacional.

4.2. O desenvolvimento de projetos-pilotos

De acordo com a APQC, na fase 4 realiza-se a "Institucionalização" dos projetos de gestão do conhecimento. De uma carteira de dez projetos que constituíam o Programa de Integração do Conhecimento, dois deles, os que eram considerados estruturantes e pré-requisitos para a implantação dos demais, foram os selecionados para a implementação imediata: o de Mapeamento de Ativos de Conhecimentos Estratégicos Críticos e o de Mapeamento de Competências Estratégicas Críticas. Na definição desses dois projetos, foram consideradas duas premissas básicas:

- que seria selecionado apenas o conhecimento (ou a competência) considerado estratégico – por estar diretamente relacionado à estratégia de uma

organização ou unidade organizacional e por ser fundamental para a execução dos seus processos-chave;
- que seria selecionado apenas o conhecimento (ou a competência) considerado crítico – por apresentar potencial de escassez (prontidão × abrangência × urgência) em curto prazo no ambiente organizacional, devendo ser desenvolvido e preservado, por ser importante, mas não necessariamente estratégico, para a execução das atividades organizacionais.

4.2.1. Mapeamento dos ativos de conhecimento

Ao se analisar o conjunto de ativos intangíveis de uma empresa ou unidade organizacional, pode-se identificar quais deles estão diretamente relacionados ao conhecimento que é produzido ou desenvolvido por suas equipes.

Estes ativos, conhecidos como ativos de conhecimento, conduzem à geração presente ou futura de valor financeiro, podendo suportar vários objetivos de negócios, dentre eles:

- *Melhoria organizacional:* reduzindo custos, integrando áreas e departamentos e permitindo uma tomada de decisão mais ágil.
- *Aumento do foco nos clientes:* usando ferramentas de gestão de relacionamentos, melhorando a qualidade do atendimento e superando suas expectativas.
- *Melhoria da qualidade interna:* redesenhando os processos, aumentando a capacidade de mudança, proporcionando eficiência operacional, na gestão de projetos, de produtos e serviços e aumentando a qualidade na tomada de decisão.
- *Aumentando a capacidade de inovação e crescimento:* oferecendo novos produtos e serviços, investindo em mais Pesquisa & Desenvolvimento e desenvolvendo novos mercados.

Para se identificar quais os ativos de conhecimento estratégicos e críticos de uma organização, Vestal (2005) recomenda que se inicie pelo mapeamento dos seus processos, que, uma vez realizado, deve ser seguido pelos seguintes passos:

- Determinação das tarefas rotineiras e das não-rotineiras.
- Identificação dos pontos de tomada de decisão.
- Localização dos "donos" do processo e as partes interessadas em processos de alto valor agregado para a organização.

O autor sugere que, na sequência, seja feito o mapeamento dos ativos de conhecimento que suportam cada atividade desses processos, de forma a identificar quais são aqueles que potencializam a realização de tais atividades. Para tal, os passos a serem seguidos são:

- Identificação dos conhecimentos necessários nos pontos mais importantes do processo (estratégicos e críticos).
- Identificação dos recursos e as fontes desses conhecimentos.
- Identificação dos fluxos desses conhecimentos ao longo da organização.
- Construção de um inventário do conhecimento normalmente utilizado e o que é necessário.
- Identificação das lacunas de conhecimento, falta de conectividade (problemas de interface) e pontos em que há excesso de informação.

Seguindo a metodologia proposta por Vestal (2005), a equipe de projeto utilizou o resultado do mapeamento de processos dessa gerência, detalhando-o em alguns pontos nos quais se fez necessário. A análise do processo de negócio levou a equipe do projeto a perceber que, para essa gerência, o capital humano era de fundamental importância, visto que em várias atividades do processo foi constatado que o conhecimento necessário para sua realização estava restrito a um indivíduo ou a um grupo seleto de profissionais.

Dessa forma, verificou-se a necessidade de investigar os tipos de conhecimentos existentes, em função do seu grau de estruturação, segundo o modelo proposto por Nonaka e Takeuchi (1997):

- *Individual:* conhecimento tácito – o acesso a este tipo de conhecimento é altamente dependente do indivíduo que o possui, o que o torna altamente crítico para a realização da tarefa.
- *Coletivo:* conhecimento implícito – normalmente é compartilhado pelos membros de uma equipe, mesmo que não esteja registrado em algum documento e, por esse motivo, merece atenção, por parte do grupo gestor, pelo potencial de tornar-se tácito.
- *Organizacional:* conhecimento explícito – que está embutido em manuais, procedimentos, atas de reunião ou quaisquer outros mecanismos de registro de conhecimentos.

Esses conhecimentos foram identificados até que se optou por definir o *Risco da Perda de Expertise* dessa gerência, avaliando-se o risco pela saída iminente dos seus profissionais da companhia ou da área e o impacto da perda de conhecimento de cada um deles.

Esta análise permite, basicamente, identificar as pessoas com conhecimento e/ou competências críticas, priorizar os profissionais que podem ser envolvidos em atividades de transferência de conhecimento, identificar lacunas em relação aos ativos de conhecimento, avaliar o risco de perda de competências e conhecimentos críticos para a gerência e fornece também subsídios para o outro projeto considerado estruturante, o de *Mapeamento de Competências Estratégicas Críticas*.

Em paralelo, partiu-se para a identificação dos ativos de conhecimento e os respectivos conhecimentos organizacionais associados a cada atividade. Também foi solicitado aos especialistas que registrassem, em formulário adequado, a sua formação profissional, seu grau de especialização e as macrorregiões nas quais já haviam atuado ao longo da carreira, visto que, além dos conhecimentos técnicos necessários ao desempenho das atividades, percebeu-se que era fundamental conhecer os conhecimentos de *contexto*[6] relacionados às regiões onde esses profissionais haviam atuado.

O objetivo deste levantamento é identificar o grau de concentração de *expertise* profissional por macrorregião e a concentração de especialistas nas atividades de trabalho da gerência.

A equipe de projeto buscou oferecer aos gerentes a possibilidade de aferir o grau de prontidão da gerência por atividade e por macrorregião e dispor de uma ferramenta para a sistematização do planejamento do efetivo e de seu desenvolvimento em função das estratégias de internacionalização da companhia.

Para a realização desta fase do projeto, envolvendo o levantamento de dados junto aos especialistas, foram utilizados formulários específicos e um roteiro semiestruturado de entrevista, que auxiliaram a equipe do projeto a identificar, inclusive, as justificativas e discrepâncias em relação às respostas dadas pelos gerentes no levantamento dos especialistas com maior impacto de perda de conhecimento.

4.2.2. Mapeamento das Competências Estratégicas Críticas

O projeto de Mapeamento das Competências Estratégicas Críticas está intimamente relacionado com o projeto de Mapeamento dos Ativos de Conhecimento, apresentado no item anterior. Segundo o modelo de gestão de competências da Petrobras, as competências organizacionais se desdobram em competências individuais corporativas e individuais específicas, que podem ser assim definidas:

- *Competências individuais corporativas:* são as competências-núcleo que devem estar presentes para toda a organização.

- *Competências individuais específicas:* são as competências específicas que levam em consideração as necessidades dos processos de cada negócio.

Seguindo o modelo, a equipe do projeto concentrou seus esforços na identificação das competências individuais específicas dos profissionais. Desta forma, a partir da correlação feita entre atividades e conhecimentos necessários à sua realização, levantada no projeto de *Mapeamento de Ativos de Conhecimento*, procurou-se estabelecer um conjunto mínimo de competências para a gerência.

---

[6] Conhecimento de contexto é aquele que está relacionado aos conhecimentos locais, culturais e históricos (redes sociais, lideranças formais e informais, estrutura hierárquica etc.) necessários à realização da tarefa em questão.

Os gestores foram então acionados para identificar em que nível essas competências são necessárias para cada atividade, descobrindo os atuais gargalos de competências existentes e verificando a demanda de efetivo para atuar em cada subprocesso.

5. RESULTADOS OBTIDOS E BENEFÍCIOS

O principal benefício dos projetos de Mapeamento de Ativos de Conhecimentos Estratégicos Críticos e o de Mapeamento de Competências Estratégicas Críticas é proporcionar aos gerentes a identificação de necessidades de novas contratações, treinamento ou desenvolvimento e conhecer os maiores gargalos no fluxo de conhecimento interno. Com base na identificação dessas necessidades, outras ferramentas de gestão do conhecimento e de competências foram recomendadas e aplicadas, dentre as quais merecem destaque:

- *Comunidades de práticas:* integração das comunidades existentes na área de Exploração e Produção no Brasil com as comunidades da Área Internacional, principalmente as comunidades existentes na Petrobras Argentina; desenvolvimento da comunidade de Integração de Mercados do Cone Sul; desenvolvimento da comunidade de integração de processos, dentre outras.
- *Estudos de caso:* metodologia para elaboração de estudo de caso, incluindo a aplicação pedagógica, do desenvolvimento do campo produtor de petróleo de Guando, na Colômbia.
- *Mentor e aprendiz:* desenvolvimento de sistemática e aplicação na Gerência de Distribuição e Marketing e em outras gerências atualmente.
- *Fortalecimento da intranet:* constantes melhorias na página de gestão do conhecimento, proporcionando maiores facilidades aos usuários.
- *Desenvolvimento da competência "Flexibilidade Intercultural":* além das competências individuais corporativas da Petrobras, todo colaborador lotado na Área Internacional deve ter como meta o aprimoramento da competência "Flexibilidade Intercultural", definida como a habilidade de interagir em relações internacionais a partir da compreensão e do respeito à multiplicidade das características sociopolítico-econômicas, aspectos jurídicos e práticas culturais. Também implica ter consciência crítica de suas capacidades e limitações, além de conseguir enfrentar situações desconhecidas com equilíbrio e sem perder a identidade corporativa. Para o desenvolvimento dessa competência, foi criado o Programa de Educação Intercultural com o objetivo de preparar e aperfeiçoar a força de trabalho para a complexidade inerente à atuação global da Petrobras, a partir do conhecimento e da compreensão das diversas formas de cultura que constituem a realidade da companhia.

- *Ferramentas gerenciais e desenvolvimento de carreira e sucessão:* tendo como base a complexidade da atuação internacional, foi desenvolvido um processo de sucessão gerencial com o objetivo de preservar a companhia da descontinuidade da liderança, através da identificação e desenvolvimento de potenciais gerentes, de modo que tenham grau de prontidão para ocupar funções na base da carreira gerencial.

6. Conclusões e Recomendações

Ao longo da implantação do Programa de Gestão do Conhecimento na Área de Negócio Internacional da Petrobras, a equipe inicial do projeto e depois a equipe da gerência de Gestão do Conhecimento identificaram alguns pontos que merecem destaque e servem como recomendações.

Os projetos de gestão do conhecimento não são projetos facilmente replicáveis. Para cada caso, há que se fazer as devidas adaptações, de modo a contemplar as especificidades do cliente.

Não existe uma metodologia única a ser aplicada. O que existe é um conjunto de metodologias e ferramentas que devem ser utilizadas de forma combinada para se alcançar os objetivos almejados.

Para que o desempenho da equipe de projeto seja eficiente, é preciso que seus integrantes possuam bom embasamento conceitual e teórico, de forma a permitir que sejam criativos na utilização de soluções alternativas para a construção de cada fase e para o levantamento de dados. Preferencialmente, a equipe deve ser multidisciplinar e ter como característica a flexibilidade, permitindo uma análise da situação com diferentes focos na busca da solução adequada. De forma análoga, a contratação de uma consultoria externa que suporte a institucionalização da gestão do conhecimento em uma dada área só será eficaz se ela possuir um profundo conhecimento sobre o processo de negócio daquela unidade organizacional, fundamental inclusive para que se possa falar a mesma língua daqueles que estão sendo entrevistados.

Principalmente na execução de projetos-pilotos, nem sempre a gerência identificada como a detentora do conhecimento mais estratégico e crítico para a organização é aquela na qual a metodologia deve ser testada. Quanto mais relacionadas ao *core business* forem suas atividades, mais difícil será incluir na agenda dos gerentes e especialistas o assunto "gestão do conhecimento", pois comumente, mesmo reconhecendo a relevância e a importância do projeto, esses profissionais acabam sendo demandados para outras tarefas mais urgentes. Na prática, há um conflito entre um planejamento mais estruturado de médio e longo prazos e as tarefas operacionais do dia a dia. Desse modo, recomenda-se que a metodologia seja testada em uma gerência que esteja com mais recursos disponíveis para o desenvolvimento do trabalho, facilitando o levantamento de dados e permitindo que os ajustes sejam feitos com maior rapidez.

Por fim, os resultados da implantação de uma sistemática de gestão do conhecimento não são imediatos e ainda há muita discussão sobre a forma mais adequada para medi-los. É necessário ter persistência e um forte patrocínio da alta liderança para que os projetos de gestão do conhecimento alcancem seus objetivos.

7. Resumo Executivo

- Ao definir-se uma estratégia de internacionalização para a Petrobras, foi necessário entender o que precisava ser feito para estabelecer uma base de conhecimentos e competências que a sustentasse, tanto para consolidar a missão da Área de Negócio Internacional quanto para apoiar a atuação de suas unidades e escritórios no exterior.

- Adotada como piloto, a Gerência de Suporte Técnico aos Negócios foi submetida a um diagnóstico de prontidão para gestão do conhecimento que envolveu a aplicação de um questionário a gerentes, coordenadores e formadores de opinião, além de um conjunto de entrevistas com esses atores. Este diagnóstico funcionou como *input* para a formulação da estratégia de conhecimento dessa gerência, que culminou na definição dos dez projetos de Gestão do Conhecimento que viriam a compor o Programa de Integração do Conhecimento da Área de Negócio Internacional.

- Para conduzir a implantação dos projetos, aplicar as metodologias testadas nos projetos-pilotos e ampliar o escopo desses projetos para toda a Área de Negócio Internacional, foi criada uma gerência setorial de Gestão do Conhecimento, vinculada à Gerência de RH da Área Internacional.

- Com a ampliação do escopo de atuação da gerência e a vinculação ao RH, foi necessário analisar outros pontos importantes para uma atuação internacional, principalmente a diversidade do conhecimento no ambiente global, no qual as questões relativas aos negócios e questões culturais são fatores críticos determinantes para uma performance efetiva. Assim, o modelo de gestão do conhecimento passou a considerar também essas variáveis, incluindo o processo de gestão de competências nas atribuições da Gerência de Gestão do Conhecimento.

- Neste capítulo, são apresentados os critérios para a elaboração do Programa de Integração do Conhecimento da Área de Negócio Internacional, alguns dos projetos realizados e outras iniciativas espontâneas desenvolvidas, com conclusões e recomendações para sua adaptação em áreas de interesse.

QUESTÕES PARA REFLEXÃO

1. Considere a alocação da gestão do conhecimento na função Recursos Humanos e o consequente direcionamento dado às suas atividades. Que outras atividades de RH poderiam fazer parte da gestão do conhecimento?
2. Se a gestão do conhecimento estivesse alocada em outra função (Gestão ou Tecnologia da Informação, por exemplo), que outras configurações ela poderia ter?
3. Qual a relação entre gestão do conhecimento e gestão de competências?
4. Discuta com seus pares sobre a existência, ou não, de conflitos entre um planejamento mais estruturado de médio e longo prazos, característico de projetos de gestão do conhecimento, e as tarefas operacionais do dia a dia.
5. Qual a importância da gestão da mudança na implantação de projetos de gestão do conhecimento? Elabore um plano de gestão da mudança adequado à sua organização considerando que tais projetos serão implantados.

REFERÊNCIAS BIBLIOGRÁFICAS

AMERICAN PRODUCTIVITY & QUALITY CENTER. *Retaining valuable knowledge: proactive strategies to deal with shifting work force*. Houston: APQC International Benchmarking Clearinghouse, 2002.

BUKOWITZ, Wendi R. e WILLIAMS, Ruth L. *Manual de gestão do conhecimento: ferramentas e técnicas que criam valor para a empresa* (PriceWaterhouse&Coopers). Porto Alegre: Bookman, 2002.

CLELAND, David I. e IRELAND, Lewis R. *Gerência de projetos*. Rio de Janeiro: Reichmann & Affonso, 2002.

DAVENPORT, Thomas. *Pense fora do quadrado: descubra e invista em seus talentos para maximizar resultados para a sua empresa*. Rio de Janeiro: Elsevier, 2006.

_____. *Gestão de processos e do conhecimento* (apostila). Sala de aula HSM (Special Management Programs), São Paulo, 20 e 21 de setembro de 2004.

DAVENPORT, Thomas e PRUSAK, Laurence. *Conhecimento empresarial: como as organizações gerenciam o seu capital intelectual*. Rio de Janeiro: Campus, 1998.

KAPLAN, R. S. e NORTON, D. P. The balanced scorecard: measures that drive performance. *Harvard Business Review*, jan.-fev. 1992, p. 71-80.

MANKTELOW, James. SWOT *Analysis: understanding strengths, weakness, opportunities and threats*. Disponível em: <http://www.mindtools.com/pages/article/newTMC_05.htm>. Acesso em: 15 de abril de 2005.

MARKONI, Marina de Andrade e LAKATOS, Eva Maria. *Técnicas de pesquisa*. São Paulo: Editora Atlas, 2002, p. 93-94.

NONAKA, Ikujiro e TAKEUCHI, Hirotaka. *Criação de conhecimento na empresa*. Rio de Janeiro: Campus, 1997.

PETROBRAS. Desenvolvimento de Sistemas de Gestão. Gestão do Conhecimento. *Políticas, diretrizes e orientações para gestão do conhecimento no Sistema Petrobras*. Rio de Janeiro, nov. 2006, 29 p.

_____. Desenvolvimento de Sistemas de Gestão. Gestão do Conhecimento. *Caderno de Práticas de Gestão com Foco no Conhecimento*. 2ª ed. Rio de Janeiro, nov. 2006, 41 p.

_____. Área de Negócio Internacional. Corporativo. Recursos Humanos. *Gestão do Conhecimento*. Disponível em:

<http://aninova.petrobras.com.br paginadinamica.asp?grupo=337>. Acesso em: 25 de maio de 2007.

_____. Área de Recursos Humanos. *Planejamento e Avaliação de RH*. Grupo de Trabalho de Gestão de Competências. Disponível em: <http://comunidades.petrobras.com.br/gestcompetencia. >.
Acesso em: 25 de maio de 2007.

SPE. Society of Petroleum Engineers. Workforce Age Distribution for Oil & Gas Sector in 2003. *apud* DELOITTE TOUCHE TOHMATSU. The Talent Crisis in Upstream Oil and Gas: strategies to attract and engage generation Y. Disponível em: <http://www.deloitte.com/dtt/cda/doc/content/us_energy_Gen_Y_oil_gas_181105(1).pdf>. Acesso em: 30 de maio de 2007.

TRANSPETRO. *Perfil da Transpetro*. Disponível em: < Http://www2.petrobras.com.br/portal/frame.asp?pagina=/petrobras/portugues/perfil/braspetro/per_braspetro.htm>. Acesso em: 5 de junho de 2007.

VESTAL, Wesley. *Knowledge Mapping: the essentials for success*. Houston: APQC International Benchmarking Clearinghouse, 2005.

ZACK, Michael H. "Developing a Knowledge Strategy: Epilogue", *in: The Strategic Management of Intellectual Capital and Organizational Knowledge: A Collection of Readings*, N. Bontis e C. W. Choo (eds.), Oxford University Press, March, 2002.

_____. "Developing a Knowledge Strategy", *California Management Review*, v. 41, nº 3, 1999, p. 125-145.

Capítulo 5

Implantação da Gestão do Conhecimento com o Uso de GED: Um Estudo de Caso ANP

Autores:

Vanessa Mendes de Almeida, BSc.
Luís Eduardo Duque Dutra, DSc.

Revisor:

Darwin Magnus Leite, PMP, MSc.

1. Introdução

A Agência Nacional do Petróleo, Gás Natural e Biocombustíveis (ANP) é uma autarquia federal, criada pelo Decreto nº 2.455, de 14 de janeiro de 1998, vinculada ao Ministério de Minas e Energia (MME). É responsável pela execução da política nacional para o setor energético do petróleo, gás natural e biocombustíveis, de acordo com a Lei do Petróleo (Lei nº 9.478/1997). Sua sede está localizada em Brasília, o escritório central no Rio de Janeiro e os escritórios regionais em São Paulo e Salvador. Como órgão regulador das atividades que integram a indústria do petróleo, gás natural e dos biocombustíveis no Brasil, as atividades principais da Agência são regulação, contratação e fiscalização.

A regulação se dá através do estabelecimento de regras por meio de portarias, instruções normativas e resoluções. Já a contratação, pela promoção de licitações e celebrações de contratos em nome da União com os concessionários em atividades de exploração, desenvolvimento e produção de petróleo e gás natural. A fiscalização das atividades das indústrias reguladas acontece diretamente ou mediante convênios com outros órgãos públicos.

Para realizar sua missão legal, a estrutura da ANP foi concebida em consonância com a cadeia de realização de valor da indústria do petróleo, que pode ser dividida nas seguintes etapas:

- *Upstream* (montante) – engloba as atividades de busca, identificação e localização das fontes de óleo, e ainda o transporte deste óleo extraído até as refinarias, onde será processado. São as atividades de exploração, perfuração e produção.
- *Midstream* (refino) – é a fase em que as matérias-primas são transformadas em produtos prontos para uso específico (gasolina, diesel, querosene, GLP etc.). São as atividades de refinamento.
- *Downstream* (jusante) – é a parte logística. Transporte dos produtos da refinaria até os locais de consumo. Compreende o transporte, a distribuição e a comercialização.

A diretoria da ANP delibera em regime de colegiado. É composta de um diretor-geral e de quatro diretores com mandatos de quatro anos, não coincidentes. Sessões deliberativas da diretoria emitem portarias, instruções normativas e resoluções para as indústrias reguladas e podem resolver pendências entre agentes econômicos, assim como entre esses agentes e os consumidores. As tomadas de decisão sobre normas que possam afetar direitos são realizadas após audiências públicas.

A importância das informações selecionadas para esses processos decisórios, como recurso estratégico, é registrada por Chiavegatto (1999, p. 1): "Numa avaliação sobre o ambiente informacional e organizacional de uma instituição, as alternativas para o processo de elaboração de estratégias mudam quando a informação passa a ser tratada como um recurso de importância equivalente aos recursos de capital, mão de obra e tecnologia".

É evidente que, em razão da dimensão econômica e extensão da cadeia de produção neste setor, existe um enorme volume de dados em circulação que exigem a definição de sistemáticas para o seu tratamento, de forma condizente com seus desafios e complexidades. Tais exigências se potencializaram, na atual Sociedade do Conhecimento, onde a importância desses dados passou a ser traduzida pela expressão Capitalismo Informacional, que, segundo Castells (1999), determina uma nova forma de riqueza, que vem sendo devidamente reconhecida desde o início do século XXI.

Os desafios criados por esta demanda de modernização, assim como suas múltiplas consequências desencadeadas nesta organização, serão examinados na sequência.

2. A Origem do Projeto

A Instrução Normativa (IN) nº 5, da série Gestão Interna, foi aprovada pela Diretoria da ANP em setembro de 2002. Ela definiu as regras de gestão documental da Agência, os conceitos relacionados a essa atividade e os diversos tipos de documentos oficiais em circulação na casa. Esta norma estabeleceu as regras a que se submetem os documentos a serem arquivados, os vários tipos de arquivos e instituiu o Plano de Classificação Documental e a Tabela de Temporalidade de Documentos.

A IN nº 5 e os documentos a ela relacionados foram desenvolvidos com o objetivo de regulamentar, normatizar e aplicar o disposto na Constituição Federal de 1988, art. 216, § 2º: "Cabem à Administração Pública, na forma da lei, a gestão da documentação governamental e as providências para franquear sua consulta a quantos dela necessitem"; e na Lei nº 8.159, de 8 de janeiro de 1991, que define em seu art. 3º: "Considera-se gestão de documentos o conjunto de procedimentos e operações técnicas referentes à sua produção, tramitação, uso, avaliação e arquivamento em fase corrente e intermediária, visando sua eliminação ou recolhimento para guarda permanente".

Para estas atividade em seu organograma a ANP possui a secretaria executiva, vinculada à diretoria-geral, que assessora diretamente a diretoria colegiada e orienta as demais unidades da Agência.

Segundo o Regimento Interno da ANP, art. 14, que estabelece as competências desta secretaria, dentre suas atribuições encontram-se "o levantamento, a análise e a distribuição de dados e informações sobre processos e gestão interna da ANP, que garantam a visão integrada da organização".

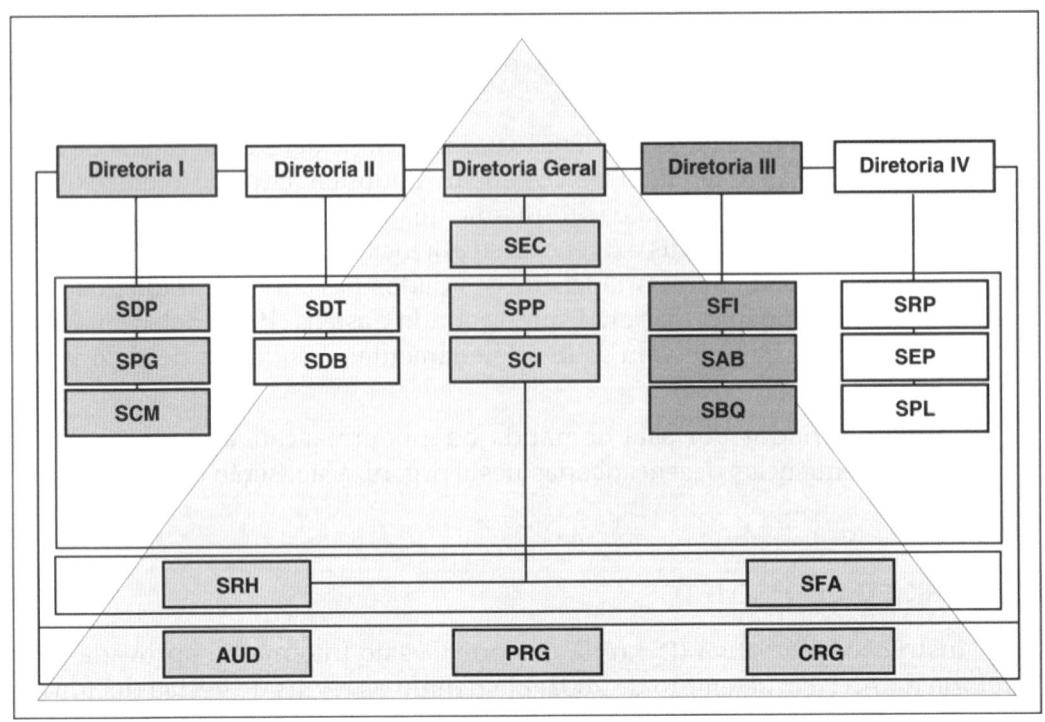

Fonte: Site ANP (www.anp.gov.br).

Figura 1 – Organograma ANP.

Ainda no art. 14, encontraremos o § 13, que atribui também a esta secretaria "conceber, desenvolver e gerir a política de documentação da ANP, garantindo a recuperação da informação, o acesso ao documento e a preservação de sua memória".

A Secretaria Executiva possui em sua vinculação o Centro de Documentação e Informação (CDI), que funciona principalmente como acervo da ANP, sua biblioteca. É importante ressaltar que, na prática, bibliotecas são conduzidas por profissionais de biblioteconomia e Gestão Documental por arquivistas. Todavia, observa-se que vários profissionais, como de tecnologia da informação e gestores, apoiam eficazmente esses setores.

Para as questões relacionadas à Gestão Documental, a Agência tinha como estrutura principal:

- Centro de Documentação e Informação (CDI), vinculado à Secretaria Executiva.
- Protocolos, vinculados à Superintendência de Gestão Financeira e Administrativa (SFA).
- Arquivos Setoriais, geralmente vinculados às suas unidades organizacionais.

- Arquivo Geral, na ANP de Brasília.
- Comitês, presididos pela Secretaria Executiva.
- Núcleo de Informática (NIN), com os procedimentos sobre fluxos.

Entretanto, ainda não havia nessa estrutura um centro equivalente ao CDI, formalmente estabelecido e dedicado à Gestão Documental. Assinale-se que, até julho de 2008, a Agência não possuía em seu quadro oficial técnicos arquivistas, que só chegaram após a realização do segundo concurso público. A análise técnica dos registros e legados, tanto físicos quanto eletrônicos, não era adequada até então. A ANP contava apenas com alguns arquivistas em cargos administrativos, que se desdobravam para atender às demandas, dentro de suas possibilidades.

O número de documentos mensais que tramitam nos protocolos da ANP é de aproximadamente 10 mil registros, sendo gerados em torno de 2 mil processos. Dentro dessa estrutura, sempre foram criados numerosos documentos, inclusive eletrônicos, além daqueles recebidos. A Agência possui 21 setores principais e, na época da implantação, contava com cerca de 800 servidores. Após os concursos realizados, foi alcançado o total de 1.131 funcionários, dentre eles cerca de 200 secretárias(os) e auxiliares administrativos, principais atuantes nessas rotinas, por serem muitas vezes responsáveis pelos protocolos e arquivos.

Em relação ao acervo da ANP, vale observar a herança de mais de duas décadas de administração do tipo cartorial, que prevaleceu no setor, no tempo em que a regulação era realizada pelo antigo Conselho Nacional do Petróleo (CNP). Também compõe esse acervo a herança do Departamento Nacional de Combustíveis (DNC). O arquivo próprio da Agência tem pouco mais de dez anos.

Para retratar a situação do gerenciamento eletrônico de documentos, que era utilizado na ANP antes da aquisição do Próton, serão enumeradas algumas das principais características do sistema então utilizado, o denominado Fluxo Genérico (Registro de Processos e Documentos) do Lotus Notes. Esse fluxo foi implantado na ANP em julho de 1999 e possuía interface com vários outros fluxos específicos das áreas, também criados no Lotus Notes, o que permitia a tramitação dos registros entre eles. Esses fluxos foram desenvolvidos para registrar qualquer processo ou documento que entrasse nos protocolos, ou fosse recebido por algumas áreas específicas, além de controlar o trâmite desses registros internamente até o seu destino final.

O sistema possuía controle diferenciado de numeração de documentos e processos mas não possuía crítica no preenchimento de alguns campos fundamentais para o controle desses registros, como era o caso de CNPJ ou CPF. Os principais dados dos registros, como natureza, assunto e referências eram digitados em apenas um campo, o que dificultava muito as buscas pela dimensão do banco de dados pesquisado.

Além dos trâmites de documentos e processos, era possível a apensação ou anexação entre documentos e processos, além da atualização eletrônica do número de páginas anexadas ao arquivo físico. Em contrapartida, a criação de documentos era limitada às exigências de apenas alguns setores. Ademais, no decorrer dos últimos anos, a base do fluxo genérico do Lotus Notes cresceu tanto que o sistema se tornou extremamente lento, sendo necessário particionar sua base por semestre, o que dificultou a busca de processos/documentos criados em períodos diferentes do semestre vigente.

Em razão da dimensão de informações e registros, tanto físicos quanto eletrônicos, outras dificuldades começaram a surgir como alto volume de cópias, duplicação de arquivos, excesso na utilização de espaço em disco, custos de armazenamento e impressão crescentes e necessidade de grandes áreas para a guarda de volumes documentais.

Além disso, a demanda pelo gerenciamento de contratos e convênios, de forma mais eficiente, transparente e atualizada, tornou evidente a deficiência do sistema de gestão eletrônica documental em vigor, pela inviabilidade de acesso via internet.

Diante desse cenário, em 2003 foram iniciados estudos e propostas pela Secretaria Executiva (SEC) para a reformulação da Gestão Documental na Agência. Tais propostas indicaram soluções através da aquisição de novos recursos de equipamentos, programas e adoção de novas rotinas, como também apresentavam estudos das tendências e investimentos em tecnologia do mercado. O objetivo era investigar as condições, necessidades, vantagens e dificuldades da autarquia.

Em 16 de julho de 2004, o Conselho Nacional de Arquivos (Conarq) publicou a Resolução nº 20, que dispõe sobre a inserção dos documentos digitais em programas de gestão arquivística de documentos dos órgãos e entidades integrantes do Sistema Nacional de Arquivos. A resolução estabelece a importância do gerenciamento de informações, independente do seu formato, e resolve, em seu art. 3º:

> *A gestão arquivística de documentos digitais **deverá prever a implantação de um sistema eletrônico de gestão de documentos**, que adotará requisitos funcionais, requisitos não funcionais e metadados estabelecidos pelo Conselho Nacional de Arquivos, que visam garantir a integridade e a acessibilidade de longo prazo dos documentos arquivísticos.*

Essa resolução foi a mola propulsora para atividades concretas no intuito de atender às exigências legislativas, operacionais e advindas do mercado, resultantes do rápido avanço da tecnologia em todos os setores nas últimas décadas. Tornou-se assim imperativa a aquisição de um novo sistema para **gestão eletrônica documental**.

Em contrapartida, o ideal seria que a renovação da Política de Gestão Documental da ANP tivesse sido iniciada antes da implantação de um novo sistema. Isso teria evitado, por exemplo, todos os problemas gerados em função do legado, tanto físico quanto eletrônico. Esse material já poderia estar devidamente classificado e tratado, o que evitaria retrabalhos e transtornos na migração, à época da implantação do projeto. A falta de arquivistas e a existência de séries históricas e registros herdados dos órgãos anteriores aumentavam ainda mais as dificuldades a serem vencidas no início do projeto. Repetidas vezes, profissionais de Gestão Documental se deparam com essa situação anômala: a aquisição de soluções e ferramentas é feita antes de uma análise detalhada da estrutura organizacional e das particularidades das instituições.

A aquisição desse sistema, utilizado não só para Gestão Documental, mas também para Gestão do Conhecimento, correspondeu, portanto, a uma iniciativa de inovação que provocou a reorganização de rotinas de protocolos, arquivos e todos os trâmites documentais e processuais da Agência. Para dimensionar sua abrangência, basta imaginar que todos os setores da ANP, e não apenas algumas áreas, participaram do processo. Em outros termos, trata-se de "trocar o pneu com a bicicleta em movimento" ou, ainda, "fazer grandes obras em uma casa habitada".

O desafio, portanto, era de vulto, dada a necessidade de acelerar o início das ações, em paralelo à obtenção de um levantamento situacional da organização, que incluiu pesquisas dos trâmites em todos os setores, revisões de tabela de temporalidade e do código de classificação, verificação de todo o comportamento dos usuários nessa atividade e da utilização de regras e ferramentas.

3. O Projeto Proposto – Estruturação e Etapas

Depois de feita a compra do *software*, vários profissionais se uniram nessa "empreitada", que envolveu cinco etapas principais: descoberta, levantamento, análise, projeto e implantação.

As primeiras etapas de descoberta, levantamento e análise já estavam sendo desenvolvidas na ANP à época da compra do novo sistema de informática. Tais etapas tiveram como pontos principais as atividades relacionadas a seguir:

- Analisar documentação existente sobre o assunto Gestão Eletrônica Documental (GED), o primeiro estudo sobre o assunto na instituição.
- Analisar a plataforma tecnológica utilizada.
- Analisar os documentos relacionados na Tabela de Temporalidade Documental da ANP.
- Verificar a troca de informações entre as áreas da Agência e entidades externas.

- Analisar o volume de documentos envolvidos.
- Identificar sistemas e aplicativos utilizados e alternativas futuras.
- Levantar o número de aplicações de fluxos de trabalho (*workflow*), imagens e outros.
- Identificar as demandas das áreas na utilização de tecnologias.
- Promover a integração entre as tecnologias existentes.
- Levantar a infraestrutura da ANP e analisar a compatibilidade com os *softwares* de mercado.
- Fazer estudos comparativos de *software/hardware* e suas manutenções.
- Promover estudos da arquitetura a ser implementada (rede, banco de dados etc.).
- Realizar estudos das mídias para armazenamento que influenciam no desempenho dos sistemas e nos custos.
- Elaborar planos de contingência, ou seja, planejamentos de riscos, planos de recuperação de desastres.
- Analisar serviços e processos necessários para digitalização.

Por se tratar de uma inovação que envolvia as rotinas de todos os setores da Agência, a implantação desse projeto teve que contar com o apoio explícito dos dirigentes da ANP. Trata-se de um modelo de administração *top-down* (ou seja, que requer um sistema de controle "de cima para baixo"), indispensável em mudanças dessa natureza. O "patrocinador" (*sponsor*) resolve "problemas", promove as mudanças do escopo, aprova os resultados importantes e direciona as iniciativas de caráter geral. A autoridade superior legitima o projeto dentro da organização, gerencia e lidera as equipes responsáveis.

O comprometimento dos dirigentes de forma integral e oficial foi uma condição para o correto encaminhamento da iniciativa. A garantia do apoio superior contribuiu para que as resistências naturais a qualquer momento de mudança pudessem ser vencidas, sem gerar maiores conflitos. No caso em análise, obtido o apoio da diretoria, coube à chefia de Gabinete do diretor geral a execução do projeto. Nas próximas etapas, seria possível mudar essa estratégia, depois de consolidado o projeto.

Do ponto de vista administrativo, a gerência do contrato para aquisição do sistema eletrônico demandou também um fiscal, responsável direto pela viabilização do projeto. A Secretaria Executiva da ANP recebeu essa incumbência, cabendo a ela o acompanhamento e a verificação da execução das deliberações do colegiado. Devido à função de fiscalização do sistema, a SEC recebeu a delegação do chefe de Gabinete para as operações de rotina, para representá-lo nas atividades cotidianas para tomar a maioria das decisões que requeressem sua aprovação.

Em projetos como esse, a execução depende não apenas da autoridade, mas também da legitimidade das orientações. Por isso, é fator determinante de sucesso a escolha do líder do projeto. Nesse caso, o líder foi escolhido entre a equipe de analistas de sistemas da ANP e ficou incumbido de gerenciar a equipe, mantendo-a motivada, organizada e garantindo os resultados desejados.

Esse líder também deveria apoiar os superiores com informações atualizadas que também seriam utilizadas para guiar o planejamento e o acompanhamento de tarefas da ação. Evidentemente, ele deveria estar envolvido com as metas, prazos, custos e riscos, além dos aspectos qualitativos e humanos participantes dessa operação, que abrangia toda a instituição.

Como principais partes envolvidas encontram-se indivíduos e grupos específicos que dispõem de uma quota de influência no resultado do projeto. Nesse caso, o Núcleo de Informática (NIN), a Superintendência de Gestão Financeira e Administrativa (SFA), atual gestora dos protocolos, a Comissão Permanente de Licitações (CPL) e o Centro de Documentação e Informação (CDI), a biblioteca.

Também foi necessário contar com as secretárias, assistentes administrativos e os responsáveis pela guarda dos documentos em cada área. Foi essencial o apoio de todos os usuários da ANP, principalmente do Protocolo Geral e dos Arquivos Setoriais, peças-chave para o sucesso do projeto. Tais setores representam a porta de entrada e saída de registros na Agência e nas áreas.

Em 2006, foram iniciadas as fases de projeto e implantação, quando a diretoria da ANP adquiriu o Sistema de Informações Documentais (Próton), da empresa IKHON – Gestão, Conhecimentos e Tecnologia Ltda. – com sede em Brasília. Trata-se de um *software* gerenciador de informações e processos, com foco em Gestão do Conhecimento.

Para o êxito da implantação, o fornecedor do programa teve à disposição, dentre outras, as seguintes informações:

- Sistema de Controle de Processos, cujos dados deveriam ser migrados.
- Fluxo Genérico anteriormente vigente, cujas informações deveriam ser migradas.
- Relação de sistemas de controle de arquivos existentes na Agência, que poderão ser eliminados com a implantação do Próton, mas cujas bases deverão ser migradas.
- Ambiente computacional onde seria implantado o Sistema Próton, na ANP.
- Fluxos a serem integrados.

Além disso, algumas atividades foram desenvolvidas internamente, para melhor aproveitamento do sistema:

- Constituição de uma nova Comissão Permanente de Avaliação de Documentos.
- Verificação dos relacionamentos entre as áreas da ANP e entidades externas, considerando a troca de informações.
- Definição da nova estrutura do CDI – biblioteca.
- Avaliação e organização do arquivo corrente.
- Expurgo de documentos/processos.
- Criação de arquivos intermediários.
- Revisão da Política Documental da ANP – Instrução Normativa de Gestão de Documentos (IN-005/2002).
- Revisão do Plano de Classificação Documental e TTD (tratamento de informações sigilosas – segurança da informação).
- Elaboração de Normas e Procedimentos a respeito de:
    > Normatização de documentos e arquivos correntes.
    > Emissão/geração e recebimento de documentos.
    > Classificações de documentos correntes.
    > Descrição/catalogação e indexação de documentos gerados e recebidos.
    > Transferência de documentos para a fase intermediária.
    > Elaboração de Manual de Gestão de Documentos e Arquivos.
    > Avaliação dos sistemas de gestão de arquivos da ANP.
    > Definição de estrutura para digitalização de documentos.
    > Definição do ambiente computacional.
    > Consolidação e migração das bases de informações.

Conforme pode ser verificado, naquela fase ainda era proposta uma reestruturação da biblioteca, embora esse setor não dispusesse de uma estrutura para absorver a gestão documental. Depois de algum tempo, a necessidade de criação de outro setor específico para a realização dessa atividade foi se tornando mais evidente.

4. O Projeto Implantado – Etapas Cumpridas e como Foi Feito

Para promover a introdução da ferramenta harmoniosamente, o sistema Próton foi implantado de forma "piloto" em quatro áreas estratégicas. Esse teste durou aproximadamente um ano, e, a partir dele, foram feitas as adequações necessárias e estipuladas às reais demandas do sistema para sua implantação em toda a Agência.

Durante o projeto-piloto foram realizadas várias palestras com apresentação do sistema e regras básicas de Gestão Documental, ministradas pela equipe técnica da IKHON e por alguns profissionais das equipes ANP. Tais palestras foram, aos poucos, preparando os usuários para receber esse facilitador, que, por ser uma inovação, suscitou várias resistências, principalmente por seu caráter de transparência e detalhamento de informações. Os usuários seriam obrigados a "pensar" em novos fatores, atividade necessária na Sociedade do Conhecimento (Castells, 1999).

Em março de 2007, foi iniciada uma nova fase no processo, com a criação da equipe GED Próton para viabilizar a implantação do sistema. Sua composição inicial era de um gestor, um analista e uma assistente. Sua vinculação era direta com o Gabinete da Diretoria Geral e a SEC. Servia principalmente de interface entre os superiores, a empresa IKHON, as equipes envolvidas (NIN, Protocolos, Arquivos) e os usuários.

Ao final de 2007, iniciou-se a **fase de migração de dados** do sistema de gerenciamento antigo (Lotus Notes) para o sistema Próton, que foi dividida em três etapas:

1ª Etapa – migração de aproximadamente 620.000 registros documentais e processuais da base anterior; foi a mais demorada, e apresentou alguns problemas, principalmente relacionados à transferência de dados entre as tabelas de usuários e o tratamento dado à alimentação dessas tabelas no sistema anterior. No Lotus Notes, os usuários eram cadastrados por nomes, enquanto no Próton esse cadastro deveria ser feito por setores. Foram cerca de 11.500 usuários com grafias diferentes que demandaram a criação de aproximadamente 11.000 Unidades Organizacionais ANP-UORGs.

Existiam dentre esses muitos usuários duplicados, que já haviam sido desligados da ANP ou ainda registrados com grafias diferentes. Foi identificada também a existência de 221.804 "interessados" (remetentes), sendo muitos repetidos com grafias diferenciadas. Essa situação ocasionou o retrabalho e o atraso da segunda etapa de migração dos trâmites e informações complementares. Durante a execução dessa etapa, identificada pelas equipes, ocorreu a necessidade de revisão de todos os usuários cadastrados no novo sistema.

Tais pendências que precisariam ser tratadas futuramente serão identificadas nos próximos capítulos como "legado".

2ª Etapa – migração dos trâmites e informações complementares para o preenchimento de campos, tais como: palavras-chaves, interessados, arquivamentos, número de páginas, entre outros. Para iniciar a segunda etapa, foi necessária a criação, de forma organizada, dos usuários não identificados/desligados e das UORGs, para armazenamento de registros, visando à consistência de dados em tabela de documentos/processos no Próton, a fim de facilitar o futuro redirecionamento às unidades pertencentes daqueles registros, bem como a migração dos trâmites e informações complementares (palavra-chave, interessado, número de páginas etc.).

Nessa etapa houve problemas: insuficiência de espaço para armazenamento dos dados na base Próton e complexas revisões de registros migrados no banco. Depois, foi iniciada a homologação da carga (integração dos fluxos específicos e Próton), em que se localizaram as principais dificuldades decorrentes das informações carregadas incorretamente, como registros sem numeração, preenchidos inadequadamente, sem data etc. Essas dificuldades também podem ser consideradas "legado".

3ª Etapa – checagem dos registros migrados e ajustes necessários. Esta etapa foi iniciada em novembro de 2007, quando foram realizados o pré-rastreamento das funcionalidades do Próton, atualizações em tabelas (numeração e tipos de documentos, UORGs, usuários e perfis), foram executados os últimos acertos e testes de rastreabilidade de validação em todo o sistema. Após essas ações, foram providenciadas as suas atualizações no servidor de produção da ANP.

A operação de migração foi bastante sensível, na medida em que incidentes poderiam ocorrer – como perda ou alteração de dados – que acarretariam uma situação crítica para a instituição. É onde se encaixam os planos de contingência.

Concluída a migração, foram iniciadas as **etapas pós-implantação**, visto que, como descrito anteriormente, eram necessárias várias medidas de reformulação da política de Gestão Documental da ANP, para o adequado aproveitamento do sistema instalado. As atribuições principais dessa etapa podem ser divididas nos seguintes tópicos:

4.1. Reestruturação da equipe GED Próton e dos relacionamentos de equipes

Foi necessário mapear e redistribuir as principais atividades da equipe: gerenciamento da ferramenta, manutenção do sistema, suporte ao usuário, correção de base e apoio administrativo.

Para resolver o problema do pequeno número de participantes e eventuais flutuações, com base no modelo de competências para gestão de pessoas, todos os integrantes foram treinados nas diversas atividades para que estivessem sempre prontos a rodízios.

Através da observação das habilidades de cada um, as atribuições foram redistribuídas diversas vezes, sendo importante ressaltar que cada profissional manteve suas atividades específicas inerentes às suas formações ou talentos. Apenas uma integrante permaneceu na equipe desde o seu início com conhecimento de todas as atividades, representando uma peça-chave na rotina do setor.

> *O trabalho não é mais o conjunto de tarefas associadas descritivamente ao cargo, mas torna-se o prolongamento direto da competência que o indivíduo mobiliza em face de uma situação profissional cada vez mais mutável e complexa. Essa complexidade de situações torna o imprevisto cada vez mais cotidiano, rotineiro (Fleury e Fleury, 2000).*

A resistência a projetos que envolvem mudanças radicais exige didática, argumentação, negociação e busca de sintonia nos relacionamentos entre equipes. Foi necessário intensificar a comunicação entre elas: GED Próton, NIN, IKHON, protocolos e arquivos, mas principalmente entre os técnicos do NIN e da IKHON.

Através da promoção de várias reuniões foram propostas estratégias de aproximação entre os profissionais e difusão do conhecimento da ferramenta, para evitar a situação de "reféns" por apenas alguns funcionários.

A comunicação entre as equipes precisava melhorar, pois havia vários integrantes que participavam dos procedimentos e atualizações, o que muitas vezes interrompia o fluxo de informações pelo excesso de interlocutores num mesmo processo. Muitas vezes, a coordenação apenas colocava os técnicos em contato, passava informações, num modelo de "telefone sem fio", que não só atrasava como atrapalhava os resultados. Depois de intensas negociações e reajustes de planejamento, foram traçadas novas estratégias para atingir tal aproximação.

Também foram promovidas reuniões entre o chefe de Gabinete e os representantes da IKHON, para ajustar uma participação maior daqueles técnicos nas rotinas diárias.

Outra dificuldade dizia respeito às flutuações entre os integrantes das equipes do projeto. Além disso, a equipe GED Próton precisava agregar novos integrantes, e alguns funcionários em posições estratégicas precisaram de incentivo. Como exemplo, foi promovido um funcionário do protocolo, uma medida importante para a reformulação e adequação daquele setor, que passou por vários processos de reestruturação para comportar a modernização, principalmente no que tange à digitalização de documentos, ainda em curso. Com a realização de um concurso público, ao final de agosto de 2008, foi integrada uma analista de sistemas que já havia trabalhado no NIN por oito anos e que tinha contribuído bastante para os resultados com seus conhecimentos.

É de grande valia a presença de profissionais com habilidades na elaboração de mapeamentos e gráficos, formatações de manuais e treinamentos, que podem transformar em imagem o que até então estava apenas em arquivos de texto.

Ocorreu também mudança de líderes na equipe responsável, daí o grande valor dos relatórios completos com experiências anteriores, que norteiam a continuidade harmoniosa na definição de objetivos e estratégias.

4.2. Adaptação dos usuários através de treinamentos e palestras

Estabelecidas novas regras, foram tomadas algumas providências, como a realização de um cronograma de treinamentos para todas as unidades ANP, com no mínimo uma máquina para cada dois usuários, que eram treinados nas principais funcionalidades do sistema e algumas regras de Gestão Documental. Todos os setores passaram por este programa.

Foram promovidas viagens aos escritórios regionais para tais treinamentos e análises dos problemas na utilização do sistema. Esses treinamentos foram contínuos, pois, além das trocas de pessoal, era importante acompanhar a utilização do sistema e dúvidas recorrentes. As equipes de protocolo e arquivos receberam atenção especial, assim como secretárias e auxiliares administrativos.

A ambientação dos usuários da autarquia foi fundamental para o sucesso do projeto, visto que eles passaram por mudanças radicais em suas rotinas.

4.3. Difusão de conhecimentos sobre o sistema – criação de manuais

Baseado na análise das principais dificuldades iniciais dos usuários no sistema, foi criado o "Ciclo de Mensagens Próton – Alertas, Novidades e Dicas" sobre sua utilização. Essas mensagens foram enviadas aos grupos de e-mails dos principais usuários e distribuídas internamente.

Outros ciclos de treinamentos específicos para equipes técnicas, inclusive de informática e as de suporte e *workflow*, também foram ministrados.

A partir daí, manuais eletrônicos completos para consultas e treinamentos foram disponibilizados na intranet e no Próton:

Fonte: Intranet ANP e sistema Próton.

Figura 2 – Tela inicial do manual "Ciclo de Mensagens Próton".

4.4. Atendimento aos chamados dos usuários

Muitos eram os chamados no início da implantação, divididos em dúvidas, correções e melhorias ou desenvolvimentos. Esses chamados refletiram o processo de mudança cultural que se introduziu na Agência devido ao grande impacto que uma ferramenta de gestão de informações proporcionou.

As dúvidas eram atendidas pela equipe GED Próton através de instruções ou até mesmo treinamentos.

As correções necessárias para adequação técnica da ferramenta ou problemas no ambiente informacional, como, por exemplo, a velocidade de transmissão de dados nos casos dos escritórios regionais, eram direcionados e resolvidos pelos analistas NIN e IKHON.

As solicitações pertinentes à gerência da ferramenta, como produção de relatórios, gráficos, trocas de senhas ou inclusões de padrões de documentos para criação também eram atendidas pela equipe GED.

As sugestões de desenvolvimento ou melhorias eram analisadas pelos analistas GED Próton, NIN e IKHON e algumas vezes implementadas, tais como: aumento de fonte, inclusão de facilitadores, alterações em critérios de busca etc. A equipe GED Próton também monitorava periodicamente a ferramenta para adequá-la aos padrões da ANP.

5. OS RESULTADOS OBTIDOS – BENEFÍCIOS/DESAFIOS A SEREM ENFRENTADOS

Uma das propostas da implantação do Próton era integrar os registros contidos em fluxos específicos do sistema anterior para que o gerenciamento das informações ganhasse qualidade e diminuíssem os números de fluxos acessados. Foram, portanto, desativados alguns dos mais significativos setores importantes, como: Qualidade, Diretoria-Geral, Desenvolvimento e Produção.

Outros fluxos estão sendo modernizados pelo Núcleo de Informática da ANP, em consonância com os analistas IKHON e arquivistas para viabilizar essas integrações.

O Sistema de Informações Documentais implantado está de acordo com as exigências legais e contempla vários recursos, tais como: criação de documentos para todas as unidades, banco de modelos/minutas de correspondências, digitalização de documentos, disponibilização de acesso via Internet, anexação de arquivos digitais, fornecimento de relatórios de acompanhamento/produção, banco de manuais/normas, classificação de documentos, legislação, gráficos de acordo com as exigências legais e rastreamento de correspondência expedida, com maior transparência e acessibilidade às informações.

Assim foram atingidos vários objetivos do projeto, como: adequação às exigências legais, modernização do mercado, maior transparência e acessibilidade às informações.

Dentre os desafios a serem enfrentados, destacam-se os enumerados a seguir:

1. Encontrar soluções para os problemas criados em consequência de divergências na base de dados dos sistemas migrados, o "legado": para a correção de base e limpeza de legado, são necessárias algumas ações de extrema importância, visto que o banco de dados ainda está prejudicado pelo excesso de "lixo" migrado inicialmente. Foram corrigidos muitos desses dados, acertados os usuários por setor, enfim, muitas medidas foram tomadas para tal correção, mas a limpeza de registros eletrônicos a serem descartados está sendo conduzida pela equipe de arquivistas.

2. Reduzir o volume de chamados: com o objetivo de simplificar a dinâmica de atendimento e controle de chamados do sistema Próton foi montado um esquema integrado entre as equipes do Service Desk NIN, IKHON e GED para que os chamados abertos pudessem ser devidamente distribuídos e atendidos rapidamente. Assim foram unificadas as fontes de origem dos chamados, que passaram a ser numerados para seu melhor controle. A diminuição dos chamados, comprovada nos gráficos dos relatórios de gestão, comprova o sucesso da integração entre equipes. Esses gráficos servem também de base para nortear as atividades de treinamentos.

3. Criar um novo setor específico para Gestão Documental: a implantação desse sistema e as novas estratégias proporcionaram um grande salto de qualidade na Política de Gestão Documental da ANP. Com o objetivo de reformular concretamente essa política, ainda na fase de planejamento, encontra-se em desenvolvimento na ANP a criação de um novo setor de gestão documental, vinculado à Secretaria Executiva. Tal iniciativa possibilitará, entre outras vantagens, um melhor aproveitamento da ferramenta de gestão eletrônica Próton. As principais ações que se encontram em andamento são o levantamento das demandas de digitalização e o estabelecimento de normas para essa atividade; compra de mais *scanners* (digitalizadores); disponibilização de acesso às informações pela Internet; classificação dos documentos quanto ao grau de sigilo; revisão dos instrumentos de gestão documental e sua regularização junto ao Conarq; plena integração entre fluxos específicos; implantação total da gestão de contratos e convênios; treinamentos mais abrangentes sobre regras arquivísticas; manutenção e revisão do banco de dados de Produção (legado); revisões do Plano de Classificação, Tabela de Temporalidade e Índice; aprovação de nova instrução normativa. O crescimento desse setor provocará uma intensa mudança comportamental nas rotinas da ANP, visto que muitos procedimentos que ainda estão mal entendidos após a implantação do Próton serão alterados e padronizados.

Será uma nova jornada de conscientização sobre a importância do manuseio das informações, independente do seu formato.

6. CONCLUSÕES

Os atuais números estatísticos demonstram que o volume documental cadastrado e classificado pelos protocolos da ANP é totalmente controlado pela ferramenta de gestão juntamente com a equipe GED Próton. Esses quantitativos expressam o quanto a gestão documental na ANP necessita de apoio e suporte em suas atividades de classificação da informação.

O ambiente de execução deste projeto demonstrou a importância de um processo de convencimento pautado no envolvimento do ambiente executivo (chefia de Gabinete, Secretaria Executiva), Gerencial (Coordenações de Atividades) e Operacional (usuários e disseminadores de conhecimento operativo) em toda estrutura e cadeia de valor de implantação sistêmica.

Traçar boas estratégias de treinamento e aproximação dos usuários trouxe melhores resultados ao aproveitamento da ferramenta e na introdução de novas rotinas e regras. A integração entre equipes também se mostrou fundamental. Com o envolvimento direto dos analistas da ANP em conjunto com os profissionais da IKHON, muitos dos problemas que estavam sendo remediados puderam ser solucionados de forma definitiva.

No serviço público, é desafiante a procura por ações motivacionais que não envolvam cargos e salários e, sim, um ambiente de aproveitamento de ideias e talentos de acordo com as possibilidades reais. A experiência demonstrou também o valor do devido tratamento das bases de dados que envolvem informações e conhecimentos de caráter histórico e comprobatório. A importância da revisão de políticas de gestão documental, antes da implantação de sistemas GED, também é relevante. Fatores como análise de conteúdos existentes, tanto físicos quanto eletrônicos, são primordiais para o bom andamento do projeto. A análise técnica feita pela equipe responsável no ambiente tecnológico da organização é também condição prioritária para o sucesso obtido.

Sempre deve ser reforçada aos usuários a necessidade das tramitações físicas e eletrônicas ocorrerem simultaneamente, para que o controle de registros possa realmente ser eficiente. Em breve, o acompanhamento dos documentos e processos ANP poderá ser feito pela Internet, facilidade importante para os agentes econômicos, assim como para todos os interessados.

Sem colaboração, boa vontade, determinação e flexibilização de todos os envolvidos neste processo, e o advento do crescimento de valor agregado pelo Sistema de Gestão Documental às ações cotidianas da Agência, estes resultados não teriam sido possíveis.

7. Resumo Executivo

- Trata-se da implantação de um sistema de Gestão Eletrônica de Documentos na ANP – Agência Nacional do Petróleo, Gás Natural e Biocombustíveis, autarquia federal, criada pelo Decreto nº 2.455, de 14 de janeiro de 1998, vinculada ao Ministério de Minas e Energia (MME), que desde 2003 realizava estudos e projetos para a modernização de sua política de Gestão Documental. Em 2006 foi iniciada uma nova fase em tal segmento, através da aquisição do Sistema de Informações Documentais – Próton, da Empresa IKHON – Gestão, Conhecimentos e Tecnologia Ltda. – com sede em Brasília.

- A aquisição do sistema, utilizado não só para Gestão Documental, mas também para Gestão do Conhecimento, correspondeu, portanto, a uma iniciativa de inovação que provocou a reorganização de rotinas de protocolos, arquivos e todos os trâmites documentais e processuais da Agência. Para dimensionar sua abrangência basta imaginar que todos os setores da ANP, e não apenas algumas áreas, participaram do processo. Em outros termos, trata-se de "trocar o pneu com a bicicleta em movimento", ou ainda "fazer grandes obras em uma casa habitada".

- Por se tratar de uma inovação que envolvia as rotinas de todos os setores da Agência, a implantação deste projeto teve que contar com o apoio explícito dos dirigentes da ANP. Trata-se de um modelo de administração *top-down* (ou seja, que requer um sistema de controle "de cima para baixo"), indispensável em mudanças dessa natureza. O "patrocinador" (*sponsor*) resolve "problemas", promove as mudanças do escopo, aprova os resultados importantes e direciona as iniciativas de caráter geral. A autoridade superior legitima o projeto dentro da organização, gerencia e lidera as equipes responsáveis.

- No caso em tela, obtido o apoio da diretoria, coube à chefia de Gabinete do diretor geral a execução do projeto. De toda forma, o comprometimento dos dirigentes de forma integral e oficial foi uma condição para o correto encaminhamento da iniciativa. Nas próximas etapas, seria possível mudar esta estratégia depois de consolidado o projeto. A garantia do apoio superior permitiu que as resistências naturais a qualquer momento de mudança pudessem ser vencidas, sem gerar maiores conflitos.

- Foi dado um grande salto de qualidade na política de Gestão Documental da ANP, através da implantação deste sistema e por todas as novas estratégias definidas neste segmento. Com o objetivo de implantar as funcionalidades que ainda estão em fase de planejamento, temos hoje em andamento na ANP a criação de um novo setor de Gestão Documental na ANP, vinculado à Secretaria Executiva. Esta iniciativa possibilitará, entre outras vantagens, um melhor aproveitamento da ferramenta de gestão eletrônica Próton. Assim, foram atingidos vários objetivos, como maior transparência e possibilidade de acesso às informações pela Internet.

QUESTÕES PARA REFLEXÃO

1. Qual a abordagem com a utilização da GED relacionadas à gestão do conhecimento?
2. Qual a contribuição dos sistemas e fluxos utilizados no ambiente informacional para a gestão do conhecimento?
3. Qual o modelo de administração utilizado no caso apresentado neste capítulo e qual sua eficácia?
4. Quais as etapas relacionadas a aquisição de uma ferramenta de GED considerando a gestão do conhecimento?
5. Qual a importância de se ter algum setor ou área responsável na empresa pela gestão do conhecimento?

REFERÊNCIAS BIBLIOGRÁFICAS

AGÊNCIA NACIONAL DO PETRÓLEO, GÁS NATURAL E BIOCOMBUSTÍVEIS (ANP). Disponível em <http://www.anp.gov.br>

BRASIL. Constituição (1998). Lei Federal n° 8.159 de 1991, art. 3°.

_____. art. 216, § 2°.

CASTELLS, Manuel. *A era da informação: economia, sociedade e cultura. A sociedade em rede.* vol. 1. São Paulo: Paz e Terra, 1999.

CHIAVEGATTO, M. V. *As práticas do gerenciamento da informação* – estudo exploratório na Prefeitura de Belo Horizonte: Fundação João Pinheiro, 1999. (Dissertação de Mestrado em Administração Pública.)

CONSELHO NACIONAL DE ARQUIVOS (Conarq). *Legislação Arquivística Brasileira* – jan./09. Disponível em <http://trt02.gov.br/html/tribunal/gesta_doc/apoio/referencia>

DAVENPORT, T. H. e PRUSAK, L. *Ecologia da informação.* São Paulo: Editora Futura, p. 11-64, 1998.

FLEURY, A. e FLEURY, M. T. L. *Estratégias empresariais e formação de competências: Um quebra-cabeça caleidoscópico da indústria brasileira.* São Paulo: Atlas, 2000.

HADDAD, Samir Rodrigues. *GED – Uma alternativa viável na gestão da informação estratégica.* Belo Horizonte: PRODABEL e Universidade Católica de MG (PUC), 2000. Monografia para conclusão do Curso de Especialização em Informática Pública. Disponível em <http://www.powerbrasil.com.br/pdf/haddad2000.pdf>

HOWE, D. *Free on-line Dictionary of Computing* (FOLDOC), 1996.

MINISTÉRIO DE MINAS E ENERGIA (MME). Disponível em < http://www.mme.gov.br >

WIKIPEDIA. Disponível em <http://www.wikipedia.org>

GLOSSÁRIO – DEFINIÇÃO DE CONCEITOS ESSENCIAIS

Para compreensão deste estudo, é necessário estabelecer a definição dos conceitos essenciais envolvidos (Davenport; Prusak, 1998):

Dados: simples observações sobre o estado do mundo. São facilmente estruturados, obtidos por máquinas, transferíveis e frequentemente quantificados.

Informação: dados dotados de relevância e propósito. Requerem análise, exigem consenso em relação ao significado e a mediação humana.

Conhecimento: informação valiosa da mente humana. Inclui reflexão, síntese, contexto. É de difícil estruturação, difícil captura em máquinas, frequentemente tácito e de difícil transparência.

Ainda, segundo Davenport e Prusak (1998, p. 18): "[...] a informação é um termo que envolve todos os três (dados, informação e conhecimento), além de servir como conexão entre os dados brutos e o conhecimento que se pode eventualmente obter".

Fonte: Elaborado pelos autores.

Figura 3 – Resumo de ideias.

Metadados: termo criado por Jack Myres em 1969 para denominar os dados que descreviam registros de arquivos convencionais (Howe, 1996).

Documento (do latim *documentum*, derivado de *docere*, "ensinar, demonstrar"): é qualquer meio, sobretudo gráfico, que comprove a existência de um fato, a exatidão ou a verdade de uma afirmação etc. No meio jurídico, documentos são frequentemente sinônimos de atos, cartas ou escritos que carregam um valor probatório. Pode ser também uma informação singularizada, distinguível por um nome ou código, que trata de assunto específico, de natureza e interesse particular a uma instituição de caráter sigiloso, estratégico ou que represente capital intelectual, enfim, plenamente integrada aos bens intangíveis de uma entidade (Wikipedia).

Processo (no latim, *procedere* é verbo que indica a ação de avançar, ir para a frente (*pro* + *cedere*): é conjunto sequencial e peculiar de ações que objetivam atingir uma meta. É usado para criar, inventar, projetar, transformar, produzir, controlar, manter e usar produtos ou sistemas. Neste caso, poderíamos interpretar como o conjunto de documentos (Wikipedia).

Gestão de Documentos: o conjunto de procedimentos e operações referentes à sua produção, tramitação, uso, avaliação e arquivamento em fase corrente e intermediária, visando a sua eliminação ou recolhimento para guarda permanente (Lei Federal nº 8.159/91, art. 3º).

Gestão Arquivística de Documentos: é um conjunto de procedimentos e operações técnicas referentes a produção, tramitação, uso, avaliação e arquivamento de documentos em fase corrente e intermediária, visando sua eliminação ou recolhimento para guarda permanente (Conselho Nacional de Arquivos – Conarq, Resolução nº 20/04, § 3º).

Código de Classificação de Documentos de Arquivo: é um instrumento de trabalho utilizado para classificar todo e qualquer documento produzido ou recebido por um órgão no exercício de suas funções e atividades (Decreto Federal nº 24.205/03, Lei nº 2.545/00).

Tabela de Temporalidade e Destinação de Documentos: é um instrumento arquivístico resultante de avaliação, que indica o tempo de permanência dos documentos nos arquivos corrente e intermediário e sua destinação final, para o arquivo de guarda permanente ou eliminação.

Gerenciamento Eletrônico de Documentos (GED): é uma tecnologia que consiste basicamente na digitalização de documentos (imagem da informação), com o uso de *scanners*[1], para que suas consultas possam ser disponibilizadas em tela ou em rede, usando para isso *softwares*[2] adequados. Trata-se de gerenciar e cuidar de informações, através da categorização dos documentos, tabela de temporalidade documental, ações de disposição e controle de níveis de segurança. Dentre seus principais objetivos também enumeramos a diminuição do tempo gasto em rotinas diárias, preservação dos documentos, dinamização e democratização do acesso, assim como a racionalização da ocupação espacial por grandes massas documentais. Conforme o Centro Nacional de Desenvolvimento do Gerenciamento da Informação – Cenadem (*online*), para iniciar a caracterização do GED, pode-se classificá-lo em dois macrogrupos de soluções: os de gerenciamento de documentos (*Document Managament*) e os de gerenciamento de imagens de documentos (*Document Imaging*). No primeiro grupo, as informações estão em estado dinâmico, enquanto as do segundo são estáticas (Haddad, 2000).

---

[1] *Scanner* (*digitalizador*) – é um periférico de entrada responsável por digitalizar imagens, fotos e textos impressos para o computador, um processo inverso ao da impressora. Ele faz varreduras na imagem física, gerando impulsos elétricos através de um captador de reflexos. É dividido em duas categorias: de mão e de mesa.

[2] *Software* (logiciário) – parte lógica, ou seja, o conjunto de instruções e dados processado pelos circuitos eletrônicos do *hardware* (circuitaria) que é a parte física do computador, ou seja, o conjunto de componentes eletrônicos, circuitos integrados e placas, que se comunicam através de barramentos.

Capítulo 6

Equipes Colaborativas em uma Unidade de Produção de Petróleo: Um Estudo de Caso

Autores:
José Gilberto Firmanski, MSc.
Cláudio Benevenuto de Campos Lima, BSc.
Luís Gustavo Sobreira, BSc.

Revisor:
Pedro Benoni Santos Gonçalves, BSc.

1. Introdução

Os **sistemas de automação** na área de **Petróleo Offshore** tiveram sua evolução marcada, ao longo do tempo, pelo uso dos seguintes recursos:

1. **Instrumentação Industrial:** os sistemas de instrumentação industrial se configuraram, numa primeira fase, como a base da evolução dos sistemas de automação industrial. Inicialmente, a instrumentação era mecânica e pneumática, tornando possível uma interface entre o operador de campo e as variáveis que se queria para controlar o processo. Foi um avanço significativo na interface industrial que permitia a interação do ser humano com o processo.

   Esta instrumentação foi evoluindo durante o processo de sofisticação dos sistemas de automação, passando dos sistemas mecânicos e pneumáticos para os atuais sistemas eletrônicos digitais, tendo no caminho os sistemas de automação elétrica como motivadores de um novo capítulo na evolução dos sistemas de automação industrial.

2. **Redes de Comunicação:** a troca remota ou local de informação entre dispositivos foi a segunda fase de evolução dos sistemas de automação pelo fato de os instrumentos terem evoluído para a utilização do meio elétrico para a transferência de dados, além do início da utilização de sistemas digitais para execução de algoritmos de controle. A adoção maciça de redes de comunicação no chão de fábrica e fora dele permitiu uma sofisticação na comunicação remota dos sistemas, que passaram a ser implementados através de redes elétricas, além das redes digitais recentemente utilizadas pelos instrumentos.

   Como consequência desses avanços, foi possível, além do aprimoramento da comunicação remota dos instrumentos de campo, a integração a uma sala de controle central, gerando a possibilidade de se armazenar os dados e informações acerca da planta industrial e, obviamente, a utilização desses dados para outros fins que não apenas o de efetuar o controle imediato da planta de processo.

3. **Gestão da Informação:** uma das consequências imediatas da segunda fase foi a abundância de informações que se pôde obter de uma planta industrial. Isto fez com que os dados provenientes da planta não tivessem apenas interesse dos seus operadores, mas também daqueles que tinham o interesse em otimizá-la, dando origem aos sistemas de automação.

Além da evolução dos sistemas de automação, hoje denominados de **Tecnologia da Automação – TA**, houve em paralelo a evolução dos sistemas de informação, hoje denominados de **Tecnologia da Informação – TI**, os quais, frequentemente, utilizam recursos tecnológicos em comum. No âmbito corporativo e industrial, isso significou uma melhoria na troca de informações dentro das companhias. Essa troca de informações também permitiu um conhecimento maior por parte dos gestores do que acontecia em cada segmento interno da empresa e, associada aos métodos de reengenharia, populares da década de 90, acabou por alterar significativamente os processos industriais.

Em todas as empresas, e na Petrobras não foi diferente, os sistemas de acompanhamento de processos tornaram-se bastante importantes. A quantidade de informações passou a ser um problema significativo que deveria ser tratado de forma a ser possível atingir o nível de eficiência que se tinha como objetivo.

Tratar informações passou a ser uma tarefa das mais nobres dentro das empresas. E aquelas que obtinham sucesso nessa atividade adquiriram um diferencial importantíssimo, quase imprescindível no mercado, destacando-se quanto à qualidade de seus produtos e processos.

Em meados do ano 2000, uma equipe do segmento de Exploração e Produção da Petrobras manteve contato com empresas de petróleo do exterior e conheceu o que foi denominado inicialmente de SMART FIELD pela CERA (Cambridge Energy Research Association).

Tal conceito tinha a intenção de tornar os campos de petróleo mais automatizados para melhorar sua gestão. Obviamente, não se poderiam ignorar os avanços alcançados tanto nos sistemas de informação quanto nos de automação, que passaram a ser percebidos como uma única fonte de dados.

Na Petrobras, este conceito se tornou um projeto-piloto sob o nome de "Gerenciamento Digital Integrado – GeDIg" de campos de petróleo do segmento de exploração e produção da companhia. Este projeto está em sua fase final, quando serão apresentados os ganhos qualitativos e quantitativos e serão feitas as avaliações necessárias para se efetuar uma possível abrangência deste sistema para todos os ativos de produção.

Foi observado que com a implementação do projeto GeDIg houve a oportunidade de associar seu conceito com a ferramenta de gestão de ambientes colaborativos utilizada no portal da gerência UN-BC/ENGP/IAP, que tem o GeDIg como piloto.

2. Situação Inicial e os Desafios a Serem Alcançados

Determinados processos que envolvem decisões de risco elevado exigiam que especialistas de diferentes disciplinas se reunissem, utilizando dados de diferentes fontes (Figura 1).

As salas de reunião não permitiam que as bases de dados fossem consultadas de maneira *on line*, pois normalmente exigiam *softwares* específicos.

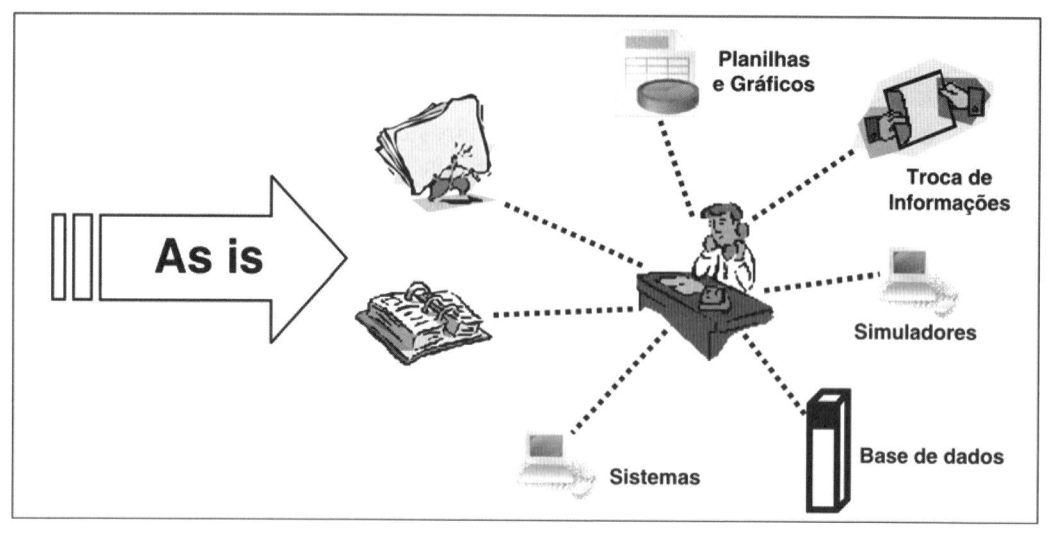

Figura 1 – MOA – *Modus Operandi* Atual – *As is*.

Assim, essas informações eram levadas impressas e de forma resumida, nem sempre atendendo às necessidades que surgiam. Isso exigia que outras reuniões fossem marcadas e que o processo decisório se prolongasse.

Além disso, o processo utilizado não proporcionava uma memória organizacional que permitisse o rastreamento de decisões anteriores, como também a construção de uma árvore de conhecimento com o registro, o aperfeiçoamento e o reuso de soluções passadas.

O GeDIg vem atender à necessidade de se desenvolver um sistema de gestão baseado em tecnologia de informação e automação, em que os dados *on line,* históricos e simulados possam estar disponíveis para a tomada de decisão (Figura 2).

Figura 2 – MOF – *Modus Operandi* Futuro – *To be*.

Neste contexto é possível reunir em uma mesma sala ou em qualquer lugar do mundo, via salas de videoconferência, diferentes especialistas que, em conjunto, analisam os mesmos dados, podendo simular diversos cenários que, comparados com decisões anteriores, podem levar a uma decisão mais assertiva.

3. O Projeto Proposto – Estruturação e Etapas

O Gerenciamento Digital Integrado – GeDIg – é a administração integrada dos ativos de produção que visa agregar valor ao negócio por meio da capacitação de pessoal e acesso em tempo real aos dados dos processos. Isso possibilita a otimização de custos, a maximização do fator de recuperação dos reservatórios e o aumento da produção.

Normalmente, os dados são segregados em ilhas de conhecimento cujas interação e comunicação são deficientes. Para evitar falhas de comunicação, é necessário integrar os dados e as pessoas para se criar sinergia, agregando valor aos processos.

Para que a tecnologia possa ser bem aplicada pelas pessoas e integrada aos processos, alguns requisitos foram considerados na implementação:

3.1. Modelo funcional colaborativo

Uma crescente parte do trabalho das empresas e instituições não é mais realizada individualmente, com uma pessoa trabalhando sozinha até completar as tarefas. O trabalho é cada vez mais realizado em equipe (Fuks, Raposo e Gerosa, 2002). Colaborando, os membros do grupo têm retorno para identificar precocemente inconsistências e falhas em seu raciocínio e juntos têm mais capacidade de gerar alternativas, levantar as vantagens e desvantagens de cada uma, selecionar as viáveis e tomar decisões (Turoff e Hiltz, 1982).

Para possibilitar a colaboração são necessárias informações sobre o que está acontecendo (Fuks, Raposo e Gerosa, 2002). A colaboração se dá por um tripé formado por comunicação, coordenação e cooperação.

A comunicação é necessária para possibilitar o acesso à informação sobre o que está acontecendo, construindo um entendimento comum e compartilhando ideias, discutindo, negociando e tomando decisões (Fussel et al., 1998). A única forma de se obter indícios do entendimento é através das ações (e reações) do receptor, pois estas são guiadas por seus conhecimentos.

A coordenação faz o planejamento, garantindo que o trabalho coletivo seja resultado do conjunto de tarefas individuais, tratando os conflitos que prejudicam o grupo, como competição, desorientação, problemas de hierarquia, difusão de responsabilidade etc. (Salomon e Globerson, 1989).

A cooperação é a operação conjunta dos membros do grupo produzindo, organizando e manipulando informações, bem como construindo e refinando artefatos digitais, como documentos, planilhas, gráficos etc.

O fruto mais importante da colaboração é a aprendizagem colaborativa, que significa uma situação em que duas ou mais pessoas aprendem juntas. "Ninguém educa ninguém, ninguém educa a si, os homens se educam entre si, mediatizados pelo mundo" (Freire, 1987). Portanto, é necessário aumentar a probabilidade de ocorrência e a qualidade das interações, o que pode ser alcançado apoiando o aprofundamento e maior participação nas discussões e a redução da sobrecarga da informação (Fuks, Raposo e Gerosa, 2002). Ao argumentar sobre suas ideias com outros membros o participante trabalha ativamente seus conceitos, raciocinando sobre eles e refinando-os.

3.2. Banco de dados integrado

Uma forma de garantir a "memória" do grupo nos projetos colaborativos é armazenar, preservar, catalogar, categorizar e estruturar a documentação produzida pelos participantes (Fuks, Raposo e Gerosa, 2002). Este tipo de conhecimento pode ser encarado como conhecimento formal. Entretanto, o conhecimento dito informal, isto é, ideias, fatos, questões, pontos de vista, conversas, discussões, decisões etc., que ocorrem durante o processo e acabam por defini-lo, é difícil de ser capturado.

Este conhecimento informal, fortemente influenciado pela cultura organizacional, permite recuperar o histórico da discussão e o contexto em que as decisões foram tomadas. Ao registrar, organizar e ligar as informações trocadas durante a colaboração aos artefatos digitais pode-se investigar o raciocínio que levou a uma determinada decisão (*design rationale*) e averiguar posteriormente, em um novo contexto, se os motivos pelos quais as decisões de projeto foram tomadas continuam sendo válidos (Fuks, Raposo e Gerosa, 2002). Há diversas ferramentas na literatura que utilizam o hipertexto para a organização da memória do grupo (Shum e Hammond, 1994).

Para integrar as informações de toda a cadeia de produção, os dados precisam fluir de baixo para cima na pirâmide de valor agregado, como mostrado na Figura 3. A base da pirâmide contém todas as variáveis monitoradas, que, ao fluírem para o topo, após o tratamento de sinal e o acoplamento com dados simulados, são utilizadas, juntamente com os dados corporativos, como referência na tomada de decisão.

3.3. Modelagem de processos

Para implantar uma nova forma de trabalho baseada em tecnologia digital, a capacitação de pessoal, o desenho dos atuais e novos fluxogramas de trabalho e a conscientização da necessidade de mudança tornaram-se importantes ferramentas de transformação dos processos.

O objetivo da modelagem é o conhecimento completo do processo produtivo de forma a possibilitar sua transformação. A solução para esta transformação veio através dos Portais Colaborativos baseados em sistemas de informática (Decision Point da Schlumberger/Sharepoint da Microsoft), o que permitiu a criação de um ambiente virtual de apoio à decisão, acessível de qualquer lugar a qualquer momento por qualquer pessoa.

O escopo do projeto consistiu no suporte às decisões, com base em informações em tempo real da planta industrial, dos dados históricos na base de dados, de dados dos simuladores e dos dados corporativos.

A modelagem deve levar em consideração a especificação das variáveis do sistema de decisão, a frequência de atualização, a definição do ambiente físico e virtual necessário ao desempenho das atividades de suporte, a infraestrutura de informática necessária e a formação das bases de dados e registros históricos.

Pessoas, processos e tecnologia são os três elementos principais do GeDIg. Desses três elementos, as pessoas são o elemento que tem maior destaque; quando bem geridas e integradas, permitem a criação de uma cultura organizacional que é a memória do modelo.

Em níveis diferentes, a informação é retroalimentada, interferindo no processo por meio do ajuste das variáveis de controle para manter os indicadores em torno de suas metas.

Quanto maior o nível ou uma pirâmide, maiores são a responsabilidade das decisões e o número de processos afetados (C. B. C. Lima, C. F. Henz, J. P. Lhote e A. Kumar, 2008).

4. O Projeto Implantado – Etapas Cumpridas e como Foi Feito

O modelo funcional colaborativo (Figura 3), primeiro requisito, está relacionado à integração de processos, pessoas e informações, levando em consideração pelo menos dois ambientes colaborativos virtualmente conectados por uma infraestrutura de tecnologia da informação e comunicação (vídeoconferência e portal). A conexão entre os ambientes de campo (procedimentos operacionais) e de sede (consultoria e planejamento) cria um novo ambiente para a tomada de decisão.

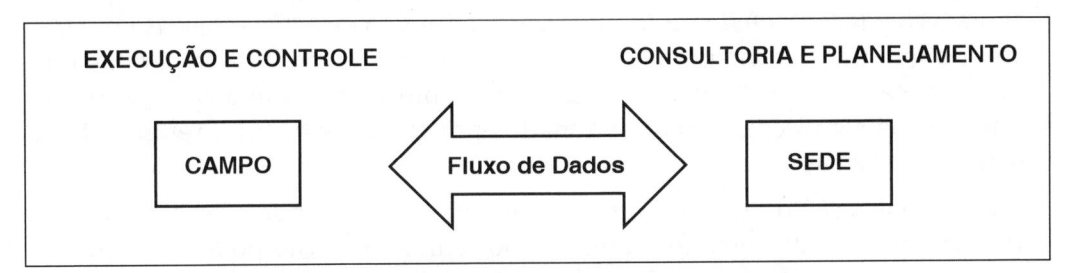

Figura 3 – Modelo funcional colaborativo do GeDIg.

Uma ferramenta importante para aprimorar a integração entre as pessoas e os processos foi a modelagem de processos. Devido aos diferentes cenários de produção, cada grupo de plataformas *offshore* (ativo de produção) possuía um modo de trabalho específico. Para projetar novos fluxogramas de trabalho, foi necessário entender o funcionamento atual de um ativo de produção e como seus processos interagiam (*Modus Operandi* Atual – MOA – *As Is*). A modelagem do MOA, combinada com o nível de automação do ativo de produção juntamente com uma análise crítica dos processos, permitiu desenvolver a nova forma de trabalho (*Modus Operandi* Futuro – MOF – *To Be*), buscando a redução de custo, o aumento do fator de recuperação e a melhoria da eficiência operacional. Além disso, o mapeamento permitiu avaliar os benefícios e impactos da aplicação dos novos processos e guiar o plano de gestão da mudança.

Para maximizar o uso potencial das informações provenientes dos ambientes colaborativos do GeDIg, foi necessário modelar, examinar e propor novas maneiras de trabalho. A identificação das variáveis a serem compartilhadas e o seu modo de apresentação são alguns exemplos do resultado do mapeamento, que também contribuiu para a revisão e/ou introdução de alguns processos para aprimorar a tomada de decisão.

A melhoria dos processos veio da combinação do conhecimento e com a discussão sobre o MOA – *Modus Operandi* Atual com todos os participantes envolvidos. O MOF – *Modus Operandi* Futuro foi planejado e definido para que os novos fluxogramas de trabalho pudessem ser incorporados ao dia a dia das pessoas.

Todos estes novos fluxogramas são acessados via portal através de um manual da gerência desenvolvido em páginas *wiki*, o que o torna vivo e acessível para propostas de alterações por todos da equipe. Este manual é parte da materialização da cultura organizacional funcionando como memória do aprendizado colaborativo. Para acessar de maneira integrada os dados de produção foi necessário mapear a localização dos mesmos, quem os consome e quem os produz durante a execução dos fluxos de trabalho. A modelagem de processo foi o ponto de partida para a identificação dos requisitos e regras associadas ao negócio.

Durante a fase de implementação, foi necessário definir o plano de gestão de mudança para minimizar os efeitos colaterais dos novos fluxogramas (Figura 4). Embora o cliente tenha feito parte do desenvolvimento do MOF – *Modus Operandi* Futuro, a maioria dos integrantes da equipe não estava preparada para as mudanças. Neste momento a liderança do gerente é muito importante, pois seu entusiasmo e suas convicções são disseminados por toda a estrutura, reforçando os benefícios do GeDIg.

A materialização do projeto é apresentada na Figura 5 onde é verificada que a partir de uma sala de comando/informação toda a operação pode ser realizada com um permanente acúmulo de conhecimento de forma sistêmica e contínua.

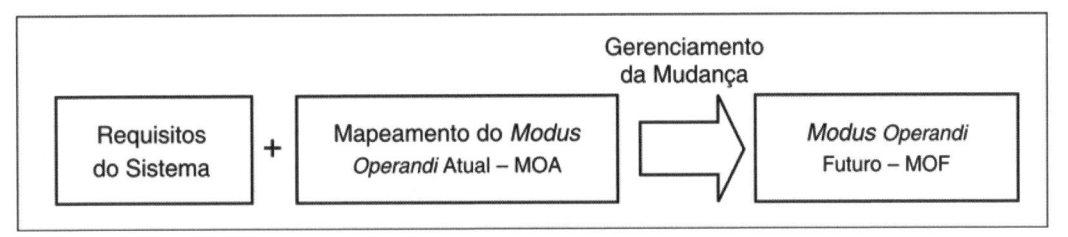

```
┌─────────────────────────────────────────────────────────────────┐
│                          Gerenciamento                          │
│                           da Mudança                            │
│  ┌──────────┐     ┌──────────────────┐  ⟹  ┌─────────────────┐  │
│  │Requisitos│  +  │Mapeamento do Modus│     │ Modus Operandi  │  │
│  │do Sistema│     │Operandi Atual – MOA│    │  Futuro – MOF   │  │
│  └──────────┘     └──────────────────┘     └─────────────────┘  │
└─────────────────────────────────────────────────────────────────┘
```

Figura 4 – Implementação dos novos processos.

Figura 5 – Maquete eletrônica do ambiente colaborativo.

5. OS RESULTADOS OBTIDOS – BENEFÍCIOS

Hoje, a velocidade com que se executa um ciclo operacional de planejamento, execução, verificação e ação corretiva, o PDCA (*Plan, Do, Check, Act*) é muito maior, trazendo benefícios como a economia de homem/hora e contribuindo para uma diminuição no tempo de tomada de decisão.

Um exemplo prático dessa economia ocorre no processo de inspeção de dutos, em que os engenheiros que avaliam as diversas inspeções de cada oleoduto despendiam uma quantidade enorme de esforço devido à dispersão dos dados MOA – *Modus Operandi* Atual. Com a integração das informações MOF – *Modus Operandi* Futuro, houve uma diminuição considerável do tempo necessário para avaliação das inspeções e tomada de decisão.

Outro exemplo é o processo de avaliação de perdas de produção que com a colaboração de equipes multidisciplinares aliada a uma integração mais adequada dos dados e a sua apresentação em ferramentas de TI adequadas puderam contribuir com uma redução das perdas e, consequentemente, um aumento da produção.

Um terceiro exemplo que pode ser citado é o processo de vigilância de poço que, liado ao processo de inspeção de dutos e do uso de *softwares* simuladores puderam agilizar decisões mais assertivas de produção para um determinado poço.

Entre outros ganhos, o processo de acompanhamento e avaliação de reservatórios de petróleo permitiu que a interação das equipes com a utilização de *softwares* de modelagem de poço agilizasse a decisão de se alterar a forma de estimulação do reservatório para uma produção mais otimizada. Isto rende no longo prazo um fator de recuperação ainda maior do óleo ali contido, pois quanto mais tardiamente essa decisão fosse tomada, menor seria a quantidade de óleo recuperada daquele reservatório dentro do período de concessão para exploração e produção do campo.

6. CONCLUSÕES

Ambientes colaborativos e ferramentas de portal impactam na metodologia de desenvolvimento dos novos fluxos de trabalho, normalmente guiada por melhores práticas.

O esforço de capacitação não deve ser subestimado devido às restrições a mudanças, em que as equipes tendem a aplicar as novas tecnologias dentro do MOA – *Modus Operandi* Atual, ao invés de adotar os novos processos MOF – M*odus Operandi* Futuro.

Para evitar este problema, um profissional facilitador, com entendimento do processo e do potencial de aplicação da tecnologia, passa a ser indicado para trabalhar com o cliente na adoção do novo fluxo de trabalho.

7. RESUMO EXECUTIVO

- Com a evolução da tecnologia de automação e informação, os gestores passaram a ter controle da planta industrial diretamente em suas mãos, através dos terminais de computadores. Com registros históricos, dados *on line* e simuladores, passado, presente e futuro poderiam ser comparados.

- Determinados processos que envolvem decisões de risco elevado exigiam que especialistas de diferentes disciplinas se reunissem, utilizando dados de diferentes fontes. As salas de reunião não permitiam que as bases de dados fossem consultadas de maneira *on line*, pois normalmente exigiam sistemas específicos. Assim, essas informações eram levadas impressas e de forma resumida, nem sempre atendendo às necessidades que surgiam. Isso exigia que outras reuniões fossem marcadas e o processo decisório se prolongasse.

- Este caso trata do desenvolvimento de uma nova forma de gestão baseada em infraestrutura de informação e automação, que integra toda a cadeia de produção (pessoas, processos e tecnologia), em que os dados *on line*, históricos e simulados estão disponíveis para serem utilizados como referência na tomada de decisão.

- Para implantar uma nova forma de trabalho baseada em tecnologia digital, a capacitação de pessoal, o desenho dos atuais e novos fluxogramas de trabalho e a conscientização da necessidade de mudança tornaram-se importantes ferramentas de transformação dos processos.

- A melhoria dos processos veio da combinação do conhecimento com a discussão sobre o MOA – *Modus Operandi* Atual com todos os participantes envolvidos. O MOF – *Modus Operandi* Futuro foi planejado e definido para que os novos fluxogramas de trabalho pudessem ser incorporados ao dia a dia das pessoas.

QUESTÕES PARA REFLEXÃO

1. Como a tecnologia de automação e informação pode diminuir o risco na tomada de decisão?
2. As equipes colaborativas podem ser formadas com profissionais distantes no tempo e espaço?
3. A simulação pode auxiliar onde os cenários de tomada de decisão não se repetem?
4. Como minimizar a resistência aos novos processos, criando uma sinergia entre o que se sabe e o que se precisa aprender?
5. De que maneira a cultura organizacional pode contribuir como memória da aprendizagem colaborativa?

REFERÊNCIAS BIBLIOGRÁFICAS

FREIRE, Paulo. *Pedagogia do oprimido*. 17ª ed. Rio de Janeiro: Paz e Terra, 1987.

FUKS, H.; RAPOSO, A. B. e GEROSA, M. A. Engenharia de Groupware: desenvolvimento de aplicações colaborativas, XXI Jornada de Atualização em Informática, Anais do XXII Congresso da Sociedade Brasileira de Computação, vol. 2, cap. 3, p. 89-128, 2002.

FUSSEL, S. R.; KRAUT, R. E.; LEARCH, F. J.; SCHERLIS, W. L.; MCNALLY, M. M. e CADIZ, J. J. Coordination, overload and team performance: effects of team communication strategies, Proceedings of CSCW'98: Seattle, USA, p. 275-284, 1998.

HAWRYSZKIEWYCZ, I. T. "Technical strategies for supporting the evolution of collaboration" presented at International Conference on CSCW in Design (CSCWD) held in Melbourne, Australia, 2007.

LIMA, C. B. C.; HENZ, C. F.; LHOTE, J. P. e KUMAR, A. "GeDIg Carapeba – A journey from Integrated Intelligent Field Operation to Asset Value Chain Optimization" paper SPE 112191 presented at the 2008 SPE Intelligent Energy Conference and Exhibition held in Amsterdam, The Netherlands, 25-27 February, 2008.

MAGDALENO, A.; CAPPELLI, C.; BAIÃO, F.; SANTORO, F. M. e ARAÚJO, R. M. "Practical Experience in Designing Business Processes to Improve Collaboration" presented at 3rd International Workshop on Business Process Design (BPD'07) in conjunction with the 5th International Conference on Business Process Management held in Brisbane, Australia, 2007.

MOISÉS, G. V.; SPE, T. A.; ROLIM e FORMIGLI, J. M. Petrobras. "GeDIg : Petrobras corporate program for Digital Integrated Field Management" paper SPE 112153 presented at the 2008 SPE Intelligent Energy Conference and Exhibition held in Amsterdam, The Netherlands, 25-27 February, 2008.

SALOMON, G. e GLOBERSON, T. "When Teams do not Function the Way They Ought to". *Journal of Educational Research*, USA, 13, (1), p. 89-100, 1989.

SHUM, S. B. e HAMMOND, N. "Argumentation-based design rationale: what use at what cost?". Human-Computer Studies 40, p. 603-652, 1994.

TUROFF, M. e HILTZ, S. R. "Computer Support for Group versus Individual Decisions", IEEE Transactions on Communications, USA, 30, (1), p. 82-91, 1982.

GLOSSÁRIO

CERA – Cambridge Energy Research Association.

GeDIg – Gerenciamento Digital Integrado.

ENGP/IAP – Engenharia de Produção/Integração e Automação de Processos.

MOA – *Modus Operandi* Atual – do inglês *As is*.

MOF – *Modus Operandi* Futuro – do inglês *To be*.

PDCA – Plan, Do, Control, Act.

SMART FIELD – Campos Inteligentes.

TA – Tecnologia da Automação.

TI – Tecnologia da Informação.

Capítulo 7

O Papel da Gestão do Conhecimento em um Processo de Mudança: Estudo de Caso Eletrobras

Autores:

Fernando Luiz Goldman, MSc.
Nivalde José de Castro, DSc.

Revisora:

Adriana Esther Asenjo Silva, BSc.

1. INTRODUÇÃO

Os ambientes de negócios estão cada vez mais competitivos, complexos e dinâmicos. A competição capitalista acirrada, a grande quantidade e o acesso cada vez mais rápido e simplificado às informações provocam ciclos de vida dos produtos, serviços e processos cada vez mais curtos (Goldman, 2008a). Este fenômeno é, entre outros motivos, resultante de um duplo e convergente movimento: do processo de globalização e do mais rápido avanço e difusão das Tecnologias da Informação e das Comunicações (TIC).

Como resultado, os ambientes das grandes organizações produtivas – de bens tangíveis, intangíveis e de serviços – vêm se caracterizando pela rápida evolução tecnológica, pela formação de grandes redes de organizações e pela integração dos mercados mundiais.

> *Altos níveis de incerteza e ambiguidade ambiental contribuem fortemente para que a mudança organizacional seja vista não como um evento raro, mas como uma ocorrência cada vez mais frequente nas organizações* (Vasconcelos e Cyrino, 2000, p. 21).

A Gestão do Conhecimento Organizacional (GC), através de conceitos, métodos e técnicas desenvolvidos, atua sobre os meios como as organizações criam novos produtos, novos métodos, novas formas organizacionais e sobre a criação do novo conhecimento. A GC vem se apresentando como precursora da Inovação, em especial de Inovações Radicais. Paralelamente, diversos autores da área de economia de negócios vêm modelando as organizações como redes vivas, mostrando que para os ambientes de complexidade crescente e grande competitividade, uma visão linear (mecanicista) dos negócios – baseada na linha de produção da era industrial fordista – está ultrapassada e é completamente inadequada para o Aprendizado Organizacional.

Nesses termos, com base nessa linha de análise, o Sistema Eletrobras passa atualmente por um intenso e profundo processo de reestruturação, onde se destaca a consideração fundamental de incorporar as melhores práticas de gestão de negócios de energia, a exemplo das melhores empresas do setor nos âmbitos brasileiro e mundial.

O presente capítulo tem como objetivo central analisar o papel que a GC poderá desempenhar no processo de reestruturação do Sistema Eletrobras, focando exclusivamente as empresas concessionárias regionais de geração-transmissão. Como objetivos específicos, o artigo analisa a importância para a inovação, incremental ou radical, de distinguir Aprendizado Organizacional de Primeira e de Segunda Ordens. Neste sentido, busca-se entender e delimitar as relações entre GC, inovações tecnológicas, mudanças organizacionais e Aprendizado Organizacional e como esses construtos poderão contribuir para que o processo de reestruturação do Sistema Eletrobras seja mais eficiente.

O trabalho está estruturado em oito seções, incluindo a introdução. A segunda seção apresenta o contexto analítico do artigo. A terceira e a quarta apresentam definições necessárias à sua compreensão. A quinta faz um breve histórico dos principais avanços da GC. A sexta e a sétima analisam dois modelos escolhidos entre os muitos existentes. A oitava seção apresenta as considerações finais, indicando como a Gestão do Conhecimento Organizacional pode agir como fator estratégico para o processo de reestruturação do Sistema Eletrobras.

2. CONTEXTUALIZAÇÃO DA EMPRESA E DO PROBLEMA A SER RESOLVIDO

As concessionárias regionais de geração-transmissão do Sistema Eletrobras – Chesf, Eletronorte, Eletrosul e Furnas – doravante denominadas como "empresas analisadas", estão entre as maiores e mais importantes empresas do Setor Elétrico Brasileiro (SEB), sendo reconhecidas pelos desafios tecnológicos, técnicos e gerenciais vencidos no período anterior a 1990.

Atualmente, elas são percebidas como empresas fortemente hierarquizadas, com estruturas gerenciais baseadas nos mecanismos de controle/comando e nas quais a infraestrutura física é determinante para suas principais atividades.

Vale notar que a reestruturação do Modelo Institucional do Setor Elétrico, implantada a partir da Constituição de 1988, impôs profundas mudanças no funcionamento e na estruturação do SEB. Em especial, retirou do âmbito das empresas analisadas duas atividades fortemente estruturantes em conhecimento:

1. O planejamento do sistema elétrico. Esta atividade foi perdendo consistência ao longo da década de 90, por força da tentativa de estruturar um modelo baseado na privatização das empresas estatais. Em 2004 a atividade do planejamento passou para a responsabilidade da Empresa de Pesquisa Energética (EPE), empresa pública federal criada especificamente para este fim.
2. A operação do sistema interligado, que foi formalmente assumida em 1999 pelo Operador Nacional do Sistema (ONS), criado nesse ano.

O Plano de Reestruturação do Sistema Eletrobras, iniciado em 2008, reconhece a necessidade de buscar a transformação e o fortalecimento de todas as empresas do grupo, tanto por meio de iniciativas, de caráter gerencial e institucional, a serem implementadas no âmbito das empresas integrantes, quanto por outras ações de cunho estrutural e regulatório, a serem abordadas diretamente pelo Governo, conforme se verifica no texto a seguir:

> *No ambiente cada vez mais competitivo que se configura para o setor elétrico brasileiro, cabe questionar se o atual modelo de gestão empresarial do Sistema Eletrobras responde aos requisitos de integração e rentabilidade, necessários à garantia de sua sustentabilidade. Em princípio, observa-se um modelo envelhecido, redundante, pouco ágil em suas respostas às demandas do mercado, ainda comprometido com aspectos históricos e regionais que não mais se justificam, defasado em relação à legislação aplicável e aos requisitos da moderna gestão empresarial. Propõe-se o estabelecimento de uma estrutura empresarial integrada, competitiva e comprometida com a rentabilidade para o Sistema Eletrobras; em conformidade com as diretrizes do acionista majoritário e com o contexto institucional em que se encontra; capaz de responder com eficiência às transformações do mercado e de desempenhar o papel estruturante que lhe cabe no contexto do desenvolvimento sustentável do país* (Eletrobras, 2008).

Desde 2004, quando ocorreu mudança substancial nos fundamentos do modelo de estruturação do SEB e no marco legal regulatório, um dos aspectos mais importantes para a dinâmica de expansão do setor foi o retorno do planejamento de médio e longo prazos, criando-se as condições basilares para a retomada de investimentos em novos projetos de energia (geração e transmissão). Esses investimentos não ficaram mais somente sob a responsabilidade da iniciativa privada. O novo modelo tem como instrumento basilar o estímulo à formação de parcerias entre agentes públicos e privados. Nesses termos, é a partir desta reversão do modelo que passa a ser necessário repensar, sob diversos aspectos, as empresas analisadas, conforme assinalado pela *holding* Eletrobras.

> *O novo modelo estimula a competição entre os agentes setoriais, exigindo eficiência na gestão dos custos operacionais, otimização do planejamento e execução orçamentária e, principalmente, uma engenharia financeira bem articulada com as oportunidades do mercado. Estes últimos aspectos passaram a ser determinantes, em muitos casos, na competitividade dos investidores* (Eletrobras, 2008).

No entanto, nas empresas analisadas, a Gestão do Conhecimento e o Aprendizado Organizacional são muitas vezes associados a seus aspectos mais tangíveis, confundidos com processos operacionais, focando apenas no desenvolvimento individual e não considerando o seu potencial para melhor lidar com os aspectos intangíveis, perdendo, portanto, sua efetividade na busca da resposta à importante questão: "O que poderia diferenciar as empresas analisadas e lhes permitir a longevidade?"

Para uma melhor compreensão da análise aqui empreendida, faz-se necessário definir como alguns termos serão utilizados no âmbito deste artigo.

3. Algumas Definições

O conhecimento, neste artigo, será definido, simplesmente, como "aquilo que se sabe e possibilita ação eficaz" (Goldman e Castro, 2007, p. 4). Portanto, trata-se de uma capacitação individual. É uma construção humana, pessoal, intangível e biograficamente determinada, devendo sempre ser diferenciada da informação, por mais sofisticada que ela seja.

O que não se pode deixar de perceber é que o conhecimento que realmente se traduz em vantagem competitiva nasce ou é absorvido a partir do conhecimento tácito, pois, se assim não fosse, seria facilmente copiado por concorrentes. É importante perceber que não se pode exagerar nem negligenciar a importância do conhecimento tácito e o papel do conhecedor (Goldman, 2008a, p. 146). Importante ainda é notar que a criação de conhecimento é um fenômeno espontâneo, não podendo ser totalmente gerenciado. A forma mais segura de inibir o desenvolvimento dos fenômenos espontâneos é justamente tentar gerenciá-los (Albrecht, 2004).

Pode parecer um paradoxo falar em Gestão de Conhecimento e ao mesmo tempo reconhecer a ineficácia de tentar gerenciar sua criação. Pode-se, sim, gerenciar as circunstâncias que o conhecimento precisa para prosperar nas organizações humanas, para criar, num primeiro momento, mais valor intangível. A ideia é gerenciar culturas, ambientes e processos do conhecimento, mas não o conhecimento em si (Goldman, 2008a, p. 146).

Já a expressão "Conhecimento Organizacional" se refere a um todo que deveria ser maior do que a soma de suas partes, ou seja, o conhecimento de todos da organização. É um "recurso" da organização na visão daqueles que buscam explicar como empresas criam e sustentam vantagens competitivas, um dos principais temas nas pesquisas contemporâneas em gerenciamento estratégico. Teece *et al.* (1997, p. 516), por exemplo, definem recursos como ativos específicos da organização, difíceis – quando não impossíveis – de serem imitados ou transferidos entre organizações humanas devido aos custos de transação e de transferência e por conterem conhecimentos tácitos.

Em uma abordagem típica da Visão Baseada em Recursos, Barney (2007) foca os recursos internos de uma organização como os reais elementos capazes de potencializar a vantagem competitiva sustentável e apresenta uma análise baseada em quatro questões que devem ser formuladas sobre um recurso específico para determinar seu potencial para a competitividade da empresa:

1. *A questão do valor:* O recurso permite que a empresa explore oportunidades e/ou neutralize ameaças?

2. *A questão da raridade:* O recurso é controlado apenas por um pequeno número de empresas concorrentes?

3. *A questão da imitabilidade:* As empresas que não possuem esse recurso enfrentam custos proibitivos para obtê-lo ou para desenvolvê-lo?

4. *A questão da organização:* As políticas e processos da empresa estão realmente organizados para apoiar a exploração de seus recursos valiosos, raros e custosos de imitar? (Barney, 2007).

O Conhecimento Organizacional é um ativo intangível, coletivo e não individual, que para se caracterizar como recurso da organização deve atender ao modelo de análise estratégica VRIO – "valor", "raridade", "imitabilidade" e "organização", descrito anteriormente.

O Conhecimento Organizacional deve ainda ser percebido como um fenômeno emergente. A Teoria da Complexidade é a ferramenta adequada para lidar com a emergência, fornecendo os meios de compreender a dinâmica e os processos de mudança encontrados em sistemas complexos, como as organizações humanas, nas quais componentes e interações estão em constante mudança, nunca se podendo estabelecê-los em definitivo.

O controle rigoroso de todos os aspectos em uma organização humana torna-se cada vez mais impraticável. Os recursos disponibilizados pelas TIC, em especial e-mails, Internet e ferramentas WEB 2.0, telefones celulares etc., resultaram em uma explosão global de conectividade, impossibilitando saber os resultados de todas as interações e combinações possíveis. Cada vez mais, os limites de uma gestão empresarial clássica tornam-se evidentes (Agostinho, 2003, p. 3).

Há um esforço crescente em trazer os resultados das pesquisas sobre sistemas complexos para a economia e para o universo das organizações. Esse esforço tem se refletido no considerável número de obras publicadas, procurando mostrar como, na prática, as descobertas dessa nova ciência podem orientar a tomada de decisões nas organizações.

É importante compreender que embora toda organização seja um sistema complexo, apenas aquelas modeladas adequadamente apresentam satisfatoriamente características de Sistemas Complexos Adaptativos (SCA) (Goldman, 2008b, p. 4).

A Gestão do Conhecimento Organizacional (GC) é entendida aqui como um metaprocesso para lidar com os programas, políticas e processos deste recurso intangível, o Conhecimento Organizacional, sendo composta de um conjunto de ações e práticas de apoio que, de forma explícita e sistemática, contribui para a sustentabilidade da organização, gerenciando as circunstâncias adequadas para que prosperem os processos associados ao Conhecimento Organizacional (Processos do Conhecimento), em especial os de criação, uso, comunicação eficaz e difusão do Conhecimento Organizacional pelos diferentes grupos que compõem a organização, propiciando-lhe o Aprendizado Organizacional que lhe garantirá a longevidade.

Diferentemente de outras abordagens largamente encontradas na literatura sobre teoria das organizações, este trabalho considera a GC um componente e o Aprendizado Organizacional uma resultante sua, sem deixar de considerar a causalidade recursiva (circularidade) existente e verificável entre eles.

É importante salientar que nas empresas analisadas costuma-se pensar em GC apenas como a gestão daquilo que "a empresa sabe que sabe". Vista assim, a GC, embora não devesse, fica limitada à explicitação e à disseminação das melhores práticas, lições aprendidas e experiências, deixando de focar os aspectos mais instigantes da construção do conhecimento organizacional, sendo em muitos casos confundida com a Gestão da Informação, a Gestão de Projetos e/ou a Educação Corporativa.

Segundo Vasconcelos (2001, p. 98), a ênfase da maioria dos autores sobre GC é dada aos sistemas de informação e à capacidade dos executivos em interpretar informações presentes nas organizações e em seu meio ambiente. Goldman (2008a) identificou haver forte dificuldade em diferenciar "Educação Corporativa", Gestão do Conhecimento e Aprendizado Organizacional nas empresas analisadas.

De acordo com Goldman (2008a), foi verificada uma tendência de simplificação nas empresas pesquisadas de pensar o aprendizado como um processo pelo qual "apenas" indivíduos adquirem novos conhecimentos e percepções, modificando dessa forma seu comportamento e suas ações. Talvez resida aí uma possível tendência errônea, porém ainda muito difundida, de se acreditar que a Educação Corporativa, um processo operacional focado em aspectos tangíveis, se confunda com o Aprendizado Organizacional e a Gestão do Conhecimento Organizacional, suprindo todas as suas necessidades.

Vasconcelos (2001, p. 98) propõe a necessidade de a GC focalizar, ao mesmo tempo, a questão do conhecimento e a questão da ignorância (o não saber) que, embora presentes no contexto de decisão dos executivos, geram consequências bem diferentes.

Na verdade, a ignorância aqui traduz a incerteza inerente à dinâmica dos ambientes de negócios atuais, associada à desordem, ao ruído e ao erro, propiciadores do novo.

> *O trabalho com a incerteza perturba muitos espíritos mas exalta outros; incita a pensar aventurosamente e a controlar o pensamento. Incita a criticar o saber estabelecido, que se impõe como certo. Incita ao autoexame e à tentativa de autocrítica* (Morin, 2005, p. 205).

4. APRENDIZADO ORGANIZACIONAL

A atual ênfase em entender os diferentes aspectos do Aprendizado Organizacional está diretamente relacionada ao conceito "popularizado" na década de 90 de que "A capacidade de aprender mais rápido do que os concorrentes é a única vantagem competitiva sustentável a longo prazo para uma organização" (Arie De Geus *apud* Senge, 1990, p. 12).

Segundo Goldman (2008b, p. 2), o aprendizado em uma organização humana realiza-se por intermédio de interações em três níveis: Individual, em Grupo e Organizacional. Muito importante também é se diferenciar Aprendizado "da" Organização de "na" Organização. O aprendizado em grupo e o organizacional implicam também novas percepções e comportamentos modificados mas diferem do aprendizado individual em vários aspectos.

Não apenas nas empresas analisadas, mas nas organizações humanas em geral, há uma armadilha presente na palavra "aprendizado", pois esta perdeu o seu significado primordial, passando a significar, de modo frequente, porém impróprio, treinamento ou aquisição de informações, o que automaticamente lhe confere uma dimensão individual. Através de técnicas como o diálogo e a discussão habilmente conduzida, grupos transformam seus pensamentos coletivos, aprendendo a mobilizar as suas energias e capacidades de formas maiores do que a soma dos conhecimentos dos seus integrantes (Senge, 1990).

Já o Aprendizado Organizacional refere-se à capacidade de uma organização identificar e reter conhecimento resultante de experiências individuais e, principalmente, de grupos, modificando seu comportamento, adaptando-se, seja reagindo aos estímulos percebidos, seja identificando oportunidades ainda não exploradas por outros agentes de seu ambiente de negócios. Neste sentido, para Senge (1990) o Aprendizado Organizacional ocorre por meio de percepções, conhecimentos e modelos mentais compartilhados.

Argyris e Schön (1978), numa abordagem hoje considerada clássica, introduziram os conceitos de aprendizado de primeira ordem (*single-loop*) e de segunda ordem (*double-loop*) e descreveram o comportamento organizacional como sendo governado pela teoria de ação, que pode ser dividida em teoria proclamada e teoria aplicada.

Nonaka e Takeuchi (1997, p. 52), em um trabalho voltado a entender a dinâmica da inovação e que se tornaria referência em GC, reconheceram que, assim como os indivíduos, as organizações precisam sempre confrontar novos aspectos de suas circunstâncias. No entanto, para eles, as teorias da maioria dos autores sobre Aprendizado Organizacional, até então, estavam presas a um conceito behaviorista e os criticaram por ainda utilizarem a metáfora do aprendizado individual. Consideraram também haver um consenso entre os autores do Aprendizado Organizacional de que este seria um processo de mudança adaptativo influenciado pela experiência passada, concentrado no desenvolvimento ou na modificação de rotinas e apoiado pela memória organizacional. Entendiam que assim não há criação de conhecimento organizacional.

Para estes dois autores (Nonaka e Takeuchi, 1997), o desenvolvimento da teoria do Aprendizado Organizacional de Argyris e Schön (1978) pressupõe implícita ou explicitamente que alguém de dentro ou de fora da organização saberia qual o momento e o método certos para colocar em prática o aprendizado *double-loop*. Para eles há aí uma visão tipicamente cartesiana por trás desse pressuposto.

5. Breve Histórico da Gestão do Conhecimento e Alguns Modelos Aplicáveis

Gerenciar os processos relativos ao Capital Intelectual, focando, criando, identificando, recuperando, compartilhando, utilizando, absorvendo, preservando e disseminando o conhecimento o mais eficientemente possível deixou de ser um diferencial para tornar-se um fator essencial para a competitividade.

A primeira geração da GC pode ser caracterizada como o período antes de 1995. A palavra "conhecimento" era usada sem muito rigor ou preocupação com um significado mais nobre, sendo entendida como o fluxo de informações para dar suporte às tomadas de decisões.

A segunda geração da GC começa em 1995, com a primeira edição em inglês do livro de Nonaka e Takeuchi, e a partir de então as palavras "tácito" e "explícito", que Michael Polanyi (1958 *apud* Nonaka e Takeuchi, 1997) já tinha explorado na metodologia científica desde os anos 1950, se popularizam na linguagem do mundo dos negócios.

Há aqui uma ênfase em explicitar conhecimento, tornando-o disponível à organização. No entanto, todo conhecimento é parte tácito e parte explícito. O conhecimento tácito, por definição, de explicitação impossível, não deve ser confundido com o ainda não explicitado, mas passível de externalização, usualmente denominado como conhecimento implícito. Atualmente há um reconhecimento crescente de que muito conhecimento, passível de ser explicitado, não precisa ou não deve sê-lo.

Coincidindo com o advento do terceiro milênio, uma nova abordagem emergiu, na qual o conhecimento é visto não mais como uma "coisa" que possa ser identificada e catalogada, uma vez que, como anteriormente citado, é uma construção individual e intangível. Busca-se a gestão de um ambiente propício aos processos do conhecimento. Há aqui uma interessante analogia da mudança da ênfase da organização como uma máquina, com o gerente ocupando o papel de mecânico, para a organização como uma ecologia complexa, em que o gerente é um jardineiro, capaz de dirigir e influenciar, mas não de controlar inteiramente, a evolução de seu ambiente.

Snowden (2007) definiu três heurísticas que ajudam a entender a GC atual: "O Conhecimento é sempre apenas voluntário, nunca forçado"; "Nós só sabemos o que nós sabemos, quando precisamos de sabê-lo"; e "Nós sempre sabemos mais do que podemos dizer, e sempre dizemos mais do que podemos escrever".

Esta última é um dos princípios operacionais básicos da atual GC, lamentavelmente não compreendidos inteiramente na segunda geração. O processo de explicitar o conhecimento envolve alguma perda inevitável de conteúdo, e frequentemente envolve uma perda maciça do contexto. Uma vez que se reconheceu isto, pôde-se começar a repensar a natureza da GC.

A separação em Contexto, Narrativa e Conteúdo, utilizada atualmente em GC, a torna cada vez mais eficaz. Assim, após um período de ênfase equivocada nas ferramentas das TIC, a GC vem se firmando como condutora de ações de incentivo à criatividade, invenção e inovação, visando a otimização e o desenvolvimento de novos produtos, serviços e processos, ou seja, a criação do Conhecimento Organizacional, elemento viabilizador do Aprendizado Organizacional de Segunda Ordem.

Paralelamente, Firestone e McElroy (2005) desenvolveram uma cronologia na qual identificam apenas duas gerações da GC. Uma primeira, focada em "Capturar – Codificar – Compartilhar" o Conhecimento, que engloba o trabalho de Nonaka e Takeuchi, não reconhecendo o trabalho desses autores como um marco. Uma segunda geração, que chamam de Nova Gestão do Conhecimento (NGC), designação dada a um conjunto de temas, práticas e modelos enfatizando a integração do conhecimento (compartilhamento, divulgação, recuperação e ensino), assim como suas produção e geração.

Os trabalhos de Firestone e McElroy se caracterizam como atuais e reveladores de tendências, apresentam tom pragmático e buscam aplicação prática pelas organizações, sem descuidar do rigor em sua base teórica. Os modelos apresentados na construção dessa teoria se caracterizam como sendo de fundamentação interdisciplinar, com o apoio de teorias de filósofos (Popper, em especial) e críticas e diálogos constantes com outras teorias e modelos consagrados da GC e do Capital Intelectual (Campos, 2007).

Buscando lidar com o conhecimento como fator de produção, diversos pesquisadores têm proposto modelos capazes de possibilitar um melhor entendimento das relações entre diversos construtos associados ao conhecimento no âmbito organizacional e as diferentes dimensões da prática gerencial.

O referencial (*framework*) proposto por Argyris e Schön (1978) sobre Aprendizado Organizacional, por exemplo, tem se mostrado muito robusto, servindo de base a diversos modelos posteriores.

Atenção especial tem sido dada à construção de modelos conceituais sobre as relações entre GC, Inovação e Aprendizado Organizacional. Destacam-se entre os pesquisadores brasileiros que procuraram criar tais modelos: Cavalcanti e Gomes (2001), Pereira (2002), Rossato (2003), Ritto (2005), Queiroz (2007) e Goldman (2008b).

É possível observar ainda uma tendência de tentar modelar organizações como os Sistemas Complexos Adaptativos (SCA) em que indivíduos autônomos, capazes de aprender e de se adaptar, atuando em redes, cooperam entre si obtendo vantagens adaptativas. Se por um lado a Teoria da Complexidade diz não ser possível controlar sistemas complexos de cima, por outro lado ela mostra como a mais interessante característica dos SCA, a capacidade de auto-organização, pode ajudar a encontrar melhores soluções (Agostinho, 2003).

A seguir serão detalhados dois dos modelos citados. O Modelo Estruturado da Dinâmica do Conhecimento Organizacional (Goldman, 2010) e o Modelo de Três Níveis para Processos do Conhecimento (Firestone e McElroy, 2005).

6. ANÁLISE DE UM MODELO DA DINÂMICA DO CONHECIMENTO ORGANIZACIONAL

A Figura 1 apresenta o Modelo da Dinâmica do Conhecimento Organizacional proposto por Goldman (2008b), doravante denominado Modelo A.

O modelo A é apresentado na forma de diagrama de blocos, o que permite uma análise mais simples de seus diversos componentes, sendo especialmente útil para aqueles que desejam uma melhor compreensão do que vem a ser Gestão do Conhecimento Organizacional, sua importância para o Capital Intelectual e como implantar este importante processo nas empresas.

Este modelo pode ser explicado a partir da ideia de que as organizações humanas atuam com base nas estruturas de conhecimento dominantes, que são ditadas por sua identidade organizacional, na tentativa de colocar em prática seus programas, projetos ou planos (ou seja, seus artefatos epistemológicos) através da execução de suas rotinas.

A partir dessa atuação são alcançados resultados e estes devem ser analisados em profundidade pelas partes interessadas, quantitativa e qualitativamente, de forma sistemática, devendo qualquer desvio observado, em relação à sustentabilidade do negócio, ser comunicado de forma a mais eficaz possível a toda a organização. Esses desvios e os *inputs* da Inteligência Competitiva constituem os *feedbacks* adequados, capazes de detectar erros na forma de agir, indicar como corrigi-los e contribuir para melhorar a eficiência e a eficácia organizacionais. Destaque deve ser dado aos processos de reflexão, tanto de primeira quanto de segunda ordem, que deixam claro não se tratar de correções automáticas.

Dois tipos de aprendizado podem ser gerados em função dessas reflexões: o de primeira ordem, *single-loop*, que acarreta mudanças na forma de agir, mantendo-se a estrutura de conhecimento dominante, trazendo inovações incrementais, ou o de segunda ordem, *double-loop*, que implica mudanças fundamentais na estrutura de conhecimento da organização, fazendo inovações radicais.

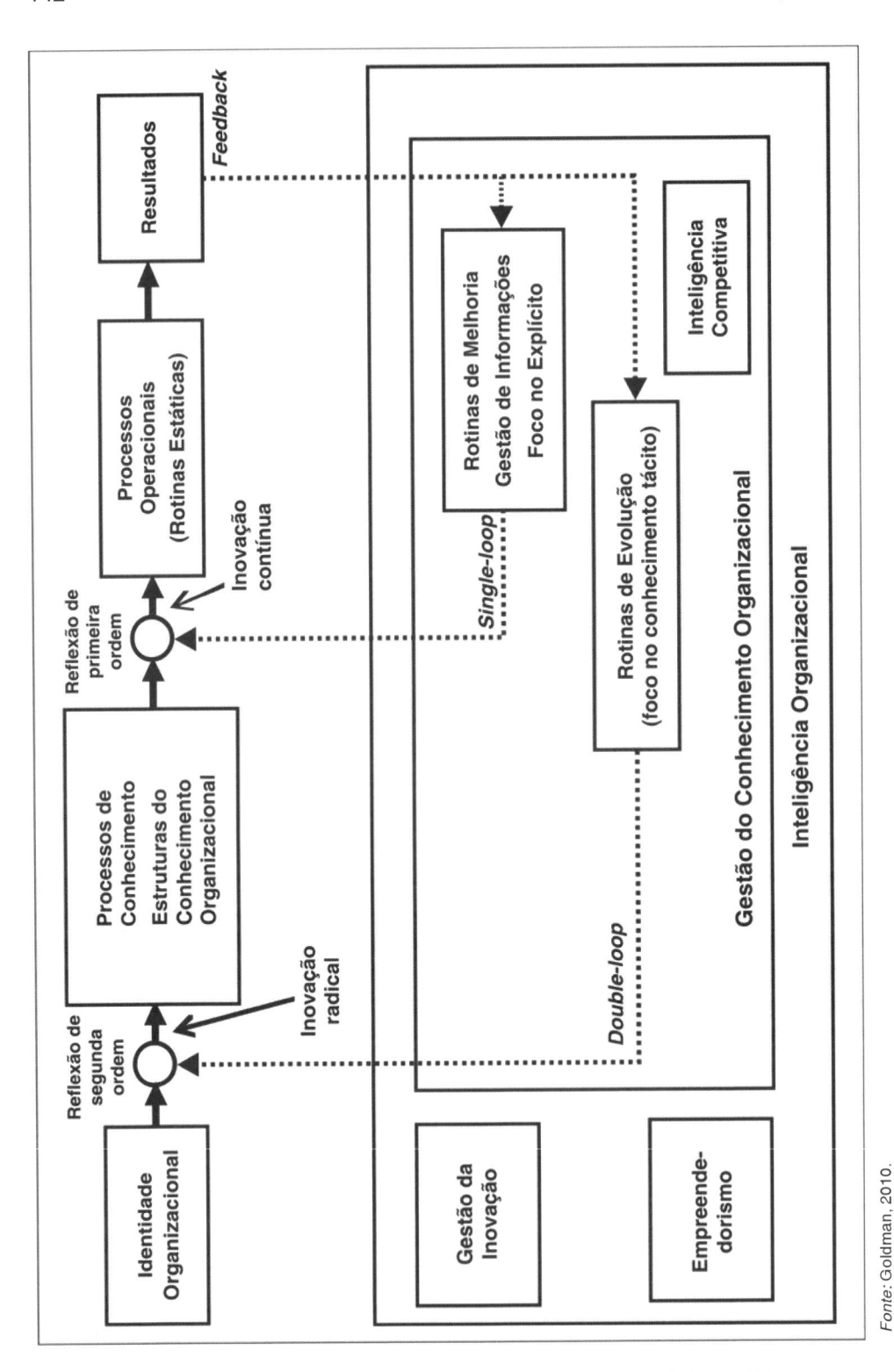

Figura 1 – Modelo A – Dinâmica do Conhecimento Organizacional.

Fonte: Goldman, 2010.

A prática da análise dos resultados, se utilizada sistematicamente e de forma adequada, caracteriza um processo sustentado de GC, que corresponde à capacidade de aprender a aprender da organização.

A Inteligência Competitiva complementa o modelo através da coleta de informações das atividades desenvolvidas pelos concorrentes, das tendências gerais dos ambientes de negócios, bem como da participação em Redes de Valor formadas pela empresa, clientes e parceiros estratégicos (fornecedores, distribuidores, provedores de serviços) com o objetivo de viabilizar a criação de conhecimento organizacional a partir de informações e dados oriundos não apenas da análise dos próprios resultados. A empresa precisa se comportar como um sistema aberto para garantir sua existência.

Finalmente, o processo de GC, como qualquer outro, deve ser eficazmente avaliado nos diversos grupos da organização, garantindo sua realimentação.

7. Modelo de Três Níveis de Firestone e McElroy

Firestone e McElroy (2005) apresentaram o modelo de três níveis para processos do conhecimento, apresentado na Figura 2, doravante denominado Modelo B.

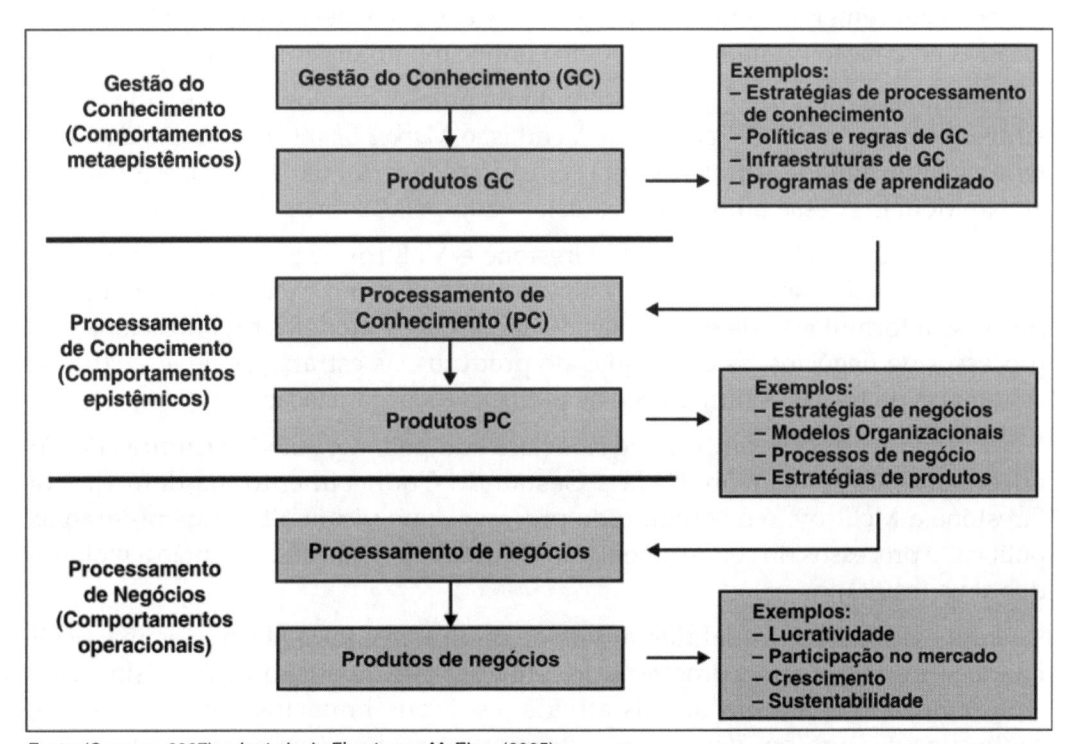

Fonte: (Campos, 2007), adaptado de Firestone e McElroy (2005).

Figura 2 – Modelo B – Nova Gestão de Conhecimento.

Será feita uma breve comparação entre o modelo A e o Modelo B, buscando melhor entender seus detalhes mais relevantes.

A categorização de níveis hierárquicos sugerida por Firestone e McElroy pode ser perigosa quando se analisam modelos de funcionamento para organizações humanas, pois há uma tendência de criar associações entre hierarquias funcionais e hierarquias burocráticas a partir deles. Não custa repetir que a maioria das empresas analisadas ainda é fortemente hierarquizada.

Por isso, no Modelo A essa hierarquia de níveis é propositadamente colocada na forma de uma sequência de laço fechado, destacando o aspecto fundamental do *feedback*.

O modelo Firestone e McElroy apresenta três níveis bem caracterizados que são os seguintes diferentes ambientes: Ambiente de Gestão do Conhecimento, Ambiente de Processos do Conhecimento e Ambiente de Processos Operacionais.

Enquanto no Modelo B esses ambientes aparecem representados verticalmente de cima para baixo, no Modelo A eles formam um *loop* no sentido horário, tentando eliminar a falsa e perigosa ideia de quem é mais importante.

Os Processos Operacionais usam o conhecimento no dia a dia e, embora o façam constantemente, o fazem sobre suas áreas de especialização, não estando focados na criação ou na integração do conhecimento organizacional.

Firestone e McElroy (2005) apresentam como exemplos de resultados desse ambiente operacional as Receitas de Vendas, o *Market Share*, a Retenção de Clientes e a Conformidade Ambiental, mas os exemplos certamente não se esgotam por aí. No Modelo A esse ambiente é caracterizado pelas rotinas da organização.

O segundo nível do modelo de Firestone e McElroy diz respeito ao ambiente de "processos de conhecimento". Eles apresentam como exemplos deste tipo de processo a formulação de estratégias de negócios, os modelos organizacionais, os processos de negócios, as estratégias de produtos, as estratégias de *marketing*, as estratégias de recursos humanos e as políticas da organização.

No Modelo A, esse ambiente é caracterizado pelo módulo "Estruturas de Conhecimento Organizacional". Já a Gestão do Conhecimento, na definição de Firestone e McElroy, é o conjunto de processos que visam alterar os programas, políticas e processos do conhecimento da organização, acarretando então a melhoria dos seus resultados.

Para esses autores, qualquer atividade de GC deve ter o objetivo acima, destinando-se a aperfeiçoar os processos do conhecimento da organização. Assim, a disciplina de GC é o estudo de tais atividades e seus impactos nos processos de conhecimento, que por sua vez transformarão os processos operacionais e seus resultados. Nesse ponto há convergência com o Modelo A.

Um ponto muito importante em ambos os modelos expostos é a ideia de que a GC não gerencia, não cria ou integra diretamente a maioria dos resultados de conhecimento de uma organização, mas apenas impacta nos processos de conhecimento, que por sua vez vão ter seus resultados executados pelos agentes envolvidos nos processos operacionais, aí, sim, impactando os resultados alcançados, o que a caracteriza como um metaprocesso.

8. Conclusões

O emprego dos Modelos A e B tende a se mostrar de grande utilidade para as empresas analisadas entenderem as relações do processo de Gestão do Conhecimento Organizacional com outros processos corporativos, seu papel como elemento viabilizador do Aprendizado Organizacional e a importância deste para a longevidade da organização.

Um modelo adequado pode contribuir de maneira decisiva para a aplicação de um processo de GC de forma sustentada, além de propiciar às empresas analisadas o Aprendizado Organizacional, que contribuirá para sua longevidade, através da renovação continuada do Conhecimento Organizacional, da criação de centros de excelência, da atração e retenção de talentos, criação de redes de valor e uma série de propostas de mudanças que permitirão ter o conhecimento como efetivo fator de produção.

Um aspecto muito importante para as empresas analisadas diz respeito à Estratégia Organizacional. Nestas empresas, em linha com as primeiras abordagens de GC, há a ideia de tornar as estratégias de negócios o ponto inicial para a GC. O Planejamento Estratégico é entendido como ponto de partida para determinar as ações de GC a serem tomadas.

Tanto no Modelo A como no Modelo B, no entanto, a estratégia deve ser encarada como um produto dos Processos de Conhecimento, assim como pressupostos, planos, modelos organizacionais ou quaisquer artefatos epistemológicos necessários aos processos operacionais. A função da GC é vista tanto no Modelo A, quanto no Modelo B como sendo de aprimorar a qualidade e a performance dos Processos de Conhecimento, não dos processos operacionais em si.

Resulta daí que a GC não deveria depender do planejamento estratégico ou mesmo de sua implementação, sendo, ao contrário, viabilizadora do seu aperfeiçoamento.

Outro aspecto importante diz respeito à forte correlação ainda existente entre GC e Pesquisa e Desenvolvimento (P&D) nas empresas analisadas do Sistema Eletrobras. Nas décadas de 60 e 70 havia uma crença mundial, quase dogmática, relacionando, diretamente, pesquisa e criação de conhecimento. Assim, entendia-se que o fluxo de conhecimento era transferido em uma empresa, a partir do setor de P&D. Da mesma forma, o conhecimento parecia fluir dos Estados Unidos para o resto do mundo.

Hoje, com o avanço das TIC, o fluxo acontece em todas as direções, estando as fontes de conhecimento espalhadas pela organização e geograficamente pelo mundo. Desta forma, a área de P&D não pode mais ser pensada como o recurso central para a estratégia de criação de conhecimento.

A análise dos Modelos A e B permite firmar o conceito de que a localização da GC na estrutura funcional de qualquer empresa deve ser na posição mais autônoma possível, subordinada ao grupo dos gerentes de mais alto nível da organização.

Vale a pena destacar ainda outro aspecto que diz respeito a uma preocupação percebida nas empresas pesquisadas, típica de uma cultura de otimização. Trata-se de "evitar duplicações desnecessárias de esforços e investimentos em projetos com mesmos enfoque e escopo", o que acaba por prejudicar um dos fatores mais fortes de competitividade do Sistema Eletrobras para a criação de conhecimento, sua diversidade.

A "redundância", entendida como a criação de caminhos alternativos para atingir os objetivos de uma determinada inovação, cuja necessidade foi identificada, é tida como uma das condições capacitadoras da criação de conhecimento organizacional por Nonaka e Takeuchi (1997, p. 91).

Assim, na reestruturação do Sistema Eletrobras há muitos aspectos a serem analisados sobre o papel que a moderna GC poderá desempenhar para lidar com intangíveis, com incertezas, com o conhecimento como ativo e como fator de produção.

De acordo com Denning (2006, p. 245), ex-diretor de Gestão do Conhecimento do Banco Mundial, as inovações radicais não servem para que uma empresa continue a fazer as coisas como ela sempre fez; são para que ela faça algo fundamentalmente diferente.

Os aspectos apresentados dão apenas uma ideia da potencialidade do tema Gestão do Conhecimento Organizacional no processo de Reestruturação do Sistema Eletrobras.

9. Resumo Executivo

- Este capítulo tem como objetivo analisar o papel que a Gestão do Conhecimento Organizacional (GC) pode desempenhar na reestruturação do Sistema Eletrobras.
- O processo de GC tem como característica central o fato de que são pessoas, através da criatividade, do diálogo, de discussões, do compartilhamento de experiências e/ou da observação, enfim de interações, que criam novos conhecimentos, novas ações produtivas mais eficazes que propiciam as inovações e as mudanças organizacionais.

- Através de um estudo de caso é feita uma análise qualitativa exploratória das dificuldades enfrentadas pelas empresas ao buscarem implantar processos de GC de forma sustentada.
- Analisam-se também as repercussões dessas dificuldades sobre a Inovação e o Aprendizado Organizacional, utilizando-se de uma conceituação quanto à relação entre GC e os processos estruturais do conhecimento organizacional, aqui diferenciados dos processos operacionais.
- Usando dois modelos conceituais, são apresentadas como as inovações radicais permitirão o Aprendizado Organizacional de segunda ordem necessário à constante adaptação das empresas analisadas aos seus ambientes de negócios, cada vez mais competitivos e complexos, propiciando assim à Eletrobras atingir os ambiciosos objetivos de sua reestruturação e internacionalização.

QUESTÕES PARA REFLEXÃO

1. Como empresas nas quais a infraestrutura física é determinante para suas principais atividades podem fazer frente à mudança do conceito de riqueza industrial, antes baseado no capital financeiro, no maquinário e na mão de obra intensiva, para o foco no conhecimento?

2. O Conhecimento Organizacional, entendido como um fenômeno emergente, pode ter uma construção propositada?

3. As Condições Facilitadoras da Criação do Conhecimento, elencadas por Nonaka e Takeuchi, são viáveis em empresas fortemente hierarquizadas?

4. Como parcerias estratégicas podem contribuir para criação de uma rede de valor propícia à Gestão do Conhecimento Organizacional?

5. Qual o papel do processo de Inteligência Competitiva na interação entre Gestão do Conhecimento e Aprendizado Organizacional?

REFERÊNCIAS BIBLIOGRÁFICAS

AGOSTINHO, M. C. E. *Administração complexa: revendo as bases científicas da administração*. In: RAE eletrônica, vol. 2, nº 1, jan./jun.,2003. Disponível em www.rae.com.br/eletronica/index. Acesso em 15/12/2008.

ALBRECHT, Karl. Um modelo de inteligência organizacional. Revista *HSM Management*, nº 44, mai./jun., 2004.

ARGYRIS, C. e SCHÖN, D. A. *Organizational learning. A theory of action perspective*. Addison Wesley, 1978.

BARNEY, J. B. *Gaining and sustaining competitive advantage*. Upper Saddle River: Prentice-Hall, 2007.

CAMPOS, Luiz Fernando de Barros. Análise da nova gestão do conhecimento: perspectivas para abordagens críticas. *Perspectivas em ciência da informação*, vol. 12, nº 1, p. 104-122, jan./abr., 2007.

CAVALCANTI, M. e GOMES, E. *Inteligência organizacional: um novo modelo de gestão para a nova economia*, 2001. Association Congress Toronto – Canadá – 2001. Disponível em: <http://portal.crie.coppe.ufrj.br/portal/>. Acesso em 28/4/2007.

CHRISTENSEN, C. M.; ANTHONY, S. D. e ROTH, E. A. *Seeing what's next: Using the theories of innovation to predict industry change*. Boston: Harvard Business School Publishing, 2004.

CORAZZA, R. I. e FRACALANZA, P. S. Caminhos do pensamento neo-schumpeteriano: para além das analogias biológicas. *Nova Economia*, vol. 14, nº 2, mai./ago., 2004.

DENNING, S. *O poder das narrativas nas organizações*. Tradução Ricardo Bastos Vieira. Rio de Janeiro: Elsevier. Petrobras, 2007.

ELETROBRAS, Portal da transformação do Sistema Eletrobras, disponível em http://www.eletrobras.com/elb/transformacao/main.asp?Team={EA2A2207-4FBB-42CC-B3EC-4BFB87BDF49A} Acesso em 29/12/2008.

FIRESTONE, J. e McELROY, M. "Doing Knowledge Management". *The Learning Organization Journal*, vol. 12, nº 2, p. 189-212, abr., 2005.

GOLDMAN, Fernando Luiz. Leilões da transmissão de energia elétrica no Brasil de 1999 a 2006: uma avaliação do aprendizado organizacional de segunda ordem. Dissertação (Mestrado em Engenharia de Produção) – Universidade Federal Fluminense, Niterói, Rio de Janeiro, 2008a.

_____. Um modelo estruturado para implantação de Gestão do Conhecimento Organizacional. *In*: XV Simpósio de Engenharia de Produção – Simpep, Bauru, 2008b.

_____. Um modelo estruturado da dinâmica da relação entre gestão do conhecimento organizacional e o aprendizado organizacional. Salvador: KM Brasil, 2009.

_____. A Structured Model of Relationship Dynamics Between Organizational Knowledge Management and Organizational Learning, The Proceedings of the 2nd European Conference on Intellectual Capital, Lisboa, 2010.

GOLDMAN, Fernando L. e CASTRO, Nivalde J. de. Considerações analíticas das relações entre gestão do conhecimento, inovações tecnológicas e organizacionais. *In:* IV Simpósio de Excelência em Gestão e Tecnologia – Seget, Resende, Rio de Janeiro, 2007.

GOLDMAN, Fernando L. e QUELHAS, Osvaldo. Desenvolvimento de inteligência empresarial voltada para o segmento de transmissão de energia elétrica. *In:* Seminário Nacional de Produção e Transmissão de Energia Elétrica, Rio de Janeiro, 2007.

MORESI, Eduardo Amadeu Dutra. Inteligência organizacional: um referencial integrado. Ci. Inf., Brasília, vol. 30, nº 2, 2001 . Disponível em: http://www.scielo.br/. Acesso em 8/2/2007.

MORIN, Edgar. *Ciência com consciência*. Rio de Janeiro: Bertrand Brasil (do original, 1982, revista em 1990 – Science avec Concience), 2005.

NONAKA, Ikujiro e TAKEUCHI, Hirotaka. *Criação de conhecimento na empresa: como as empresas japonesas geram a dinâmica da inovação*. Tradução de Ana Beatriz Rodrigues, Priscila Martins Celeste. Rio de Janeiro: Campus, 1997.

PEREIRA, Heitor J. Proposição de um Modelo de Gestão para Organizações Baseadas no Conhecimento. FIA-USP, XXII Simpósio de Gestão da Inovação. Salvador, nov., 2002.

QUEIROZ, Jairo Gomes. Gestão do Conhecimento no ONS – Plano Diretor e sua implantação *In:* II Seminário Internacional: Reestruturação e Regulação do Setor de Energia Elétrica e Gás Natural Rio de Janeiro: GESEL/UFRJ, 2007.

RITTO, Antonio Carlos de Azevedo. *Organizações caórdicas: modelagem de organizações inovadoras*. Rio de Janeiro: Editora Ciência Moderna, 2005, 348 p.

ROSSATO, Maria Antonieta. *Gestão do conhecimento – a busca da humanização, transparência, socialização e valorização do intangível*. Rio de Janeiro: Interciência, 2003.

SENGE, P. M. *A quinta disciplina – arte e prática da organização de aprendizagem*. Trad. Regina Amarante. São Paulo: Best-Seller, 1990.

SNOWDEN, Dave. Beyond Knowledge Management. Palestra Magna do KM Brasil 2007, São Paulo, nov., 2007.

TEECE, D. J. *et al.* Dynamic capabilities and strategic management. *Strategic Management Journal*, vol. 18, nº 7, p. 509-533, ago., 1997.

VASCONCELOS, Flávio C. Da gestão do conhecimento à gestão da ignorância – uma visão coevolucionária. RAE – *Revista de Administração de Empresas*, vol. 41, nº 4, p. 98-102, out./dez., 2001.

VASCONCELOS, F. C. e CYRINO, Á. B. Vantagem competitiva: os modelos teóricos atuais e a convergência entre estratégia e teoria organizacional. RAE – *Revista de Administração de Empresas*, vol. 40, nº 4, p. 20-37, 2000.

Capítulo 8

A Implantação do Processo da Gestão do Conhecimento em uma Organização: Um Estudo de Caso Petrobras – Abastecimento

Autores:
Ariane Ramos Gonçalves, MSc.
Maria Cristina Alexandre Costa, BSc.
Nilvia Maura Voguel, BSc.

Revisora:
Maria Cristina Alexandre Costa, BSc.

1. Introdução: Contextualização da Empresa e do Problema a Ser Resolvido

A Petrobras (PB) é uma empresa integrada de energia, atuando na exploração, produção, refino, comercialização e transporte de petróleo e derivados no Brasil e no exterior. De acordo com a Petroleum Intelligence Weekly (2007), encontra-se entre as dez maiores companhias no setor *downstream* – refino, transporte e comercialização.

O Abastecimento (AB) é uma Área de Negócios da Petrobras, sendo responsável pelo provimento do mercado nacional de petróleo e derivados, realizando operações comerciais, no país e no exterior, de compra, venda, importação e exportação de petróleo e derivados, produtos petroquímicos, álcool e fertilizantes, contribuindo para o cumprimento da missão da Petrobras (Tabela 1).

Tabela 1. Visão 2020 e Missão PB

Visão	Missão
Seremos uma das cinco maiores empresas integradas de energia do mundo e a preferida pelos nossos públicos de interesse.	Atuar de forma segura e rentável, com responsabilidade social e ambiental, nos mercados nacional e internacional, fornecendo produtos e serviços adequados às necessidades dos clientes e contribuindo para o desenvolvimento do Brasil e dos países onde atua.

Fonte: http://www2.petrobras.com.br/portugues/index.asp. A Petrobras – Visão Estratégica.

A estrutura organizacional do AB, atualmente, é composta por cinco unidades organizacionais (Gerências Executivas): Corporativo (AB-CR), Logística (AB-LO), Marketing e Comercialização (AB-MC); Petroquímica e Fertilizantes (AB-PQF) e Refino (AB-RE). O Refino e a Petroquímica e Fertilizantes possuem 13 Unidades de Negócios (UNs), distribuídas conforme a Figura 1.

Atuando em um contexto de abertura das atividades da indústria petrolífera no Brasil à iniciativa privada, com a promulgação da Lei nº 9.478, o Abastecimento investe, constantemente, em melhorias em sua gestão, visando atender às exigências das partes interessadas e buscando a melhoria do seu desempenho e o aumento da competitividade da Petrobras.

Em outubro de 2004 o AB passou por um processo de reestruturação, sendo sua forma de atuação redesenhada com base nos seus processos, concebida em um projeto (Novo Abastecimento) com duração de 10 meses. Este projeto objetivou consolidar o Modelo de Gestão do Abastecimento (MG), integrando os diversos sistemas de gestão locais das UNs, bem como disseminar a cultura da organização por processos e por competências e da gestão por resultados para toda a força de trabalho (Figura 1).

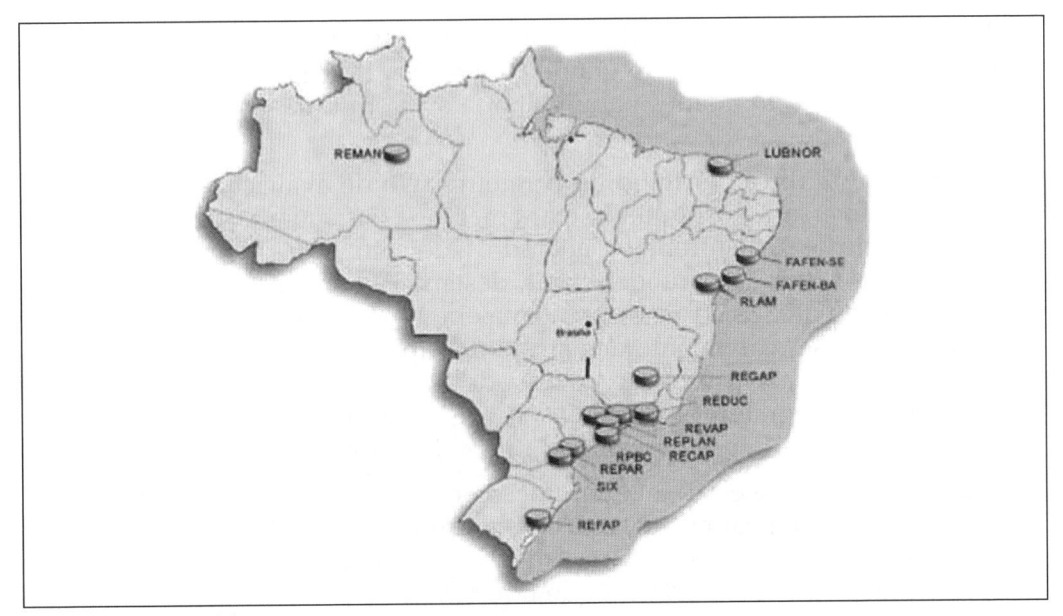

Fonte: Petrobras/Abastecimento.

Figura 1. Unidades de negócios do abastecimento.

Conforme destacado na Figura 2, o Modelo de Gestão adotado tem como base o ativo "conhecimento". Dessa forma, a gestão do conhecimento está internalizada no modelo e, como tal, alicerça as ações de melhoria e inovações, tornando-se imprescindível para o bom andamento do negócio e manutenção do seu posicionamento competitivo.

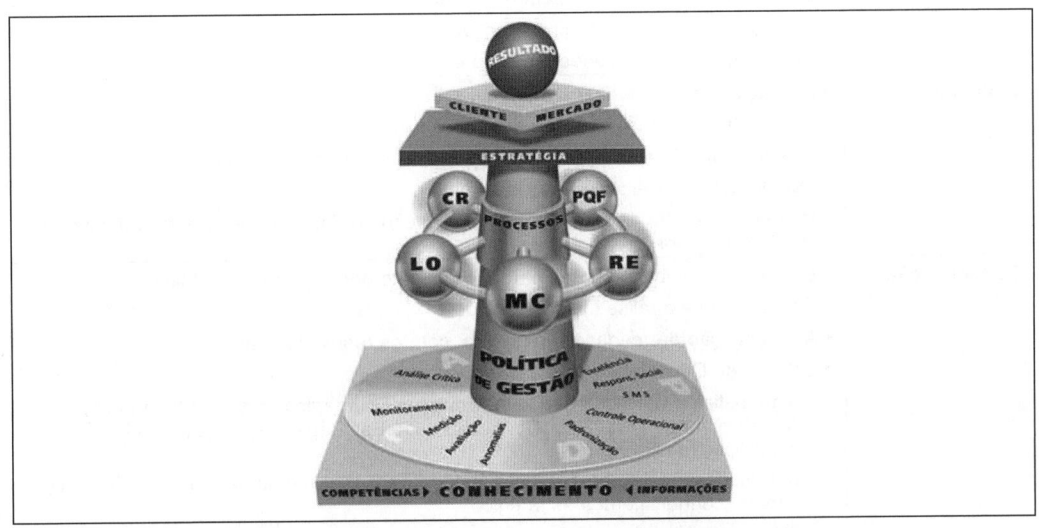

Fonte: Petrobras/Abastecimento.

Figura 2. Modelo de gestão do abastecimento.

Visando ao aprimoramento do MG são realizadas avaliações (internas e externas) anuais para a verificação do grau de aderência das práticas de gestão e para identificação de oportunidades para melhoria a serem tratadas e pontos fortes a serem disseminados.

Em maio de 2005, ao término do primeiro ciclo de avaliação interna, foram identificadas diversas oportunidades para melhorias, tratadas por meio de planos de ação. O Plano de Ação foi então elaborado, tendo em vista a inexistência de uma metodologia estruturada para identificar, desenvolver, manter e proteger os ativos de conhecimento. Este plano, cujo tema era "Elaborar e implantar projeto de identificação e desenvolvimento dos ativos de capital intelectual", foi considerado um marco para a estruturação da área de Gestão do Conhecimento (GC) no Abastecimento, integrando as iniciativas já existentes e direcionando o desenvolvimento dos ativos que promoviam seu diferencial competitivo.

A primeira fase (Tabela 2) teve a duração de dois meses (agosto e setembro de 2005) e objetivou: mapear os ativos de conhecimento existentes; identificar práticas de gestão do conhecimento já implementadas e propor um plano de ação para a implementação de novas práticas que reforçassem o processo de GC.

Tabela 2. Etapas da 1ª Fase do Programa de Gestão do Conhecimento no Abastecimento

Etapa	Atividades
Planejamento	• Entendimento do negócio e das necessidades de conhecimento, considerando o Modelo de Excelência em Gestão da Fundação Nacional da Qualidade (FNQ) e práticas de Gestão do Conhecimento já existentes no Abastecimento. • Levantamento das competências já mapeadas. • Estruturação de questionários e entrevistas (individual ou eventos mediados) para identificação dos Conhecimentos Estratégicos. • Definição de estrutura de classificação (taxonomia). • Planejamento das sessões mediadas.
Execução	• Aplicação de questionários e entrevistas. • Consolidação e análise das informações obtidas. • Análise, considerando o resultado do Mapeamento de Competências. • Estruturação da classificação (taxonomia). • Início do desenho da diagnose e estruturação do Plano de Ação para Desenvolvimento dos Ativos de Conhecimento.
Consolidação	• Entrevistas complementares para refinamento das informações obtidas. • Finalização da análise das informações. • Apresentação de *feedback* do projeto, com os resultados obtidos. • Entrega do Documento Final, contendo: – diagnóstico e definição de Conhecimentos Estratégicos a serem tratados no Abastecimento – Matriz de Conhecimentos Estratégicos e a estrutura de classificação (taxonomia); – recomendações de práticas de Gestão do Conhecimento para desenvolvimento desses conhecimentos estratégicos; – plano de ação com recomendações para implementação das práticas definidas.

Fonte: Gerência Setorial de Gestão do Conhecimento do Abastecimento.

Para a realização deste trabalho foi contratada uma consultoria externa especializada em gestão do conhecimento, sendo a equipe responsável composta por um representante do Abastecimento e quatro consultores externos.

2. Situação Inicial e os Desafios a Serem Alcançados

A situação inicial do AB indicava ausência de entendimento do conceito de ativos de conhecimento, bem como inexistência de mapeamento ou identificação. Desta forma, as iniciativas voltadas para a Gestão do Conhecimento que estavam implantadas não estavam alinhadas, priorizadas ou direcionadas para o tratamento dos ativos que geram vantagem competitiva para o AB. Algumas sequer eram percebidas como práticas com esta finalidade.

Além disso, muitas das práticas implementadas eram pontuais, restritas a algumas unidades organizacionais, e outras não estavam sistematizadas (regras de trabalho sem definições, tais como: responsáveis, periodicidade e forma de controle).

A metodologia utilizada no diagnóstico contemplou entrevistas para a coleta de informações e validação, bem como para a identificação de práticas de gestão já existentes.

Foram estruturados instrumentos próprios para a coleta a partir de trabalhos realizados no Projeto Novo Abastecimento como: mapeamento de processos, incluindo lista dos relacionamentos mais relevantes para a execução das atividades críticas e mapeamento de competências (conhecimentos técnicos). Também foi utilizado como referencial o Modelo de Capital Intelectual da Petrobras, desenvolvido pela Gerência de Desenvolvimento de Sistemas de Gestão/Gestão do Conhecimento (DSG/GC) (Figura 3).

Os resultados do Plano de Ação 45 apontaram para a necessidade de sistematização do processo de GC no AB, sendo formulada uma proposta de implementação de práticas em ciclos anuais. A gestão do conhecimento foi definida como: "um processo sistemático e estruturado para desenvolver, criar, organizar, compartilhar e proteger os conhecimentos estratégicos ao Abastecimento, contribuindo para melhorias no desempenho organizacional e obtenção de resultados sustentáveis" (Abastecimento Corporativo – 2006).

Sendo uma das principais áreas de negócio da Petrobras, o Abastecimento respondia por aproximadamente 21% do total de investimentos, abrangendo 22% dos empregados da Petrobras (mais de 10.000 pessoas distribuídas por todo o país e nos escritórios internacionais).

Assim, o desafio de implementar uma Carteira de Investimentos de cerca de US$ 11,2 bilhões, certamente só seria possível por meio de um Modelo de Gestão que promovesse o desenvolvimento e a integração dos processos, suportados pelas competências e conhecimentos das pessoas.

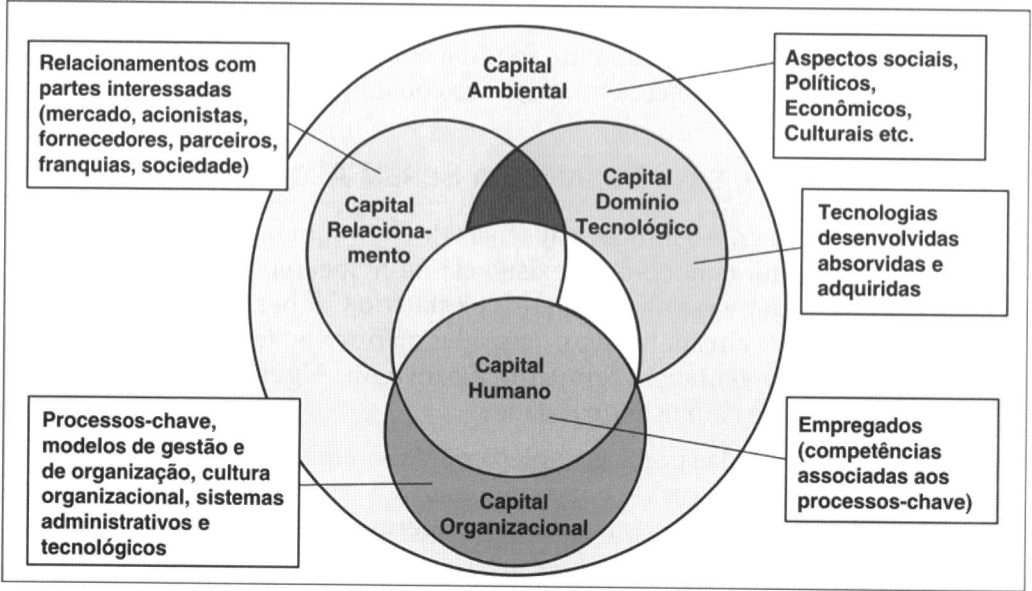

Fonte: Petrobras/DSG/GC.

Figura 3 – Modelo de capital intelectual da Petrobras.

O crescente aumento do número de empregados (Figura 4), agravado pela possibilidade de perda de talentos em virtude da aposentadoria de pessoas detentoras de conhecimentos críticos (Tabela 3), aumentou exponencialmente esse desafio, tornando a sistematização da GC um imperativo.

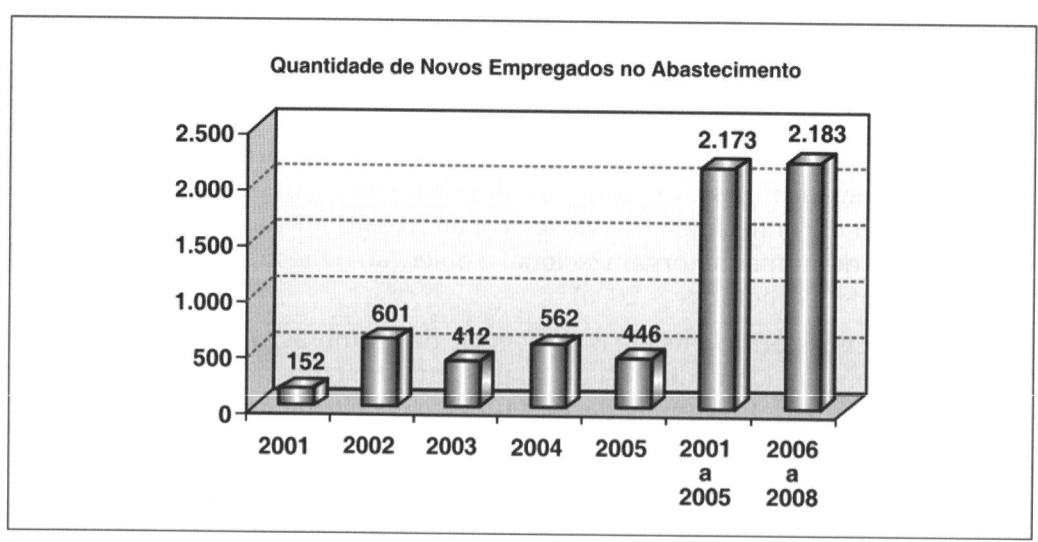

Fonte: Gerência Setorial de Gestão do Conhecimento do Abastecimento.

Figura 4. Aumento do número de empregados próprios (dados de janeiro/2005).

Tabela 3. Tempo de Vinculação Previdenciária de empregados próprios
(dados de janeiro/2005)

	Efetivo Total	Tempo de Vinculação Previdenciária							
		25 em diante	%	25-29	%	30-34	%	35 em diante	%
		A+B+C		A		B		C	
Abastecimento	11.485	4.040	35	2.698	23	1.192	10	150	1

Fonte: Gerência Setorial de Gestão do Conhecimento do Abastecimento.
Obs.: Dados incluem os empregados não ativos (158) e os créditos (2.042).

Dessa forma, a sistematização do processo de GC objetivou:

- Evitar a perda de conhecimentos críticos com o desligamento de pessoas da força de trabalho.
- Acelerar o desenvolvimento dos novos empregados.
- Evitar o retrabalho, facilitando a reutilização de soluções já testadas.
- Facilitar o processo de tomada de decisão.
- Contribuir para o aprendizado organizacional, garantindo à companhia não somente a perpetuação do negócio como a geração de novos negócios.

3. O Projeto Proposto – Estruturação e Etapas

O Plano de Ação apontou um conjunto de práticas para tratamento dos conhecimentos críticos identificados, tais como: *job rotation, mentoring, coaching,* fóruns de nivelamento, comunidades de práticas, banco de lições aprendidas, entre outras.

Decorrente de suas recomendações, foi estabelecida uma iniciativa, relacionada ao Mapa Estratégico do Abastecimento Corporativo, denominada "Aprimorar Práticas de Gestão do Conhecimento".

A equipe inicial foi redimensionada, sendo composta por uma representante da Petrobras e por duas especialistas em GC, ligadas à consultoria externa. Em setembro de 2006 foi oficializada a área de GC com a criação da Coordenação de Gestão do Conhecimento do Abastecimento, tornando-se, em julho de 2008, Gerência Setorial de Gestão do Conhecimento. Atualmente, a gerência conta com dois empregados, dois consultores e um contratado.

A iniciativa foi estruturada em ciclos com duração de um ano (Figura 5), sendo realizada por meio de pilotos na Gerência Executiva do Corporativo depois estendida aos demais segmentos, de forma a testar as soluções antes de implementá-las em toda a Área de Negócios.

Ciclo 1
- Rodízio técnico
- Encontros técnicos
- Disseminação de conhecimentos críticos (PDRHE)
- Tutor e aprendiz

Ciclo 2
- Rodízio gerencial
- Boas práticas

Ciclo 3
- Desenvolvimento de coordenadores
- Programa de Mestres e Doutores

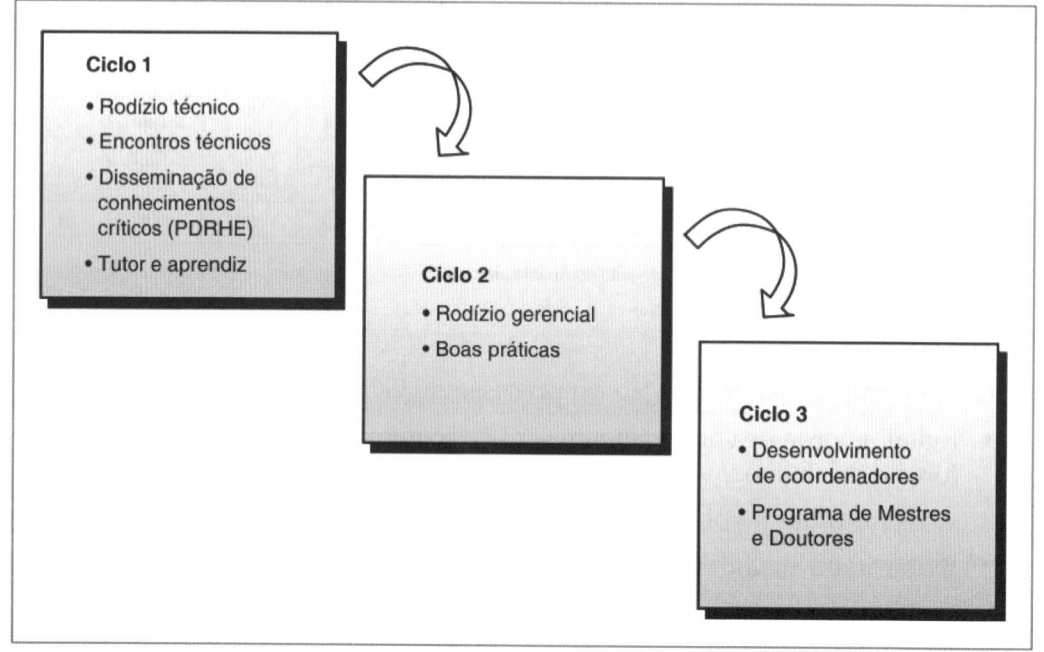

Fonte: Gerência Setorial de Gestão do Conhecimento do Abastecimento.

Figura 5. Ciclos de implementação das Práticas de Gestão do Conhecimento no Abastecimento

4. O Projeto Implantado – Etapas Cumpridas e como Foi Feito

Como apresentada anteriormente, a etapa preliminar à sistematização das práticas de GC abrangeu um diagnóstico, mapeando necessidades e recursos existentes. O resultado do mapeamento dos ativos de conhecimento pautou o planejamento e a sistematização das práticas que hoje compõem o Programa de Gestão do Conhecimento do Abastecimento.

Como premissa para a sistematização dessas práticas, foi desenvolvido pela Coordenação de Gestão do Conhecimento com apoio de consultoria externa um conjunto bastante consistente de soluções. Tais soluções, embora pautadas em referenciais teóricos de GC e estudos de *benchmarking*, foram totalmente personalizadas pela área de negócios, desde a concepção da melhor alternativa para cada necessidade até o desenvolvimento da metodologia mais adequada.

A seguir estão apresentadas as descrições das soluções adotadas, bem como uma tabela contendo os recursos necessários para sua aplicação e alguns fatores críticos para o sucesso comuns à implementação das práticas (Tabela 4).

Tabela 4. Recursos Necessários e Fatores Críticos de Sucesso

RECURSOS NECESSÁRIOS	Boas Práticas	Desenvolvimento de Coordenadores	Disseminação de Conhecimentos Críticos	Encontros Técnicos	Mestres e Doutores	Rodízio Gerencial	Rodízio Técnico	Tutor e Aprendiz
HUMANOS								
Necessidade de um responsável pelo processo, guardião dos conceitos e premissas que forneça o suporte necessário aos envolvidos no programa	X	X	X	X	X	X	X	X
INFRAESTRUTURA								
Ferramenta para execução, acompanhamento e controle de processo	X	X	X	X	X		X	X
Ferramenta para mensuração de indicador	X	X	X	X	X	X	X	X
Ambiente para disseminação e preservação de conhecimento	X		X	X	X			X
Infraestrutura para evento (local, equipamentos, material a ser distribuído, equipe de apoio etc.)			X	X				
FINANCEIRO								
Previsão orçamentária para custeio das atividades inerentes ao processo, quando pertinente	X	X	X	X	X	X	X	X

FATORES CRÍTICOS DE SUCESSO	Boas Práticas	Desenvolvimento de Coordenadores	Disseminação de Conhecimentos Críticos	Encontros Técnicos	Mestres e Doutores	Rodízio Gerencial	Rodízio Técnico	Tutor e Aprendiz
Patrocínio da alta gerência	X	X	X	X	X	X	X	X
Definição de uma área gestora do processo	X	X	X	X	X	X	X	X
Implementação de plano de comunicação e de gestão da mudança	X	X	X	X	X	X	X	X
Implementação inicial do programa em piloto	X	X	X	X	X		X	X
Implementação do indicador de controle	X	X	X	X	X	X	X	X
Reconhecimento às gerências que promovem o programa	X	X	X	X	X	X	X	X

Fonte: Gerência Setorial de Gestão do Conhecimento do Abastecimento.

4.1. Práticas implementadas no Ciclo 1

4.1.1. Rodízio técnico

Definição: é uma prática de GC que visa a acelerar o aprendizado de empregados em atividades correlatas às da sua Gerência, de forma a adquirir ou aprimorar os conhecimentos necessários para atuação em sua área de lotação, estabelecer ou estreitar relacionamentos com as áreas clientes/fornecedoras ou áreas-espelho, ampliar a visão sistêmica sobre processos correlatos, bem como compartilhar as melhores práticas entre as áreas participantes.

Como fazer: a participação no programa é obrigatória para os novos empregados ocupantes de cargos previamente definidos como críticos e opcional aos empregados experientes. Em ambos os casos, os empregados cumprem um planejamento de atividades em determinadas áreas por períodos pré-agendados, objetivando o aprendizado no posto de trabalho, em consonância com as orientações de seus superiores imediatos.

Fatores críticos de sucesso específicos
- Elaboração do planejamento de rodízio personalizado por empregado.
- Capacidade de negociação entre áreas para a construção da agenda de rodízios.

Benefícios
- Aceleração do desenvolvimento da equipe.
- Ampliação da rede de relacionamentos da equipe.
- Desenvolvimento da visão sistêmica do negócio.
- Disseminação de boas práticas entre as gerências participantes.
- Ambientação à cultura Petrobras.

Capitais de GC envolvidos: humano, organizacional e de relacionamento.

Depoimentos de participantes
- "O rodízio é uma relação ganha-ganha; eu ganho com a experiência das pessoas e contribuo com minha visão de quem estava no mercado, e nós ganhamos na construção do *networking*. Isso, com certeza, ajudará a todos nós futuramente."
- "Considero a ideia do rodízio muito apropriada para a familiarização do novo empregado com os princípios, valores e processos administrativos, técnicos e comerciais da companhia. É também um uso eficiente do tempo no processo de aprendizado."

- "As atividades realizadas durante a prática de Rodízio Técnico foram pertinentes às atividades desenvolvidas por mim na sede. A possibilidade de acompanhar as operações em campo foi de grande valia e possibilitou esclarecimento de diversas dúvidas. O rodízio foi uma forma de acelerar o aprendizado, trazendo a visão prática do dia a dia da área operacional da empresa."
- "É uma prática boa, fazendo com que os novos empregados conheçam e fiquem conhecidos nas áreas em que vão ter mais contato."

Reconhecimentos recebidos: prática ganhadora dos Prêmios Top RH 2006 e Apoena[1] 2007 – etapa local, categoria Ambiência Organizacional.

4.1.2. Encontros técnicos

Definição: prática destinada ao nivelamento de conhecimentos, ao compartilhamento de melhores práticas e à criação de redes de relacionamentos. Os encontros são eventos que promovem a identificação de oportunidades para melhorias em processos críticos e resultados da companhia e estreitam o relacionamento entre áreas que utilizam conhecimentos críticos comuns em seus processos, apoiando as comunidades técnicas existentes.

Como fazer: anualmente, as gerências elaboram suas propostas de agenda de Encontros Técnicos a partir do levantamento de necessidades de desenvolvimento de ativos de conhecimento. As propostas passam por análise crítica do órgão gestor do processo para a verificação do público-alvo, da aderência dos temas aos objetivos estratégicos ou a processos críticos, aplicabilidade e viabilidade de realização. A partir da aprovação das agendas, são planejadas a divulgação e a estrutura dos encontros. Após sua realização, a última etapa da prática consiste no registro e na disseminação dos conhecimentos desenvolvidos e mensuração da aplicabilidade do evento, por meio de avaliação de reação.

Fatores críticos de sucesso específicos

- Definição do escopo do encontro – escolha dos temas e seus representantes, público-alvo, programação.
- Planejamento, divulgação e organização do evento.

Benefícios

- Identificação de oportunidades para melhorias nos processos.
- Identificação de melhores práticas e otimização de processos.
- Nivelamento de conhecimentos críticos para a força de trabalho.

---

[1] O Apoena é um prêmio interno do Abastecimento, alinhado com a diretriz "Valorização de Pessoas" da Política de Gestão do Abastecimento e fundamentado no Modelo de Excelência em Gestão da FNQ, que objetiva reconhecer e disseminar boas práticas.

- Estreitamento do relacionamento entre as gerências envolvidas.
- Registro para a preservação e disseminação dos conhecimentos desenvolvidos.

Capitais de GC envolvidos: organizacional e de relacionamento.

Depoimentos de participantes

- "Os assuntos abordados são de extrema importância, e somente em encontros desse tipo temos a oportunidade de tomar conhecimento. Não estão disponíveis em literatura."
- "Os assuntos abordados e a troca de experiências contribuem para a formação da comunidade técnica na direção do aperfeiçoamento da atividade."
- "Será possível analisar e criticar situações operacionais com maior fundamento."
- "Ajudou na padronização de diversas boas práticas das Unidades de Negócios e para a troca de experiência."
- "Troca de experiência e possibilidade de aplicação imediata dos assuntos abordados."

4.1.3. Disseminação de conhecimentos críticos

Definição: essa prática tem por objetivo garantir que empregados contemplados com capacitação no exterior (inserida no Plano de Desenvolvimento de Recursos Humanos no Exterior – PDRHE) compartilhem, com outros empregados que deles necessitem os conhecimentos adquiridos de forma estruturada. A disseminação ocorre em eventos específicos ou por meio da elaboração de cursos ou livros.

O investimento em treinamento e capacitação no exterior visa subsidiar os empregados do Abastecimento com metodologias e ferramentas aplicadas por entidades de referência mundial. Desta forma, a disseminação torna-se um incremento também para outras áreas relacionadas.

Como fazer: antes de realizar o treinamento no exterior, o empregado contemplado recebe um roteiro que orienta o processo de registro e disseminação dos conhecimentos, que deve ser realizado tão logo ele retorne ao país. A definição do público-alvo para compartilhamento (convidados) bem como a do formato de disseminação são, preferencialmente, feitas em conjunto com o superior imediato. O registro pode ser feito através da elaboração de relatórios, apresentações, apostilas, livros etc., e o evento para disseminação pode ser realizado através de cursos, *workshops*, seminários, fóruns, reuniões, entre outros.

Para assegurar o retorno do que foi investido nessa capacitação, alguns aspectos devem ser considerados na disseminação:

- Detalhamento das principais inovações identificadas.

- Descrição das boas práticas identificadas e resumo sobre experiências trocadas com outros participantes.
- Detalhamento dos aspectos técnicos e tópicos abordados durante a capacitação.
- Avaliação do impacto da capacitação nas atividades profissionais dos participantes.
- Indicações de como os conhecimentos serão aplicados nos processos de trabalho.
- Avaliação e recomendação do curso ou evento.

Fatores críticos de sucesso específicos

- Qualidade dos registros dos conhecimentos e dos eventos de disseminação.
- Seleção do público-alvo: identificação das unidades organizacionais que deverão participar do evento de disseminação.
- Ambiente para a preservação e disseminação dos conhecimentos.

Benefícios

- Multiplicação do conhecimento adquirido.
- Preservação e disponibilização de informações obtidas.
- Fomento de discussões sobre a aplicabilidade dos conhecimentos.
- Potencialização de investimentos em educação corporativa.

Capitais de GC envolvidos: humano, organizacional e de domínio tecnológico.

4.1.4. Tutor e aprendiz

Definição: prática destinada a promover a disseminação e a manutenção de conhecimentos críticos – tácitos e escassos ou em iminência de escassez – através do compartilhamento sistemático e estruturado entre tutor e aprendiz, tendo por premissa a transmissão de conhecimentos úteis e experiências aplicáveis aos processos vigentes de trabalho, aumentando o nível de proficiência dos empregados do AB. O programa, ao seu término, deve prover um plano de contingência às áreas com a formação de potenciais substitutos, diminuindo a dependência de pessoas-chave.

Como fazer: o programa possui as seguintes fases:

- Seleção de conhecimentos, tutores e aprendizes.
- Capacitação dos participantes no programa.
- Elaboração e aprovação do plano de aprendizado.
- Execução e acompanhamento do plano.
- Aplicação, validação e explicitação dos conhecimentos.

Fatores críticos de sucesso específicos
- Identificação tempestiva dos conhecimentos a serem contemplados pelo programa.
- Seleção apropriada de tutores e aprendizes.
- Capacitação dos envolvidos para a execução do programa.
- Construção do plano de aprendizado.

Benefícios
- Explicitação e registro dos conhecimentos tácitos.
- Preservação de conhecimentos críticos e escassos.
- Redução da escassez de profissionais com conhecimentos-chave.
- Criação de plano de contingência com a formação de potenciais substitutos, diminuindo a dependência de pessoas-chave.
- Identificação de melhorias dos processos.

Capitais de GC envolvidos: humano e organizacional.

Depoimentos de participantes
- "A tutoria desenvolve um plano de contingência para as áreas, tanto para necessidades de substituição em situações emergenciais como nas ausências planejadas."
- "O programa de tutoria é fundamental para evitar o monopólio de conhecimentos dentro da empresa."
- "Acho o programa fundamental em função da lacuna de gerações originada pelo grande período sem contratações. São os novos que irão herdar a companhia e tocá-la adiante, portanto eles precisam receber os conhecimentos tácitos e experiências dos tutores, pois foram eles que trouxeram a empresa até aqui."
- "A tutoria recicla os conhecimentos do tutor, e o aprendiz tem o papel de novo guardião daquele conhecimento e possível novo executor do processo."

4.2. Práticas implementadas no Ciclo 2

4.2.1. Rodízio gerencial

Definição: consiste na substituição de um empregado, com função gerencial de qualquer nível hierárquico, durante o seu período de férias por outro, também com função gerencial, proveniente de área com alto grau de relacionamento (área cliente ou fornecedora) ou atividades similares (área espelho).

Como fazer: os titulares que sairão em férias convidam formalmente seus substitutos e elaboram um planejamento com as atividades do período de rodízio. A área de GC disponibiliza instrumentos para auxiliar os participantes da prática, tais como: *check-list* preparatório, comunicados internos, relatórios de passagem de serviço, formulários de plano de rodízio e de avaliação da prática.

Fatores críticos de sucesso específicos

- Elaboração de plano de rodízio personalizado.
- Preparação para recebimento do substituto com antecedência à saída de férias para realizar a passagem de serviço.

Benefícios

- Aprimoramento da interface entre as áreas.
- Para os substitutos, desenvolvimento de competências complementares às utilizadas em sua área de lotação.
- Ampliação da visão sistêmica.
- Troca de boas práticas, gerando sugestões de melhorias para as áreas de rodízio como consequência do olhar externo aplicado pelo substituto, durante seu período de gestão.
- Quando o rodízio é praticado por um coordenador substituindo um gerente, há ainda a promoção do desenvolvimento de competências de liderança com foco na carreira gerencial.

Capitais de GC envolvidos: humano, organizacional e de relacionamento.

Depoimentos de participantes

- "O desenvolvimento dos gestores nas competências de liderança é um dos processos a que o Abastecimento-Refino atribui um valor permanente, uma vez que esse modelo de rodízio gerencial propicia um compartilhamento de experiências, visando a assegurar que a empresa disponha de pessoas aptas a liderar hoje e no futuro."

- "Entendemos ter sido uma valiosa oportunidade para a troca de experiências e crescimento profissional, principalmente para os membros desta nossa gerência."

- "É um programa muito positivo e saudável, que propicia, na prática, o desenvolvimento gerencial de profissionais, permitindo o compartilhamento de lições aprendidas e buscando aprimorar ainda mais o sistema de liderança da Petrobras."

4.2.2. Boas práticas

Definição: consiste na identificação, análise e disseminação das boas práticas do AB. São práticas já testadas e aprovadas, que provaram ter valor ou efetividade e que podem ser aplicadas ou adaptadas para outras áreas ou processos. O conceito utilizado no AB define boa prática como "aplicação ou melhoria de um método ou sistema de trabalho com resultado positivo que possa ser replicado em outras áreas".

Um Banco de Boas Práticas suporta o registro, fluxos de análise e aprovação, disseminação e manutenção.

Como fazer: o processo Boas Práticas divide-se em identificar, analisar, registrar, disseminar e replicar. A identificação, a análise e o registro acontecem de formas e em momentos diversos, quais sejam:

- *Avaliação Interna da Gestão* – anualmente uma equipe de avaliadores, formada por empregados e especialistas externos, avalia a aderência das práticas de gestão ao Modelo de Gestão do AB. As práticas identificadas que atendem os requisitos de excelência do MG de forma proativa ou inovadora são destacadas como boas práticas.
- *Benchmarking* – outra forma de identificação ocorre geralmente em treinamentos e missões no exterior, visitas a empresas para a troca de experiências ou contratação de estudos com escopo previamente definido.
- *Prêmio Apoena* – é um prêmio anual interno do AB que objetiva reconhecer e disseminar boas práticas. Inúmeras práticas são inscritas para concorrer ao prêmio, e uma banca julgadora, com base em determinados critérios, analisa todas elas e seleciona as que atendam os requisitos estabelecidos.

Durante a execução de outras práticas de GC descritas neste capítulo, como Rodízios Técnico e Gerencial, Disseminação de Conhecimentos Críticos, também ocorre a identificação de Boas Práticas.

As práticas identificadas são inseridas no Banco de Boas Práticas, com taxonomia intuitiva e simples, sendo analisadas, anualmente, com base em três critérios: potencial de disseminação, facilidade de replicação e grau de inovação. Esses critérios são pontuados, gerando uma lista que direciona a ordem de disseminação que ocorre por meio de Encontros Técnicos, reuniões de projetos, registro de padrões de trabalho, videoconferências etc.

Fatores críticos de sucesso específicos

- Existência de uma cultura de compartilhamento, registro e replicação das boas práticas.
- Repositório para a preservação e disseminação dos conhecimentos.

Benefícios

- Auxilia a tomada de decisão e a execução do trabalho com as melhores informações disponíveis.
- Promove a recorrência de resultados desejados (multiplica o ganho).
- Evita a ocorrência de resultados indesejados (evita a multiplicação do erro).

Capitais de GC envolvidos: humano, organizacional, de relacionamento, ambiental e de domínio tecnológico.

4.3. Práticas implementadas no Ciclo 3

4.3.1. Programa desenvolvimento de coordenadores

Definição: este programa visa identificar necessidades específicas para desenvolvimento direcionado do primeiro nível (coordenação) da carreira gerencial do Abastecimento. Ocorre em ciclos anuais e contempla mapeamento de perfil, identificação de necessidades de desenvolvimento e definição de plano de desenvolvimento. O programa tem por objetivos:

- Mapear o perfil dos participantes e suas tendências comportamentais.
- Identificar necessidades específicas de desenvolvimento de cada indivíduo.
- Orientar a elaboração de um plano de desenvolvimento personalizado por indivíduo.
- Fomentar a melhoria no desempenho da função atual.
- Fomentar o aumento do grau de prontidão dos participantes para eventual oportunidade de assumir uma posição com maior complexidade em funções de liderança.

O plano de desenvolvimento personalizado é elaborado a partir do resultado das análises individuais, observando as diretrizes corporativas sobre as ações de desenvolvimento.

O programa provê, ainda, inúmeras possibilidades de análises críticas e comparativas sobre indivíduos, grupos, gerências, unidades de negócios etc., para a tomada de decisão, além de disponibilizar um "cardápio" com recomendações de ações de desenvolvimento.

Como fazer: o programa é anual, e todos os coordenadores do Abastecimento são convocados a participar. Consiste nas seguintes etapas:

- Período de lançamento, divulgação e convocação.
- Mapeamento de perfil, a partir de ferramenta psicométrica, e do histórico profissional dos participantes.

- Preparação dos relatórios de análise individuais. Para essa atividade são utilizados os insumos abaixo, processados em ferramenta de suporte ao processo:
  > Últimos resultados das avaliações de metas e competências.
  > Histórico de realizações e experiência profissional.
  > Mapeamento de perfil.
- Identificação de:
  > Aderência do indivíduo ao perfil referencial da função atual.
  > Potencial para carreira gerencial.
  > Quadrante de foco de desenvolvimento.
  > Pontos fortes.
  > Pontos a desenvolver.
  > Estilos de liderança – aplicado e requerido.
- Sessão de devolutiva com especialista em *coaching* para a discussão de resultados e elaboração de plano de ação individual.
- Identificação das necessidades específicas de desenvolvimento.
- Elaboração de relatório final de análise individual, incluindo resumo destinado ao superior imediato do participante.
- Elaboração do plano individual de desenvolvimento, com apoio de um elenco de ações recomendadas à liderança, por tipo de competências.
- Elaboração de relatórios e análises consolidadas por gerências.
- Estudos e análises comparativas dos perfis das gerências.

Fatores críticos de sucesso específicos

- Preparação e participação dos superiores imediatos na elaboração dos planos de desenvolvimento.
- Preservação da confidencialidade das informações utilizadas no programa (insumos e resultados).
- Elaboração de um cronograma consistente para executar o processo.
- Instrumento e profissional especialista para mapeamento de perfil.
- Ferramenta para processamento das análises individuais e consolidadas.

Benefícios

- Autoconhecimento dos participantes.
- Visão crítica abrangente sobre a liderança.
- Desenvolvimento personalizado para o exercício da função de liderança.

- Direcionamento de carreiras com subsídios consistentes.
- Tendência de melhoria de clima organizacional a médio e longo prazos.

Capital de GC envolvido: humano.

Depoimentos de participantes:

- "Programa sério, muito bem estruturado. É o primeiro passo para transformar o processo de desenvolvimento e direcionamento da carreira gerencial."
- "Minha expectativa é ter um melhor entendimento do patamar em que estou e o que preciso desenvolver para conseguir agregar valor aos objetivos da empresa."
- "O Programa Desenvolvimento de Coordenadores é uma iniciativa muito bem-vinda e inovadora dentro da empresa."

4.3.2. Programa de mestres e doutores

Definição: o programa permite que, de forma proativa, sejam antecipadas as necessidades de desenvolvimento de conhecimentos estratégicos necessários para os médio e longo prazos, de acordo com os objetivos estratégicos definidos para o Abastecimento. Os conhecimentos elegíveis para desenvolvimento neste programa devem ser alinhados a processos-chave ou Mapa Estratégico[2].

Como fazer: reúne-se anualmente um comitê, composto por membros da alta administração e gerências impactadas, para a identificação dos conhecimentos alinhados aos objetivos estratégicos ou aos processos-chave do Abastecimento, que verifica a necessidade real de mestres e doutores em cada área e a possibilidade de realocação de mestres ou doutores já existentes.

A partir de uma lista de insumos, o comitê define as áreas de conhecimentos prioritárias, as linhas de pesquisa, as áreas do Abastecimento para a aplicação e indica potenciais empregados para a realização dos cursos, num horizonte de um a três anos. Uma vez que o planejamento de mestrados e doutorados esteja pronto, inicia-se a parceria com a área de DRH (Desenvolvimento de Recursos Humanos) para a operacionalização do processo.

Fatores críticos de sucesso específicos

- Membros do comitê com conhecimento estratégico e visão sistêmica.
- Disponibilização ao comitê dos insumos necessários para a elaboração do planejamento de mestrados e doutorados.

---

[2] Representação gráfica do "caminho" escolhido para alcançar a estratégia. Contém Objetivos Estratégicos e seus respectivos indicadores, bem como relação de causa e efeito entre eles.

- Elaboração do Termo de Compromisso de Aprendizagem, definindo objetivos, carga horária, compromissos dos envolvidos e aplicabilidade do conhecimento a ser desenvolvido.
- Alinhamento com a área de DRH para a operacionalização do processo.

Benefícios

- Antecipação das necessidades de desenvolvimento de conhecimentos críticos e estratégicos, planejando as áreas prioritárias.
- Desenvolvimento de conhecimentos com alinhamento ao Mapa Estratégico e aos processos-chave do Abastecimento.
- Aprofundamento da pesquisa tecnológica, visando aplicar novos conhecimentos em processos estratégicos.
- Otimização de investimentos financeiros e de tempo.

Capitais de GC envolvidos: humano, organizacional e de domínio tecnológico.

4.4. Monitoramento e comunicação

Nenhum projeto tem sucesso se não for bem comunicado e se não possuir um método de avaliação que permita retroalimentá-lo. Assim, o Programa de Gestão do Conhecimento conta com duas importantes ferramentas de apoio: o Plano de Comunicação e o indicador PCGC.

O Plano de Comunicação foi desenvolvido a fim de alavancar o Programa de Gestão do Conhecimento do Abastecimento e criar sua identidade visual, de forma a permitir que os participantes pudessem entender o porquê de sua implantação e se sentissem motivados a aderir às práticas propostas. Foi estruturado com dois focos de abrangência distintos.

O primeiro foco objetivou disseminar em todo o Abastecimento os conceitos de GC, sensibilizar a força de trabalho sobre sua importância, proporcionar uma visão da área de GC e apresentar as práticas existentes.

Parte I – Gestão do Conhecimento 171

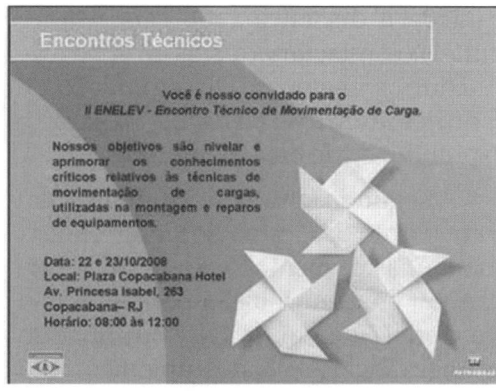

O Programa de GC e cada prática que o integra possuem suas respectivas logomarcas, *slogans* e cores, e esse conjunto compõe sua identidade visual. Foi utilizada uma alusão à arte japonesa do origami para a criação de cada logomarca, remetendo à preservação e passagem de conhecimento.

As peças foram desenvolvidas para a mídia eletrônica, com o objetivo de atingir toda a força de trabalho, otimizando tempo e recursos financeiros.

O segundo foco do plano visou a tratar cada prática no momento de sua implementação, sendo lançadas peças específicas de acordo com a necessidade de comunicação de cada etapa do processo. O objetivo é mobilizar os públicos-alvo à participação, bem como orientá-los sobre a parte que lhes cabe executar.

Além das peças de comunicação, outras soluções foram utilizadas para informar e orientar as partes envolvidas nas práticas. Como exemplos, podemos citar vídeos educativos ensinando os procedimentos gerais que deveriam ser seguidos; vídeos de depoimentos, visando sensibilizar e mobilizar o público-alvo à participação; tutoriais com áudio para orientar sobre a operacionalização de sistemas de suporte a práticas.

Outra ação de comunicação foi a criação de um *hot site* do Programa de Gestão do Conhecimento, contendo informações sobre o programa, FAQ, dicas etc. Sabendo que uma das características de um *hot site* é sua duração por tempo limitado, todo o seu conteúdo foi incluído na intranet do Abastecimento, sendo este ambiente, também, o local de

8. A Implantação do Processo da Gestão do Conhecimento em uma Organização: Um Estudo de Caso Petrobras-Abastecimento

guarda e disseminação dos conhecimentos relacionados às práticas de Encontros Técnicos, Disseminação de Conhecimentos Críticos, Tutor e Aprendiz e Mestres e Doutores.

A segunda ferramenta fundamental para o êxito da Gestão do Conhecimento no Abastecimento foi o indicador Percentual de Contribuição para a Gestão do Conhecimento (PCGC). No final do primeiro ciclo (2006) de implementação das práticas, buscou-se definir formas para a mensuração do Programa. Implantado em 2007, o PCGC teve como escopo inicial controlar e estimular o uso das práticas de GC do AB, podendo ser classificado como indicador de esforço.

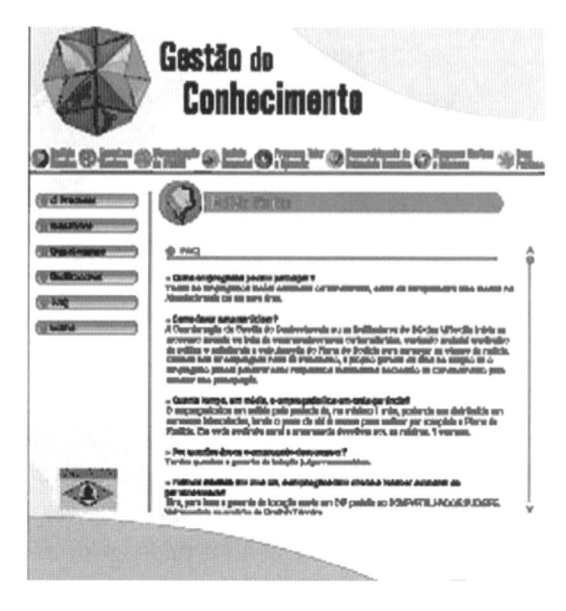

Em 2008, o PCGC foi dividido em duas parcelas: uma obrigatória e outra bônus, esta última objetivando pontuar as gerências que contribuem proativamente para a gestão do conhecimento e identificar produtos decorrentes das práticas que promovam criação, disseminação e retenção do conhecimento. Dessa forma, buscou-se agregar ao PCGC uma característica de efetividade (resultado).

O indicador é anual e a meta é fixa para todas as gerências do AB. A sua avaliação é integrada ao GD (Gerenciamento de Desempenho). O detalhamento pode ser observado na Tabela 5.

Tabela 5. PCGC Percentual de Contribuição para a Gestão do Conhecimento

Ano	2007	2008
Práticas contempladas	– Rodízio Técnico – Disseminação de Conhecimentos Críticos (PDRHE) – Encontros Técnicos – Tutor e Aprendiz	– Rodízio Técnico – Disseminação de Conhecimentos Críticos (PDRHE) – Encontros Técnicos – Rodízio Gerencial – Programa de Mestres e Doutores
Objetivo	– Controlar e acompanhar a aplicação dessas práticas	– Controlar e acompanhar a aplicação das práticas obrigatórias – Estimular a disseminação das práticas não obrigatórias – Identificar ações proativas e reconhecer o esforço das gerências na implementação de ações de GC
Periodicidade	Anual	Anual
Unidade de Medida	% (percentual)	% (percentual)

Fonte: Gerência Setorial de Gestão do Conhecimento do Abastecimento

Esse indicador permite monitorar a aplicação das práticas pelas diversas gerências, sendo acompanhado nas reuniões de análise crítica de todos os níveis gerenciais, inserindo, dessa forma, a gestão do conhecimento na pauta de discussões das questões que afetam o negócio da companhia.

5. Os Resultados Obtidos – Benefícios

No decorrer da descrição das diversas práticas, foram salientados os benefícios e resultados alcançados, mas alguns aspectos merecem ser ressaltados. A troca de experiências ocorre de maneira espontânea no ambiente de trabalho. Entretanto, a sistematização dessa interação por práticas como rodízio, encontros técnicos, tutor e aprendiz, possibilitou o aprimoramento de diversos processos, além de desenvolver em seus participantes uma visão mais sistêmica do negócio Abastecimento, que possui grande complexidade.

O reconhecimento da importância dessas práticas pode ser traduzido pelos expressivos resultados de adesão, como: evolução do rodízio técnico de 61% em 2007 para 98% em 2008; crescimento de 175% de participação no rodízio gerencial desde o primeiro ciclo de implantação; aumento de 400% no número de encontros técnicos, mantendo em 93% o grau de aplicabilidade aferido junto aos participantes.

Outro ponto a ser destacado é a utilização de práticas de treinamento como o PDRHE para disseminar e registrar o conhecimento adquirido por alguns, tornando-o "propriedade" de muitos. O hábito do registro começa a arraigar-se à metodologia de trabalho das gerências, tornando-se não mais uma obrigação, mas uma necessidade.

Acresce-se, ainda, o estreitamento das relações entre as gerências envolvidas, desenvolvendo o capital de relacionamento, tão relevante para a companhia, que busca a integração entre as áreas e com os diversos públicos de interesse. Esse capital tem-se traduzido na identificação e implementação de Boas Práticas, que cresceu 96% em 2008.

Por fim, um resultado expressivo diz respeito ao direcionamento dos esforços de desenvolvimento do conhecimento para as necessidades de longo prazo da Petrobras, potencializando os investimentos em educação corporativa e de pesquisa tecnológica, por sua aplicação em processos estratégicos.

6. Conclusões

As áreas de gestão da Petrobras e, consequentemente, do Abastecimento vêm sendo desafiadas a estruturar soluções que possibilitem à empresa fazer frente aos inúmeros desafios que um arrojadíssimo Plano de Investimentos lhe impõe. No que tange à Gerência Setorial de Gestão do Conhecimento (AB-CR/RH/GCO), esse desafio é exponenciado pela demanda de preservação de conhecimento devido à expectativa de aposentadorias e à necessidade de capacitação dos novos profissionais, desenvolvendo-lhes uma visão sistêmica de atividades e projetos da companhia de forma rápida e eficaz.

O Programa de Gestão do Conhecimento foi concebido e vem sendo aprimorado para que o Abastecimento contribua decisivamente para que a Petrobras alcance sua Visão de ser uma das cinco maiores empresas integradas de energia do mundo e a preferida por seus públicos de interesse.

Tal aprimoramento tem resultado no desenvolvimento de novas metodologias, como as práticas de Mapeamento de Ativos Intangíveis e Banco de Lições Aprendidas que estão em fase de estruturação e comporão o 4º Ciclo do Programa.

É crença da equipe do AB-CR/RH/GCO que se faz Gestão do Conhecimento para alavancar o negócio. Se não houver uma contribuição efetiva para a melhoria da gestão e esta não trouxer resultados tangíveis para a companhia, não faz sentido a sua existência. Os números do programa citados no tópico anterior ilustram essa crença.

Por último, é importante destacar que as práticas de GC precisam ser vistas pelos gestores como mecanismos para auxiliá-los a alcançar suas metas e melhorar seus processos. Se os gestores não perceberem que a GC agrega valor ao seu trabalho e ao negócio da companhia, todos os esforços terão sido em vão.

7. Resumo Executivo

O Estudo de Caso: "Petrobras Abastecimento – Implantando a Gestão do Conhecimento" apresenta de que forma uma área de negócios da maior empresa do país buscou responder as seguintes questões:

- Como reter o conhecimento e a experiência de empregados que estão se aposentando ou deixando a empresa?
- Como manter a sinergia dos diversos especialistas que estão geograficamente dispersos num país com dimensões continentais?
- Como otimizar os ativos intangíveis para que possam ser utilizados em distintas áreas da companhia?

O relato abrange desde o diagnóstico que motivou a criação de um projeto de GC, depois formalizado numa gerência dedicada ao assunto, até os resultados obtidos, passando por um descritivo para auxiliar o leitor a entender e, caso queira, aplicar as práticas de GC implementadas.

QUESTÕES PARA REFLEXÃO

1. Para implementar um processo de gestão do conhecimento é preciso, necessariamente, ter uma estrutura organizacional dedicada, como, por exemplo, uma gerência ou assessoria?
2. Como estabelecer uma carteira de práticas que atenda aos distintos capitais de conhecimento de forma harmônica?
3. É possível obter a adesão das pessoas a um programa de GC sem vinculá-lo aos mecanismos existentes de avaliação de desempenho?
4. Como estimular os gestores a "apropriar-se" da GC?
5. Construir uma tabela relacionando as práticas apresentadas neste capítulo com os indicadores do resultado esperado de cada prática.

REFERÊNCIAS BIBLIOGRÁFICAS

GUARAGNA, E. V. da C. *Desmistificando o aprendizado organizacional: conhecendo e aplicando os conceitos para alcançar a excelência e a competitividade*. Rio de Janeiro: Qualitymark Editora, 2007.

KAPLAN, R. *Mapas estratégicos – Balanced Scorecard: convertendo ativos intangíveis em resultados tangíveis*. Rio de Janeiro: Elsevier, 2004.

RODRIGUEZ, M. V. R. *Gestão empresarial: organizações que aprendem*. Rio de Janeiro: Qualitymark Editora, 2002.

SCHMIDT, P. *Avaliação de ativos intangíveis*. São Paulo: Atlas, 2002.

SILVA, R. V. *Gestão de empresas na era do conhecimento*. São Paulo: Serinews, 2007.

STEWART, T. A. *A riqueza do conhecimento*. Rio de Janeiro: Campus, 2002.

SVEIBY, K. E. *A nova riqueza das organizações*. Rio de Janeiro: Campus, 1998.

GLOSSÁRIO

AB – Área de Negócios do Abastecimento da Petrobras.

AB-CR – Gerência Executiva do Corporativo.

AB-CR/RH/GCO – Gerência Setorial de Gestão do Conhecimento.

AB-LO – Gerência Executiva de Logística.

AB-MC – Gerência Executiva de Marketing e Comercialização.

AB-PQF – Gerência Executiva de Petroquímica e Fertilizantes.

AB-RE – Gerência Executiva de Refino.

DRH – Desenvolvimento de Recursos Humanos.

DSG – Gerência de Desenvolvimento de Sistemas de Gestão.

FNQ – Fundação Nacional da Qualidade.

GC – Gestão de Conhecimento.

GD – Gerenciamento de Desempenho.

MG – Modelo de Gestão do Abastecimento.

PB – Petrobras.

PCGC – Percentual de Contribuição para a Gestão do Conhecimento.

PDRHE – Plano de Desenvolvimento de Recursos Humanos no Exterior.

UN – Unidade de Negócio.

Capítulo 9

Lições Aprendidas como Alavancador do Conhecimento Organizacional: Um Estudo de Caso com Aquisições Internacionais

Autor:

Américo da Costa Ramos Filho, DSc.

Revisor:

Darwin Magnus Leite, MSc.

1. INTRODUÇÃO

Tem sido uma visão dominante no mundo corporativo a de que o conhecimento é um importante ativo estratégico das organizações, consequentemente recurso crítico para a obtenção de vantagens competitivas, especificamente para as empresas. As corporações, com isso, buscam cada vez mais explorar novos conhecimentos, bem como explotar conhecimentos já existentes (March, 1991), dinamizando a aprendizagem organizacional e desenvolvendo as competências fundamentais para o sucesso do negócio.

A explotação, cujo foco é o entendimento e aproveitamento do conhecimento existente, refinado pela experiência, tem-se que a atividade de coleta, registro, análise, utilização e disseminação de lições aprendidas com projetos e processos empresariais, sejam estes propulsores de boas práticas, sejam estes alertas de correções e melhorias, pelos benefícios que tal atividade confere ao desenvolvimento contínuo do conhecimento e melhoria das práticas, assim como o potencial interessante que esta confere ao trabalho em equipe, desde que bem conduzido.

Por sua vez, um campo fértil para aplicação desse tipo de prática é relacionada aos negócios de fusão, aquisição ou parceria empresariais, notadamente em estratégias de internacionalização rumo a uma maior inserção da corporação no mercado global. Partindo de uma premissa de entendimento da mudança como uma oportunidade de aprendizagem contínua (Motta, 1997), a atividade de lições aprendidas neste contexto de associações e mudanças no nível internacional é global, aproveitando a experiência acumulada, é recurso bastante propício a um desenvolvimento de *expertises* para a empresa.

Portanto, o objetivo deste capítulo é mostrar como a atividade de lições aprendidas pode ser uma ferramenta de gestão do conhecimento bastante útil para o desenvolvimento de competências e aprendizagem para a operacionalização da estratégia de internacionalização de empresas por meio de investimentos diretos no exterior (IDEs), como parcerias, fusões e aquisições. Para isso, após uma contextualização conceitual sobre o assunto, tanto em lições aprendidas como nos relacionamentos com a atividade de investimentos diretos no exterior, são vistos dois casos de sistematização de lições aprendidas em projetos de aquisições internacionais em uma empresa já com bastante experiência e volume quanto a ativos no exterior, com um foco maior na atividade de gestão pós-aquisição.

Obviamente, não se quer resumir a atividade de gestão do conhecimento e aprendizagem organizacional ao aproveitamento da experiência em si, embora isso seja ainda uma lacuna considerável dentro das empresas, que não a aproveitam devidamente, o que, marcadamente em uma expansão global, cobra um custo considerável em tempo e retrabalho. Tal sistemática ainda não é aplicada mais profundamente mesmo em empresas com considerável grau de internacionalização

(Ramos Filho, 2008). Entretanto, é bom advertir que a inovação e a atividade exploratória do conhecimento são também condição fundamental para a sobrevivência e crescimento das empresas, especialmente a um maior prazo, e não é estranho também dizer que, da atividade de lições aprendidas, possam surgir *insights* e inovações.

Feitas essas considerações, espera-se, ainda assim, que este estudo possa dar uma contribuição para o fomento de uma sistematização maior desta atividade tão importante para a gestão do conhecimento e da aprendizagem. Além de enriquecer a discussão prática empresarial, pretende-se também ajudar a produzir elementos de teoria que ajudem a explicar como as organizações aprendem com a experiência e como aprimorar este aprendizado. Como garimpar pedras preciosas a partir da terra, as lições aprendidas ajudam a garimpar o conhecimento precioso necessário para a realização estratégica, competitiva e a própria excelência gerencial de uma organização.

2. BASES CONCEITUAIS

2.1. Lições aprendidas

A prática de coletar, registrar, aplicar e disseminar as lições aprendidas tem sido uma das mais conhecidas e utilizadas entre as práticas de gestão do conhecimento e aprendizagem nas empresas.

Garvin (2000) já alertava para a importância de as empresas analisarem e avaliarem suas experiências, registrando-as de forma que os empregados possam acessá-las. Trata-se de importante procedimento alavancador da aprendizagem, que toma certo tempo, mas que vale a pena, podendo inclusive obter ajuda da academia para fins de suporte e sistematização.

O procedimento de lições aprendidas tem sido particularmente disseminado na gestão de projetos, como uma forma integradora de explorar e comparar de forma sistemática as experiências desenvolvidas no projeto (Probst; Raub; Romhardt, 2002).

Para o PMBOK (2004), as lições aprendidas constituem-se em um ativo de processo organizacional, junto com as informações históricas, constituindo-se ambos em uma base de conhecimento e condição indispensável para a melhoria dos projetos. Têm como foco a identificação, no projeto, de seus sucessos e fracassos, levando a recomendações de melhoria.

São identificadas, registradas e consolidadas ao longo de todo o projeto, cobrindo questões técnicas, processuais e gerenciais. Além disso, o processo de lições aprendidas é eminentemente coletivo, o que ajuda no desenvolvimento das equipes. Seus principais resultados abrangem, entre outros, a atualização e o aperfeiçoamento de políticas, processos e padrões, melhorias nos produtos, melhor gerenciamento dos riscos e desenvolvimento de habilidades. É importante insumo para ações corretivas e de melhoria, um banco de soluções de referência, inclusive para problemas fora do esperado e soluções criativas, bem como as repercussões em futuros projetos.

Lemons, Lee e O'Dell (2009) reforçam ainda o caráter de compartilhamento de conhecimento que as lições aprendidas encerram, sem contar o potencial de redução de custos advindo de todos os benefícios e possibilidades que foram comentadas anteriormente. As atividades de lições aprendidas, também conhecidas como *after action reviews*, *hot washes*, *post-mortems*, *project snapshots* ou *event debriefs*, são importante ferramenta de aprendizado com a experiência e desenvolvimento de boas práticas.

As questões que frequentemente surgem durante a captura de lições aprendidas incluem (Lemons; Lee; O'Dell, 2009, p. 2):

- O que era esperado acontecer?
- O que realmente aconteceu?
- Por que ocorreram as diferenças?
- Quem necessita conhecer esta informação?

Os autores reforçam os benefícios já citados no PMBOK (2004), assim estruturados:

- Evita-se a redundância e a repetição, reutilização de projetos e experiências passadas, desenvolvimento do projeto.
- Melhoria da qualidade de produtos e de serviços com a redução de erros, retrabalhos e ciclos de tempo.
- Estandardização das melhores práticas e, como resultado, melhoria da produtividade e da produtividade, com a redução também dos custos de operação.
- Aumento da proficiência da aprendizagem e do desenvolvimento profissional, redução do tempo para o desenvolvimento de competências, diminuição das curvas de aprendizado e integração das iniciativas de treinamento e aprendizagem.

Entretanto, Lemons, Lee e O'Dell (2009, p. 5) advertem que é comum desperdiçar o potencial das lições aprendidas, não sendo convertidas em resultados práticos e palpáveis para a organização, e até no mesmo projeto.

Assim, sugerem, a partir de um processo de *benchmarking*, os seguintes elementos-chave para evitar que tais problemas aconteçam:

1. Determinar os objetivos estratégicos para o processo de lições aprendidas.
2. Suportar os projetos atuais e as equipes de processo, adaptar e aplicar.
3. Encorajar a reutilização das lições aprendidas em outros projetos e divisões em que as fontes e os receptores não são os mesmos.
4. Criar processos de governança e papéis claramente definidos.
5. Projetar o processo de lições aprendidas.
6. Assegurar a participação.
7. Medir o impacto do processo de lições aprendidas.

As atividades de coleta, registro, armazenamento, disseminação e utilização de lições aprendidas são importantes ferramentas de aproveitamento da experiência.

Como destacam Davenport e Prusak (1999, p. 9), a experiência converte o que deveria acontecer em conhecimento no que acontece de fato, constituindo em uma verdade *fundamental*. Assim,

> (...) um dos principais benefícios da experiência é que ela proporciona uma perspectiva histórica a partir da qual olhar e entender novas situações e eventos. O conhecimento nascido da experiência reconhece padrões que nos são familiares e pode fazer inter-relações entre aquilo que está acontecendo agora e aquilo que antes aconteceu.

Davenport e Prusak lembram o papel que exerceram, no desenvolvimento da prática de lições aprendidas, o Center for Army Lessons Learned (CALL) do Exército dos Estados Unidos e o desenvolvimento do programa *After Action Review* (AAR), que coleta as lições aprendidas assim que acontecem, e que mais que um veículo de gestão de conhecimento, é um meio de fortalecimento e desenvolvimento de valores individuais e de equipe. Dixon (2000) denomina esta prática, assim como a de lições aprendidas ao final do projeto, como de transferência serial.

2.2. As aquisições internacionais e sua gestão

A aquisição compreende três fases principais: a *prospecção*, com a investigação e seleção de oportunidades de negócio; o *planejamento e desenvolvimento*, envolvendo a prática de *due-dilligence*: um processo de investigação detalhada do negócio a ser adquirido, com uma equipe multidisciplinar, para verificar contingências e riscos trabalhistas, comerciais, de segurança, meio ambiente, fiscais, entre outras, para a apuração do valor correto da empresa e os riscos associados; e, após o encerramento e a transferência ao novo gestor, a *gestão pós-aquisição*, integrando o novo negócio e compatibilizando-o com as práticas e estratégias gerenciais da empresa adquirente (Barros *et al.*, 2003; Rasmussen, 1989; Schmidt, 2002).

A gestão pós-aquisição é um fator crítico de sucesso, tanto quanto à performance como quanto à criação de valor. Devem ser observados: o grau e o tipo de mudança introduzida na empresa, a integração e forma de controle (interdependência estratégica, autonomia organizacional); e os processos de melhoria e de mudança pós-aquisição em que as novas práticas e a plataforma de integração são introduzidas (Buono; Bowditch, 1989; Child; Faulkner; Pitkethly, 2001; Søderberg; Vaara, 2003a).

Child, Faulkner e Pitkethly (2001) observaram, a partir de uma pesquisa em empresas americanas, japonesas, francesas e alemãs, situadas na Inglaterra, algumas suposições comuns referentes à gestão pós-aquisição, tais como:

- Importância da confiança na pós-aquisição realizada.
- Práticas favoráveis no contexto de uma gestão pós-aquisição: imagem de mercado, desenvolvimento de produtos e serviços, desenvolvimento de RH, políticas de RH.
- O controle operacional e o estratégico estão bastante ligados.
- Fatores contextuais como a nacionalidade da adquirente, o tamanho da companhia adquirida ou da companhia adquirente, a data de aquisição, a lucratividade da subsidiária adquirida, não impactam o desempenho da pós-aquisição diretamente.
- TI, P&D e Gestão de Operações, além da estrutura organizacional, não têm relação direta com a performance.
- Matrizes desempenham papel relevante na melhoria da performance de suas aquisições, portanto suas competências devem ser reconhecidas e um fluxo de comunicação claro é requerido.
- Uma ótima abordagem para a performance de pós-aquisições requer também uma mistura da melhor prática internacional com outras que reflitam as tradições nacionais da adquirida, portanto as subsidiárias também contam.

Para Birkinshaw e Bresman (2000), o sucesso da aquisição depende da identificação, da concretização de sinergias operacionais (integração de tarefa) e da criação de atitudes positivas para a integração entre empregados da adquirente e adquirida (integração humana). Marks e Mirvis (1998), por sua vez, chamam a atenção para o estresse que acompanha as fusões e aquisições, de caráter pessoal, organizacional ou cultural. Cinco áreas merecem atenção especial: estratégia, organização, pessoas, cultura e gestão da transição.

Portanto, as práticas, a distância cultural e o relacionamento impelem a performance de uma pós-aquisição (Child; Faulkner; Pitkethly, 2001). As empresas carregam sua herança administrativa (Bartlett; Ghoshal, 1992), e preconceitos e dissonâncias vêm à tona. Dentro da herança administrativa, por sua vez, emerge a questão da transferência de conhecimento, representada pelas práticas de gestão exercidas pela empresa.

Relacionando a transferência de práticas com a transferência de conhecimento (gerencial, no caso), seu conceito pode se associar tanto à questão do *know-how*, o conhecimento tácito, quanto à *know-what*, a informação (Bresman; Birkinshaw; Nobel, 1999; Kogut; Zander, 1993).

A transferência de conhecimentos, práticas e tecnologias gerenciais fomenta a aprendizagem nas multinacionais, seja na matriz, seja nas subsidiárias. Sistemas de rotinas organizacionais são elaborados para aproveitar o conhecimento disperso mas garantem espaço para a descentralização e o aprendizado local – a dificuldade de se ampliar este equilíbrio é alargada por barreiras culturais ou questões nacionalistas (Macharzina; Oesterle, 2006). Os custos de ajustamento cultural são amenizados em função dos caminhos de aprendizado percorridos e fortalecidos pela experiência anterior, no mesmo país, ou nos países de cultura semelhante (Barkema; Bell; Pennings, 1996).

Para Kogut e Zander (1993, p. 625), firmas "são comunidades sociais especializadas na criação e transferência interna de conhecimento". À multinacional bem-sucedida aplica-se este conceito. A transferência de conhecimento, por sua vez, pode ser definida também de algumas maneiras, como em Chini e Ambos (2006), envolvendo *know-how*: mais do que informação, envolve uma prescrição de como as atividades são executadas, como, por exemplo, o envio de manuais e o deslocamento de especialistas. Os custos de transferência estão relacionados à acumulação de experiência e conhecimento. O conhecimento compartilhado, valores e premissas levam à padronização de procedimentos e sistemas de avaliação, codificação, facilitando a transferência de conhecimento.

Tsoukas (1996) descreve as firmas como sistemas de conhecimento distribuídos, descentrados. O estoque de conhecimento individual abrange: expectativas normativas relacionadas ao papel, sobre o qual as firmas detêm algum controle; disposições formadas pelas socializações passadas; e situações interativas modeladas, a partir do conhecimento local situado no tempo e no espaço – ambas de controle bastante limitado por parte das firmas. O gerenciamento, por parte dos indivíduos, das tensões entre expectativas normativas, disposições e contextos locais leva ao conhecimento da firma.

Macharzina e Oesterle (2006) observam uma maior demanda pelo aprendizado organizacional, em face de um contexto de maior complexidade. As perspectivas de aprendizagem voltadas às práticas sociais fortalecem uma visão de transferência de conhecimento de duplo sentido em uma organização multinacional, podendo as transferências partir tanto da matriz para as subsidárias quanto das subsidiárias para a matriz, ou ainda entre as próprias subsidiárias.

Agora que se tem uma noção básica dos conceitos que estão por trás de lições aprendidas em um contexto de investimentos diretos no exterior por parte das empresas internacionalizadas, serão vistos a seguir alguns exemplos de aplicação da sistemática de lições aprendidas em uma empresa, a ser ilustrada por dois casos específicos de aquisição internacional, em países com diferentes perfis culturais e diferentes níveis de desenvolvimento econômico, político e institucional.

Haverá, com isto, oportunidade de se confirmar a riqueza de conhecimentos e conceitos que pode ser extraída, via lições aprendidas, da realidade de uma organização com respeito, no caso, à sua aprendizagem gerencial no tocante à gestão de novas unidades em países diferentes daquele em que, há não tanto tempo assim, atuava exclusivamente ou de forma significativamente predominante. É, portanto, uma poderosa ferramenta de gestão de aprendizagem e conhecimento organizacional.

3. Estudo de Caso sobre Lições Aprendidas

A empresa em questão é uma das maiores no Brasil em termos de investimentos diretos no exterior (IDEs) em números absolutos, com um histórico de quase quarenta anos em experiências desse tipo, com algumas interrupções. Na última década, retomou sua atividade de IDEs de forma mais sólida e diversificada, com ativos nos continentes americano, asiático, africano e europeu. Esses investimentos se fizeram seja por aquisições, alianças ou por crescimento orgânico.

Serão apresentadas duas experiências recentes de IDEs da empresa por meio de aquisições: uma na Ásia e outra na América Latina. A gestão pós-aquisição da empresa havia se desenvolvido a ponto de incorporar e desenvolver uma metodologia específica para as suas atividades. Tal metodologia, entre suas diversas tarefas, inclui algumas com foco específico nas lições aprendidas com o processo.

Desta forma, foram desenvolvidos pelos profissionais de Gestão do Conhecimento relacionados à área de negócios em que as referidas aquisições se situam relatórios acerca das lições aprendidas com os IDEs. Para isso foi criada uma gerência específica, com o objetivo de gerenciar os ativos de conhecimento e avaliar as melhores práticas internas e externas à empresa, em alinhamento à sua estratégia. Entre suas ações, cobraram especial atenção a elaboração de estudos de caso, lições aprendidas e registro de experiências e narrativas de especialistas da empresa.

No primeiro caso, foi realizada uma oficina com as pessoas envolvidas no processo, gerando subsídios para análise do texto resultante que foi produzido, o que, acrescido de algumas entrevistas complementares, gerou o relatório final.

No segundo caso, já aproveitando as lições aprendidas do primeiro, foram realizadas aproximadamente cinquenta entrevistas, sendo relacionadas e codificadas experiências e respectivas lições aprendidas, que foram categorizadas em ideias centrais e estas, por sua vez, em categorias centrais: o resultado do trabalho foi posteriormente validado por uma oficina com as pessoas envolvidas no processo, que receberam o relatório final já com as observações sugeridas durante o referido evento.

Portanto, o que será visto a seguir ficará estruturado em função de cada caso, ou seja, cobrindo as lições aprendidas no primeiro processo, seguidas pelas lições aprendidas no segundo processo, fase esta que se beneficiou consideravelmente dos acertos e erros da etapa anterior.

3.1. Lições aprendidas na aquisição A

a) **Processo de obtenção**

O primeiro passo foi a elaboração de uma oficina de lições aprendidas, a cargo das áreas responsáveis pelo desenvolvimento do negócio e pela gestão da incorporação, com a participação também da área de Gestão do Conhecimento.

A oficina compreendeu a participação de profissionais de quase todas as áreas envolvidas diretamente nos processos de aquisição, com o objetivo de identificar os pontos fortes e as oportunidades para melhorias em processos de aquisições de empresas. Os resultados e recomendações foram consolidados e encaminhados para a alta administração, com a incorporação dos resultados na sistemática da empresa para aquisição de outras empresas.

Estes resultados foram analisados depois por pessoas que não participaram diretamente do processo, inicialmente pela área de Desenvolvimento de Negócios, em seguida pela área de Gestão do Conhecimento.

A essa análise foram incorporados os resultados de algumas entrevistas complementares, com pessoas-chave na condução do processo, gerando um relatório final, validado previamente pelos principais responsáveis envolvidos.

Outra ação refere-se à disseminação de Boas Práticas, com as seguintes tarefas:

- Comunicar e disseminar as sistemáticas, padrões, *checklists* já existentes para dar suporte aos processos de *due-dilligence*, transição, *take-over* e integração.
- Consolidar a experiência obtida nos processos de aquisição por meio de ferramentas e técnicas para a criação, registro e disseminação dos conhecimentos.
- Elaborar manuais e padrões a implantar em empresa adquirida no exterior.
- Criar ambiente virtual para a troca de informações desde a fase de identificação da oportunidade até a integração.

b) Principais lições aprendidas por fase do processo

Prospecção: foi um ponto forte a proatividade na prospecção de oportunidades, com as diversas negociações feitas, o leque de alternativas fortalecendo posições negociais e o envolvimento direto da alta administração. Reforça-se a importância de se "comprar mercados", mesmo que se corram riscos. A destacar também o conhecimento de diferentes culturas e mercados, por meio de elaboração de cenários e realização de estudos, bem como a contratação de consultoria especializada para estudo de mercado da região.

A liberdade na prospecção foi também uma boa prática, evitando-se a filtragem de entrada de oportunidades, devido à grande capilaridade: uma oportunidade de negócio pode surgir de diversas áreas.

A lição aprendida, porém, é a disciplina de, uma vez que a oportunidade entra, saber onde vai parar, indo até o lugar de análise apropriado sem haver um descarte prévio. É importante que haja um caminho para analisar, não cabendo um descarte antes disso, julgando que não há interesse para a empresa. Portanto, deve haver portas abertas para a entrada de oportunidades, mas com disciplina para que estas cheguem ao destino de análise apropriado.

3.1.1. Planejamento e desenvolvimento do negócio

Dada a dimensão de uma aquisição como esta, com atividades multidisciplinares e multiculturais, de diversas áreas da empresa e orientadas por projeto, um dos fatores de sucesso é que o *due-dilligence* bem como a negociação dos contratos tenham um grupo sênior, técnica e psicologicamente preparado, com competências para fazer a avaliação do negócio e apresentá-lo para apreciação e decisão por parte dos diretores.

No projeto, quando a equipe voltou da missão, esta apresentou a oportunidade de negócios de uma forma mais concreta para os diretores envolvidos, para ter o aval deles. Cada grupo produziu um relatório técnico, que suportou a apresentação feita aos diretores, mostrando a forma de conduzir a avaliação do ativo. Enfim, deve ser uma equipe preparada, para extrair o máximo possível da casa do terceiro e no menor tempo possível. Com essa condição, as reuniões de *due-dilligence* se deram de forma tranquila, com bom relacionamento e objetividade, para o entrevistado, excelente. Reforça-se, ainda, que as negociações não se devem fazer presas ao país A ou B mas manter uma mentalidade global.

Deve ser mantido o mesmo grupo de negociação o tempo todo. No período das negociações, estas foram sempre precedidas e seguidas de reuniões de avaliações internas. Na transição e *take-over* também havia reuniões, sejam presenciais ou por *conference call*. Como lição aprendida, sugeriu-se criar mecanismos que permitam garantir a continuidade da participação de profissionais das áreas corporativas e/ou de negócios durante os processos de *due-dilligence* e de negociação de cláusulas contratuais relevantes para suas respectivas áreas.

3.1.2. Encerramento e transferência para o novo gestor

A empresa vendedora possui um processo interno neste tipo de negócio bastante evoluído. Possui uma metodologia de desinvestimento testada e com resultados confiáveis. Detecta falhas e desvios antes do fechamento para poder corrigi-los; se o desvio está justificado, há a autorização até para alterar a metodologia de desinvestimento (há também para incorporação, assim como para consumo interno deles). Não quer que a empresa venha a não dar certo para a que comprou, já que pode não ter sido problema dela. Ela tem um grupo de especialistas conhecedores do processo, mas de fora do negócio em si para auditar não só a equipe local, mas também com a expectativa de fazer o mesmo com o comprador.

A questão operacional não teve problemas, sendo esta considerada, inclusive, um ponto forte: dobraram as vendas e havia também a presença dos expatriados que conheciam o idioma. Na transição foram vendidos contratos para companhias que chegou a se pensar que não seriam obtidos.

Quanto à gestão, também não houve maiores problemas, ainda que com fases de transição e gestão superpostas. A área financeira, entretanto, teve alguns problemas. A gestão empresarial contábil foi terceirizada e custou a adquirir um ritmo adequado.

Outra prática muito bem avaliada foi a utilização de ferramentas e metodologias para monitoramento dos trabalhos durante a transição, com as seguintes modalidades:

- *Checklist* com tudo que se tinha a fazer, com 300 itens, que eram acompanhados e atualizados.
- Reuniões semanais de acompanhamento.
- Utilização de ferramenta de verificação independente (*Cold eyes review*) antes do final do fechamento, três semanas antes, usada pela empresa vendedora.
- Utilização de conceitos de *Post Merger Integration*, com procedimentos definidos e utilização de *checklist* para monitoramento.

Foi também realizada a avaliação dos pontos fortes e oportunidades de melhoria (valor estimado × valor pago) após o fechamento da operação financeira, sugerindo-se fazer outra avaliação após um ano de operação, aproximadamente.

O início do plano de transição antes da aprovação formal do negócio e o grupo de transição com dois focos, o operacional e o administrativo, também foram boas práticas.

Com relação às lições aprendidas, alguns processos foram afetados, como o compartilhamento de informações, que está relacionado com o sigilo, confidencialidade, entre outros.

Assim como na fase de planejamento e desenvolvimento, também nesta fase de encerramento não devem ser modificados os membros do grupo responsável pelos processos a ela pertinentes, contando-se com os mesmos mecanismos anteriormente mencionados que permitam a garantia da continuidade de participação dos profissionais envolvidos.

Uma questão crucial é a definição dos nomes das pessoas a serem efetivadas no trabalho, com conhecimento do pessoal envolvido e sem retirada abrupta de pessoas. A troca de funcionários durante o processo é altamente prejudicial. Todavia, as trocas nos participantes podem ser produtivas, já que houve a oportunidade de ter na fase final do projeto a melhor equipe, integrada por pessoas muito mais comprometidas com o resultado do trabalho do grupo do que com o inerente a cada setor. A definição prévia das expatriações também é outro ponto importante, assim como a da estrutura organizacional e pacotes de compensação.

Outras lições aprendidas

a) É necessário fazer uma melhor avaliação das formas de pagamento e contratações necessárias durante a transição para evitar conflitos com fornecedores-chave, com a definição de quem e onde se paga, analisando-se todos os aspectos do negócio.

b) Definição antecipada do financiamento da compra e de sua operação.

c) Ajuste e revisão do modelo econômico conforme a data do *Change In Control* – CIC vá se aproximando. A projeção econômico-financeira prevista no *valuation* (fluxo de caixa descontado) nem sempre coincide com a posterior realidade da operação.

d) O caminho crítico nem sempre é a área que tem o cronograma mais longo. O real caminho crítico foi o recurso humano, passando pela definição de autoridades e a contratação de pessoas para assumir as novas funções.

e) Consideração das questões culturais: possíveis riscos podem se potencializar por falta de conhecimento. A efetivação de programas de integração foi uma prática importante, arregimentando o apoio dos trabalhadores locais.

3.1.3. Observações complementares

Foi visto, portanto, um conjunto de lições aprendidas para serem levadas em consideração nos próximos projetos. Uma delas é planejar as etapas de aquisição, desde a identificação da oportunidade até a integração, passando pela *due-dilligence*, negociação e transição. Devem-se também definir os pontos críticos no andamento do projeto, o que nem sempre está relacionado ao cronograma mais longo. Um reflexo positivo de tal medida é poder ter uma melhor visão das disponibilidades de recursos entre as diversas partes contratadas.

Algumas questões críticas, como os critérios de pagamento, o plano de remuneração para os expatriados, necessidade de contratos globais de serviços compartilhados e a alocação dos futuros gestores, por exemplo, podem ser mais bem assimiladas também a partir disso.

Outro grupo de lições aprendidas refere-se a um gerenciamento das eventuais indefinições ou superposições existentes entre as várias áreas participantes, para aproveitar as oportunidades de aquisições e facilitar a transição, tanto em termos de qualidade como no dimensionamento adequado dos prazos, alinhando e integrando as contribuições das diversas áreas. Não houve conflitos, houve problemas, mas que foram solucionados.

Pretende-se, com isso, um melhor alinhamento das questões de natureza financeira, técnica e operacional, melhorar o fluxo de informações, o processo decisório e a comunicação e reforçar um maior comprometimento das áreas. As equipes gestoras devem ser definidas e formalizadas desde a fase de *due-dilligence*, otimizando-se o conhecimento destes de todo o processo de negócio.

Tem-se em vista, aqui, a natureza multidisciplinar de um esforço desse tipo, porém sem que isso prejudique uma agilidade na busca de oportunidades. Essa estrutura deve reforçar a participação das áreas desde o princípio, como a Comunicação, por exemplo. Além disso, deve-se ter um Plano de Negócio comum às diversas áreas envolvidas, com cronogramas conhecidos entre as partes, inclusive treinamentos e oficinas. Essa medida impacta a uniformização ou consenso nos modelos de avaliação e valoração a serem utilizados.

3.2. Lições aprendidas na aquisição B

Neste segundo caso, foram categorizadas, como já dito, as lições aprendidas e experiências por temas importantes para a gestão pós-aquisição.

As entrevistas foram semiestruturadas, utilizando basicamente o roteiro de perguntas baseadas em Lemons, Lee e O'Dell (2009, p. 2), substituindo a última pergunta por "O que podemos aprender?".

Os dados coletados nas entrevistas forneceram uma lógica dos pontos relevantes para aprendizagem no processo de aquisições. As lições aprendidas convergiram, pois, para aspectos de como a aquisição se desenvolve, como a aquisição é gerida e como a aquisição pode ser melhorada em termos procedimentais e de pessoas.

Assim, têm-se os seguintes temas:

- Desenvolvimento da aquisição: aspectos relacionados intrinsecamente ao "produto" aquisição, tais como o planejamento, operação, definição dos recursos humanos.

- Gestão da aquisição: como tornar a aquisição bem-sucedida como um processo de mudança, envolvendo aspectos como a própria gestão da mudança, integração do conhecimento entre as unidades adquirente e adquirida, relacionamento com o vendedor e os rearranjos na governança societária.

- Melhoria do processo de aquisição: aspectos relacionados ao processo interno de aquisição, envolvendo a metodologia aplicada, perfil, papéis, HH, capacitação e comunicação das equipes envolvidas.

Serão relacionados a seguir os principais temas e subtemas a que as experiências e lições aprendidas foram relacionadas, que foram, por sua vez, validados em oficina específica, como já visto.

As lições aprendidas, portanto, vieram a servir de base para planos de ação que possam ajudar em próximas aquisições, especialmente as de maior complexidade. As lições aprendidas em si não serão expostas aqui, pois o objetivo é destacar os assuntos que devem ser levados em consideração para aprendizagem no processo de gestão pós-aquisição.

3.2.1. Desenvolvimento da aquisição

Planejamento da Integração

- Planejamento e operacionalização de sinergias.
- Gestão orçamentária.
- Transição com mudança de processos e sistemas.
- Envolvimento das áreas nas fases pré-transição.
- Comparação de modelos de negócio.
- Condição das instalações.

Operação da Integração

- Reuniões orientadas para a solução de problemas.
- Transição e implantação de sistemas.
- Avaliações locais prévias da situação.

Contratação

- Integração entre as partes na contratação.
- Interface com outras áreas e sistemas.
- Prazos para especificações do que será contratado.

Recursos Humanos

- Dimensionamento das equipes.
- Transição com mudança de processos e sistemas de RH.

Gestão da Aquisição

Desenho Organizacional

- Aprovação da estrutura, definição dos níveis hierárquicos e do respectivo nível de competência nos sistemas existentes.
- Recursos Humanos para gerenciamento da unidade adquirida.

Gestão da Mudança

- Estruturação da atividade.
- Homogeneidade das equipes (desenvolvimento, implantação, suporte pós-implantação etc.).
- Avaliação da adequação contextual dos padrões.
- Disponibilização das informações pela empresa adquirida.

Integração do Conhecimento

- Identificação e oportunidades de negócio.
- Identificação de competências e transferência de boas práticas.
- Transição de sistemas corporativos.

Gestão do Relacionamento com o Vendedor

- Informações de RH disponíveis.
- Relações com o vendedor.
- Lista única de ações a serem cumpridas pela empresa vendedora e pela empresa compradora.

Governança Societária

- Tramitação do processo jurídico-societário.

Melhoria do Processo de Aquisição/Aspectos Internos

Capacitação

- Realização dos treinamentos.
- Equipe de capacitação.
- Habilidades complementares.
- Idiomas.

Metodologia e Projetos

- Metodologia de incorporação.

- Realização de reuniões.
- Definição prévia do orçamento.
- Cultura de gestão de projetos.
- Planejamento das tarefas do projeto.

Papéis, Perfis e HH
- Atuação do comitê gestor.
- Papel do coordenador.
- Desmobilização antes da solução total de pendências.

Comunicação
- Definição dos integrantes do time que devem ser informados prioritariamente.
- Definição de responsabilidade de comunicação e atuação.

4. Considerações Finais

A Gestão do Conhecimento tem um campo grande pela frente quanto à participação no processo de lições aprendidas, no fechamento do ciclo de aprimoramento, na elaboração de procedimentos, na manutenção das equipes, aproveitando-se a experiência obtida. Isso tem a ver com o nível de maturidade, que está sendo conquistada paulatinamente pela empresa.

Para consolidar a experiência acumulada, tanto no tocante às boas práticas, sejam as de caráter financeiro e de gestão de risco, como questões de marca, entre outros, quanto às lições aprendidas, cabe inserir e desenvolver o processo de aquisição e integração de ativos à atividade de Gestão do Conhecimento.

No processo de aquisições e incorporações, a cultura e a gestão entram no *duedilligence* como algo não tangível porém necessário. A Gestão do Conhecimento cobre o risco intangível em Aquisições e Incorporações.

O processo de aquisição e incorporação deveria ter como parte dele a elaboração de um histórico para repassar aos gestores do ativo e garantir a transferência de conhecimento e os motivos das decisões tomadas e ações realizadas.

Convém definir também o papel do agente de Gestão do Conhecimento no processo de aquisição e integração de ativos. Uma alternativa a ser considerada é que este processo tenha uma espécie de *"correspondente ou coordenador de gestão do conhecimento"*, que trabalharia junto às coordenações dos processos de aquisição e integração propriamente ditos. Esta figura também existia, de certa forma, no CALL (Davenport; Prusak, 1999). Cabe a esses profissionais acompanhar o processo alertando sobre as oportunidades para a aplicação das ferramentas da GC e acompanhar o processo fazendo uma crônica técnica das oportunidades de melhoria (exemplo: falta de procedimentos ou não cumprimento deles).

A experiência desenvolvida com os dois casos aqui comentados ratifica a importância de realizar oficinas de boas práticas, alertas e lições aprendidas como forma de consolidar o conhecimento adquirido durante o processo de aquisição de empresas.

Inicialmente são feitas entrevistas com os participantes do projeto, individual ou coletivamente, quando oportuno e pertinente, estruturadas por temas críticos. Podem ser feitas de forma presencial, por vídeo ou teleconferência, por mensagens escritas pela Internet, a depender dos recursos de tempo e materiais disponíveis. As entrevistas são analisadas e delas extraídas as ideias centrais que servirão de base para validação e discussão na referida oficina, a ser composta pelo grupo envolvido na aquisição e por representantes das principais partes interessadas.

É importante destacar que as lições aprendidas reforçam uma parte da gestão da aprendizagem e conhecimento nas organizações, que é a explotação. A *explotação* significa um refinamento de um conhecimento existente, que deve ser complementada e balanceada pela *exploração*, que consiste em investigar e criar novos conhecimentos, gerando inovações. É da coordenação dessas atividades que se gera a sobrevivência e prosperidade para a corporação, uma sem a outra não resultando em bom termo (March, 1991; Zack, 1999).

Assim, este capítulo teve como intenção compartilhar a evolução de uma experiência empresarial com a consolidação das lições aprendidas como ferramenta estratégica de gestão do conhecimento. Trata-se de uma experiência em curso, mas cujos primeiros resultados já indicam um conhecimento mais fundamentado do assunto tanto como utilidade prática como oportunidade de desenvolvimento conceitual. Aliás, este é um legado do que tem sido feito e estudado até aqui: compreender a aprendizagem pela experiência deixa de ser mero relato e passa a ter um lastro teórico, gerador ele mesmo de conhecimento, um fenômeno essencial do entendimento de como as organizações aprendem, perfil mais compatível com o que um assunto como este definitivamente merece.

5. Resumo Executivo

- Este capítulo apresentou, por meio de estudo de casos sobre duas aquisições efetivadas por uma grande empresa brasileira com uma trajetória significativa em Investimentos Diretos no Exterior (IDEs), experiências de como potencializar e impulsionar as lições aprendidas nas empresas, fortalecendo o aprendizado pela experiência e refinando o conhecimento organizacional.

- Inicialmente foram apresentadas algumas noções conceituais dos principais tópicos relacionados ao tema, que são as atividades de coleta, registro, aproveitamento e disseminação de lições aprendidas, bem como da problemática de investimentos diretos no exterior, especialmente as aquisições. Em seguida foram examinados dois casos sobre experiências de IDEs em uma empresa com um histórico significativo de internacionalização.
- No primeiro estudo de caso foi feita uma oficina de lições aprendidas, complementada por uma análise independente e, logo após, por entrevistas com informantes-chave do processo, para elaboração do relatório final.
- No segundo estudo de caso houve inicialmente a realização de aproximadamente cinquenta entrevistas, cuja consolidação foi apresentada e validada para os entrevistados em uma oficina de lições aprendidas, levando, após os respectivos ajustes, à versão final.
- Assim, tal prática apresenta inegáveis benefícios, construindo de forma mais concreta uma "organização que aprende" e permitindo não só promover a melhoria contínua dos processos empresariais pela incorporação do conhecimento sistematizado, como também pelo peso das lições aprendidas na consolidação dos ativos de conhecimento, aumentar a vantagem competitiva das organizações que sabem utilizá-las.

QUESTÕES PARA REFLEXÃO

1. Quais os benefícios da sistematização das lições aprendidas para a melhoria contínua dos processos e para o sucesso de uma estratégia empresarial?
2. Como transformar as lições aprendidas em produtos palpáveis, como novos padrões, processos, indicadores de desempenho, planos de melhoria, entre outros?
3. As lições aprendidas podem também subsidiar inovações na empresa?
4. É possível gerenciar a subjetividade latente nas lições aprendidas?
5. Quais são as oportunidades e cuidados a tomar com relação a eventuais conflitos de percepções quanto às lições aprendidas em diversos temas?

REFERÊNCIAS BIBLIOGRÁFICAS

BARKEMA, Harry G.; BELL, John H. J. e PENNINGS, Johannes M. Foreign Entry, Cultural Barriers, and Learning. *Strategic Management Journal*, Hoboken, vol. 17, nº 2, p. 151-166, fev., 1996.

BARROS, Betania T. et al. *Fusões e aquisições no Brasil: entendendo as razões dos sucessos e fracassos*. São Paulo: Atlas, 2003.

BARTLETT, Christopher A. e GHOSHAL, Sumantra. *Gerenciando empresas no exterior: A solução transnacional*. São Paulo: Makron Books, 1992.

BIRKINSHAW, Julian M. e BRESMAN, Henrik. Managing the Post-Acquisition integration process: how the human integration and task integration processes interact to foster value creation. *Journal of Management Studies*, Oxford, vol. 37, nº 3, p. 395-425, maio, 2000.

BRESMAN, Henrik; BIRKINSHAW, Julian e NOBEL, Robert. Knowledge Transfer in International Acquisitions. *Journal of International Business Studies*, Hampshire, vol. 30, nº 3, p. 439-462, Third Quarter, 1999.

BUONO, Anthony F. e BOWDITCH, James L. *The Human Side of Mergers e Acquisitions: Managing Collisions Between People, Cultures, and Organizations*. São Francisco: Jossey-Bass, 1989.

CHILD, John; FAULKNER, David e PITKETHLY, Robert. *The Management of International Acquisitions*. Oxford: Oxford University Press, 2001.

CHINI, Tina; AMBOS, Björn. Knowledge transfer processes in multinational companies. In: GEPPERT, Mike; MAYER, Michael (eds.). *Global, National and Local Practices in Multinational Companies*. Houndimills: Palgrave Macmillan, 2006, p. 146-163.

DAVENPORT, Thomas e PRUSAK, Laurence. *Conhecimento empresarial*. Rio de Janeiro: Campus, 1999.

DIXON, Nancy M. *Common Knowledge: How Companies Thrive by Sharing what they Know*. Boston: HBR, 2000.

GARVIN, David A. Construindo a organização que aprende. In: *Harvard Business Review, Gestão do Conhecimento*. Rio de Janeiro: Campus, 2000, p. 50-81. (Coleção Harvard Business Review.)

GRANT, Robert M. Toward a knowledge-based theory of the firm. *Strategic Management Journal*, Hoboken, vol. 17, p. 109-122, Winter Special Issue, Winter.

PMBOK, Instituto de Gerenciamento de Projetos (PMI). *Um Guia do Conjunto de Conhecimentos em Gerenciamento de Projetos: Guia do PMBOK*, 3ª ed. 2004, PMI.

KOGUT, Bruce e ZANDER, Udo. Knowledge of the Firm and the Evolutionary Theory of the Multinational Corporation. *Journal of International Business Studies*, Hampshire, vol. 24, nº 4, p. 625-645, Fourth Quarter, 1993.

LEMONS, Darcy; LEE, Jim e O'DELL, Carla. *A best practices approach to lessons learned.* Houston: APQC White Paper, 2009.

MACHARZINA, Klaus; OESTERLE, Michael-Jörg e BRODEL, Dietmar. Aprendizado em multinacionais. *In:* TANURE, Betania; DUARTE, Roberto G. (orgs.). *Gestão internacional.* São Paulo: Saraiva, 2006, p. 107-151.

MARCH, James G. Exploration and Exploitation in Organizational Learning. *Organization Science*, Pittsburgh, vol. 2, nº 1, fev., 1991.

MARKS, Mitchell L. e MIRVIS, Philip H. *Joining forces: making one plus one equal three in mergers, acquisitions, and alliances.* São Francisco: Jossey-Bass, 1998.

MOTTA, Paulo Roberto. *Transformação organizacional: A teoria e a prática de inovar.* Rio de Janeiro: Qualitymark Editora, 1997.

PROBST, Gilbert; RAUB, Steffen e ROMHART, Kai. *Gestão do conhecimento: os elementos construtivos do sucesso.* Porto Alegre: Bookman, 2002.

RAMOS FILHO, Américo C. *O global e o contextual no aprendizado gerencial de multinacionais: uma perspectiva brasileira.* Tese (Doutorado em Administração). Escola Brasileira de Administração Pública e de Empresas, Fundação Getulio Vargas, Rio de Janeiro, 2008.

RASMUSSEN, Uwe Waldemar. *Aquisições, fusões & incorporações empresariais: estratégias para comprar e vender empresas no país e exterior.* São Paulo: Aduaneiras, 1989.

SCHIMIDT, Jeffrey A. et al. *Making mergers work: the strategic importance of people.* Albany: Towers Perrin/SHRM Foundation Publication, 2002.

SCHOEMAKER, Paul J. e AMIT, Raphael. A dinâmica competitiva das capacidades: desenvolvimento de ativos estratégicos para diversos cenários futuros. *In:* DAY, George S.; REIBSTEIN, David J. *A dinâmica da estratégia competitiva*, p. 374-401. Rio de Janeiro: Campus, 1999.

SØDERBERG, Anne-Marie e VAARA, Eero. Introduction. *In:* SØDERBERG, Anne-Marie; VAARA, Eero. *Merging across borders: people, cultures and politics*, p. 11-18. Copenhague: Copenhagem Business School Press, 2003b.

TSOUKAS, Haridimos. The firm as a distributed knowledge system: a constructionist approach. *Strategic Management Journal*, Hoboken, vol. 17, p. 11-25, Winter Special Issue, 1996.

ZACK, Michael H. Developing a Knowledge Strategy. *California Management Review*, Berkeley, vol. 41, nº 3, p.125-145, Spring, 1999.

Capítulo 10

O Uso de Trilhas Técnicas de Desenvolvimento e a Criação de Redes de Compartilhamento do Conhecimento: Estudo de Caso Vale

Autora:

Ana Cláudia Freire, MSc.

Revisores:

Martius Vicente Rodriguez y Rodriguez, pDSc.
Darwin Magnus Leite, PMP, MSc.

1. COMPETÊNCIAS PROFISSIONAIS NA SOCIEDADE DO CONHECIMENTO

Em 1989, Peter Drucker foi um dos primeiros teóricos a falar das grandes transformações ou linhas divisórias que sinalizam uma nova estrutura na sociedade. Essas transformações se caracterizam pelo deslocamento dos tradicionais fatores de produção (terra, capital, trabalho e matéria-prima) para o conhecimento, como fator decisivo de produção e sustentabilidade. Os relacionamentos de poder básico se deslocaram daqueles que produzem para os que controlam a informação e o conhecimento, que passa a ser gerador de valor.

A demanda por conhecimento hoje é tão intensa que extrapola o âmbito da educação e do treinamento de indivíduos. Não basta apenas que a aprendizagem individual aconteça no contexto empresarial. Se os indivíduos não compartilham saberes e aprendizagens e se as organizações não possuem práticas de registro, retenção e intercâmbio de conhecimentos, pouco ou nenhum valor terá sido gerado em termos de desenvolvimento e inovação. Nesse cenário, passam a ser importantes conhecer e localizar o conhecimento. Identificar e mapear os conhecimentos críticos de produção (onde se encontram e quem os dominam) tornam-se um diferencial competitivo.

Por tudo isso, os profissionais da sociedade do conhecimento passam a necessitar de novas competências. É preciso dar lugar à criatividade, proatividade e espírito investigativo. É preciso "pensar em rede", ativar contatos, trabalhar cooperativamente, produzir coletivamente.

Diante disso, acredita-se que, para que a atitude de compartilhamento seja potencializada e incrementada dentro da empresa, é necessária uma atuação facilitadora no sentido de provocar a cultura vigente no que se refere à forma de disseminação do conhecimento.

Há que se refletir sobre o desenvolvimento de pessoas para uma sociedade global e relacional responsável, onde somos parte de múltiplas culturas e onde há interdependência com o meio ambiente – entendido não como o espaço onde vivemos, mas como "um microcosmo dentro de um macrocosmo, parte integrante de uma comunidade, sociedade, nação e planeta" (Moraes, 1998:15).

2. A EDUCAÇÃO CORPORATIVA

A educação, como processo de formação e desenvolvimento contínuo dos indivíduos, não está fora da responsabilidade corporativa. Durante anos a capacitação e o treinamento de recursos humanos para o trabalho também reproduziram o modelo tradicional comentado no tópico anterior.

A troca de paradigma na gestão de empresas, a passagem da administração taylorista-fordista para uma gestão flexível, gerou forte impacto no comportamento das organizações. A rígida divisão entre trabalho mental e manual através da execução de tarefas fragmentadas e padronizadas cedeu lugar a estruturas integrais e complexas, que exigem um novo perfil de profissional.

> *Se no primeiro exemplo de administração a produção era padronizada e centralizada, o trabalho alienante, a tecnologia com automação rígida e o trabalho banalizado e rotinizado, os novos modelos de gestão mostram a produção fundamentada na flexibilidade, diversificação e autonomia, no uso da tecnologia com automação flexível e no perfil do trabalhador gestor. O surgimento de um novo ambiente empresarial caracterizado por profundas e frequentes mudanças, pela necessidade de respostas cada vez mais ágeis para garantir a sobrevivência da organização, gera um impacto significativo no perfil de gestores e colaboradores que as empresas esperam formar nesses novos tempos. Exige-se cada vez mais das pessoas, em todos os níveis hierárquicos, uma postura voltada ao autodesenvolvimento e à aprendizagem contínua* (Eboli, 2004:36).

Se assim consideramos, a educação corporativa deve contemplar novas formas de aprender e novas formas de se relacionar com o conhecimento. É preciso romper com o paradigma de que a aprendizagem só acontece nas salas de aula. É necessário considerar que a aprendizagem ocorre de múltiplas formas e em todos os ambientes da organização, em momentos formais e informais. Uma dessas formas são as comunidades de prática que, através do modelo de aprendizagem em rede, integram pessoas e permitem o compartilhamento de informações, documentos, vivências, práticas e conhecimentos.

A Vale, por sua vez, já contava com uma estrutura dedicada à educação corporativa, denominada de VALER, que dá ênfase a seus referenciais educacionais para as teorias sociais sobre a aprendizagem, aplicando um olhar sociológico sobre o processo ensino-aprendizagem, onde o empregado/aluno passa a ser considerado em primeira instância um construtor de sua identidade social. Isto quer dizer que, em oposição às visões que definem a aprendizagem como um processo em que os indivíduos processam informações e modificam suas estruturas mentais, a VALER foca no sujeito como ser social que constrói conhecimentos e aprende através da interação com outros seres e de sua participação na sociedade.

Unindo o conceito de comunidades de prática, a VALER identifica-se com um terreno fértil para implantação de tal conceito. Encontram-se, aqui, a motivação e o objeto do projeto final desta equipe, apresentado em 2006.

3. COMUNIDADES DE PRÁTICA: REFERENCIAL TEÓRICO

O conceito de "Comunidade de Prática" foi desenvolvido por Lave e Wenger em 1991. Embora tenham transcorrido quase vinte anos, o conceito inicial de CoP ainda é corrente na literatura, especialmente no campo do Desenvolvimento Organizacional. Estes autores definiram Comunidade de Prática como um conjunto de relações entre pessoas, atividades e mundo, ao longo do tempo. O conhecimento é construído a partir destas relações entre os integrantes de uma CoP. A aprendizagem ocorre quando os indivíduos se tornam membros de uma comunidade em que participam ativamente. No ambiente organizacional, coexistem diversas comunidades de prática – em que os indivíduos compartilham as mesmas condições e desafios profissionais. É dentro dessas comunidades que os indivíduos realmente aprendem e compartilham a complexidade de suas atividades, constroem uma imagem da organização, exploram o real significado de seus ofícios e desenvolvem sua identidade profissional (Lave e Wenger, 1991).

É importante ressaltar que as CoPs não se limitam ao ambiente empresarial, elas não têm fronteiras específicas. Com as facilidades dos recursos atuais de tecnologia da comunicação, podem reunir integrantes em diferentes espaços no mundo. Uma CoP coexiste e se relaciona com outras Comunidades de Prática, tangenciais e sobrejacentes.

Uma Comunidade de Prática é condição intrínseca para a existência do conhecimento, e não apenas por fornecer o suporte interpretativo necessário para dar sentido à sua herança. Assim, a participação na prática cultural na qual qualquer conhecimento existe é um princípio epistemológico do aprendizado. A estrutura social dessa prática, suas relações de poder e suas condições para a legitimidade definem as possibilidades para o aprendizado (Lave e Wenger, 1991).

A Tabela 1 apresenta uma descrição comparativa das diferenças conceituais entre CoP, grupos de trabalho, equipes de projetos e redes informais.

Tabela 1. Comparativos entre Comunidades, Grupos e Equipes

	Qual é a finalidade?	Quem participa?	O que as mantém?	Por quanto tempo duram?
Comunidades de Prática	Desenvolver as habilidades dos membros; formar e trocar conhecimento.	Os membros se escolhem através do conhecimento ou do entusiasmo por um tópico.	Entusiasmo, comprometimento e identificação com o conhecimento do grupo.	Enquanto houver interesse em manter o grupo.
Grupos de trabalho formais	Proporcionar um produto ou serviço.	Os membros incluem todos que se apresentam ao chefe do grupo.	Exigências do trabalho e objetivos comuns.	Até a próxima reorganização.
Equipes de projeto	Realizar uma tarefa específica.	Os membros são designados por um gerente superior.	Os objetivos e marcos do projeto.	Até o projeto ser concluído.
Redes informais	Coletar e transmitir informação.	Os membros consistem em amigos e conhecidos do trabalho.	Necessidades mútuas e relações.	Enquanto as pessoas tiverem um motivo para se unir.

Fonte: Wenger, E. "Communities of Practice: The organizational frontier". *in:* HBR, 2001.

O conceito de CoP foi desenvolvido por Lave e Wenger (1991) no contexto de uma teoria social da aprendizagem (*Situated Learning Theory*) desenvolvida por estes autores, a qual mereceria uma descrição mais detalhada. No entanto, nos limitamos, aqui, a apenas mencionar os fundamentos que orientaram o projeto.

4. TRILHAS TÉCNICAS DE DESENVOLVIMENTO TÉCNICO-OPERACIONAL

Dentre os diversos programas que a VALER conduz, um adquiriu destaque em 2005. Trata-se do programa liderado pelo eixo técnico-operacional do Centro de Formação Técnica e Especialização Profissional e que é denominado "Trilhas Técnicas", no qual é proposto um modelo de formação para todos os perfis técnicos da Vale.

É importante ressaltar que já existiam na Vale treinamentos para os perfis técnicos. Porém estes treinamentos não estavam estruturados num modelo de Trilha, o que dificultava, para o empregado, ter visibilidade do percurso formativo requerido para o seu perfil e principalmente como esses treinamentos viriam ao encontro do desenvolvimento das competências específicas necessárias às funções que exercia.

Por outro lado, os instrutores que ministravam tais treinamentos também tinham pouca visibilidade de como estes atendiam ao desenvolvimento das competências técnicas e, por conseguinte, onde se situavam na gradação dos conhecimentos requeridos para a formação dos técnicos-alunos que participavam das capacitações.

O diferencial do modelo de Trilhas Técnicas está, justamente, em utilizar as competências mapeadas nos processos de negócio, identificar todas as ações de desenvolvimento (treinamentos) que já existem e os que não existem para atender a tais competências e sistematizá-los num formato de itinerário sequencial, em que existe uma hierarquia para formação dos cargos técnicos.

Como consequência, são identificados os técnicos-especialistas internos da Vale ou instituições de ensino que serão responsáveis por conduzir (ministrar) cada conteúdo da Trilha. Para estruturar a Trilha é constituído um comitê composto por gerentes, supervisores, técnicos, técnicos-instrutores profissionais de recursos humanos do Núcleo Regional específico, além da instituição de ensino parceira e da equipe da VALER, facilitadora da metodologia.

5. O PROJETO DE CONSTRUÇÃO DE TRILHAS

Como já mencionado, ao ser estruturada a Trilha, além de identificar as ações de desenvolvimento pelas quais cada profissional da área técnico-operacional deverá participar, também são identificados os especialistas em cada ação de desenvolvimento que irão atuar como instrutores internos, ministrando os cursos presenciais aos técnicos, no caso do projeto, voltados à Operação Ferroviária.

É através e para o público técnico-operacional, do qual a Vale mais depende para a execução de suas operações de negócio, que uma rede de compartilhamento do conhecimento, por intermédio de comunidades de prática, poderia ser ativada, uma vez que aí estão localizados os conhecimentos críticos.

Propôs-se que os agentes iniciais do projeto fossem os instrutores que já assumiam a função de capacitação técnica na empresa, embora não haja uma formalização dessa atividade. O que se acreditou é que, como a prática de compartilhamento de conhecimentos já fazia parte do dia a dia desses profissionais – através da instrutoria presencial –, a criação e a moderação dessas redes por meio de Comunidades de Prática seriam perfeitamente aderentes.

Para a Vale, esses profissionais representam hoje "especialistas" nos processos em que participam e a intenção com esse projeto foi prepará-los para disseminar o conhecimento de uma forma estruturada e menos intuitiva, instrumentalizando-os para tal.

Um destaque da formação é a capacitação desses instrutores para atuar como moderadores de Comunidades de Prática. Essas comunidades deveriam estar associadas a cada Trilha Técnica. As comunidades dariam continuidade ao desenvolvimento desse público através da prática de compartilhamento de conhecimentos, que seriam estruturados por meio das funcionalidades existentes no ambiente de colaboração em equipe implantado pela área de Tecnologia da Informação da Vale.

Cabe ressaltar que também se atentou para a atuação presencial desses instrutores equipando-os totalmente para ministrar as ações. Essa instrumentalização envolve aulas sobre conceitos pedagógicos, de facilitação de grupos. Além disso, a Vale oferece a cada instrutor um conjunto de materiais didáticos, constituídos por: apresentações em PowerPoint, plano de aula, jogos lúdicos (exemplo: supertriunfo da locomotiva, bingo do painel de controle etc.) e manual do participante, onde são registrados os conhecimentos tácitos desses técnicos-instrutores. Para tanto, foi desenvolvida uma metodologia para levantamento de conteúdos, o que permite a retenção de conhecimentos relevantes da área de negócio, que, até então, estavam "na cabeça" de cada técnico-instrutor. Todo o programa envolve fornecedores da Vale com consistente *expertise* pedagógica.

A esse programa de formação voltado aos profissionais que exercem a função de instrutoria deu-se o nome de "Educadores pra Valer". O que se defendeu na época é que, além de dar visibilidade à Vale dos conhecimentos que esses técnicos dominam, valorizando-os, estar-se-ia vinculando a atuação desses profissionais às Trilhas Técnicas e, por conseguinte, à Vale, o que ofereceria maior relevância à atuação desses educadores.

Para contextualizar, realizou-se uma análise da empresa. A partir daí, foi identificada a questão-problema e feito um diagnóstico. Para operacionalizar esse diagnóstico foram realizadas entrevistas com os líderes e instrutores da Operação Ferroviária.

Em seguida, buscou-se a fundamentação teórica que sustentasse os valores e as crenças da equipe. Todo o projeto apoia-se em conceitos de redes e de pensamento sistêmico, de conhecimento e cultura organizacional e de Comunidades de Prática.

Depois, foi sistematizada a metodologia adotada para a realização do diagnóstico e implementação do projeto.

Por último, foi implementado um "piloto" do Programa "Educadores pra Valer" junto aos técnicos-instrutores da Operação Ferroviária. Para a implementação desse piloto foi elaborado um plano de ação em que, dentre outras, estavam contidas as ações de comunicação e *endomarketing* e os indicadores de desempenho através dos quais seriam avaliados os resultados da Comunidade de Prática da Operação Ferroviária.

6. Considerações Finais

Dentre as expectativas para esse projeto, a maior delas estava em que os vários processos de conversão do conhecimento tácito e explícito ocorressem num ciclo ascendente – do indivíduo até pontos de contato da organização com o ambiente. Nesse processo, o indivíduo assume o papel de criador do conhecimento, sugerindo e propondo a partir da utilização do conhecimento ora compartilhado na comunidade, e a organização assumiria o papel de amplificadora do conhecimento reconhecendo as contribuições e inovações oriundas das Comunidades de Prática.

O programa, em si, representou apenas uma das ações para responder a essa expectativa, uma vez que havia todo um conjunto de iniciativas direcionado às lideranças dos profissionais técnicos da empresa.

Uma iniciativa da Vale que estava ocorrendo em paralelo era o processo de revisão das competências técnicas. Um dos objetivos desse trabalho era estruturar o "Mapa de Desenvolvimento" para o público técnico-especialista, isto é, analistas, engenheiros, geólogos e demais cargos da empresa com formação específica. A ideia é ter um programa similar à Trilha. No entanto, a diferença fundamental é que, no caso da Trilha, há um itinerário de formação a percorrer. No caso do Mapa, como se destina a um público com uma formação específica, o foco era dar visibilidade ao empregado sobre as possibilidades de desenvolvimento na área de conhecimento e no processo em que atua, sem a necessidade de percorrer uma sequência preestabelecida.

Para tanto, foram revisitadas todas as áreas de conhecimento existentes na Vale, bem como os seus processos de negócio e as competências associadas a cada um desses processos. Para esse estudo, foram estruturados comitês técnicos, compostos pelos especialistas nos processos de cada área de conhecimento. Esses especialistas representam as "pessoas-fonte" do conhecimento de cada processo de negócio dentro da empresa. Esse projeto conseguiu estender o modelo de comunidades de prática a esse público técnico-especialista, ativando mais uma camada dessa rede de compartilhamento.

Ao todo, hoje, temos mais de 400 profissionais capacitados para atuar como disseminadores de conhecimento, mais de 700 materiais didáticos desenvolvidos, mais de 200 moderadores de Comunidades de Prática capacitados, 10 comunidades já ativas, envolvendo mais de 300 participantes e 30 projetos na "carteira" da área, que se destinam à modelagem de novas Comunidades de Prática para diferentes públicos da organização.

Uma outra expectativa desse projeto era o investimento da empresa numa plataforma que servisse como um "banco de especialistas", ou *yellow pages*, e que pudesse estar integrado às comunidades e utilizando a mesma ferramenta de busca que a empresa viesse a investir. Esse objetivo também foi alcançado. Estamos, nesse exato momento da empresa, configurando a "Páginas Amarelas de Especialistas".

Como consequência da implantação do projeto e dos desdobramentos conquistados, a equipe implementadora foi formalizada numa área de Gestão do Conhecimento, de modo a sustentar o conceito e a dinâmica de atuação das redes de compartilhamento que foram se criando pela áreas técnico-operacionais, como também para ampliar a sua atuação por meio de ações de retenção, utilização e proteção do conhecimento.

7. Resumo Executivo

- O pensamento cartesiano já não dá mais conta das relações demandadas pelo mundo globalizado. É necessário pensar em rede e atuar cooperativamente.
- Gerenciar o conhecimento compreende gerenciar os processos onde o conhecimento está presente. No contexto organizacional isso implica criar condições para mapear, capturar, disseminar, registrar, utilizar e proteger os conhecimentos estratégicos inseridos nos processos produtivos.
- Há que se realizar um diagnóstico apurado de modo a identificar por qual elemento do processo de GC (mapeamento, captura, disseminação, registro, utilização ou proteção) se deve iniciar.
- No contexto empresarial há uma gama de conhecimentos tácitos por meio dos trabalhadores inseridos nos processos de produção, principalmente o

público técnico-operacional. É necessário "fazer circular" esse conhecimento pelas diferentes áreas de negócio, como forma de potencializar seus resultados.

- A Educação Corporativa pode estruturar a disseminação do conhecimento no contexto de negócio utilizando Comunidades de Prática, adotando materiais didáticos impressos ou outras mídias educacionais.

QUESTÕES PARA REFLEXÃO

1. Por que o pensamento cartesiano não responde mais aos desafios da sociedade do conhecimento?
2. Quais as características do pensamento sistêmico?
3. Por que é possível relacionar Educação Corporativa com Gestão do Conhecimento?
4. O que são Comunidades de Prática e por que elas se aplicam no contexto organizacional?
5. Que elementos do processo de GC (mapeamento, captura, disseminação, registro, utilização ou proteção) as Comunidades de Prática abrangem?

REFERÊNCIAS BIBLIOGRÁFICAS

EBOLI, M. *Educação corporativa no Brasil: mitos e verdades*. São Paulo: Editora Gente, 2004.

LAVE, J. e WENGER, E. *Situated learning: legitimate peripheral participation*. Cambridge: Cambridge University Press, 1991.

MORAES, M. C. *Novas tendências para o uso das tecnologias da informação na educação*. Brasília, 1998. Disponível em: http://www.edutec.net/Textos/alia/MISC/edmcand2.htm Acesso em abr./2010.

Capítulo 11

Gestão do Conhecimento: Um Modelo Corporativo Integrado com Foco na Competitividade e Sustentabilidade Organizacional

Autores:

Heitor José Pereira, DSc.
Luiz Cláudio Skrobot, BSc.
Marinês Danielsson, BSc.

Revisor:

Martius Vicente Rodriguez y Rodriguez, pDSc.

1. INTRODUÇÃO

Na literatura normalmente são definidas as seguintes funções para a gestão do conhecimento: identificar; criar/capturar; organizar/codificar/acessar; disseminar; avaliar; mensurar; proteger; reter e aplicar conhecimento. Várias dessas funções são redundantes com o processo de inovação; por exemplo: as funções de criar e aplicar conhecimento.

Para que tal processo seja operacionalizado, cada uma dessas funções será estruturada a partir de um conjunto de práticas e metodologias, entre as quais se destacam: Aprendizagem Organizacional; Educação Corporativa; Gestão de Competências; Inteligência Competitiva; e Gestão do Capital Intelectual, as quais deverão nortear o processo organizacional que define um sistema de transformação de informação em conhecimento, consolidando o Modelo Corporativo como um processo para gerar inovação, sendo cada uma dessas práticas apoiada por ferramentas de TICs (Tecnologias de Informação e Comunicação).

Portanto, o novo processo organizacional integrará três grandes áreas de práticas emergentes nas organizações: Gestão do Conhecimento; Gestão da Inovação e Gestão da Informação. Uma vez integradas sob a visão estratégica da organização, essas práticas buscarão resultados que garantirão os níveis de competitividade e sustentabilidade num horizonte de médio e longo prazos, no contexto de ambiente de negócio cada vez mais complexo.

Assim, o objetivo deste capítulo é apresentar um modelo corporativo de Gestão do Conhecimento, analisando suas bases conceituais, com base nos principais modelos de gestão para organizações intensivas em conhecimento, citados na literatura. Ao mesmo tempo, a aplicação do modelo será ilustrada com o caso de uma empresa do setor elétrico.

2. MODELOS IDENTIFICADOS NA LITERATURA

À medida que as decisões estratégicas focadas no conhecimento como nova vantagem competitiva para as empresas são formuladas e implementadas, é necessário repensar a estrutura organizacional da empresa, sobretudo no sentido de buscar modelos organizacionais mais flexíveis que permitam a criação e disseminação do conhecimento (Pereira, 2002).

Como afirmam Gouvêa da Costa *et al.* (2005), para a construção de um modelo organizacional baseado na gestão do conhecimento é preciso entender o conhecimento como uma função empresarial. Desta forma, o modelo poderá representar a mobilização da função conhecimento nos sistemas e processos organizacionais e de gestão.

Snyman e Kruger (2004) *apud* Gouvêa da Costa *et al.* (2005) destacam a importância estratégica do conhecimento e da informação, fundamentando-se na base do conhecimento organizacional e no seu desenvolvimento, bem como no fluxo do conhecimento para gerar a estratégia de negócios.

Segundo Pereira (2002), nos últimos anos várias propostas de modelos de gestão para organizações baseadas no conhecimento foram desenvolvidas, algumas apenas em nível conceitual e outras com implementação prática, porém com resultados ainda não suficientes para uma avaliação criteriosa.

A seguir são apresentados alguns modelos organizacionais que melhor se adaptam às empresas intensivas em conhecimento. Esses modelos podem servir de base para orientar o desenvolvimento de um modelo sistêmico para a Gestão do Conhecimento.

2.1. Modelo adhocrático

Mintzberg (1998) cita que as formas organizacionais tradicionais não são capazes de introduzir "sofisticação inovadora". O modelo adhocrático é o que melhor responde a essa necessidade. Numa adhocracia, os gerentes "raramente gerenciam no sentido usual de dar ordens; em vez disso, passam boa parte do tempo agindo na forma de elemento de ligação, para coordenar o trabalho lateralmente, entre as diversas equipes que executam seu trabalho" (Mintzberg, 1998, p. 239).

Grupos de pequenas equipes multidisciplinares reunidos sem barreiras organizacionais ou físicas para o desenvolvimento de novos produtos, utilizados por grandes empresas, imitam as práticas das pequenas empresas, o que o autor chama de "abordagem vale tudo". Essa abordagem elimina as burocracias, permite comunicações rápidas e diretas para experiências e incute um alto grau de identidade grupal e lealdade. Esse ambiente é altamente interativo e inovador.

2.2. Corporação virtual

O sentido de promover um ambiente favorável à inovação e que permita a expansão dos potenciais das pessoas nas organizações pode ser entendido, em última instância, como um meio de investir no capital intelectual. Nesse sentido, um dos primeiros modelos foi decorrente do surgimento das chamadas "corporações virtuais".

As empresas virtuais, do ponto de vista organizacional, apresentam as seguintes características principais (Pereira, 1995):

- uma estrutura gerencial altamente flexível, com predominância de processos horizontais e poucos níveis hierárquicos;
- intensas relações de parceria, permitindo a redução de atividades não essenciais até então desenvolvidas dentro da própria estrutura interna da empresa;

- utilização intensa de tecnologias de informação, possibilitando operações do seu negócio em rede (*networks*) com clientes, fornecedores e parceiros, inclusive com redes internas de comunicação integrada entre processos.

2.3. Modelos biológicos

Outra abordagem vem dos modelos biológicos, em que os estudiosos analisam as organizações como mecanismos vivos. Essas organizações também podem ser representadas como um sistema autopoiético (do grego *poiein*: fazer, gerar), ou seja, capaz de conduzir sua própria preservação e desenvolvimento, inclusive de gerar a si própria. Em outras palavras, são organizações orientadas para uma busca permanente da criação de novos conhecimentos, onde indivíduos e grupos estabelecem as fronteiras de suas tarefas de maneira autônoma.

2.4. Modelo *middle-up-down*

Nonaka e Takeuchi (1997) propõem um processo gerencial que denominam *middle-up-down* para a Criação do Conhecimento. Este modelo se contrapõe a outros dois: o modelo *top-down* (de cima para baixo) e o modelo *bottom-up* (de baixo para cima), ambos ineficazes no sentido de estimular a interação dinâmica necessária à criação do conhecimento organizacional.

O primeiro (*top-down*) porque segue o modelo hierárquico clássico da pirâmide organizacional: portanto, é um modelo que aliena os trabalhadores do processo de conhecimento, nem mesmo lhes permitindo um adequado processamento de informações relacionadas ao seu trabalho.

O segundo (*bottom-up*) porque a organização tem um formato plano e horizontal e, com a eliminação da hierarquia e da divisão do trabalho, passa a ter apenas três ou quatro níveis gerenciais entre o topo e a linha de frente. Os altos gerentes dão poucas ordens e instruções e servem como patrocinadores de funcionários empreendedores da linha de frente.

O conhecimento é criado por esses funcionários, que trabalham como agentes independentes e isolados, preferindo agir por conta própria. Há pouco diálogo direto com os outros membros da organização, vertical e horizontalmente. A autonomia, e não a interação, é o princípio operacional chave. Determinados indivíduos e não um grupo de indivíduos que interagem mutuamente criam conhecimento.

A Figura 1 apresenta uma taxonomia para os modelos organizacionais baseados em conhecimento. Observa-se que a Gestão do Conhecimento pode incorporar os seguintes componentes: processos de negócio, tecnologias de informação, repositórios de conhecimento e comportamentos individuais.

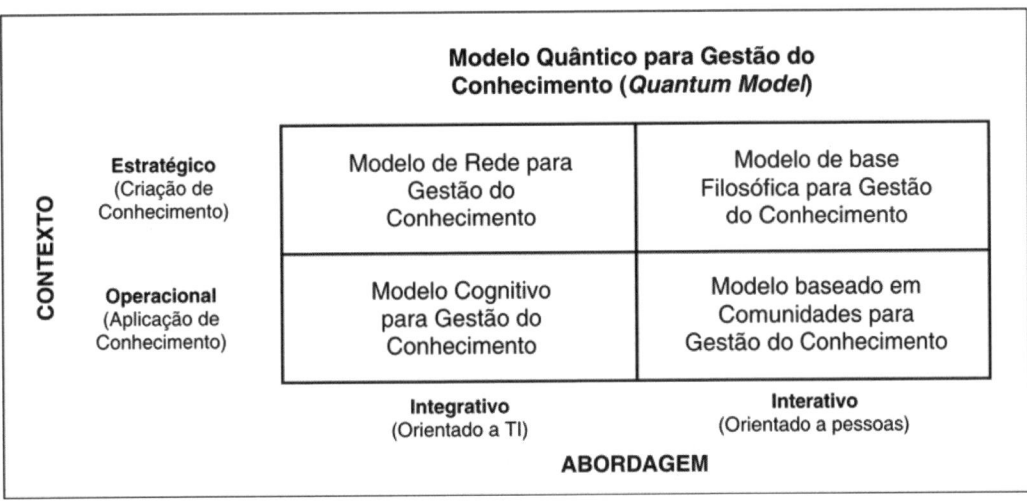

	Modelo Quântico para Gestão do Conhecimento (*Quantum Model*)	
Estratégico (Criação de Conhecimento)	Modelo de Rede para Gestão do Conhecimento	Modelo de base Filosófica para Gestão do Conhecimento
Operacional (Aplicação de Conhecimento)	Modelo Cognitivo para Gestão do Conhecimento	Modelo baseado em Comunidades para Gestão do Conhecimento
	Integrativo (Orientado a TI)	**Interativo** (Orientado a pessoas)

CONTEXTO (linha vertical) / ABORDAGEM (linha horizontal)

Fonte: Kakabadse, Kakabadse e Kouzmin, (2003).

Figura 1 – Taxonomia para modelos organizacionais baseados em conhecimento.

A Figura 2 apresenta um modelo genérico para a Gestão do Conhecimento, segundo Stollenwerk (2001).

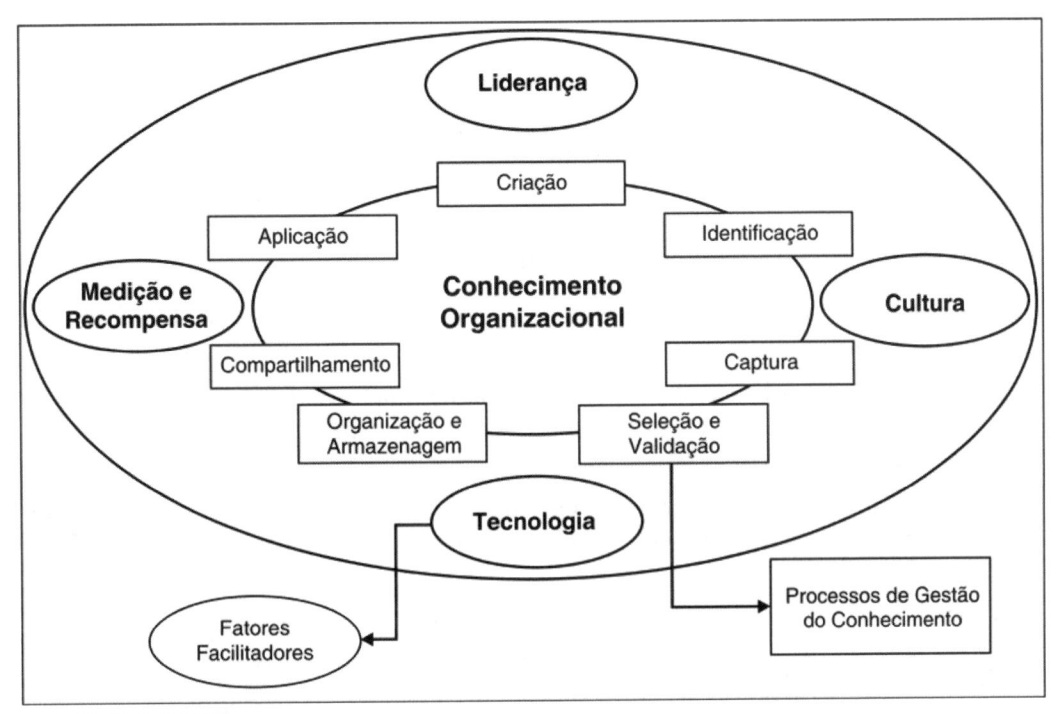

Fonte: Stollenwerk (2001).

Figura 2 – Modelo genérico de Gestão do Conhecimento.

A Figura 3 apresenta os planos e dimensões para a Gestão do Conhecimento, segundo Terra (2000).

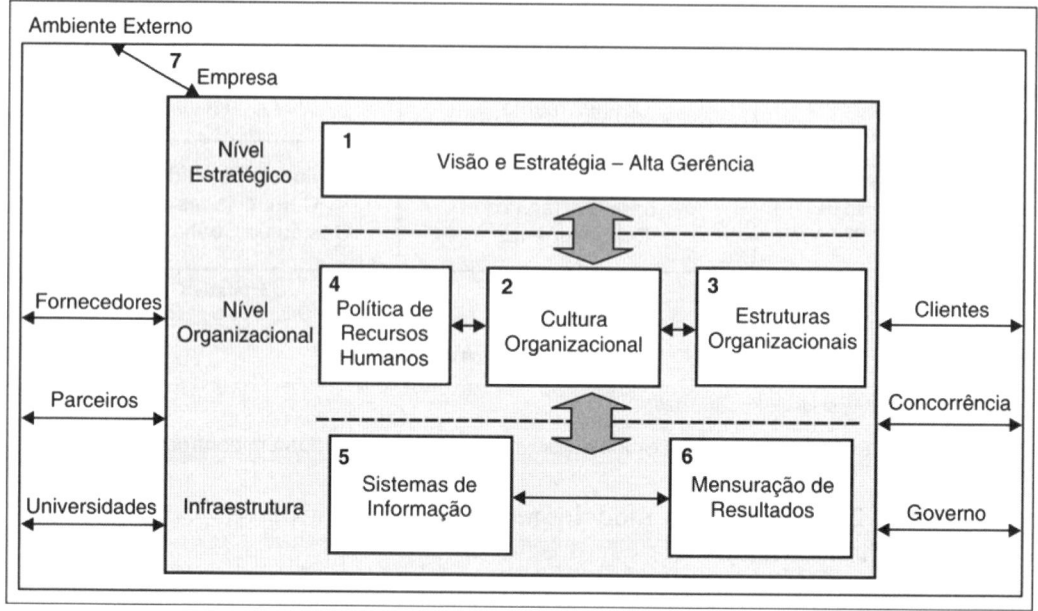

Fonte: Terra, (2000).

Figura 3 – Gestão do Conhecimento: planos e dimensões.

Este modelo envolve três diferentes níveis de práticas gerenciais: estratégica, organizacional e infraestrutura. Sob este enfoque, é proposta a existência de sete dimensões relacionadas às diferentes áreas da prática gerencial, considerando, ainda, o ambiente de atuação e os atores externos.

- *Dimensão 1:* Fatores estratégicos e o papel da alta administração: discute a relação entre a estratégia corporativa e o conhecimento organizacional.
- *Dimensão 2:* Culturas e valores organizacionais: avalia o papel da cultura como fator facilitador ou barreira à criação e disseminação do conhecimento.
- *Dimensão 3:* Estrutura organizacional: analisa o modelo de gestão mais adequado às práticas da Gestão do Conhecimento (este é o objetivo central deste documento).
- *Dimensão 4:* Administração de Recursos Humanos: analisa as políticas de gestão de pessoas que orientarão as práticas de Gestão do Conhecimento.
- *Dimensão 5:* Sistemas de informação: avalia as bases de dados da empresa, incluindo a tecnologia da informação, visando transformá-las em informação e esta em conhecimento.

Parte I – Gestão do Conhecimento

- *Dimensão 6:* Mensuração de Resultados: desenvolve metodologias de avaliação de resultados estratégicos e operacionais, visando dimensionar, entre outros aspectos, os ativos intangíveis relacionados ao conhecimento organizacional.
- *Dimensão 7:* Aprendizado com o ambiente: analisa o conhecimento acumulado a partir de experiências desenvolvidas na cadeia de valor ou no ambiente de negócio da empresa.

A Figura 4 representa um *framework* orientativo para a implantação de um processo corporativo de Gestão do Conhecimento, as dimensões, funções e práticas relativas à Gestão do Conhecimento em uma organização. Para operacionalizar tal *framework*, e garantir o seu alinhamento com a estratégia de negócios da empresa, é necessária a criação de um conjunto de diretrizes orientadoras fundamentadas em uma "estratégia para o conhecimento organizacional".

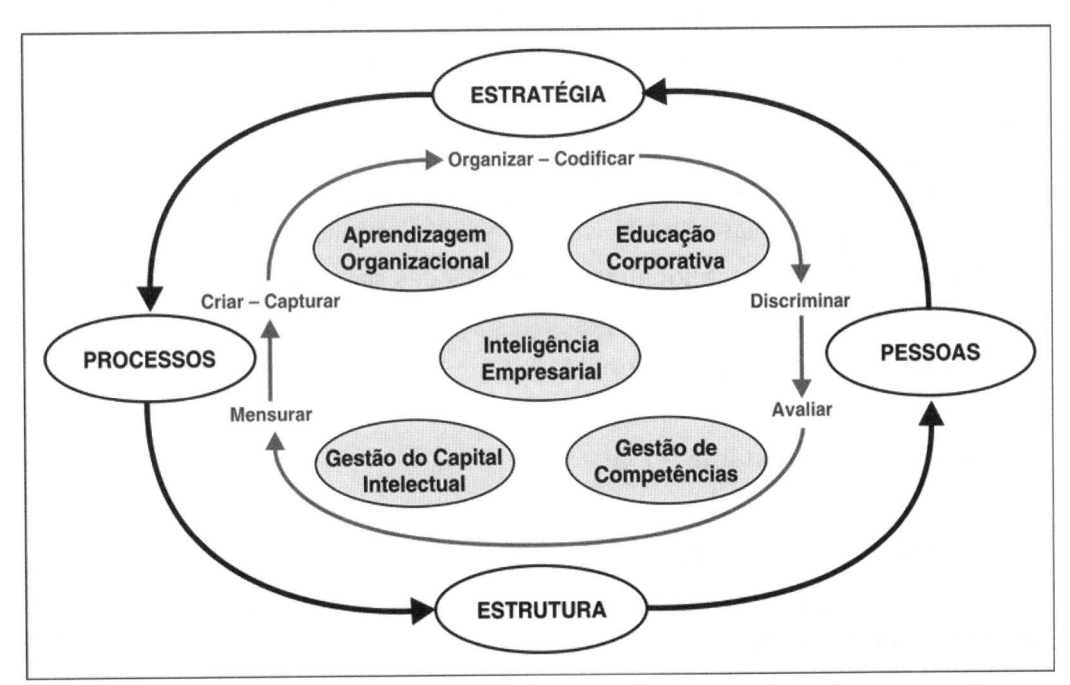

Fonte: Santos et al. (2001).

Figura 4 – Modelo de referência para a Gestão do Conhecimento.

Estruturar um modelo de gestão para organizações baseadas em conhecimento exigiria partir de uma concepção integradora de todas estas abordagens. Nesse caso, o ponto de partida seria o reconhecimento de vários autores (Toffler, 1994; Drucker, 1993; e Quinn, 1992) do "conhecimento como um recurso competitivo" para as organizações (Gouvêa da Costa et al., 2005).

3. MODELO DE GESTÃO DO CONHECIMENTO PROPOSTO

O modelo de gestão para as organizações baseadas no conhecimento a ser proposto, além de considerar as características das empresas da Sociedade do Conhecimento, tem como fundamentos quatro conceitos propostos em comum por Garvin (1993); Sveiby (1997); Davenport (1998); e Beckman (1999), quais sejam: estratégia, estrutura, processos/tecnologia e pessoas.

Este modelo proposto por Pereira (2002) pretende apresentar as bases conceituais para um modelo corporativo de Gestão do Conhecimento, o qual se constituiu na base conceitual para orientar os aspectos organizacionais e estratégicos do processo corporativo de Gestão do Conhecimento proposto para a implantação em uma empresa do setor elétrico.

Tal modelo partiu de uma arquitetura organizacional baseada nos quatro fundamentos referenciados pelos autores acima citados, em que a estratégia foca o conhecimento como a competência essencial da organização; a estrutura busca a flexibilidade para a criação e disseminação do conhecimento; os processos incluem as seguintes funções da Gestão do Conhecimento: identificação; captura; seleção e validação; organização e armazenagem; compartilhamento; acesso e distribuição; aplicação; e criação do conhecimento. E, neste modelo, as pessoas são consideradas o componente mais importante e fundamental para a Gestão do Conhecimento, pois sem elas não há criação nem disseminação de conhecimento.

Essas funções são operacionalizadas através das seguintes práticas de Gestão do Conhecimento:

- Aprendizagem Organizacional.
- Gestão de Competências.
- Gestão do Capital Intelectual.
- Educação Corporativa.
- Inteligência Empresarial.

O modelo proposto inclui e integra esses conceitos numa visão sistêmica da Gestão do Conhecimento.

Uma vez formulada a estratégia baseada no conhecimento como recurso estratégico, o novo desafio do modelo proposto foi desenvolver os aspectos da estrutura organizacional da empresa em questão.

Os quatro elementos analisados neste modelo constituem uma estrutura sistêmica que propicia fundamentos ao modelo de Gestão do Conhecimento.

A Figura 5 apresenta o modelo corporativo de Gestão do Conhecimento proposto, resultante da análise do processo de Gestão do Conhecimento, através de uma visão sistêmica de funções e práticas.

Parte I – Gestão do Conhecimento

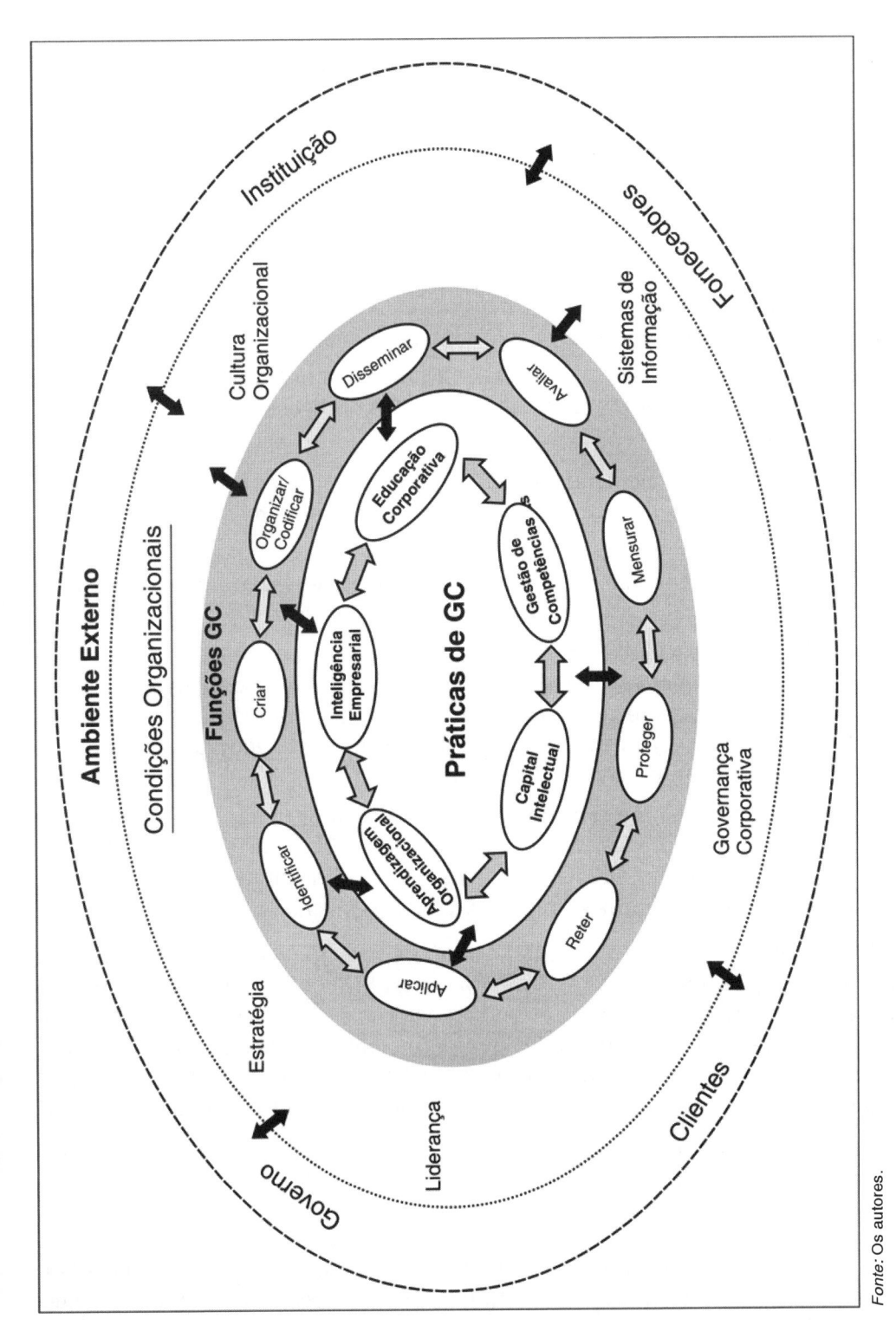

Figura 5 – Processo de Gestão do Conhecimento: visão sistêmica de funções x práticas.

Fonte: Os autores.

11. Gestão do Conhecimento: Um Modelo Corporativo Integrado com Foco na Competitividade e Sustentabilidade Organizacional

Para compreender esse modelo de Gestão do Conhecimento, bem como a metodologia de sua implantação, alguns conceitos complementares devem ser destacados.

a) Impactos do ambiente externo sobre a GC: as mudanças do ambiente externo provocam mudanças permanentes e contínua necessidade de aprendizagem e inovação, o que causa forte impacto sobre o conhecimento organizacional. Daí por que o ponto de partida da implantação da GC é o foco sobre as estratégias organizacionais, uma vez que, a partir das diretrizes e objetivos estratégicos, poderão ser identificados os conhecimentos críticos para realizar a missão e visão do negócio, e, consequentemente, focalizar a busca de resultados.

b) Condições organizacionais para a GC: além da estratégia organizacional mencionada no item anterior, outros aspectos são condições fundamentais para a implantação da GC:

- *cultura organizacional*, tendo em vista que o conjunto de valores pode propiciar um ambiente favorável à criação do conhecimento e à sua disseminação;
- *liderança*, uma vez que, para implantar a GC, é necessário que dirigentes e gerentes da organização sejam os estimuladores desse processo, valorizando o conhecimento das pessoas;
- *sistema de informações*, considerando que grande parte das práticas de GC requer suporte de Tecnologias de Informação e Comunicação (TICs), sobretudo quando a organização é de grande porte e está geograficamente descentralizada, como é o caso do Sebrae;
- *relações de parceria*, no sentido de que nenhuma organização é competente em todas as atividades inerentes ao seu negócio e, portanto, precisa complementar suas competências essenciais com outras organizações parceiras, inclusive para aprendizagem pela via de *benchmarking*.

c) GC como um processo organizacional: os principais autores desse campo entendem que a GC tem todos os elementos constitutivos de um processo organizacional, quais sejam: um cliente interno ou externo e suas respectivas necessidades; conjunto de funções e atividades que permeiam o processo de GC como um todo; resultados mensuráveis que permitem avaliar a qualidade do processo (satisfação dos clientes); e integração com os demais processos organizacionais.

Para implementar a GC como um processo organizacional, é desejável, mas não imprescindível, que os demais processos organizacionais estejam mapeados: o importante é que a organização consiga identificar os processos críticos, pois neles serão identificadas as competências organizacionais. Todo processo organizacional (atendimento ao cliente, gestão financeira, gestão de logística etc.) contém conhecimento, portanto, a GC permeia todos os demais processos organizacionais.

A implementação da GC como um processo organizacional tem como um dos resultados mais importantes o desenvolvimento de um processo de inovação, com implicações positivas tanto no ambiente interno (inovação em processos) como no ambiente externo (produtos/serviços e atendimento ao cliente, entre outros).

d) As funções e práticas do Processo Corporativo de GC: todo processo organizacional é estruturado por um conjunto de funções e atividades ou práticas. Assim, numa organização que implanta a GC como um processo organizacional, podem ser identificadas várias funções a ele pertinentes, que se tornam, simultaneamente, palavras-chave em GC.

A Figura 5 mostra que, para cada função da GC, existem as práticas predominantes associadas a ela, que correspondem às atividades desse processo, conforme segue:

1. *Função:* identificar e organizar os conhecimentos críticos necessários ao cumprimento da missão e da visão do negócio, partindo dos objetivos estratégicos no Planejamento Empresarial. *Prática:* Inteligência Empresarial. No mercado, essa prática é mais conhecida como Inteligência Competitiva.

2. *Função:* criar, capturar ou adquirir os conhecimentos críticos identificados. *Prática:* Aprendizagem Organizacional. Deve-se ressaltar que a Aprendizagem Organizacional é muito mais do que cumprir a função de criar conhecimento. Na realidade, é uma visão da organização como um sistema vivo, que precisa se adaptar permanentemente às mudanças do ambiente externo. A aprendizagem é a capacidade de adaptação da organização, ao torná-la uma organização aprendiz. Portanto, práticas como comunidades de aprendizagem ou de aprendizado coletivo, *benchmarking* interno (compartilhamento da melhores práticas) e outras metodologias de compartilhamento tornam-se ações rotineiras num ambiente de aprendizagem organizacional.

3. *Função:* codificar e armazenar conhecimentos em forma explícita e estruturada (gestão da informação como suporte ao processo de Gestão do Conhecimento). *Prática:* Utilização de sistemas de informação (banco de dados, intranet e *datawarehouse*, entre outras).

4. *Função:* disseminar os conhecimentos criados ou capturados, necessários aos vários processos organizacionais. *Prática:* Educação Corporativa, abrangendo tanto o público interno como o externo (cadeia de valor). Assim, o conhecimento deve se tornar fluido e acessível pela Educação Corporativa, abrangendo todos os elos que agregam valor ao negócio da empresa (fornecedores, clientes, distribuidores, parceiros e funcionários). No caso de organizações que praticam uma gestão socialmente responsável, a Educação Corporativa tem a função de levar conhecimento para a comunidade. A Educação Corporativa está ligada tanto à Aprendizagem Organizacional como à Gestão de Competências, indicada a seguir.

5. *Função:* avaliar o domínio do conhecimento pelas pessoas (quem sabe o quê). *Prática:* Gestão de Competências. Deve-se ressaltar também que Gestão de Competências tem-se tornado um processo estratégico de Gestão de Pessoas, uma vez que passa a gerenciar o principal ativo da organização, que é o conhecimento, este detido pelas pessoas. Portanto, trata-se de uma evolução substancial da abordagem de Recursos Humanos para a gestão das competências individuais, que devem ser alinhadas com as competências organizacionais. É fundamental que a política de gestão de pessoas esteja integrada a essa prática.

6. *Função:* mensurar o valor desses conhecimentos e seu impacto no valor da organização. *Prática:* Gestão do Capital Intelectual. Esta prática comporta a avaliação dos Ativos Intangíveis e abrange três abordagens: Capital Humano (conhecimento das pessoas); Capital do Cliente ou de Relacionamento (marca, imagem da empresa no mercado, carteira de clientes e grau de fidelização, entre outros aspectos da relação com o cliente); e Capital Estrutural (conhecimento de sistemas gerenciais, tecnologia de operação/serviços, entre outros). Em última instância, esta prática mensura os resultados do conhecimento organizacional e seu impacto no valor agregado aos resultados estratégicos.

7. *Função:* proteger o conhecimento, incluindo a memória organizacional e a Propriedade Intelectual. *Prática:* Gestão do Capital Intelectual.

8. *Função:* reter o conhecimento, visando manter na organização o conhecimento desenvolvido, sendo também um resultado da disseminação do conhecimento. *Prática:* Educação Corporativa, focalizada sobretudo no ambiente interno da organização, objetivando converter conhecimento tácito (das pessoas) em conhecimento explícito (informação).

9. *Função:* aplicar os conhecimentos criados e disseminados, criando valor (intangível) nos produtos e serviços, visando atender a expectativa dos clientes. É nesta função que se concretiza a inovação, pois é o resultado da aplicação de todo o processo de criação do conhecimento. *Práticas:* Conjunto de todas as práticas referenciadas.

Para uma organização que vai implantar a GC, é importante entender que não é necessário implantar todo o conjunto de funções e práticas mencionadas anteriormente: o fundamental é identificar quais dessas funções e práticas cumprirão os resultados estratégicos da organização e priorizar aquelas que são críticas para a gestão do conhecimento na organização.

Portanto, o grau de adesão a este modelo conceitual de GC é diferente de uma organização para outra, respeitando-se a singularidade de cada organização.

3.1. Implementação do modelo corporativo de Gestão do Conhecimento

A Gestão do Conhecimento pode ser implementada de diversas maneiras dentro de uma organização, mas para garantir o sucesso de sua implementação e institucionalização são necessários:

1. *Alinhamento com os objetivos estratégicos da empresa ou entidade:* alinhamento com os objetivos estratégicos da organização, ou da área, se for o caso, é um ponto fundamental durante a implementação da GC. Assim ficará claro como a GC pode apoiar a organização a atingir as suas metas de curto e longo prazos. Não deve estar focada apenas no fortalecimento das iniciativas em curso na empresa, mas também em introduzir novas práticas e ferramentas para preencher o hiato que existe entre o que está sendo feito na área e as melhores práticas mundiais.

   Além das iniciativas abordadas na organização, existe uma variedade de outras iniciativas que poderão ser implementadas, tais como: estratégia de proteção de conhecimento, comunidades de prática, transferência de conhecimento, páginas amarelas etc. É preciso um "guarda-chuva" conceitual e estratégico, como o apresentado no tópico anterior, para que essas iniciativas sejam realizadas de forma consistente, mobilizadora e integrada às necessidades da área.

2. *Forte mudança cultural:* a cultura organizacional é fundamental para o sucesso da implementação de iniciativas de GC. Na maioria das organizações é requerida uma gestão de mudança cultural bem articulada e, para isso, na primeira fase de uma implementação, o foco deve estar fortemente na mudança de cultura e na institucionalização da governança. Sem a mudança de cultura, ferramentas disponibilizadas não serão utilizadas e processos não serão seguidos.

   A prática mostra que as pessoas têm dificuldade de mudar a maneira e a forma de trabalhar sem ter incentivos ou benefícios claros. Novas ferramentas e métodos de trabalho são confrontados com resistência. Por isso, durante a fase inicial é importante buscar resultados imediatos, especialmente voltados à produtividade dos profissionais e colaboradores. Comunicação direcionada, engajamento contínuo, treinamento das pessoa relativos aos processos e uso de ferramentas são pontos fundamentais para estimular as mudanças necessárias.

3. *Implementação de novos processos informais e formais:* os processos de GC abrangem a criação, captura, organização, disseminação, compartilhamento, uso e até proteção do conhecimento e avaliação. No começo dos programas de GC, normalmente o foco está na disseminação de informações ou em um início de organização.

Pouca ênfase é dada ao uso específico do conhecimento gerado ou compartilhado. Não existem planos de ações claros ligados às informações capturadas; as informações são meramente organizadas e disseminadas. Processos não são estruturados e ocorrem muito *ad hoc* e informações geradas e compartilhadas não são capturadas (exemplo: discussões, ata de reuniões, síntese de projetos, lições aprendidas).

Assim, o benefício das informações e dos conhecimentos existentes na empresa não é usado de forma otimizada. Os processos de GC devem ser bem definidos e documentados. Com isso, os fluxos de informações e conhecimentos acontecerão de forma organizada e com maior fluidez.

4. *Uso de TICs:* as diferentes tecnologias de informação e comunicação de última geração, tais como portais corporativos, gestão eletrônica de documentos, comunidades virtuais, *messenger*, internet phone, entre outras, são poderosas ferramentas, podendo ser grandes apoiadores às iniciativas de GC.

Entretanto, o uso deve ser bem pensado de forma integrada, a fim de evitar duplicação ou falta de funcionalidades, desorganização de informações, uso incorreto das ferramentas, desalinhamento entre as várias áreas de negócio e confusão entre os usuários. As TICs devem ser vistas como um meio e não como um fim. Frequentemente, as ferramentas de apoio tornam os processos de GC burocráticos. Em vez de melhorar a produtividade dos profissionais e colaboradores, os desestimulam a serem participativos.

Além da visão integrada, torna-se necessário um grande foco na usabilidade dos sistemas e na capacitação das pessoas nas ferramentas. Se possível, esses sistemas devem estar amplamente integrados aos já utilizados pelas pessoas.

5. *Governança bem articulada e estruturada:* uma vez implementados os processos e as ferramentas, torna-se necessária uma governança bem estabelecida para garantir a adesão aos novos processos, políticas e normas. Durante a elaboração da governança, são definidos os papéis, responsabilidades e atribuições dos vários atores e partes interessadas (*stakeholders*) do programa de GC.

É preciso definir quem é responsável, como é feita a articulação entre as unidades, estimulando compartilhamento e envolvimento no programa. Apoio estratégico para garantir espaço na agenda corporativa, auditoria de atendimento (*compliance*) aos objetivos e normas do programa, acompanhamento, medição e comunicação dos resultados são fatores decisivos para o sucesso da implementação de GC. A falta de boa governança é uma das principais razões de fracasso dessas iniciativas.

6. *Medição de resultados:* programas de GC podem trazer grandes benefícios para as empresas e entidades, quando corretamente implementados. Sem medição desses resultados, fica mais difícil justificar investimentos nesta área, especialmente devido aos vários aspectos intangíveis envolvidos.

Existem várias maneiras de aferir resultados de um Programa de GC, desde as mais simples, tais como: medição de *uploads* e *downloads* de documentos, até métodos mais sofisticados que medem, por exemplo, mudanças no valor do Capital Intelectual.

No começo dos programas é sempre aconselhável começar com os métodos mais básicos. Importante dizer que medição é possível e também está sendo feita por organizações de grande porte, que obtiveram resultados enormes gerados pelos programas de GC, tendo colocado em prática todos os aspectos aqui mencionados.

4. Aplicação do Modelo de Gestão do Conhecimento Proposto

O modelo corporativo de Gestão do Conhecimento anteriormente proposto foi aplicado em caráter de implementação efetiva numa empresa do setor elétrico brasileiro, doravante identificada como Empresa "X", a partir de meados de 2005 dentro de um processo de modernização gerencial e de evolução do plano empresarial daquela organização.

Inicialmente, para implantar o modelo proposto, foi avaliado o modelo institucional e organizacional atualizado da Empresa "X" (Plano Organizacional), visando identificar as práticas já existentes de Gestão do Conhecimento, tanto aquelas já sistematizadas como as não sistematizadas.

A metodologia proposta fundamentou-se na concepção de um conjunto de diretrizes estratégicas para orientar a formulação de um plano de implantação da Gestão do Conhecimento.

O processo de concepção das diretrizes teve como "entradas" um diagnóstico empresarial e uma pesquisa de campo que levantou dados e informações relativos ao estado atual das práticas de Gestão do Conhecimento na empresa, utilizando como evidências documentos e relatórios, entrevistas com o corpo técnico e gerencial, visitas técnicas e uma sondagem eletrônica.

Esses procedimentos foram organizados e sistematizados através do *process approach*. O resultado foi a construção de um conjunto de premissas básicas e de um conjunto de declarações que descreveram as diretrizes estratégicas para a implantação da Gestão do Conhecimento.

Quadro 1. Diretrizes estratégicas para a implantação da Gestão do Conhecimento

Criação do Conhecimento e Aprendizagem Organizacional
O processo de prospecção de informações na Empresa "X" deve se desenvolver tanto interna quanto externamente, envolvendo a identificação de fontes de informação e o monitoramento de tecnologias, mercados e do setor público.
As relações da Empresa "X" com o seu ambiente externo devem propiciar e/ou estimular a busca contínua de novos conhecimentos que criem valor para a entidade, considerando o seu caráter de interesse público.
Retenção e Sistematização do Conhecimento
As informações geradas e coletadas pela Empresa "X" devem ser organizadas, mantidas e disponibilizadas por intermédio de sistemas corporativos.
O conhecimento de natureza tecnológica da Empresa "X" deve ser gerenciado como um recurso para promover o desenvolvimento econômico sustentável, abrangendo a sua rede de relacionamento.
Disseminação do Conhecimento
A organização do conhecimento técnico e científico da Empresa "X", para fins de disseminação, deve ser incentivada, sistematizada e avaliada, preservando os interesses da entidade.
A disseminação do conhecimento na Empresa "X" deve ser planejada, sistematizada e avaliada, abrangendo a sua rede de relacionamento (a disseminação do conhecimento se desenvolve bidirecionalmente, ou seja, do ambiente externo para a organização, e vice-versa).
Desenvolvimento de Competências
O processo de Gestão de Pessoas na Empresa "X" deve seguir as premissas do Modelo de Gestão por Competências.
O modelo de Educação Continuada da Empresa "X" deve garantir a permanente criação, desenvolvimento e atualização das competências individuais necessárias.

Fonte: Gouvêa da Costa *et al.* (2005).

O instrumento de pesquisa desenvolvido para a sondagem eletrônica foi composto por 87 questões, divididas em 10 subtemas relacionados ao conhecimento organizacional: Estratégia Funcional; Recursos, Capacitações e Competências; Gestão de Competências Individuais; Aprendizagem Organizacional; Educação Corporativa; Gestão do Capital Intelectual (de Relacionamento, Estrutural e Humano); Inteligência Empresarial; Tecnologias de Informação e Comunicação. Para o desenvolvimento e aplicação da sondagem foi concebida uma plataforma aberta baseada em Web, utilizando linguagem PHP e um banco de dados MySQL (*software* livre).

O Quadro 1 apresenta algumas das diretrizes estratégicas desenvolvidas no caso estudado, decorrentes das informações levantadas em relação aos sistemas focalizados.

Segundo Gouvêa da Costa *et al.* (2005), as diretrizes estratégicas representam elementos diretivos e de controle estratégico para a implantação da Gestão do Conhecimento em uma empresa, na medida em que orientam a sua implantação e integram as diferentes políticas e programas da organização para a Gestão do Conhecimento.

5. CONCLUSÕES

O modelo aqui proposto para a gestão das organizações baseadas no conhecimento pode ser considerado um novo modelo organizacional, pois atende às características assinaladas por Pereira (2002), em sua proposta de um modelo de gestão para organizações intensivas em conhecimento, bem como por Nadler, Gerstein; Shaw (1994) e Terra (1999) em suas respectivas propostas de arquitetura organizacional e de modelo de Gestão do Conhecimento, ou seja, o modelo proposto abrange os quatro fundamentos pertinentes: estratégia, estrutura, processos/tecnologia e pessoas.

Este modelo foi analisado na sua perspectiva empírica a partir da aplicação na Empresa "X", atuante no setor elétrico brasileiro. Nesse sentido, a implantação iniciou pelo alinhamento dos objetivos estratégicos decorrentes do Plano Empresarial, após o que foram mapeadas as práticas já existentes de Gestão do Conhecimento, a partir das quais se estruturou o modelo proposto para a organização. Para implementação deste modelo foram formuladas as diretrizes estratégicas para implementação do processo corporativo de Gestão do Conhecimento.

Neste modelo proposto, as práticas de Gestão do Conhecimento implicam a utilização de diversas metodologias gerenciais já disponíveis, não sendo necessário criar uma revolução gerencial na organização. Assim, práticas de aprendizagem organizacional identificadas podem ser sistematizadas e estimular um processo de *benchmarking* interno na organização; práticas de gestão de competências podem alavancar uma nova proposta de gestão de pessoas, alinhada com as estratégias corporativas e competências organizacionais necessárias ao cumprimento da sua missão; práticas de educação corporativa podem ampliar a disseminação do conhecimento organizacional para os vários *stakeholders* da cadeia de valor, incluindo funcionários, clientes, fornecedores e a própria comunidade diretamente afetada pelas operações da empresa.

A conclusão geral é de que, com o cenário de globalização e competitividade no ambiente empresarial, a Gestão do Conhecimento constituir-se-á num dos pilares das novas práticas de gestão nas organizações e deverá se integrar a outras iniciativas gerenciais já existentes, sobretudo na área de inovação e utilizando o suporte de TIs. Contudo, salienta-se que não existe um modelo pronto, formatado, mas sim um modelo orientativo a ser desenvolvido peculiarmente para cada organização, de acordo com sua cultura e valores, de maneira a facilitar o processo de implantação e obtenção dos resultados esperados.

6. RESUMO EXECUTIVO

- A evolução organizacional em busca da competitividade e da sustentabilidade nas décadas recentes tem-se caracterizado pelo rompimento com os modelos tradicionais de gestão e, ao mesmo tempo, pela adoção crescente de novas práticas gerenciais. Neste contexto, as organizações passaram a buscar modelos e práticas de Gestão do Conhecimento em complemento a iniciativas de gestão da inovação.

- A abordagem integrada dessas duas práticas de gestão indica uma nova tendência gerencial caracterizada pela estruturação de um modelo corporativo de Gestão do Conhecimento e da Inovação, como um (novo) processo organizacional, apoiado pelo Sistema de Informação.
- Com estes pressupostos, este capítulo propôs a construção de um modelo cujo fundamento principal é definir as funções básicas do processo de Gestão do Conhecimento.
- Como base conceitual, o modelo pressupõe que a organização já tenha um planejamento estratégico estruturado cujas diretrizes e objetivos estratégicos sejam os vetores de orientação do processo organizacional.
- Isso significa alinhar a visão estratégica do negócio com o processo de conhecimento e inovação, considerando também que o modelo observe as peculiaridades e a cultura de cada organização.
- Assim, este capítulo apresentou as bases conceituais de um modelo corporativo, exemplificado por um estudo de caso aplicativo em uma organização do setor elétrico.

QUESTÕES PARA REFLEXÃO

1. Qual a função de um modelo para a estruturação da Gestão do Conhecimento em uma empresa?
2. Quais os elementos essenciais para a construção de um modelo de Gestão do Conhecimento?
3. Qual o papel da Governança Corporativa na Gestão do Conhecimento de uma empresa?
4. Qual a diferença do modelo adhocrático em relação ao modelo burocrático para a implantação da Gestão do Conhecimento em uma empresa?
5. Qual a importância da cultura corporativa na implantação da Gestão do Conhecimento?

REFERÊNCIAS BIBLIOGRÁFICAS

BECKMAN, T. The Current State of Knowledge Management. *In:* LIEBOWITZ, J. (ed.) *Knowledge Management Handbook.* Nova York: CRC Press, 1999.

DAVENPORT, T. H. e PRUSAK, L. *Conhecimento empresarial: como as organizações gerenciam o seu capital intelectual.* Rio de Janeiro: Campus, 1998.

DRUCKER, P. *Sociedade pós-capitalista.* São Paulo: Pioneira, 1993.

GARVIN, D. A. Building a learning organization. *Harvard Business Review,* vol. 71, nº 4, p. 78-91, 1993.

GOUVEA DA COSTA, S.; JARA, J.; SORIA, M. A. Z. e GODOY, T. R. *Alinhando a Gestão do Conhecimento com a estratégia da empresa: o caso Itaipu Binacional. In:* VI Seminário Nacional da Gestão da Informação e do Conhecimento no Setor de Energia Elétrica – SINCONEE, 6, Recife, 2005. Anais. Brasília: ELETROBRAS, 2005, p. 1-9.

KAKABADSE, N. K.; KAKABADSE, A. e KOUZMIN, A. Reviewing the knowledge management literature: towards a taxonomy. *Journal of Knowledge Management,* vol. 7, nº 4, p. 75-91, 2003.

MINTZBERG, H. *The strategy process: concepts, contexta, cases.* Englewood Cliffs, Nova Jersey: Prentice-Hall, 1998.

NADLER, D. A. et al. *Arquitetura organizacional: a chave para a mudança empresarial.* Rio de Janeiro: Campus, 1994.

NONAKA, I. e TAKEUCHI, H. *Criação de conhecimento na empresa: como as empresas japonesas geram a dinâmica da inovação.* 2ª ed. Rio de Janeiro: Campus, 1997.

PEREIRA, H. J. *Os novos modelos de gestão: análise e algumas práticas em empresas brasileiras.* São Paulo: Fundação Getulio Vargas – Escola de Administração de Empresas de São Paulo – EAESP, 1995. Tese de Doutorado.

_____. *Proposição de um modelo de gestão para organizações baseadas no conhecimento.* XXII Simpósio de Gestão da Inovação. FEA-USP. Salvador, nov. de 2002. Anais.

QUINN, J. B. The intelligent enterprise: a new paradigm. *Academy of Management Executive,* vol. 6, Issue 4, p. 48-64. nov., 1992.

SANTOS, A. R.; PACHECO, F. F.; PEREIRA, H. J. e BASTOS JR., P. A. *Gestão do conhecimento como modelo empresarial.* (org.) *In:* Gestão do conhecimento: uma experiência para o sucesso empresarial. Curitiba: Champagnat, 2001.

STOLLENWERK, M. F. L. *Gestão do conhecimento: conceitos e modelos. In:* Tarapanoff, K. (org.). Inteligência organizacional e competitiva. Brasília: Universidade de Brasília, 2001.

SVEIBY, K. E. *A nova riqueza das organizações: gerenciando e avaliando patrimônios do conhecimento.* Rio de Janeiro: Campus, 1998.

TERRA, J. C. C. *Gestão do conhecimento: aspectos conceituais e estudo exploratório sobre as práticas de empresas brasileiras*. Tese de Doutorado. Universidade de São Paulo, 1999.

_____. *Gestão do conhecimento: o grande desafio empresarial*. São Paulo: Negócio, 2000.

TOFFLER, A. *Powershift: as mudanças do poder*. Rio de Janeiro: Record, 1994.

PARTE II

Inovação

Capítulo 12

Modelos e Estratégias de Gestão de Inovação e o Mercado Brasileiro

Autores:

Ingrid Paula Stoeckicht, MSc.
Carlos Alberto Pereira Soares, DSc.

Revisores:

Vanja Nadja Ribeiro Bastos, MSc.
Alberto de O. Barros, MSc.

1. A Evolução dos Modelos e Estratégias de Gestão de Inovação

Os modelos de gestão de processos de inovação evoluíram significativamente desde a década de 50, de modelos unilaterais e lineares para modelos altamente interativos e colaborativos, contemplando a rede de valor[1] das empresas, e envolvendo clientes, usuários, parceiros estratégicos, fornecedores, distribuidores e até concorrentes, no desenvolvimento de novos produtos e serviços. Houve também uma reformulação das estratégias organizacionais que apoiaram a evolução dos modelos de gestão da inovação ao longo das últimas décadas. Verificamos também que as empresas brasileiras que adotaram os princípios de gestão dos modelos de inovação mais avançados se destacaram no mercado competitivo e deram sustentabilidade aos seus negócios nesse período.

Neste capítulo apresentamos um breve histórico da evolução dos modelos de gestão dos processos de inovação, abordamos o papel estratégico da Gestão do Conhecimento para a Inovação e descrevemos as principais estratégias de inovação adotadas pelas empresas brasileiras consideradas as mais inovadoras nas últimas décadas.

Entre os anos 1950 e 1960, desenhou-se um primeiro modelo de gestão dos processos de inovação, linear em sua concepção, no qual a inovação era concebida como o resultado de um processo passo a passo de geração de conhecimentos, que ia desde a pesquisa básica – uma forma de produzir conhecimentos científicos – até sua aplicação prática (Barbieri, 2003). A inovação era induzida pela oferta de conhecimentos ou *technology-push*, e passava linearmente pelos estágios da pesquisa básica, pesquisa aplicada[2], desenvolvimento experimental[3], engenharia do produto e do processo e, finalmente, pela produção e lançamento comercial.

Conforme Coutinho (2004), nesse período o mercado era visto como um mero escoadouro para receber os frutos da P&D. Assim, presumia-se que *quanto mais P&D, mais inovação*. Nessa época, um dos principais indicadores para avaliar o nível de inovação do país era o total de investimentos realizados em Pesquisa e Desenvolvimento relativo ao PIB nacional.

---

[1] De acordo com Verna Allee em seu artigo "Understanding Value Networks" (2004), uma rede de valor é definida como uma cadeia de relacionamentos que geram valor econômico ou outros benefícios por meio de trocas dinâmicas entre dois ou mais integrantes, sejam estes indivíduos, grupos ou organizações. Quaisquer organização ou grupo de organizações, de caráter público ou privado, engajados em intercâmbios de ordem tangível e/ou intangível, podem ser considerados parte integrante de uma rede de valor.
Disponível em *http://www.vernallee.com/library*. Acesso em 27/7/04.

[2] Por pesquisa aplicada entende-se o trabalho de investigação original empreendido para adquirir novos conhecimentos direcionados para fins ou objetivos práticos específicos (Barbieri, 2003, p. 55).

[3] Desenvolvimento experimental é o trabalho sistemático, projetado sobre conhecimentos existentes obtidos de pesquisas e experiências práticas, para produzir novas soluções, processos, produtos, sistemas e serviços, ou ainda, aperfeiçoar significativamente aqueles já existentes (*Ibid.*, p. 55).

No final da década de 60 e início dos anos 1970, os modelos de gestão da inovação passaram a dar maior ênfase em como o mercado influenciava o desenvolvimento de novos produtos e serviços. Surge um novo modelo de gestão dos processos de inovação, também linear, porém reverso em sua concepção, que se apresentou sob a denominação de *market pull*. Neste, a inovação era induzida pelas necessidades de mercado ou problemas operacionais observados. *O mercado tornou-se a fonte das ideias que direcionava as atividades de P&D.*

No entanto, segundo Barbieri (2003), esses dois modelos não eram suficientes para explicar os processos de inovação no âmbito das empresas, sendo excessivamente lineares em sua concepção. Assim, de forma gradativa, começou-se a buscar modelos de gestão dos processos de inovação que integrariam as duas abordagens anteriores. Passou-se a ver a inovação como um processo que deveria *articular as necessidades da sociedade e do mercado com os avanços dos conhecimentos científicos e tecnológicos*.

Já nos anos 1980, os modelos de gestão da inovação passaram a quebrar o paradigma da linearidade do processo e ver a inovação em termos da interação entre as oportunidades de mercado e a base de conhecimentos e capacidades da empresa. Este novo modelo passou a enfatizar interações mais complexas e dinâmicas entre as diferentes fases do processo de inovação; fases nas quais a área de P&D passou a se integrar mais com outras áreas na organização, como *marketing* e produção. Neste modelo, o processo de inovação poderia ser iniciado por qualquer pessoa ou área da organização, e passou a ser circular em sua dinâmica.

Dentro desta perspectiva, tornou-se necessário capturar, de maneira sistematizada, as interações que ocorriam entre as várias áreas da empresa para que se pudesse criar uma forte capacidade inovadora interna à organização. Começa a se enfatizar a importância da participação das pessoas (capital humano) nos processos da inovação e a forma como estas podem contribuir com suas habilidades, competências e *expertise*, seus conhecimentos tácitos e explícitos, relacionando-os aos processos de inovação.

Assim, nos anos 1990, os modelos de gestão dos processos da inovação se voltaram para os recursos existentes na empresa. Começa a se ver a inovação como processos envolvendo a Gestão Estratégica do Capital Intelectual da organização; seus ativos intangíveis.[4] O aspecto central passou a ser a elaboração de estratégias que permitiriam à empresa explorar suas capacitações tecnológicas e recursos internos para desenvolver novos produtos, serviços e competências.

---

[4] O capital intelectual de uma organização refere-se aos capitais humano, estrutural, de relacionamento e ambiental, conforme descrito por Sveiby (1989) e Edvinsson e Malone (1998), é relacionado a todo ativo intangível de uma organização, tendo como principal mola mestra as pessoas; ativos intangíveis estes relacionados ao mercado, fornecedores, parceiros, processos internos, infraestrutura tecnológica e educação, o que pode ser traduzido como sendo a cadeia de valor de uma organização (Rodriguez, 2002).

Dentro desta nova perspectiva estratégica, a competitividade e o sucesso a longo prazo passam a ser sustentados pela capacidade da empresa de gerar conhecimento e transformá-lo em algo de valor para o mercado, evitar a evasão de conhecimento estratégico, criando barreiras contra eventuais seguidores e imitadores, e imitar, com rapidez, as inovações de competidores (Coutinho, 2004).

2. O Papel da Gestão do Conhecimento nos Processos de Gestão da Inovação

Neste novo contexto competitivo, a Gestão do Conhecimento passa a desempenhar um papel estratégico nos processos de gestão da inovação, e grande ênfase é dada aos mecanismos da aprendizagem organizacional. Compreende-se que o potencial para inovar de uma empresa depende de sua capacidade de criar novos conhecimentos, disseminá-los pela organização e incorporá-los na forma de novos produtos, processos e serviços.

Reconhece-se que empresas inovadoras desenvolvem novas tecnologias através de vários processos de aprendizado, e que o conhecimento explícito contribui apenas parcialmente para o processo de inovação. O conhecimento tácito ocupa um lugar central como fonte de criação de conhecimentos e de inovações (Nonaka e Takeuchi, 1997, e Nonaka *et al.*, 2001), e passa a se considerar o capital humano como fonte de inovação e renovação (Stewart, 1997).

O objetivo principal do capital humano torna-se a inovação – a capacidade de os funcionários oferecerem novas soluções para os clientes sob forma de novos produtos, serviços e melhorias nos processos de negócios (Stoeckicht e Rodrigues, 2004). Assim, ações para gerir o conhecimento de forma a gerar inovações, reter conhecimento estratégico para a sustentabilidade dos negócios e desenvolver novas competências profissionais e organizacionais ganham vulto como estratégia de competitividade.

Os elementos da interação, interlocução e integração de conhecimentos, competências e *expertise* dos colaboradores diretos e indiretos da organização ocupam um lugar central na gestão de processos inovadores. Para apoiar estes processos, sistemas de integração em rede e de ferramentas de Tecnologia da Informação e Comunicação (TICs) são sempre mais usados com o intuito de aumentar a velocidade e a eficiência da comunicação e os intercâmbios necessários em todo o processo de inovação.

As estratégias organizacionais com foco na gestão do conhecimento organizacional necessitam, cada vez mais, do suporte da alta administração, uma vez que envolvem a mobilização adequada de recursos em toda a organização e o compartilhamento de conhecimentos das diversas áreas e departamentos, comprometidos com os processos de inovação.

Dentro deste contexto, no qual a criação e o intercâmbio de conhecimentos são a ferramenta principal para fomentar as inovações, os modelos de gestão adotados pela organização, como um todo, precisam ser repensados. Torna-se necessária a adoção de um estilo de gestão horizontal, lideranças que promovem a comunicação multilateral, e que o poder de decisão cresça dos níveis mais baixos, dando-se maior *empowerment* aos colaboradores da empresa para que tenham autonomia nos processos de identificação e solução criativa de problemas. Os modelos de recrutamento, seleção, retenção, remuneração e reconhecimento dos colaboradores precisam ser reavaliados à luz dos processos de compartilhamento de conhecimentos e a geração de inovações.

A gestão por competências ganha espaço crescente como ferramenta para alocar as pessoas em projetos de acordo com suas competências, e estas são incentivadas a apoiar os processos de desenvolvimento de novos produtos e serviços. As aptidões e capacidades individuais dos funcionários são alinhadas a desafios específicos, sendo os talentos alocados em uma base "projeto-a-projeto". São formadas redes através das quais os participantes podem ser alocados para trabalhar em projetos que se adaptem às suas aptidões e experiências, e ênfase é dada ao uso de modelos de trabalho colaborativo como equipes multifuncionais, multidisciplinares, interculturais e grupos de foco. A participação dos colaboradores em comunidades de práticas, fóruns de aprendizagem, dentre outros modelos de rede é incentivada, e as redes sociais ganham destaque enquanto ferramentas para gerenciar a inovação (Thomas e Cross, 2009). As empresas passam a se preocupar em prover um ambiente e uma cultura organizacional propícios à inovação, à disseminação e compartilhamento do conhecimento e à contribuição criativa de seus colaboradores diretos e indiretos.

Diversas organizações brasileiras do setor público e privado, como a Petrobras, Vale, Natura, Brasilata, Whirlpool, Correios, 3M Brasil, dentre muitas outras, são exemplos de empresas pioneiras que passaram a focar em práticas de Gestão do Conhecimento para apoiar seus projetos de inovação, com base nas contribuições diretas de seus colaboradores e funcionários.

3. OS PRINCÍPIOS DE UMA ESTRATÉGIA ORGANIZACIONAL COM FOCO NA INOVAÇÃO

O estabelecimento de uma estratégia voltada para a inovação é um fator crítico para que os processos de inovação se deem de forma contínua e sustentável dentro da organização. Uma estratégia como foco na inovação aborda todo o planejamento necessário para que a inovação de fato ocorra, isto é, para que um conceito ou ideia realmente se torne um novo produto ou serviço cuja comercialização irá agregar valor ao mercado. Requer, portanto, a cuidadosa combinação da análise das possíveis opções para a inovação, a escolha de projetos nos quais a empresa deve alocar os seus recursos, a forma como os gerencia, a maneira como coordena os vários recursos internos e externos disponíveis e o tipo de relacionamentos que estabelece com seus clientes, fornecedores e colaboradores.

De acordo com Tidd *et al.* (1997) e Pavitt (2003), para que a inovação seja bem-sucedida, torna-se imperativo desenvolver uma série de processos que necessitam ser gerenciados de forma integrada ao longo de toda a cadeia e rede de valor da empresa, desde a concepção de uma ideia até a entrega do produto ou serviço ao usuário final. Para eles, a gestão da inovação deve incluir mecanismos para identificar, processar e selecionar as informações estratégicas advindas de ambientes em constante mudança, por meio de ações em Inteligência Competitiva, pesquisas de mercado, *benchmarking* etc., para apoiar os processos decisórios quanto à melhor estratégia a ser adotada.

Para que a organização utilize a inovação como um objetivo estratégico de forma bem-sucedida faz-se necessário que adote os seguintes princípios fundamentais:

1. Ter uma estratégia clara de desenvolvimento de inovações, sob a qual a organização e seus colaboradores possam nortear suas decisões referentes à escolha de projetos, alocação de recursos e outros procedimentos-chave no processo de inovação – esta servirá como uma visão para o processo de desenvolvimento de novos projetos.
2. Alinhar a estratégia de inovação à estratégia corporativa.
3. Desenvolver sistemas e práticas eficazes para a implementação da gestão da inovação.
4. Desenvolver e fortalecer uma cultura organizacional voltada para a inovação.
5. Estabelecer e manter uma rede de relacionamentos que auxilie a organização nos processos voltados para a inovação.
6. Alimentar os processos de inovação a partir da aprendizagem organizacional.

Os processos de inovação podem ser definidos por uma estratégia corporativa, comercial ou operacional, ou, ainda, uma combinação destas, dependendo da maneira como a empresa escolhe inovar. Caso a organização utilize a inovação como uma meta competitiva, os processos inovadores deverão estar alinhados a uma estratégia comercial. Caso a empresa utilize a inovação como um apoio à sua estratégia comercial, esta deverá ser considerada uma estratégia de ordem mais operacional.

Dentre as várias estratégias voltadas para a inovação, a empresa deve decidir qual será a sua abordagem prioritária, dentre três, a saber:

1. **Inovação**, que seja incremental, disruptiva e/ou radical.
2. **Imitação**, que implica quatro abordagens distintas:
   a. imitação de um produto existente;
   b. melhoria em um produto existente;
   c. melhorias em processos relativos a um produto;
   d. melhorias, tanto no desenvolvimento do produto quanto dos processos envolvidos em seu desenvolvimento e implementação.

   De acordo com Higgins (1995), a estratégia de imitação, que incorpora melhorias tanto no desenvolvimento dos produtos quanto no de seus processos, é a mais adequada para empresas que têm as seguintes características: direitos de propriedade vulneráveis; negócios com alto nível de interdependência tecnológica; negócios inseridos em um ambiente caracterizado por grande incerteza com relação ao mercado e às tecnologias; negócios inseridos em ambientes cujas tecnologias mudam rapidamente; e negócios que se baseiam em um rápido fluxo de informações.
3. **Abordagem mista**, que implica a adoção de uma estratégia que se constitui de inovações e imitações, e que implica inovações tanto em produtos, processos e ações de *marketing* e comercialização, quanto nos modelos de gestão adotados pela organização. Esta, de acordo com Higgins (1995), tem sido a estratégia privilegiada pelas empresas inovadoras.

Desta forma, é fundamental que a empresa avalie, criteriosamente, qual a estratégia de inovação que irá utilizar, se de inovação ou de imitação, em conformidade com o ambiente externo no qual está inserida, e os recursos financeiros, humanos e tecnológicos de que dispõe.

Diversos autores defendem uma abordagem estratégica na qual a empresa deve investir no desenvolvimento de inovações radicais, inovações estas que poderão dar sustentabilidade competitiva no mais longo prazo, mas cujos riscos e necessidades de investimentos tendem a ser muito maiores. Já outros autores advogam a necessidade de a empresa manter um portfólio de produtos e serviços que sejam incrementalmente inovados, garantindo a sustentabilidade no curto prazo, estratégia esta que requer investimentos menores e cujos riscos também são proporcionalmente reduzidos. Por fim, existem analistas da área de gestão da inovação que determinam que é fundamental que a organização adote um portfólio que contemple inovações radicais, incrementais e semi-incrementais, como é o caso das inovações disruptivas propostas por Christensen (2003).

Independentemente da abordagem adotada pela organização quanto à inovação, seja estratégica, comercial ou operacional, seja voltada para inovações incrementais, semirradicais, radicais, ou de imitações, é fundamental que haja um claro alinhamento entre as estratégias direcionadas para a inovação e as estratégias organizacionais como um todo. Em vista disso, a missão, a visão, os objetivos e as metas organizacionais devem apontar em direção às práticas inovadoras desejadas.

4. Estratégias de Inovação com Base na Criação de Valor Junto ao Cliente

Cientes do fato de que existem recursos para a inovação para além das fronteiras organizacionais, no final da década de 90, as empresas "olham para fora", e suas estratégias de inovação passam a contemplar a busca sistematizada de recursos ao longo da toda a sua rede de valor, seu ecossistema de negócios, promovendo ações para fortalecer o diálogo e interação entre fornecedores e usuários.

Jonash e Sommerlate (2001), em seu livro *O Valor da Inovação*, apresentam os princípios administrativos do *modelo de gestão da inovação de geração mais avançada*, princípios estes amplamente adotados por algumas empresas como Alcoa, Cânon, Daimier-Chrysler, Nokia, BP e Sun Microsystems. Neste modelo, o foco muda da gerência de pesquisa e desenvolvimento de dentro da empresa ou unidade de negócios para a gestão da inovação dentro do conceito da empresa ampliada, conceito este que abarca todos os colaboradores da organização, incluindo clientes, fornecedores e sócios estratégicos.

O objetivo principal deste modelo de gestão dos processos de inovação é **capturar e criar valor junto aos acionistas e *stakeholders***, sejam estes colaboradores diretos ou indiretos como funcionários, clientes, fornecedores, distribuidores, parceiros estratégicos e, até mesmo, concorrentes, e fomentar o desenvolvimento de novos produtos, serviços, processos e negócios, utilizando-se de todos os recursos humanos, tecnológicos e financeiros existentes em sua rede de relacionamentos. Neste modelo, todos os atores participam dos processos de desenvolvimento de inovações por meio de *feedback* ativo. O principal papel dos gestores está em identificar estes recursos e determinar se e como serão utilizados para fomentar a aprendizagem organizacional e a inovação, sustentada por uma clara estratégia, alinhada à visão estratégica da empresa (Jonash e Sommerlate, 2001).

Assim, empresas que passaram a adotar o modelo de gestão da inovação de geração mais avançada desenvolvem inovações conjuntamente com seus clientes, parceiros, fornecedores e complementadores, construindo redes de comunicação entre eles, criando produtos e serviços de alto valor agregado, forte fidelidade e patrimônio da marca. Contam com uma estrutura e infraestrutura organizacional flexível, que permite reações rápidas para atender os desafios mercadológicos e econômicos. Buscam dar sustentabilidade à inovação desenvolvendo plataformas[5]

---

[5] Plataformas são estruturas formais ou informais, alianças de pessoas/empresas organizadas em torno de áreas específicas de especialização (Jonash e Sommerlate, 2001).

de Tecnologia, de Competências e de Talentos, com vistas a acelerar o crescimento, alavancar a aprendizagem organizacional, aperfeiçoar o desempenho organizacional e impulsionar o crescimento de determinado portfólio de inovações.

Sua estratégia está calcada em conduzir o processo de inovação de forma integrada junto aos clientes e fornecedores, e os esforços gerenciais se concentram no alinhamento de todos os participantes da empresa para que estejam envolvidos e comprometidos com seu programa de inovação.

O modelo de gestão da inovação de geração mais avançada requer, portanto, a construção de uma organização altamente colaborativa, horizontal e verticalmente, conectada em rede para que as pessoas possam se comunicar rapidamente e ganhar agilidade para desenvolver soluções em tempo real. O objetivo da estratégia de inovação nas empresas que adotam o modelo de geração mais avançada é promover o aprendizado dinâmico, a construção de novas competências, o aprimoramento do desempenho e o comprometimento com a inovação contínua e sustentável (Jonash e Sommerlate, 2001).

Prahalad (2004), em seu livro *O Futuro da Competição*, reforça o modelo apresentado por Jonash e Sommerlate, trazendo a *abordagem da cocriação de valor* – na qual o consumidor e a empresa interagem para criarem valor conjuntamente. O autor ressalta a importância de se criar interfaces e interação entre as empresas e os usuários de seus produtos e serviços, de forma a captar a experiência dos clientes e outros *stakeholders*, com o objetivo estratégico de oferecer soluções completas e integradas que possam melhor atender suas necessidades e, desta forma, gerar experiências únicas de valor aos usuários.

Com o "olhar para fora" e adotando um diálogo mais aberto com os clientes e *stakeholders*, as empresas começam a voltar a sua atenção para a experiência que os clientes têm ao usar o serviço ou produto oferecido e às tarefas que os usuários precisam realizar. O foco do desenvolvimento de novos produtos e serviços começa a se concentrar em diversas estratégias como o modelo das inovações de disrupção amplamente difundido por Clayton Christensen, a estratégia do Oceano Azul apresentada por Chan Kim, no modelo *Jobs To Be Done* – JTBD, tarefas a serem realizadas (Johnson, 2010; De Carlo *et all.*, 2009), a *estratégia de inovação centrada no usuário* e o modelo de *Design Thinking*[6], difundidas mundialmente por Thomas Kelley da IDEO.

---

[6] O *design thinking* é uma ferramenta que ajuda a empresa a pensar com a cabeça do consumidor. As aspirações do cliente são, então, decifradas e traduzidas em um objeto inovador, único. É como um *design* sob medida, não apenas pelo compromisso com a estética, mas, principalmente, pela funcionalidade. A essência desse processo de criação está em formular as perguntas certas. Para quem é esse produto? Quais são os concorrentes? Que hábitos e necessidades podemos identificar nas pessoas para diferenciar o portfólio? Todas essas questões podem ser resumidas em uma só sentença: de que produto as pessoas precisam? As respostas ajudarão os fabricantes a elaborar uma estratégia eficaz de produção, distribuição e venda. O resultado deve seguir três requisitos: precisa ser desejável, tecnicamente possível e mercadologicamente viável. (Texto retirado de http://epocanegocios.globo.com/Revista/Common/0,,EMI108968-16642-4,00-DESIGN+SOB+MEDIDA.html. Acesso em 5/4/2010.)

Estas novas estratégias desenvolvidas para apoiar os processos de inovação chamam a atenção de empresas de todos os portes e setores, que encontram grandes fontes de ideias com base na análise da experiência dos clientes e usuários com produtos e serviços e tarefas que necessitam realizar de forma mais simplificada, conveniente e a menor custo, identificando nichos de mercado que antes passavam despercebidos.

A teoria da inovação disruptiva, lançada por Clayton Christensen em seu livro *O Dilema da Inovação*, defende a ideia de que as empresas já estabelecidas em um mercado têm alta probabilidade de vencer os novos concorrentes quando a disputa se baseia nas inovações progressivas e sustentáveis, ou seja, quando o alvo das melhorias radicais ou incrementais são clientes exigentes e dispostos a pagar mais por produtos melhores.

No entanto, essas mesmas empresas bem estabelecidas tendem a perder para novos concorrentes que oferecem soluções disruptivas, ou seja, produtos e serviços que sejam mais simples, convenientes, acessíveis e que atendam às necessidades de clientes menos exigentes, a um preço inferior. As oportunidades para inovar surgem a partir de uma base de clientes que se encontram excessivamente servidos pelos produtos e serviços já existentes, pois na prática não precisam de todos os recursos e funções incluídos nas soluções oferecidas. Estes clientes têm um perfil menos exigente, acreditam que os produtos existentes no mercado são muito complexos e caros e buscam soluções com menos funcionalidades e atributos, mas que lhes permitem atender adequadamente suas necessidades e realizar suas tarefas de forma ágil e eficiente, a um valor acessível.

Por oferecer soluções mais simplificadas e a menor preço, as inovações de caráter disruptivo também ampliam a base de clientes da empresa, na medida em que passam a atender não consumidores que não tinham acesso às soluções oferecidas por serem caras e complexas demais. Os não consumidores são geralmente pessoas que não dispõem de habilidades ou recursos financeiros para realizar determinada tarefa, o que os obriga a recorrer a especialistas ou buscar uma solução inadequada para atender suas necessidades. Assim sendo, uma das formas de identificar novos mercados ou não consumidores é focar nas tarefas que devem realizar – *Jobs to be done* – e oferecer soluções mais adequadas às suas possibilidades, recursos e necessidades.

Outra estratégia que teve repercussão mundial foi a Estratégia do Oceano Azul, apresentada por Kim Chan e Renée Mauborgne em seu livro *A Estratégia do Oceano Azul*. De acordo com os autores, o universo dos negócios é formado por dois tipos distintos de espaços competitivos: um é o **Oceano Vermelho**, o outro, o **Oceano Azul**.

O Oceano Vermelho representa setores hoje existentes, ou seja, o mercado conhecido. Nesse, os setores são definidos e delimitados por modelos econômicos e as expectativas dos clientes e estruturas competitivas são conhecidas pelos concorrentes, que disputam ferozmente entre si uma fatia deste mercado. Este, por sua vez, fica rapidamente saturado, diminuindo as perspectivas de lucro e crescimento.

O Oceano Azul, na concepção dos autores, representa um setor que ainda não nasceu – permanece despercebido pela concorrência. Neste mercado, a demanda é criada e não disputada. Existem oportunidades de crescimento e lucro. As empresas que conseguem identificar estes espaços de mercado buscam dar um salto de valor para o cliente e para si mesmas, deixando a concorrência para trás.

Existe uma visão estratégica de que as regras do mercado não são imutáveis e intransponíveis; as empresas buscam inovar em sua proposta de valor aos clientes, atendendo uma equação estratégica: oferecer produtos e serviços que agreguem valor na percepção do cliente, sem necessariamente aumentar os custos operacionais e de comercialização para a organização.

Os autores descrevem algumas das premissas básicas para as empresas que adotam a estratégia do Oceano Azul como sendo: conseguir diferenciação com baixa dos custos; é orientada para o não cliente; nunca se limita aos limites da concorrência; não se quer derrotar a concorrência, mas ser mais criativo do que o concorrente; e reconstruir a realidade e, com isso, criar novos mercados.

As empresas que navegam no Oceano Azul passam a oferecer excelência em seu produto ou serviço, aliando praticidade, conveniência, necessidade e um alto custo/benefício para o usuário. Empresas como a Amazon na comercialização de livros, a Dell no modelo de negócios adotado para vender computadores via Internet customizados às necessidades e desejos de consumidores, e o *E-Bay* atuando na indústria de leilões *on-line*, Starbucks, Apple, Pfizer, Samsung e a brasileira Casas Bahia, são exemplos claros de empresas que basearam seu sucesso comercial na estratégia do Oceano Azul. Recentemente, testemunhamos a criação de um novo Oceano Azul através do lançamento do leitor de livros eletrônico Kindle da Amazon, seguido rapidamente pelo lançamento do IPad da Apple, buscando oferecer a conjugação de vários recursos multimídia e de comunicação em um único aparelho.

5. O MODELO DE INOVAÇÃO ABERTA – INOVANDO NOS MODELOS E ESTRATÉGIAS DE INOVAÇÃO

Com base nos mais recentes modelos de gestão de geração mais avançada conforme descritos anteriormente, os gestores brasileiros começam a olhar para a adoção de um modelo da inovação altamente colaborativo, a inovação aberta ou *open innovation*. Este modelo pressupõe que o conhecimento para promover inovações é encontrado em qualquer lugar da rede de valor da organização e no mundo globalizado. Portanto, qualquer empresa que quiser se tornar inovadora deverá abrir as portas de sua organização para ideias que venham de fora; de centros de pesquisa, universidades, outras empresas, mesmo que concorrentes.

O enfoque das empresas que adotam este modelo é mais voltado para o exterior, especialmente no que tange à atuação de seu P&D. Buscam usar tecnologia externa para alavancar o próprio processo interno de pesquisa e desenvolvimento e identificam oportunidades em outras empresas para que usem sua própria tecnologia no desenvolvimento de seus negócios. Portanto, a área de P&D interno destas empresas muda de foco: tornam-se laboratórios de inovação aberta, que identificam e buscam tecnologias promissoras para aplicação interna, e elaboram uma arquitetura capaz de integrar facilmente essas tecnologias em seus sistemas. As equipes do P&D tornam-se integradoras de tecnologias que possam surgir de fornecedores, distribuidores, clientes e outros atores de sua rede de valor.

Empresas que adotam este modelo valorizam as contribuições intelectuais das pessoas de dentro e fora da organização; buscam essencialmente lançar produtos que sejam rentáveis, licenciam patentes para terceiros, franqueiam a troca de conhecimentos e incorporam tecnologias de outros, dividindo riscos e benefícios. Há, portanto, uma clara preocupação com o conceito de promover a gestão da inovação por meio de processos sustentáveis a longo prazo e não somente em lançar produtos originais.

Em contrapartida, as empresas que adotam um modelo de inovação fechado limitam-se a utilizar seus recursos internos, investem apenas nos talentos de suas próprias empresas, têm grande preocupação em ser pioneiras e com a originalidade de seus lançamentos e controlam suas patentes, impedindo que terceiros as utilizem.

Em um evento sobre Inovação Aberta realizado em São Paulo em 2008, Henry Chesbrough, diretor-executivo do Center for Open Innovation da Universidade da Califórnia, em Berkeley, e criador do conceito de inovação aberta, afirmou que a inovação passou a ser global e afirmou que o Brasil já adota este modelo estratégico.

Neste evento, empresas como Natura, Embraer, Laboratório Cristália e Omnisys foram citadas como exemplos de organizações que inovam em parceria com outras empresas e universidades. Segundo Sônia Tuccori, gerente de P&D e Biodiversidade da Natura, a necessidade de inovar rapidamente fez a empresa formar um grupo de cientistas brasileiros, franceses, alemães e americanos que pensam juntos em como colocar novos produtos no mercado em menos tempo. A Natura optou por um modelo de copropriedade entre os parceiros da P&D. O Laboratório Cristália tem parcerias com centros de pesquisa públicos para canalizar o bom desempenho financeiro gerado pela fabricação de genéricos com novas tecnologias próprias. O sucesso da Omnisys também é atribuído à colaboração externa.

Fabricante de dispositivos de alta tecnologia, embarcados em satélites, radares meteorológicos e aparelhos de guerra eletrônica para a Marinha, a Omnisys participa de projetos internacionais com o grupo francês Thales, e funciona como plataforma de exportação de tecnologia do Brasil para diversos países, inclusive para a França. A Embraer, que já vinha trilhando o modelo de inovação aberta, contava com quatro parceiros no desenvolvimento de aviões; e contará com 16 para o jato 170/190.

Com base em uma gestão voltada para estimular a criatividade, em 2004 a Braskem lançou o "Programa de Inovação Braskem", passando a adotar o conceito de inovação aberta. Este programa trata de um banco de ideias aberto a sugestões de todos os cantos, de dentro e fora da empresa, que se utiliza de um *software* criado para auxiliar na avaliação das propostas.[7]

A Recepta, empresa de biotecnologia que inaugurou seu primeiro laboratório no Brasil, fechou uma parceria com o Instituto Butantã de São Paulo, na qual adotou o modelo de inovação aberta, o que permitiu que o laboratório funcionasse na sede no instituto, utilizando-se de sua mão de obra qualificada. Parcerias semelhantes tendem a ser realizadas com países desenvolvidos (como a Suécia, Estados Unidos, Inglaterra e Austrália), sendo raramente fechadas com países emergentes como o Brasil.[8]

Empresas internacionais como a Procter & Gambler, IBM, Novartis, Lilly, Boeing, Du Pont, Apple tornaram a inovação aberta parte de sua estratégia de inovação, abastecendo-se de novidades no mercado de ideias criado pela globalização dos recursos tecnológicos e científicos. Outro exemplo de inovação aberta é oferecido pela IBM, que se reinventou em parcerias e no licenciamento de patentes afastadas do seu *core business*. Em 2007, a empresa abriu 500 patentes para que desenvolvedores criassem soluções para seus usuários.

A P&G, rompendo com uma cultura de autossuficiência, explora mercados de P&D *on-line*, lançando mão de uma rede mundial de 1,8 milhão de pesquisadores de alto nível e outros intermediários para buscar e adquirir tecnologias e ideias de inventores independentes. A empresa tem aproximadamente 50% de seus produtos com elementos originados de outras empresas, sendo que este percentual deverá subir nos próximos anos, de acordo com seu vice-presidente de P&D, Nabil Sakkab.[9]

No caso da P&G a conexão com a rede externa pode se dar de três formas diferentes, adotadas simultaneamente. A empresa divulga em um *site* de inovação aberta, como a Innocentive (www.innocentive.com) e o NineSigma (www.ninesigma.com), informações sobre suas necessidades técnicas e científicas e aguarda

---

[7] "Aqui nasceu o plástico verde." In: *Época Negócios*, agosto, 2007, p. 95.
[8] "Inovação aberta – O planeta é o seu laboratório." In: *Época Negócios*, julho, 2007, p. 78-80.
[9] *Ibid.*, p. 81.

respostas; posta pedidos de maneira anônima, oferecendo recompensas financeiras, ou ainda utiliza sua própria rede de fornecedores.[10]

De acordo com Nambisan e Sawhney[11], o número de empresas que buscam inovações no mercado, sejam de conceitos embrionários, ideias, patentes, ou sejam de negócios já prontos, vem crescendo. Empresas como a Intel Capital, a fabricante de microprocessadores, investe em *start-ups* de tecnologia e fomenta a inovação, enriquecendo seu ecossistema de negócios. A Nokia lançou o Concept Lounge, fórum interativo criado para descobrir e adquirir conceitos de produtos futuristas e inovadores direto de fontes independentes.

Mas não somente as grandes empresas podem se beneficiar do modelo de gestão da inovação aberta. Esta estratégia se configura como uma nova forma adaptativa de lidar com a inovação para as pequenas empresas. Com recursos escassos para investir em pesquisa e desenvolvimento de aplicativos, elas recorrem a contratos e parcerias externas.

Em decorrência desta nova tendência na busca de recursos externos para a inovação na organização, surge um novo profissional denominado de "Capitalista da Inovação". Sua atividade é buscar e avaliar conceitos e produtos na comunidade de inventores; desenvolver e aprimorar tais conceitos para que sua viabilidade de produção e potencial comercial possam ser avaliados; e oferecer os resultados almejados pelas empresas para as quais presta seus serviços.

Outros profissionais, também conhecidos como intermediários da inovação, atuam na busca de fontes e recursos externos para a inovação – são os chamados agentes de licenciamento, corretor de patentes, olheiro de ideias e capitalistas de invenção, que identificam ideias ainda em estado bruto; enquanto os capitalistas da inovação buscam ideias prontas para o mercado. Os capitalistas de risco e incubadoras de negócios já focam sua atuação em produtos prontos para lançamento.[12]

O principal desafio na adoção do modelo de inovação aberta está em encontrar as pessoas certas e fomentar o trabalho colaborativo entre elas; e buscar integrar descobertas científicas de forma inovadora, na forma de uma nova experiência de consumo. As síndromes do "Não Inventado Aqui", na qual a organização descarta produtos que não sejam desenvolvidos internamente, e do "Não Vendido Aqui"[13], na qual a organização se recusa a adotar ideias que sejam originadas externamente ou insiste em ter exclusividade no uso de sua tecnologia restringindo este uso aos seus próprios canais de venda, são fatores impeditivos à adoção de uma estratégia de inovação aberta.

---

[10] "Aqui nasceu o plástico verde." In: *Época Negócios*, agosto, 2007, p. 96.

[11] "Guia de compras para a Feira de Inovação." In: *HBR*, junho, 2007, p. 75.

[12] Você poderá obter uma tabela explicativa dos diferentes papéis e formas de atuação dos intermediários da inovação, no artigo "Guia de compras para a Feira de Inovação". In: *HBR*, junho, 2007, p. 80.

[13] Henry Chesbrough. "As novas regras de P&D." In: *Implementando a Inovação*. Rio de Janeiro: Editora Campus, 2007.

6. ESTRATÉGIAS DE INOVAÇÃO APLICADAS AO MERCADO BRASILEIRO

Conveniência, simplicidade, consistência, funcionalidade, agilidade, qualidade, eficiência, custos competitivos, aliados a bom preço são as novas regras do jogo para que as empresas possam inovar na proposta de valor aos seus clientes.

No Brasil, são várias as empresas que começam a se estruturar nesta direção: Natura, Banco Real (Santander), Syngenta, Champion Saúde Animal, Usiminas Soluções, Hospital Moinhos de Vento, dentre tantas outras. Empresas como a Ford, que desenvolveu um painel de LCD para dois modelos híbridos que serão lançados em 2010, o Ford Fusion e o Mercury Milan; a Alpargatas, dona da grife Havaianas, que desenvolveu uma bolsa despojada, que pudesse ser usada na praia e na cidade feita da mesma borracha dos chinelos; a Positivo Informática, com o lançamento do modelo Faces; a 24×7 Cultural, que inovou no modelo de comercialização de livros, vendendo-os ao custo entre R$ 1,00 e R$ 5,00 através de máquinas automatizadas, são alguns exemplos de empresas que baseiam suas estratégias de inovação centradas nas experiências dos usuários (Zevallos, 2008).

Mas há mais de uma década outras empresas brasileiras adotaram as premissas da conveniência, simplicidade, consistência, funcionalidade, agilidade, qualidade e eficiência quando lançaram seus novos produtos e serviços. Em 1982, liderada por bancos brasileiros, foi fundado o Banco 24Horas, a primeira rede integrada de caixas eletrônicos fora das agências, popularizando o sistema de auto-atendimento bancário externo e os caixas automáticos. O Internet Banking, canal de atendimento eletrônico que oferece todos os serviços de uma agência com exceção de saques e depósitos, surgiu no país em 1996.

Outra inovação, que se tornou referência mundial, foi o sistema eletrônico de votação que informatizou o sistema de apuração de votos pelo Tribunal Superior Eleitoral e estreou nas eleições municipais de 1997. Outras inovações que rapidamente alcançaram reconhecimento mundial foram o BINA, identificador de chamadas, cujo serviço passou a ser oferecido às operadoras de telefonia fixa e móvel, e a Receitanet, programa que valida e transmite, via Internet, declarações de imposto de pessoas físicas e jurídicas, oferecidos pela Receita Federal desde 1997 (Zevallos, 2008). Adotando as premissas de simplicidade e conveniência, a baixo custo e preço ao começar a operar no mercado brasileiro em 2001, dispondo de uma frota de seis aviões e participação de mercado de apenas 5%, a Gol multiplicou seu negócio em 17 em cinco anos. Segundo uma pesquisa feita por *EXAME* em parceria com a consultoria Economática, a Gol foi a companhia aérea que teve o crescimento mais veloz já visto entre as empresas privadas que começaram do zero no Brasil nas últimas quatro décadas – o período em que a economia brasileira foi gradativamente aberta à competição internacional.

Os copos de polipropileno desenvolvidos pela Braskem, cujo custo era menor, o material mais resistente, permitindo a impressão em sua superfície; as tintas antipichação desenvolvidas pela Impercol; a nota fiscal eletrônica, que o governo do Estado de São Paulo implementou no final de 2007; o caso da EMBRAER ao lançar seus jatos 170/190 com baixos custos operacionais, alta velocidade, bom nível de conforto e baixo custo de manutenção ofereceu uma opção à indústria de aviação e ao seu mercado de usuários, aliando tecnologia estado da arte, maior conforto para os passageiros e melhor desempenho econômico para empresas como a Azul. O foco na humanização de tratamentos na área de saúde, oferecidos pela Rede Sarah e o Hospital de Câncer de Barretos, que provê atendimento gratuito de alto nível, incluindo acompanhante 24 horas por dia, seis refeições diárias, alojamento, assistência jurídica e atendimento domiciliar multidisciplinar, configuram como exemplos mais recentes de inovações em serviços e produtos no mercado brasileiro.

7. Conclusão

Com base nos modelos de gestão de inovação existentes e na multiplicidade das estratégias adotadas para sustentar este modelos, podemos afirmar que não é possível adotar um único modelo para implementar os processos de inovação, e que a utilização de qualquer modelo requer adaptações e mudanças para adequá-los às características da empresa e ao mercado no qual atua.

Convém salientar que desenvolver e gerenciar os processos de inovação de uma empresa é um grande desafio, uma vez que estes diferem de acordo com o setor no qual a empresa atua, seu campo de conhecimento, seus tamanho e porte, estratégia organizacional, tipo de inovação, estágio de amadurecimento e cenários históricos, econômicos, políticos e sociais, tendo assim um caráter essencialmente contingencial.

O desafio da inovação perpassa a organização como um todo, tanto em seus níveis estratégicos quanto operacionais. A maioria dos pesquisadores e analistas modernos concorda em afirmar que a empresa deve desenvolver uma visão sistêmica dos processos envolvidos na gestão da inovação organizacional. Muitos dos insucessos experimentados por empresas se devem ao fato de que estas apresentavam uma deficiência sistêmica, analisando apenas partes do processo de inovação.[14]

Ainda hoje, a grande maioria das empresas brasileiras, apesar de considerar a inovação uma ferramenta estratégica para a sustentabilidade e competitividade de seus negócios, não conduz seus processos adotando um modelo de gestão, alinhado estrategicamente à visão competitiva da organização. Verificamos, ainda, que os gestores detêm conhecimento limitado sobre o que é a inovação, por que inovar e como direcionar os recursos e esforços organizacionais para alavancar sua capaci-

---

[14] "O inovador sofisticado." In:: *HBR*, junho, 2007, p. 74.

dade inovadora. A maioria desconhece os recursos humanos, tecnológicos e financeiros disponíveis em seu ecossistema de negócios e, portanto, tem capacidade restrita de gerenciar estes recursos adequadamente. Talvez o desconhecimento seja o maior gargalo ao potencial de inovação nas empresas brasileiras.

Mesmo assim, o Brasil já pode contar com inúmeros exemplos de empresas dos mais diversos setores e portes que desafiaram os obstáculos econômicos e mercadológicos à inovação e puderam se situar dentre as organizações mais inovadoras do país.

8. Resumo Executivo

- No Brasil houve uma evolução significativa nos modelos de gestão de inovação adotados pelas empresas brasileiras nas últimas décadas, que passaram a adotar estratégias de inovação mais avançadas, envolvendo colaboradores diretos e indiretos nos processos de desenvolvimento de novos produtos e serviços. Ao adotar estas estratégias muitas empresas se destacaram no mercado nacional e internacional, dando sustentabilidade aos seus negócios.

- No cenário competitivo do século XXI, onde a inovação se torna ferramenta de competitividade e sustentabilidade, a Gestão do Conhecimento desempenha um papel estratégico nos processos de gestão da inovação. O potencial de inovação depende da capacidade de aprendizagem organizacional, de criar novos conhecimentos, de disseminá-los pela organização e de incorporá-los na forma de novos produtos, processos e serviços. As empresas passam a ter o desafio gerencial de *gerir conhecimento para gerar inovação.*

- O estabelecimento de uma estratégia voltada para a inovação é um fator crítico para que os processos de inovação se deem de forma sistêmica e contínua dentro da organização. Esta deve contemplar a análise das possíveis opções para a inovação, a escolha de um portfólio de inovações, a integração dos recursos internos e externos disponíveis a serem alocados aos projetos inovadores e a coordenação dos relacionamentos com clientes, fornecedores e colaboradores envolvidos nos processos do desenvolvimento de inovações.

- Na última década, grande ênfase é dada às estratégias de inovação que ofereçam soluções completas e integradas que melhor atendam as necessidades de clientes e que possam gerar experiências únicas de valor aos seus usuários. Estratégias de inovação mais centradas no usuário, como a Estratégia do Oceano Azul e o modelo do *Design Thinking*, possibilitam às empresas de qualquer setor e porte desvendar novos nichos de mercados e inovar na sua proposta de valor ao cliente.

- Os modelos de gestão da inovação aberta, que pressupõem que o conhecimento para promover inovações se encontra em qualquer lugar da rede de valor da organização e no mundo globalizado, amplia dramaticamente os recursos disponíveis para a inovação, permitindo que empresas inovem por meio de parcerias, licenciamento de tecnologias e o compartilhamento de plataformas de competências.

QUESTÕES PARA REFLEXÃO

1. Dentro dos modelos de gestão dos processos de inovação e estratégias apresentados neste capítulo, quais seriam os mais adequados à realidade econômica e mercadológica brasileira?
2. De que forma a Gestão do Conhecimento passou a desempenhar um papel estratégico nos processos de gestão da inovação?
3. Onde a empresa pode buscar recursos necessários para a inovação, caso não disponha de todas as competências e tecnologias internamente para desenvolver novos produtos e serviços?
4. Uma das formas de identificar novos mercados ou não consumidores é focar nas tarefas que os clientes e usuários devem realizar e oferecer soluções mais adequadas aos seus recursos e necessidades, e que ofereçam maior conveniência, simplicidade, funcionalidade e bom preço. Dê exemplos de inovações lançadas por empresas brasileiras baseadas nas tarefas a serem realizadas e com estas características.
5. Quais são os benefícios do modelo de gestão de inovação aberta, e que desafios as empresas podem enfrentar ao adotá-lo?

REFERÊNCIAS BIBLIOGRÁFICAS

BARBIERI, José Carlos e ÁLVARES, Antonio C. (orgs.). "Inovações nas organizações empresariais". In: *Organizações inovadoras: estudos e casos brasileiros*. Rio de Janeiro: Editora FGV, 2003.

CHRISTENSEN, Clayton. *O crescimento pela inovação – como crescer de forma sustentada e reinventar o sucesso*. Rio de Janeiro: Editora Campus, 2003.

COUTINHO, Paulo. *Estratégia tecnológica e gestão da inovação: uma estrutura analítica voltada para os administradores das empresas*. Tese de Doutorado, UFRJ, 2004.

DE CARLO, Niel; SAMUEL, Phillip e SILVERSTEIN, David. *The innovator's toolkit*. Nova Jersey: John Wiley & Sons, Inc., 2009.

HAMEL, Gary e PRAHALAD, C. K. *Competing for the future*. Harvard Business School. Rio de Janeiro: Editora Campus, 1999.

HAMEL, Gary e BREEN, B. *O futuro da administração*. Rio de Janeiro: Editora Campus, 2008.

HIGGINS, James M. *Innovate or evaporate – test and improve your organization I.Q.* Florida: The New Management Publishing Company, 1995.

JOHNSON, Mark. *Seizing the White Space*. Boston: Harvard Business Press, 2010.

JONASH, Ronald e SOMMERLATTE, Tom. *O valor da inovação. Como as empresas mais avançadas atingem alto desempenho e lucratividade*. Rio de Janeiro: Editora Campus, 2001.

KIM, C. e MAUBORGNE, R. *A estratégia do oceano azul. Como criar novos mercados e tornar a concorrência irrelevante*. Rio de Janeiro: Editora Campus, 2005.

NONAKA, Ikujiro; ICHIJO, Kazuo e KROGH, Georg Von. *Facilitando a criação do conhecimento. Reinventando a empresa com o poder da inovação contínua*. Rio de Janeiro: Editora Campus, 2001.

PAVITT, Keith, "The Process of Innovation". SEWPS - SPRU Electronic Working Paper Series, SPRU - Science and Technology Policy Research. The Freeman Center, University of Sussex, 2003

PRAHALAD, C. K. *O futuro da competição: Como desenvolver diferenciais inovadores em parceria com os clientes*. Rio de Janeiro: Editora Campus, 2004.

STEWART, Thomas A. *Capital intelectual. A nova vantagem competitiva das empresas*. Rio de Janeiro: Editora Campus, 1997.

STOECKICHT, I. e RODRIGUEZ Y RODRIGUEZ, M. "Gestão estratégica do capital intelectual voltada para a inovação." In: *Educação corporativa: fundamentos e práticas*. Rio de Janeiro: Qualitymark Editora, 2004.

TIDD, J.; BESSANT, J. e PAVITT, K. *Gestão da inovação*. São Paulo: Editora Bookman, 2005.

THOMAS, R. e CROSS, B. *Redes sociais – Como empresários e executivos de vanguarda as utilizam para obtenção de resultados*. São Paulo: Editora Gente, 2009.

ZEVALLOS, Gustavo. *101 inovações brasileiras*. São Paulo: Editora IOB, 2008.

Capítulo 13

Inovação em Serviços ao Cliente – Logística Reversa: Um Estudo de Caso dos Correios

Autor:

Gerson Gimenes, BSc.

Revisor:

Martius Vicente Rodriguez y Rodriguez, pDSc.

1. INTRODUÇÃO

A Empresa Brasileira de Correios e Telégrafos – ECT foi criada em 20 de março de 1969. É uma empresa pública vinculada ao Ministério das Comunicações que tem por finalidade garantir a prestação dos serviços postais, sendo hoje reconhecida nacional e internacionalmente pela excelência de seus serviços. Segundo pesquisa realizada por instituto de pesquisa externo em 2007, os Correios são a segunda instituição de maior confiabilidade do país, perdendo apenas para a família. Esse índice coloca os Correios na liderança no *ranking* de eficiência do setor público brasileiro e ratifica os resultados obtidos em pesquisas semelhantes realizadas nos últimos oito anos.

Os Correios, motivo de orgulho para o Brasil, são uma empresa ágil e moderna, com uma estrutura organizacional composta pela Administração Central, localizada em Brasília, 28 Diretorias Regionais, distribuídas pelos diversos estados brasileiros e, aproximadamente, 12 mil agências (próprias e terceirizadas). Para cobrir o território nacional, os Correios dispõem de uma frota própria de mais de 5 mil veículos (caminhões e furgões), além de 15 mil motocicletas e 20 mil bicicletas. Toda essa frota dá suporte à ação dos mais de 110 mil empregados (maior empregador celetista do país), cobrindo literalmente todos os municípios brasileiros, sem exceção. Essa superestrutura faz com que os Correios sejam a instituição pública mais presente na vida do cidadão brasileiro.

O setor postal, em nível mundial, vem passando por profundas transformações em decorrência da liberalização dos mercados, do aumento da concorrência entre os operadores públicos e privados, da evolução do marketing das empresas, do avanço das tecnologias, da Internet e mais recentemente do comércio eletrônico e da logística associada. A estes fatos somam-se as novas e constantes exigências dos clientes, sempre buscando melhor preço, qualidade e comodidade no recebimento e devolução de produtos. Em vista disso, a necessidade de as empresas estarem sempre inovando, no sentido de melhorar a qualidade, de racionalizar os custos da cadeia logística, bem como de agilizar e flexibilizar os serviços prestados aos clientes, é cada vez maior. No Brasil existe um cenário de oportunidades decorrente do crescimento sustentável da indústria de encomendas, da desconcentração de mercados produtores e do incremento dos negócios baseados em residência.

Observa-se também uma forte demanda por agregação de valor às atividades de entrega de encomendas, bem como pela busca de parceiros logísticos que possam atuar diretamente em todas as etapas do negócio. Sintonizados com esses movimentos, os Correios vêm inovando cada vez mais. Isso inclui reforçar a liderança no segmento nacional de encomendas nas modalidades expressas e econômicas – um mercado estimado em 300 milhões de postagens por ano e com potencial de faturamento de US$ 3,9 bilhões – já disputado por fortes competidores nacionais e multinacionais.

Nesse contexto e dentro da filosofia de inovação em serviços, os Correios, notadamente a partir de 2000, criaram e disponibilizaram ao mercado seis novos serviços no segmento de encomendas expressas e econômicas: e-SEDEX (2000) para o nicho de entregas do comércio eletrônico; SEDEX 10 (2001) para o nicho de entregas expressas no dia seguinte até as 10h; PAC (2002) para o nicho de entregas de mercadorias pelo modal de superfície; Logística Integrada (2003); SEDEX Hoje (2004) para o nicho de entregas expressas no mesmo dia; Disque Coleta (2004) oferta, de serviço de coleta em domicílio para clientes com ou sem contrato que buscam comodidade e Logística Reversa para o segmento empresarial de atendimento ao consumidor.

Ressalta-se que, a partir do lançamento do e-SEDEX, derivaram pacotes de serviços básicos e opcionais altamente customizados, dentre os quais se destaca o serviço de Logística Reversa[1], inicialmente direcionado ao comércio eletrônico, e que, atualmente, ganhou status de atividade essencial ao adequado posicionamento de marketing das empresas de diversos segmentos, dentre os quais a telefonia celular, os eletroeletrônicos, a venda direta e a informática.

É crescente a preocupação do marketing das empresas em não só disponibilizar o produto no ponto de venda no tempo certo, mas também reforçar a imagem da marca na pós-venda, com a oferta completa de serviços de reparos e assistência técnica de qualidade. Além disso, está claro que o processo de devolução de um produto, nos casos de defeitos de fabricação ou funcionamento ou de erros no processamento do pedido, provoca grande incômodo ao consumidor.

Portanto, pensando na fidelização de clientes e no valor de suas marcas, as empresas passaram a se preocupar com a aceleração do ciclo reverso e com a comodidade do cliente neste processo, procurando transformar um consumidor frustrado em um cliente satisfeito. É interessante realçar a importância do serviço, pois a logística reversa se transformou em uma necessidade crescente no mercado brasileiro de encomendas.

Em face do exposto e tendo em mente que inovar e gerir estrategicamente o conhecimento não significam apenas estar sintonizado com as últimas tendências de gestão, mas sim uma questão de sobrevivência, este estudo de caso retratará a ex-periência dos Correios na implementação do serviço de logística reversa, que, conjuntamente com a segmentação e criação de inúmeros serviços de encomendas expressas e econômicas (SEDEX, e-SEDEX, SEDEX 10, SEDEX Hoje, SEDEX Mundi, PAC e Disque Coleta), tem sido considerado uma das grandes inovações da empresa dos últimos anos.

O serviço de logística reversa dos Correios foi selecionado em 2007 entre os três melhores *cases* do mundo, na categoria Serviços ao Cliente, do World Mail Award,

---

[1] Serviço de remessa de mercadorias ou documentos em devolução, sem ônus ao remetente, para serem entregues exclusivamente no endereço que o cliente contratante indicar. O serviço pode ser prestado com coleta domiciliar do objeto ou por meio de postagem autorizada em agências.

e se apresenta como uma solução comercial adequada aos processos de pós-consumo ou de pós-venda, contribuindo para agregar valor a produtos que já possuem uma política clara de devolução, por razões comerciais, legais (Código de Defesa do Consumidor), operacionais (erros de processamento dos pedidos ou avarias no transporte) ou ambientais (descarte adequado).

2. Metodologia de Pesquisa

Para consecução do presente estudo de caso e buscando associar a teoria apresentada neste livro à prática, foram realizadas revisões e pesquisas bibliográficas sobre o assunto Inovação, Gestão do Conhecimento, bem como sobre os principais serviços da ECT relacionados ao segmento de encomendas expressas e econômicas, com destaque para a logística reversa.

3. Situação Inicial

Em 2000, os Correios iniciaram a reestruturação da infraestrutura logística e dos serviços de encomendas econômica e expressa. Pesquisas feitas permitiram identificar desejos e aspirações dos clientes, bem como lacunas no posicionamento do SEDEX (serviço nacional de entrega expressa). Ficou evidenciada, também, a existência de demanda de serviços de logística integrada e a necessidade de serviços complementares de coleta, pagamento na entrega, *fullfilment*[2], entre outros.

A pesquisa ocorreu no período em que surgia no Brasil o comércio eletrônico, tangibilizando a tendência de incremento do comércio baseado em residência. A nova economia inverteu o fluxo dos produtos em relação ao consumidor. Surgia, assim, a necessidade de uma logística que levasse os produtos até a casa do consumidor com velocidade, ampliando a comodidade do *e-commerce*, mas, também, que fosse blindada por serviços diferenciados como agendamento na entrega, pagamento na entrega e logística reversa.

Nesse contexto, os Correios lançaram, em outubro de 2000, o e-SEDEX, serviço expresso destinado ao transporte e entrega de mercadorias comercializadas via Web, o qual trouxe em seu composto de serviços adicionais a Logística Reversa, denominada na época "Postagem em Devolução".

Para o segmento do comércio eletrônico, constatou-se, segundo a pesquisa realizada com *players* do segmento, a necessidade de um serviço complementar que desse provimento aos casos em que o consumidor se arrependia da compra em até sete dias, a contar da data de recebimento do produto, ou em que o produto apresentasse algum tipo de problema (especificação ou funcionamento).

---

[2] Atender no tempo e no prazo. É o conjunto de operações e atividades desde o recebimento de um pedido até sua entrega. É buscar a perfeição no atendimento ao cliente.

Ressalte-se que nesse primeiro ensaio da solução de Logística Reversa o processo foi baseado no envio físico de documento aos clientes (Instrumento de Postagem Autorizada em formulário) e na solicitação de coletas via e-mail. Referida solução era parcial, pois a cobertura estava restrita a 76 cidades e ao serviço e-SEDEX, modalidade de encomenda focada num nicho estreito de mercado (*e-commerce*).

Em linha com a pesquisa de mercado de encomendas, em 2002 foi lançado o serviço de Encomenda PAC (serviço de encomenda econômica – via superfície), voltado para o segmento corporativo, o qual contemplou dentro de suas características, como serviço complementar, a Logística Reversa.

Naquele momento, em função da tendência de incremento de pedidos de Logística Reversa, derivados do *e-commerce* e da nova modalidade de serviço de encomenda, foi desenvolvida uma solução tecnológica na WEB, denominada SCOL – Sistema de Coleta, a qual agregou ao serviço de Logística Reversa maior comodidade nas solicitações de pedidos de coleta e o acompanhamento on-line do status das coletas solicitadas.

Nessa etapa, o produto, caracterizado como Logística Reversa Domiciliária, propiciava a coleta domiciliar apenas nas cidades com mais de 50 mil habitantes. Os clientes das cidades desprovidas de coleta recebiam telefonema do representante dos Correios e tinham até 20 dias para postar suas encomendas. No âmbito interno, a criação do sistema de informações via Web (SCOL) propiciou a melhoria da gestão do serviço, por meio do controle dos pedidos e do acompanhamento do nível de serviço.

A despeito das melhorias implementadas em 2002, a solução de Logística Reversa possuía restrições na cobertura, processo de postagem em agência dilatado e, o principal, não estava disponível a todos os segmentos de clientes que precisavam de velocidade no processo de devolução e/ou substituição de produtos, uma vez que não estava disponível aos contratos de SEDEX.

Essa lacuna da Logística Reversa no serviço SEDEX permaneceu até 2005. Contudo, em função das demandas do mercado no processo de pós-venda, sobretudo da telefonia celular e de eletroeletrônicos, foi criado o referido serviço.

4. Aplicação do Estudo de Caso

Em vista dos pontos fracos da solução vigente e da demanda crescente, em 2005 os Correios iniciaram um processo de reformulação do serviço que foi amparado por teste de conceito junto às áreas de *marketing* e logística de potenciais parceiros, que culminou com a criação da solução Correios Logística Reversa. Para tanto, a gestão do conhecimento acumulado, as inovações tecnológicas, logísticas e comerciais se fizeram necessárias; dentre elas destacando-se:

- Relatórios gerenciais customizados que permitem o monitoramento on-line dos pedidos de Logística Reversa no ambiente Web pelos clientes.
- Relatórios gerenciais de operação que auxiliam na gestão do serviço no ambiente da rede corporativa pela área de operações.
- Extensão da Logística Reversa para os contratos de SEDEX.
- Desenvolvimento de solução customizada de logística reversa para o segmento de celulares, agregando atividade de preenchimento de *check list* (verificação do estado físico do produto) e o fornecimento de embalagens.
- Aperfeiçoamento do processo de autorização de postagem em agência (IHP).

Nessa linha, em setembro de 2005 os Correios implantaram as melhorias no gerenciamento de informações. E, no mesmo período, em parceria com clientes, desenvolveram o teste de mercado dos serviços de Logística Reversa Simultânea e Logística Reversa Domiciliária para o Segmento de Celulares. Esses testes apontaram para a necessidade de adequação dos formulários de *check-list* e de acréscimo de informações nas consultas, objetivando facilitar o controle dos centros de custos dos clientes.

A segunda etapa do projeto ocorreu em setembro de 2006, com a disponibilização ao mercado dos serviços de Logística Reversa Simultânea, da Logística Reversa Domiciliária com *Check-List* para a Telefonia Celular e, a principal inovação, a criação do *e-Ticket* para as operações de Logística Reversa em Agência.

Comércio eletrônico, vendas diretas por catálogos ou telemarketing, vendas diretas porta a porta, telefonia celular, eletroeletrônicos e peças de informática são alguns dos segmentos de negócio que mais necessitam de uma logística para devolução ou trocas de produtos no período de garantia, ou de envio à assistência técnica. Esta logística pode também ser utilizada na movimentação de pequenos estoques entre lojas e parceiros comerciais.

Pesquisas de gestão competitiva, que diagnosticaram, principalmente, o mercado e o comportamento da indústria de celulares e eletroeletrônicos, posicionaram a Logística Reversa dos Correios como o serviço de maior capilaridade, tanto para coleta como para postagem em agência, e com alto valor agregado pela tecnologia de informação.

Para implementar o Correios Logística Reversa, a empresa colocou em ação a eficiência de sua infraestrutura logística, que cobre todos os municípios brasileiros, disponibilizando aos clientes as redes de atendimento e de distribuição de encomendas.

É característica central da Logística Reversa a operacionalização do serviço com a participação ativa do cliente, posto que funciona como *self-service*. O cliente gera a ordem de coleta ou a autorização de postagem no ambiente de serviços on-line, escolhe o tipo de encomenda que deseja utilizar (expressa ou econômica), contrata serviços opcionais (Seguro Complementar, Embalagem, Preenchimento de *Check-List*) e indica a modalidade de Logística Reversa necessária. As demais tarefas, digitalizadas, se assemelham aos procedimentos necessários à postagem de uma encomenda na agência ou no domicílio do beneficiário.

O processo de geração de demanda da Logística Reversa tem como ponto comum o canal Web e a interatividade com os clientes. No entanto, as modalidades de serviços têm operacionalização diferenciada nas redes de atendimento e distribuição dos Correios, as quais são descritas a seguir:

1. *Logística Reversa Domiciliar* – coleta de mercadorias no endereço do consumidor final, para retorno aos respectivos centros de origem ou encaminhamento à assistência técnica.

2. *Logística Reversa na Agência (e-Ticket)* – postagem de encomenda em agência postal, mediante a apresentação do número da autorização de postagem (*e-Ticket*), para retorno aos respectivos centros de origem ou encaminhamento à assistência técnica.

3. *Logística Reversa Simultânea* – coleta de mercadorias no endereço do consumidor final, mediante a entrega simultânea de produto a ser substituído, para retorno aos depósitos dos respectivos clientes com contrato.

Atualmente, o serviço está formatado para os clientes com contratos, em âmbito nacional, de três tipos de encomendas, com peso de até 30 kg: SEDEX, e-SEDEX e o PAC. A modalidade de cobrança pelo serviço prestado é a faturar e, com relação às informações sobre a prestação do serviço, os clientes podem realizar o acompanhamento dos pedidos on-line pela internet, desde o status de coleta, até a entrega no destino final. É possível, também, a geração de relatórios de acompanhamento customizados.

5. Resultados Obtidos

5.1. Crescimento de vendas

O sucesso do serviço, após as melhorias realizadas nos últimos anos, baseia-se na capilaridade logística dos Correios, no sistema de informação, no portfólio composto pelos melhores serviços de encomendas do mercado brasileiro e na confiabilidade da marca CORREIOS para a realização de atividade crítica do *marketing* das empresas clientes: a pós-venda.

O Correios Logística Reversa cresceu de forma expressiva, encerrando 2008 com um crescimento de 50,03% em relação a 2007, conforme demonstrado no gráfico evolutivo (Figura 1):

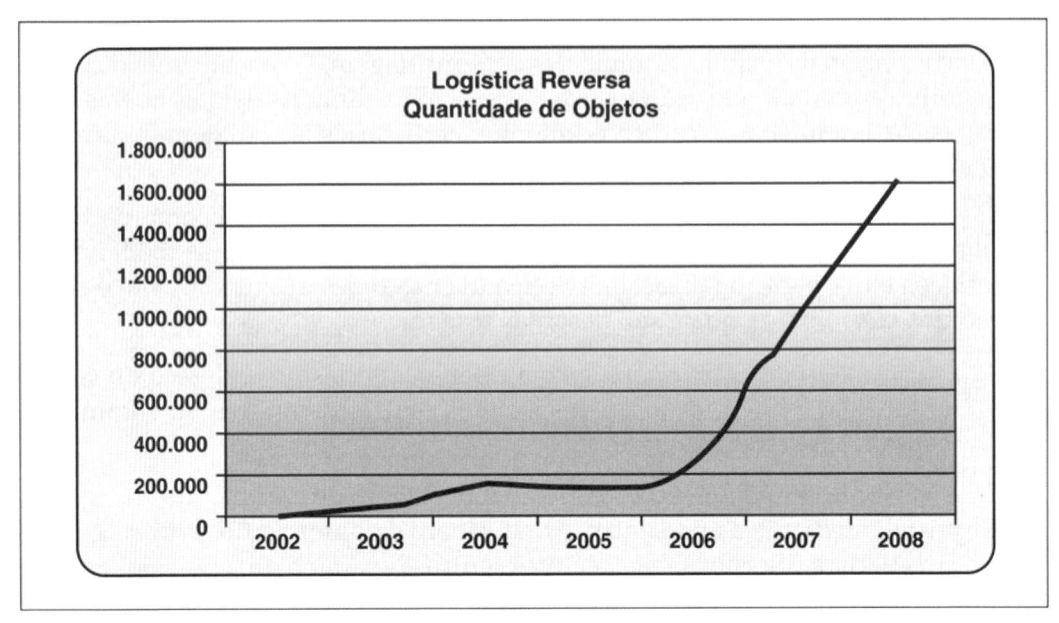

Figura 1 – Evolução no transporte de objetos pelos Correios utilizando Logística Reversa.

Quando se analisa a performance do serviço ao longo de um período de tempo maior, os resultados se apresentam ainda mais vigorosos. Para se ter uma ideia desse sólido desempenho, o Correios Logística Reversa apresentou, no período 2003-2008, a taxa anual média de crescimento de 91%.

Outro aspecto relevante, no tocante ao desempenho de marketing do serviço, é a tendência de cristalização da encomenda SEDEX, nosso serviço de maior valor agregado, como a principal opção para as remessas de Logística Reversa. Em dezembro de 2008, o serviço foi utilizado em 77% das solicitações de Logística Reversa. É uma sinalização clara de que os clientes estão buscando a encomenda que pode acelerar o fluxo reverso e minimizar o custo do processo pós-venda, sendo observados nesta decisão custos de estoque, multas, custo de oportunidade e valor da imagem.

O posicionamento do serviço Correios Logística Reversa no mercado de encomendas nacional pode ser constatado pela receita operacional do serviço, que saltou de R$ 24,8 milhões, em 2007, para R$ 36,9 milhões em 2008. Vale destacar que esse serviço atua em complementaridade às soluções logísticas diretas e que se estima um potencial de mercado da ordem de R$ 150 milhões.

A diferenciação de canal, promovida por meio da utilização da rede de distribuição de encomendas como alternativa para captação de encomendas e digitalização do processo de solicitação de serviços de Logística Reversa tem agregado valor aos serviços de encomendas e demonstrado na prática a força competitiva dos Correios.

Além disso, esse conceito de serviço e de canal complementar está possibilitando que empresas de diversos segmentos no mercado definam na estratégia de posicionamento do produto a política de pós-venda e o nível de serviço prometido. Tais políticas carregam declarações do tipo "garantia de troca em caso de defeito". Indo além da declaração da política, alguns clientes parceiros estão agregando à marca Correios Logística Reversa a embalagem de seus produtos, como forma de assegurar que já existe solução prevista e confiável para eventual operação de Logística Reversa.

5.2. Redução de custos

Os principais benefícios econômicos auferidos pelos clientes derivam da aceleração do processo de Logística Reversa e melhoria no atendimento ao cliente, o que impactou, diretamente, na redução de custos com estoques e multas e, com a Logística Reversa em Agência, redução de custos com taxas de coleta.

Neste estudo de caso, detalharam-se alguns dos itens de melhoria obtidos pelos clientes parceiros no desenvolvimento do conceito do serviço e no teste de mercado:

- Redução do número de ações junto ao Procon, com consequente queda do pagamento de multas e custas judiciais.
- Eliminação dos Postos Fixos Autorizados nos processos de captação de equipamentos para envio aos Centros de Reparos. O serviço de captação era mais caro, e o *lead time* do processo, elevado. Em alguns clientes houve redução de 15 a 30 dias no ciclo de reparos.
- A capilaridade dos Correios e o nível de serviço do Correios Logística Reversa possibilitaram a centralização de Centros de Distribuição Regional (CDRs), o que permitiu minimizar a pulverização das peças para reposição, melhorando assim o controle. Dessa forma, as melhorias diretas foram:
  > Redução do estoque de peças.
  > Gestão completa de todas as etapas do processo, reduzindo recursos humanos e materiais.
  > Redução da malha de assistência técnica, o que proporciona redução de custos com estoques e custos de serviços de reparos, por meio de uma rede de parceiros mais enxuta e fidelizada.

Além disso, no segmento de telefonia celular brasileiro visualiza-se intensa busca pela melhoria do *lead time* do processo de assistência técnica, objetivando minimizar os seguintes custos de oportunidade:

- *Fabricantes:* queda das vendas de aparelhos junto às operadoras, em função do ciclo de reparos.

- *Operadores de telefonia:* perda de receitas com serviços de comunicação, derivada do tempo de indisponibilidade dos aparelhos celulares.

5.3. Serviços ao consumidor

A essência da Logística Reversa está na solução de "deficiências do processo de venda original", permitindo o rápido equacionamento do processo de troca de produtos ou agilizando o ciclo de reparos, por meio da coleta de produtos defeituosos e entrega de produtos reparados.

Nesse contexto, a solução Correios Logística Reversa representa aos clientes que possuem contratos de encomendas as seguintes vantagens:

- Variedade de serviços de encomendas, permitindo aos clientes a gestão de *trade-offs* de Nível de Serviço e Custo.
- A oferta de opções de coleta no domicílio do consumidor para cidades com mais de 50 mil habitantes ou postagem em agências confere ao serviço o respeito à escolha do consumidor.
- Rastreabilidade de todo o ciclo – monitoramento dos pedidos de coleta e autorizações de postagem. No ato da solicitação, a contratante recebe informações sobre número e prazo para coleta ou número de autorização para postagem em agência, bem como o número que a encomenda receberá, possibilitando o rastreamento até o destino (Centro de Reparos).
- Transferência eletrônica de pedidos de Logística Reversa. A opção de solicitação de coletas e autorizações de postagem, via arquivo XML (*eXtensible Markup Language*), agiliza o processo e repasse das informações para os sistemas internos da empresa, acessado pela equipe de *Call Center*.
- Agendamento de coletas.
- Customização de relatórios gerenciais no Sistema de Coleta (SCOL), que propicia o acompanhamento do status do processo de coleta e envio, bem como a emissão de relatórios diversos que servirão de base para análise do *lead time* do processo e otimização dos processos internos.

Aos consumidores que compraram produtos de nossos clientes, os Correios entregam, de forma direta, os seguintes serviços e benefícios:

- Comodidade da coleta em domicílio para o consumidor final, que não precisa se deslocar a um Posto Físico Autorizado para ter a sua necessidade atendida.
- No caso da Logística Reversa em Agência, a comodidade de escolher o melhor momento para fazer a postagem e a flexibilidade de escolha da agência mais bem localizada para a realização da postagem autorizada por meio do *e-Ticket*.

- No caso de coleta, se a primeira tentativa não obtiver sucesso, é deixado um aviso informando o retorno do carteiro no dia seguinte.

- Credibilidade quanto ao serviço prestado, já que no ato da coleta é entregue um recibo comprovando a retirada. No recibo é informado o número que a encomenda receberá, possibilitando ao cliente realizar o rastreamento até o destino.

- A possibilidade de entrega com coleta simultânea proporciona ao consumidor final a percepção do compromisso com sua satisfação, no sentido que seu problema está sendo resolvido dentro de um prazo ótimo.

6. CONCLUSÕES E SUGESTÕES PARA TRABALHOS FUTUROS

Em tempos de incertezas e desafios para as empresas, Thomas Davenport diz que "A única vantagem sustentável que uma empresa tem é o que ela coletivamente sabe, aliado à eficiência com que ela usa esse conhecimento e a prontidão com que ela o adquire". Já Ikujiro Nonaka menciona que "numa economia em que a única certeza é a incerteza, a única fonte de vantagem competitiva duradoura é o conhecimento...".

Isso nos faz concluir que uma empresa, para se manter em posição de destaque e responder às necessidades dos clientes e às mudanças contínuas do mercado, tem que perceber o quanto é importante "saber o que ela sabe" e ser capaz de tirar o máximo proveito de seus ativos de conhecimento. Mais importante ainda é saber como aplicá-lo em seus processos, a fim de gerar inovações e agregar valor aos seus produtos e serviços.

A Gestão do Conhecimento e a inovação constante já não são mais simples modismos. Elas passam a assumir papel primordial para a sobrevivência de uma empresa no atual contexto empresarial competitivo e globalizado, estando cada vez mais imbricadas nas estratégias e negócios das empresas.

Este estudo de caso demonstrou explicitamente a criação e a evolução de um serviço de alta relevância dentro do ciclo de vida dos produtos (pós-venda) e para o *marketing* das empresas, que é o serviço Correios Logística Reversa. Este serviço, conforme mostrado nos resultados obtidos, gerou divisas e satisfação dos clientes que, no caso, é o objetivo final da inovação e da adequada Gestão do Conhecimento realizada na empresa. Isto não quer dizer que o serviço está concluído e não precisa mais ser ajustado, apenas que dentro do período de tempo considerado ele atendeu às expectativas e superou os resultados esperados.

O sucesso alcançado com a implementação do referido serviço somente foi possível praticando a Gestão do Conhecimento e executando ações inovadoras no momento oportuno. Logicamente, essas práticas devem estar inseridas em modelos organizacionais flexíveis e que valorizem ideias e conhecimentos (explícitos e tácitos) internos e externos.

Como contribuição, a seguir, destacam-se as considerações e atividades relacionadas ao tema, que foram decisivas para os resultados obtidos com o serviço:

1. Para que toda e qualquer inovação aconteça é necessária uma provocação, um problema a ser resolvido. Os Correios, após escutar as necessidades e sugestões dos clientes, pesquisar o mercado, bem como captar ideias e conhecimentos acumulados internamente, partiram para a criação do serviço.

2. Os Correios são uma empresa que valoriza a educação e a capacitação profissional, possuindo inclusive uma universidade corporativa, a qual tem como missão prover as competências necessárias para o adequado desenvolvimento dos seus colaboradores nas diversas atividades relacionadas à cadeia de valor da empresa, promovendo desde cursos básicos até de pós-graduação.

3. Também é fato que a tradição, a cultura, o conhecimento tácito e a experiência profissional nas diversas áreas são, de certa forma, explicitados e divulgados pelos Correios por meio de seus manuais, relatórios gerenciais, boletins, informativos, treinamentos e intranet.

4. Primando por esses valores e dentro de um modelo suportado por competências, foi selecionada uma equipe técnica, com a devida formação, conhecimento e experiência no assunto, para definir, desenvolver e implantar o serviço de logística reversa.

5. Um diferencial importante como aprendizado foi efetuar a prova de conceito do serviço conjuntamente com clientes, em que se antecipou o aprendizado, reduziu-se o tempo de desenvolvimento e, consequentemente, gerou-se economia.

6. A capacitação de todos os colaboradores que trabalham com esse serviço direta ou indiretamente foi realizada por meio de um projeto de educação corporativo executado junto com a Universidade Correios.

7. A comunicação interna e a divulgação do serviço externamente são sempre primordiais para todo e qualquer empreendimento.

8. Finalmente, a mensuração e a avaliação dos resultados para o adequado gerenciamento do serviço são também fundamentais, acompanhando a evolução, fazendo ajustes e melhorando a solução, quando necessário, levando-se sempre em consideração a opinião do cliente.

No campo de conhecimento da Logística, de uma maneira geral, quase nada é padronizado. As soluções devem ser customizadas conforme a necessidade do cliente, o que abre um amplo espectro de oportunidades e possibilidades de inovação.

Como trabalho futuro, sugere-se um estudo para a tentativa de criação de um modelo padrão de solução logística para os Correios, que atenda a maioria das necessidades dos clientes e que possa ser customizado naquilo que for necessário.

7. Resumo Executivo

- A liberalização do mercado postal, o aumento da concorrência, o avanço das tecnologias e da Internet, o aquecimento do comércio eletrônico e a logística associada motivaram as empresas a inovarem com vistas a oferecer serviços compatíveis com a nova realidade desse setor.

- Neste cenário, os Correios lançaram, em outubro de 2000, o produto e-SEDEX, um serviço expresso destinado ao transporte e entrega de mercadorias comercializadas via Web, que trouxe em seu composto de serviços adicionais a logística reversa.

- A experiência dos Correios na implementação do serviço de logística reversa tem sido considerada uma das grandes inovações da empresa dos últimos anos. O *case* "Correios Logística Reversa" foi selecionado em 2007 como um dos três melhores do mundo, na categoria Serviços ao Cliente, do World Mail Award.

- Este sucesso baseia-se na capilaridade logística dos Correios, no sistema de informação correlato, no portfólio composto pelos melhores serviços de encomendas do mercado brasileiro e na confiabilidade da marca CORREIOS para a realização de atividade crítica do marketing das empresas clientes – a pós-venda.

- O presente estudo descreveu a criação e a evolução do serviço de logística reversa nos Correios, o qual tem alta relevância dentro do ciclo de vida dos produtos, bem como para o marketing das empresas. Conforme verificou-se nos resultados obtidos, a satisfação dos clientes e o sucesso financeiro alcançado por este serviço somente foram possíveis em função da execução de ações de Gestão do Conhecimento e da inovação. Essas práticas devem estar alicerçadas em modelos organizacionais flexíveis que valorizem conhecimentos e ideias.

QUESTÕES PARA REFLEXÃO

A seguir, algumas dificuldades vivenciadas durante a criação do serviço Correios Logística Reversa, bem como durante a própria elaboração deste estudo de caso, traduzidas nas questões abaixo e que servem para reflexão em toda e qualquer organização:

1. Como identificar e escolher as melhores ideias para investir?
2. Como convencer executivos da necessidade de investir em inovação?
3. Qual o impacto da inovação na produtividade das empresas?
4. O que mais inibe a inovação?
5. Como continuar encantando clientes após longos períodos de relacionamento?

REFERÊNCIAS BIBLIOGRÁFICAS

ALONSO, Rita. Os desafios da logística. *Revista Administração* – CRA/RJ, 2008.

DAVENPORT, Thomas e PRUSAK Laurence. *Conhecimento empresarial: Como as organizações gerenciam seu capital intelectual*. Rio de Janeiro: Campus, 1998.

DAVILA, Tony; EPSTEIN, Marc J. e SHELTON, Robert D. *As regras da inovação*. São Paulo: Bookman, 2007.

NONAKA, Ikujiro e TAKEUCHI, Hirotaka. *Criação de conhecimento na empresa*. Rio de Janeiro: Campus, 1997.

Relatório de Gestão dos Correios. 1999 a 2007.

SIMANTOB, Moysés e LIPPI, Roberta. *Guia valor econômico de inovação nas empresas*. São Paulo: Globo, 2003.

WORLD MAIL AWARD 2007 – *Case* dos Correios sobre o Serviço de Logística Reversa – categoria Serviços ao Cliente.

Capítulo 14

Redes Colaborativas no Desenvolvimento do Agronegócio

Autor:

Paulo Estevão Cruvinel, DSc.

Revisores:

Martius Vicente Rodriguez y Rodriguez, pDSc.

Patrícia de Sá Freire Ferreira, BSc.

Márcia Figueiredo Girão, BSc.

1. INTRODUÇÃO

O agronegócio brasileiro é o setor da economia com maior capacidade de geração de empregos, o maior irradiador de estímulos para outras atividades. Sua estruturação soma as operações de produção e distribuição de suprimentos agrícolas, as operações de produção nas unidades agrícolas, o armazenamento, processamento e distribuição dos produtos agrícolas e itens produzidos a partir deles. Efeitos positivos, decorrentes desses resultados, têm sido registrados tanto para a indústria como para o comércio, aumentando assim a oferta de produtos, além de outros benefícios nas cadeias produtivas.

O agronegócio brasileiro tem sido entendido, tanto no ambiente nacional como no internacional, como uma das atividades no país com maior impacto para o seu desenvolvimento. O Governo sabe da sua importância mas ainda tem encontrado dificuldades para investir recursos e ampliar créditos no setor. Nos últimos 20 anos, a escassez e o alto custo do capital no segmento têm sido os grandes problemas e motivo de preocupação na atividade agropecuária.

A liberalização desenfreada da economia, com a abertura total das fronteiras de mercado, é outra grave preocupação dos agentes do agronegócio. Se esse processo por um lado estimulou o setor da exportação, por outro, prejudicou os segmentos voltados para o mercado interno, como o que ocorreu com os pequenos produtores, responsáveis pela produção de mais de 70% da cesta básica brasileira.

As cadeias produtivas do agronegócio brasileiro englobam atividades de produção agrícola (lavouras, pecuária, extração vegetal), o fornecimento de insumos, o processo agroindustrial e todas as áreas que dão suporte ao fluxo de produtos até o consumidor final (transporte, comercialização etc.). Isso significa que o seu valor agregado passa obrigatoriamente por cinco mercados distintos: suprimento, produção, processamento, armazenamento e distribuição, bem como consumidor final.

Em que pese o fato de que em 2008 o setor compareceu com 37% dos empregos no país e 40,4% das exportações, o aumento do volume exportado tem sido desproporcional às divisas recebidas e o preço das *commodities* vem decrescendo ao longo dos anos. Tal fato tem levado a uma redefinição de estratégias, as quais passaram a considerar agregação de valor com base em conhecimento.

Assim, cada vez mais o uso da ciência e da tecnologia e consequentemente de inovação vem sendo entendido no setor como elemento diferencial para a cadeia de valor e seu consequente impacto social e ambiental.

O agronegócio brasileiro se depara com grandes desafios que envolvem gestão, pesquisa, inovação e mercados. Os desafios em pesquisa e inovação envolvem segmentos que contextualizam a importância do conhecimento para o desenvolvimento sustentável, como, por exemplo, o desenvolvimento científico e o avanço do conhecimento em solo, água, agroenergia, mudanças climáticas, saúde animal, segurança alimentar e segurança do alimento, rastreabilidade, otimização de perdas, risco, segurança biológica e biossegurança, sistema agrícola de produção integrada, agricultura de precisão, automação, novos materiais, genômica e proteômica, biotecnologia, bionanotecnologia, tecnologia da informação, zootecnia de precisão, entre outras.

Assim, mesmo com as melhorias disponibilizadas pelo Governo do Brasil, um maior esforço com base em novos paradigmas da sociedade do conhecimento necessita ser feito para que melhores resultados venham a ser alcançados por todos os segmentos dessa sociedade. Logo, se faz necessário organizar o futuro desejado e planejá-lo estrategicamente, em função da importância que o segmento representa para a sociedade brasileira, em que a própria rearticulação do Sistema Nacional de Pesquisa Agropecuária – SNPA passa pela aplicação dos conceitos e premissas estabelecidos em redes colaborativas. Neste século, com o aumento exponencial do conhecimento e de sua aplicação, espera-se que essa influência seja ainda mais marcante.

A inovação voltada para a competitividade é um fator de diferenciação para a geração de riquezas, surgindo como uma das melhores alternativas para viabilizar a expansão do agronegócio. Assim sendo, a inovação e a produção de bens e produtos de alto valor agregado representarão requisitos para participação e sobrevivência das nações nas relações econômicas internacionais. Embora esteja presente em qualquer área de atividade, a inovação está mais acentuadamente vinculada à dimensão tecnológica.

É importante frisar que no mundo globalizado a ciência tende a ser cada vez mais requisitada a contribuir para o interesse coletivo organizado. Há uma certa preocupação com a velocidade em que essas mudanças possam ocorrer nos países em desenvolvimento, o que sinaliza para a necessidade premente de se adotarem políticas de alistamento à nova realidade, em que a Gestão do Conhecimento e os investimentos em CT&I e educação se constituam em requisitos de participação e sobrevivência das nações em desenvolvimento num mercado cada dia mais globalizado e concentrador.

2. REDES COLABORATIVAS

Uma das principais características do atual ambiente organizacional no planeta é a necessidade de as instituições atuarem de forma conjunta e associada. Dessa forma surgem como possibilidade concreta, como novos modelos na sociedade, os modelos organizacionais baseados na associação, na complementaridade, no compartilhamento, tomando como referência o conceito de redes advindo, principalmente, da Sociologia. As redes representam uma forma inovadora de obter competitividade e sobreviver no mundo globalizado (Amato Neto e Olave, 2001).

Segundo Leon (1998), as redes de firmas são formadas inicialmente com o objetivo de reduzir incertezas e riscos, organizando atividades econômicas a partir da coordenação e cooperação entre empresas e instituições. A cooperação oferece a oportunidade de dispor de tecnologias e reduzir os custos de transação relativos ao processo de inovação, aumentando a eficiência econômica e, por consequência, a competitividade.

Gray e Wood (1991) definem colaboração como processos, através dos quais diferentes partes, vendo diferentes aspectos de um problema, possam, construtivamente, explorar suas diferenças buscando uma colaboração que ocorre quando as partes responsáveis de um projeto, que têm domínio de um problema, decidem interagir dividindo papéis, normas e estruturas, a fim de decidir questões relacionadas ao problema e buscar soluções.

Para Ribault *et al.* (1995), a chamada estrutura em rede trata de um agrupamento destinado a favorecer a atividade de cada um de seus componentes sem que esses tenham forçosamente laços financeiros entre si. Dessa forma, as firmas complementam-se umas às outras nos planos técnicos e comerciais e se apoiam mutuamente.

Com base nesses paradigmas estabelecidos para as redes tem-se buscado configurações de redes colaborativas que auxiliem na promoção da construção de uma política de CT&I para o agronegócio que viabilize um futuro diferencial para o país envolvendo predominantemente o fortalecimento da infraestrutura de CT&I voltada para o setor (incluindo infraestrutura em Tecnologia Industrial Básica com foco na agroindústria); maior competitividade para o sistema agroindustrial (visando agregação de valor e novas funcionalidades aos produtos); programa que fortaleça a geração e consolidação de empresas de base tecnológica; sistematização de acompanhamento e avaliação de programas e projetos em desenvolvimento; programa que vise a inserção brasileira em redes internacionais de PD&I; programa que subsidie suportes negociadores brasileiros na Organização Mundial do Comércio (OMC) e em outros fóruns internacionais; programa que valorize a capacitação e a preservação dos recursos humanos qualificados para pesquisas em áreas estratégicas do agronegócio; programa de capacitação de recursos humanos estratégicos voltados à gestão tecnológica no agronegócio; modelo de pesquisa, inovação, propriedade intelectual e transferência de tecnologia para o desenvolvimento sustentável do ambiente rural; prospecção tecnológica no Brasil e no exterior por meio do estabelecimento de observatórios.

Frente a este cenário de realidades, tal organização vem requerer uma sistematização de competências e organizações que visem a diminuição de perdas, o planejamento e o desenvolvimento da cadeia do conhecimento, a agregação de valor, o desenvolvimento sustentável e a geração de riqueza.

Nesse contexto, para o setor agropecuário e áreas correlatas, houve a implantação da Rede de Inovação e Prospecção Tecnológica para o Agronegócio - RIPA, estabelecida com o propósito de ampliar a articulação estratégica para o segmento com uso da gestão do conhecimento e da inteligência competitiva.

A RIPA foi organizada em 2003, a partir de proposta de representantes da Academia e do Setor Produtivo no Comitê Gestor do Fundo Setorial de Agronegócio do Ministério da Ciência e da Tecnologia - MCT, Dr. Silvio Crestana e Dr. Alysson Paolinelli, respectivamente. A rede foi articulada com base em um modelo de gestão que considerou um Comitê Gestor Nacional e Comitês Gestores Regionais.

O Comitê Gestor Nacional é multi-institucional e envolve representantes do Instituto de Estudos Avançados da USP, Campus de São Carlos - IEASC, sua instituição executora junto à Finep[1], a Empresa Brasileira de Pesquisa Agropecuária - Embrapa, o Instituto de Tecnologia de Alimentos - Ital, a Listen Local Information System - Listen, a Universidade Federal de Viçosa - UFV, a Universidade Federal de São Carlos - UFSCar e a Associação Brasileira de Agribusiness - Abag.

A RIPA tem buscado organizar um observatório para prospecção tecnológica para o agronegócio, para monitorar o panorama regional da inovação tecnológica; fomentar a inovação tecnológica no agronegócio e identificar nichos diferenciais frente aos cenários nacional e mundial; organizar base de dados e conhecimento do agronegócio da região para suporte à tomada de decisão; promover e realizar atividades de avaliação de estratégias e de impactos econômicos e sociais das políticas, programas e projetos científicos e tecnológicos; bem como promover a interlocução, articulação e interação dos segmentos de Governo, Ciência e Tecnologia, Setor Produtivo e Terceiro Setor.

Nesse contexto, seu desenvolvimento já possibilitou a modelagem e a implementação de um Portal Corporativo para o agronegócio com foco em inovação tecnológica, operando via Web (www.ripa.com.br); a base para organização das redes regionais composta pelas delegações estaduais que se fizeram presente nos *workshops* regionais, as quais se configuraram como início do mapeamento de competência na dimensão Estado, Academia, Iniciativa Privada e Terceiro Setor para subsídio à implantação da rede nacional; informações sobre os gargalos, desafios, vulnerabilidades e oportunidades regionais com indicação de Grandes Plataformas de Ciência, Tecnologia e Inovação (CT&I), bem como as Grandes Plataformas de Gestão e Administração (G&A).

A Figura 1 ilustra a estrutura esquemática da RIPA.

---

[1] Finep - Financiadora de Estudos e Projetos, Praia do Flamengo, 200, 13º andar, Flamengo, Rio de Janeiro - RJ, CEP 22210-030.

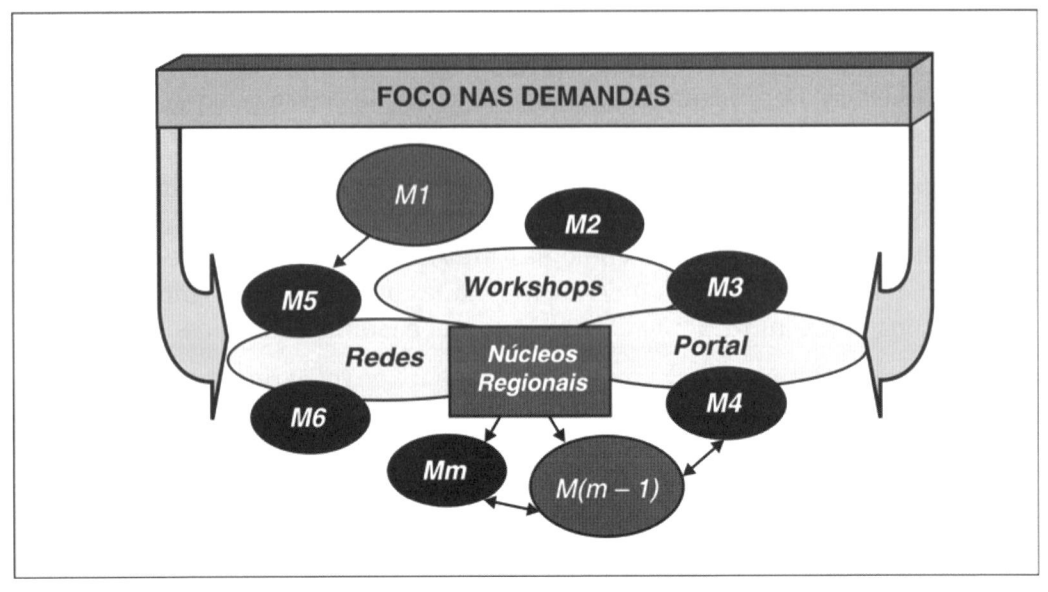

Figura 1 – Estrutura esquemática da RIPA, em que os Mi representam instituições ou competências conectadas à rede.

O Portal Corporativo da RIPA foi desenvolvido em plataforma de *software* livre. No seu desenvolvimento foram seguidas especificação e modelagem contratadas com a Terra Fórum Consultores e informações complementares fornecidas pelos integrantes da rede.

O conteúdo do portal foi organizado nas seguintes seções específicas:

- *Conteúdo institucional:* concentrado na seção "Quem Somos", contém informações sobre o projeto RIPA, as instituições que fazem parte dele e os responsáveis pelo portal.

- *Notícias:* a seção de notícias contém o material jornalístico do portal e está dividida em diversas páginas: destaques, notícias por categorias, arquivo de notícias e seção especial de *clipping* para divulgação de menções do RIPA na mídia e seção sala de imprensa, para divulgação de conteúdo exclusivo produzido pelo grupo RIPA para a imprensa.

- *Divulgação dos* workshops*:* seção para a divulgação jornalística e repositório do material de cada um dos *workshops* regionais da RIPA. Esta seção inclui ferramenta de fórum para discussão dos temas de cada *workshop*.

- *Repositórios de informação:* bases de dados de Projetos de P&D, Editais, Cursos e Eventos, com material selecionado pelo grupo RIPA, organizadas e acessíveis através de estrutura taxonômica baseada nos oito grandes temas de interesse do Fundo Setorial do Agronegócio.

Parte II – Inovação

- *Mercado da inovação:* ferramenta de coleta e organização de ofertas e demandas de inovação no mercado do agronegócio, esta seção funciona como um mercado virtual focado no tema.

- *Biblioteca:* repositório de documentos e *links* selecionados pelo grupo RIPA organizados e acessíveis através de estrutura taxonômica baseada nos oito grandes temas de interesse do Fundo Setorial de Agronegócio.

- *Cadastro de usuários:* para cadastramento dos visitantes, que têm acesso permitido às seções restritas do portal, como o fórum de discussão dos *workshops*.

- *Ferramentas de divulgação:* toda página do portal pode ser exibida numa versão para impressão e enviada por um visitante por e-mail para onde ele deseje, permitindo divulgação do conteúdo do portal além dos limites de seu *website*.

A Figura 2 (a e b) ilustra telas do Portal RIPA, respectivamente, relativas às seções de notícias e sobre as comunidades de prática, as quais foram configuradas tendo por base os aspectos do desenvolvimento regional.

Figura 2 – Portal RIPA, (a) seção de notícias.

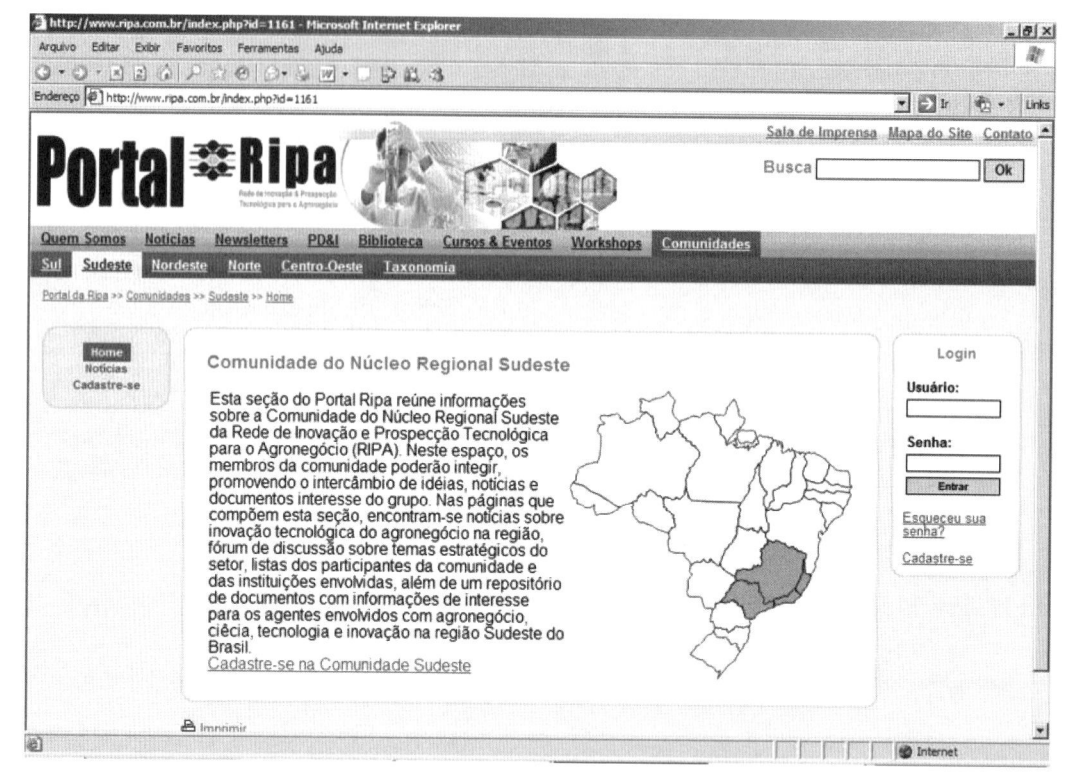

Figura 2 – Portal RIPA, (b) comunidades de prática.

Em 2006 a RIPA firmou uma parceria com a rede RITLA[2] (www.ritla.net) para a construção de estratégias tecnológicas de interesse para o desenvolvimento sustentável do Brasil, tomando como base a geração de riquezas, de emprego e renda.

3. ESTRATÉGIA TECNOLÓGICA E CONSTRUÇÃO COLABORATIVA

A gestão do conhecimento que é vista como um processo articulado e intencional, destinado a sustentar ou a promover o desempenho global de uma organização, tem como base a criação e a circulação de conhecimento, sendo este visto como ativo na forma de capital intelectual, existindo assim como conhecimento tácito dos indivíduos; conhecimento adicional, localizado nas redes; e conhecimento codificado, localizado em livros, revistas, jornais, fotografias, base de dados, Internet etc.

---

[2] RITLA – rede que vem sendo desenvolvida com foco em informação tecnológica e logística (www.ritla.net). Foi estabelecida como um organismo internacional intergovernamental, com personalidade jurídica de Direito Público Internacional. A RITLA foi criada por iniciativa de um grupo de países do Sistema Econômico Latino-Americano (SELA) e está aberta à adesão de todos os demais. O Ato Constitutivo para o estabelecimento da rede foi firmado em 26 de outubro de 1983 por cinco países. O SELA tem o status de observador permanente das atividades da RITLA, das quais podem participar, também como observadores, outros países ou organismos convidados pelo Núcleo Central de Coordenação.

Salim (2001) define a gestão do conhecimento como um processo articulado e intencional, destinado a sustentar ou a promover o desempenho global de uma organização, tendo como base a criação e a circulação de conhecimento.

A estratégia tecnológica que tem sido buscada para a articulação sistêmica do processo de inovação no agronegócio com base em redes colaborativas reside na gestão do território e na definição de um conjunto de credenciados que farão parte de equipes treinadas e preparadas para o processo de atendimento à sociedade.

A gestão territorial envolve a conceituação de se trabalhar uma área geográfica de atuação de um projeto político-institucional, que se constrói a partir da articulação de instituições em torno de objetivos e métodos de desenvolvimento comuns. Partindo-se desse entendimento político, desenvolvem-se projetos produtivos, sociais, culturais e ambientais, normalmente orientados por um projeto de desenvolvimento.

O território, enquanto espaço socialmente organizado, configura-se no ambiente político-institucional em que se mobilizam os *stakeholders* regionais em prol do seu projeto (ou seus projetos, mesmo que encerrem conflitos de interesses) de desenvolvimento. O principal objetivo é a geração de relações de cooperação positivas e transformadoras do tecido social (Rocha et al., 2004).

Na análise de Sepúlveda (2004), o território surge como foco do desenvolvimento rural sustentável. Parte-se de um conjunto de aspectos diagnosticáveis do território que compreendem:

a) as características da economia rural da região;

b) a heterogeneidade espacial e socioeconômica do setor rural;

c) a diversidade institucional e política dos espaços locais;

d) a variedade de oportunidades e possibilidades regionais;

e) as diferenças ecológicas e ambientais entre as unidades territoriais;

f) as interligações entre essas unidades e o restante da economia.

Uma estratégia para o planejamento de desenvolvimento territorial sustentável deve estar fundada num processo de implantação e consolidação de metodologias que se completam em dois momentos: um de apoio à auto-organização, formação dos fóruns e planejamento dos territórios; e outro de desenvolvimento das capacidades territoriais e articulação interinstitucional de políticas públicas.

Necessita-se, portanto, inicialmente, de um mapa de caminhos que cubra tanto o longo como o médio e curto prazos. Além disso, por se tratar de um plano almejando o estabelecimento das principais cadeias produtivas (compreendendo atividades de pesquisa, desenvolvimento e de fabricação, bem como de articulação para aquelas que estejam menos estabelecidas), envolve a tarefa de se elaborar o mapa dos caminhos que requeira tratamento segmentado para o seu perfeito equacionamento.

A base fundamentada é a de uma rede de redes de cooperação estratégica, produtiva e educacional operando com foco em otimização de risco, tendo por fim o desenvolvimento sustentável.

Em sua construção são consideradas interfaces quanto aos aspectos de interesse temático dos eixos da e-economia, e-facilitadores e da e-cidadania. Essas interfaces são somadas aos pilares da organização de infraestrutura, gestão estratégica para a capacidade de produção, preparação de bases para o atendimento da demanda global e da inovação.

A informação estratégica, que pode ser coletada em fontes formais e informais, se distingue das informações táticas e operacionais por seu conteúdo de mapeamento de competências, de tecnologias, de mercado, de redes colaborativas (fornecedores, clientes, distribuidores, parceiros) e do que se pode inovar, impactando de forma global as organizações. A informação tática é a que se caracteriza principalmente pelas metodologias, padrões, normas e processos. A operacional é caracterizada pela produtividade e pelo controle de qualidade.

Adicionalmente, o modelo cooperativo das organizações em rede introduz uma importante mudança no paradigma competitivo, na medida em que considera que a competição no mercado ocorre, de fato, no nível das cadeias produtivas ou territórios que focam o desenvolvimento rural e suas múltiplas oportunidades e não apenas no nível das unidades isoladas de negócios.

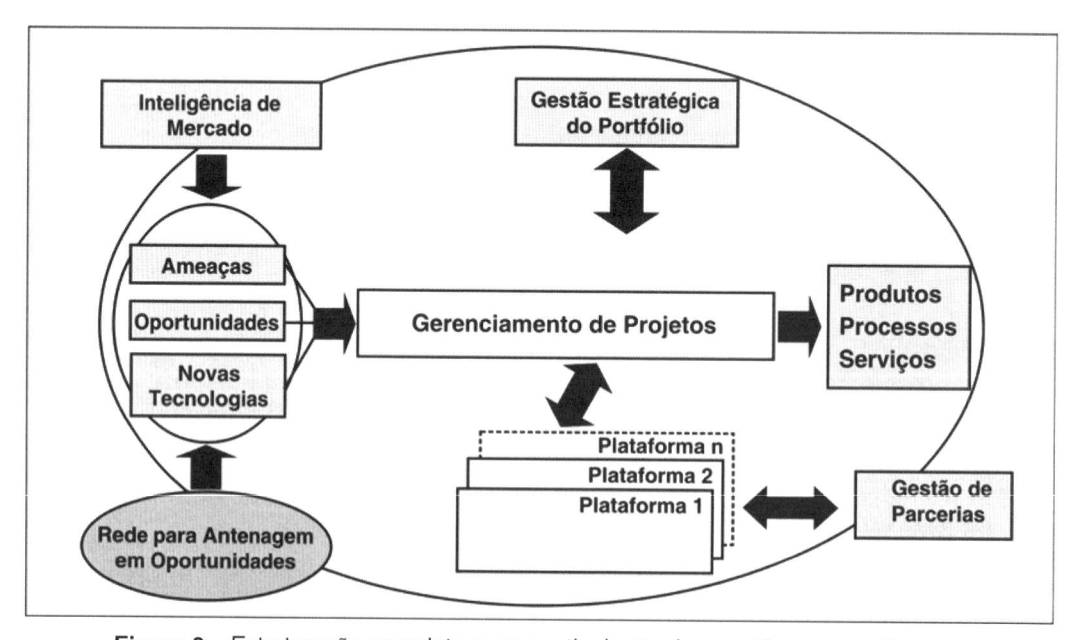

Figura 3 – Estruturação completa para a articulação de estratégias tecnológicas, contendo as diferentes etapas dos processos envolvidos. As plataformas são relacionadas aos temas priorizados na captação de demandas.

A Figura 3 ilustra a estruturação do conceito para a articulação de estratégias tecnológicas, onde se notam as diferentes etapas envolvidas para a articulação dos processos, as quais incluem inteligência de mercado, rede para antenagem em oportunidades, gestão de portfólio de projetos, articulação para o gerenciamento com foco em produtos, processos e serviços, incluindo a articulação de parcerias.

A base fundamentada é a de uma rede de redes de cooperação estratégica, produtiva e educacional operando com foco em otimização de risco, tendo por fim o desenvolvimento sustentável e a geração de riquezas.

4. METODOLOGIA UTILIZADA NA RIPA PARA A ESTRUTURAÇÃO DE PORTFÓLIO DE PROJETOS

A abordagem metodológica utilizada para a estruturação de plataformas de Pesquisa, Desenvolvimento e Inovação é fundamentada na organização de competências, envolvendo a participação de representantes dos segmentos de governo, da academia (ensino e pesquisa), setor produtivo e terceiro setor, bem como a organização do conhecimento, tomando por base a priorização da demanda envolvida no segmento.

Assim, a organização de portfólio de projetos em temas priorizados envolve:

- Indicação e articulação de Competências (principais *stakeholders*[3]).

- Organização de Assuntos Críticos nos eixos decorrentes das demandas priorizadas pelos atores envolvidos no desenvolvimento do agronegócio e no desenvolvimento rural sustentável na escala considerada.

- Focalização dos assuntos críticos.

- Consolidação de assuntos críticos por ordem de importância, de forma consensual.

- Votação de assuntos críticos organizados de forma consensual pelos participantes em reuniões plenárias.

- Preparação de projetos-síntese priorizados a partir dos resultados da votação das demandas caracterizadas como assuntos críticos prioritários.

- Encaminhamento para composição de fontes de financiamento, tanto público como privado, ou ambos.

---

[3] *Stakeholders* (em português, parte interessada ou interveniente) – é um termo usado em administração que se refere a qualquer pessoa ou entidade que afeta ou é afetada pelas atividades de uma empresa. O termo foi usado pela primeira vez por R. Edward Freeman no livro *Strategic Management: A Stakeholder Approach*. Segundo Freeman, os *stakeholders* são um elemento essencial ao planejamento estratégico de negócios. De maneira geral, compreende todos os envolvidos em um processo, que pode ser de carácter temporário (como um projeto) ou duradouro (como o negócio de uma empresa ou a missão de uma organização sem fins lucrativos, ou ainda participantes de uma rede que tenham parte em processos que são desenvolvidos).

Para a realização do trabalho de grupos são estabelecidas regras bem definidas, abrangendo desde regras para administração dos grupos e das plenárias, compromisso das pessoas, passando por definições de papéis, trabalho em grupo, até formulários a serem utilizados no decorrer do levantamento, priorização dos assuntos críticos e síntese dos projetos.

As regras para administração dos grupos envolve (Souza Martins, 2005) a definição de:

- Líder do Grupo (coordenador): tem a função de garantir o direito à palavra a todos que quiserem opinar sobre a elaboração da Ata de Trabalho do Grupo.

- Guardião do Horário: controlar o tempo disponível do grupo nas diversas tarefas.

- Redator: escrever as ideias acordadas do grupo no *flip-chart* usando os termos de quem estava falando.

- Relator: apresentar o relato do grupo na plenária no tempo estabelecido.

As regras para administração das plenárias envolve a participação de:

- *Moderador:* com função de garantir o direito à palavra aos apresentadores dos grupos de trabalho e a todos que quiserem opinar durante os debates.

- *Redator:* registrar todos os resultados dos grupos, bem como os questionamentos e/ou encaminhamentos dos participantes para emitir relatório ao final.

- *Relator:* apresentar o relato resumido da sessão plenária ao seu final.

A Figura 4 ilustra a estrutura de um portfólio de projetos, onde são considerados um banco dinâmico de competências, o qual é organizado a partir de uma base inicial, um banco de projetos prioritários para um horizonte temporal preestabelecido, o perfil dos projetos, envolvendo as principais instituições relacionadas com o tema, os principais objetivos relacionados e a indicação das principais fontes de fomento.

A Figura 5 ilustra os principais parâmetros utilizados na composição das bases de informação para a articulação de redes e PD&I com base na organização de competências envolvidas em um portfólio de projetos.

De forma a organizar uma figura de mérito quanto ao projeto que comporá um portfólio, bem como para auxílio ao formulador da política de C&T, foram definidos indicadores de impacto nas dimensões econômica, ambiental, antropológica, de capital humano e social.

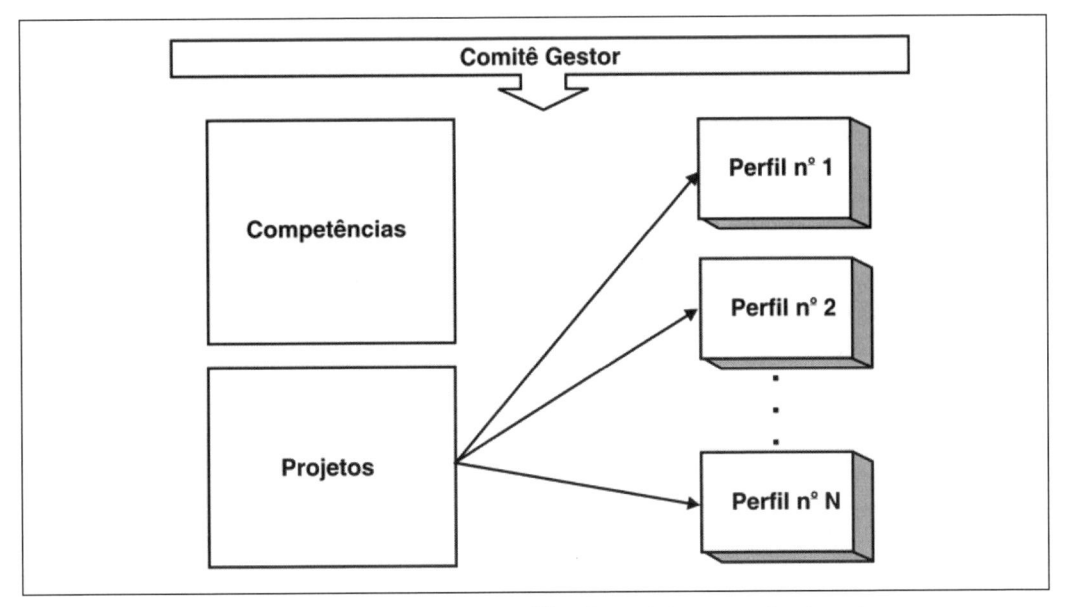

Figura 4 – Estrutura de um portfólio de projetos organizado pela
Rede de Inovação e Prospecção Tecnológica para o Agronegócio (RIPA).

Tema do Projeto:					
Resumo do Projeto:					
Instituições Participantes Potenciais do Projeto:					
Fomento					
(Instituições a serem complementadas a partir de sugestões e manifestações de interesse).					
Impacto (Notas de 1 a 6, envolvendo os indicadores por áreas de interesse)	Econômico	Ambiental	Antropológico	Capital humano	Social
Objetivos relacionados			Instituições potenciais a se envolver		
Indicar as instituições demandantes (empresas, associações, cooperativas, produção primária, insumos, transformação, comercialização, consumidores etc.)					

Figura 5 – Base de informação para composição de portfólios de projetos.

A avaliação de impacto econômico foi definida com base nos indicadores econômicos que representam grandezas de caráter econômico expressos em valor numérico. O impacto econômico é utilizado para caracterizar o quanto um específico projeto poderá impactar os níveis de desenvolvimento de países, regiões, empresas, podendo naturalmente ser utilizado como elemento de comparação para se compreender, informar e prever o comportamento de uma economia ou ainda ajuizar a política econômica de um governo. A atividade econômica pode ser medida de diferentes formas, se bem que equivalentes, podendo-se considerar o Produto Interno Bruto (PIB), o Produto Nacional Bruto (PNB), ou ainda o Produto Nacional Líquido (PNL).

A avaliação de impacto ambiental da execução de um projeto foi definida com base nos indicadores ambientais, onde se trabalhou com a definição utilizada na Resolução nº 001/86 do Conselho Nacional do Meio Ambiente – Conama, ou seja, relacionado com a alteração das propriedades físico-químicas e biológicas do meio ambiente, alteração esta provocada direta ou indiretamente por atividades humanas, as quais afetam saúde, segurança, bem-estar da população, atividades socioeconômicas, biota, condições estéticas e sanitárias do meio e qualidade dos recursos. Em termos de glossário ambiental, indicador de impacto ambiental diz respeito aos elementos ou parâmetros que fornecem a medida da magnitude de um impacto ambiental. Dividem-se em quantitativos (representados em escala numérica) ou qualitativos (classificados em categorias ou níveis), podendo ser biológicos, físicos e químicos.

A avaliação de impacto antropológico foi definida a partir da definição básica sobre os conceitos que permeiam a antropologia (cuja origem etimológica deriva do grego άυϑρωπος *anthropos* (homem/pessoa) e λογος (logos – razão/pensamento); é a ciência preocupada em estudar o homem e a humanidade de maneira totalizante, ou seja, do estudo do homem como ser biológico, social e cultural. Porém, como cada uma dessas dimensões por si só é muito ampla, o conhecimento antropológico geralmente é organizado em áreas que indicam uma escolha prévia de certos aspectos a serem privilegiados como a "Antropologia Física ou Biológica" (aspectos genéticos e biológicos do homem), "Antropologia Social" (organização social e política, parentesco, instituições sociais), "Antropologia Cultural" (sistemas simbólicos, religião, comportamento) e "Arqueologia" (condições de existência dos grupos humanos desaparecidos). O impacto antropológico trabalhado na dimensão dos portfólios de projetos analisa as três primeiras dimensões, sendo adequado em função das características do portfólio e sua natureza.

A avaliação de Indicador de Capital Humano tem origem na década de 50, nos estudos de Theodore W. Schultz (1902-1998), que dividiu o Prêmio Nobel de Economia de 1979 com Sir Arthur Lewis. O conceito foi desenvolvido e popularizado por Gary Becker e retomado, nos anos 1980, pelos organismos multilaterais mais diretamente vinculados à área educacional, no contexto das demandas resultantes da reestruturação produtiva. Esse indicador de impacto busca caracterizar a importância de um projeto específico para a saúde e a educação dos indivíduos de uma sociedade no resultado esperado.

O impacto social é analisado com base nas estatísticas sobre aspectos da vida de uma nação, região, estado ou território que, em conjunto, retratam o seu estado social e permitem conhecer o seu nível de desenvolvimento social, tomando por base informações sobre as características da população, sobre a dinâmica demográfica, sobre trabalho e rendimento, qualidade de vida, justiça e segurança pública e condições de vida das famílias.

A experiência na consolidação de redes colaborativas no âmbito da RIPA e no ambiente do agronegócio brasileiro passou em 2008 pela organização de oficinas técnicas destinadas à articulação de competências e elaboração de portfólios de projetos em temas priorizados como: segurança, qualidade e tecnologia de alimentos para o consumidor, envolvendo produtos de origem vegetal e produtos de origem animal; agroenergia, envolvendo etanol, biodiesel, florestas plantadas e resíduos; bem como aquicultura, que envolveu carcinicultura marinha, piscicultura marinha, piscicultura continental, qualidade de recursos hídricos para manejo na aquicultura, logística e infraestrutura de produção, desenvolvimento de cadeias em estruturação (algocultura, carcinicultura de água doce, malacocultura, peixes ornamentais e ranicultura).

Exemplificando um portfólio de projetos considerando o tema aquicultura, até o ano 2011 a produção mundial de pescado aquícola deverá ultrapassar a da pesca. No Brasil, o volume oriundo da aquicultura totaliza 25,9% da produção total de pescado, sendo o Nordeste o primeiro produtor ancorado pela produção do camarão marinho (*Litopenaeus vannamei*), principal produto na pauta de exportação, seguido pela tilápia (*Oreochromis niloticus*).

A aquicultura brasileira se apresenta como uma importante atividade para a geração de alimentos, divisas e oportunidades para inserção social e geração de emprego e renda, possibilitando para o país destaque no cenário mundial, devido às condições edafo-climáticas e à posição estratégica de competitividade.

Assim, tomando como exemplo o portfólio organizado para a estruturação de uma plataforma em aquicultura (RIPA & ITEP, 2008), tem-se:

5. PORTFÓLIO DE PROJETOS EM AQUICULTURA

a) **Competências (*stakeholders*)**

   Como principais *stakeholders* (partes interessadas) temos as empresas a seguir relacionadas que contribuem com as suas competências de forma complementar. Os *stakeholders* relacionados são: CODEVASF; CHESF; UNESP; UMC; Embrapa/CPAMN; IBAMA; ITEP; MAPA; CAMANOR; UFPR; UFSCar;

FINEP; CPRH; UFRPE; FAEP-BR; SEAPRI; Embrapa/CPATC; TEC ADENE; Embrapa/CPAA; SEA LIFE; FAEPE; FAEPE; INSTITUTO TERRAMAR; EMPARN; CNA;ITEP; UFC; ABDA; Embrapa/CPAP; UFRPE; SEAP- PR; MCR Aquacultura; UFRPE; EMPARN; DEPESCA UFRPE; UEPB/SEDAD; Prefeitura Jaboatão; SECTES; CAMPO NOVO; UFRPE/LASAq; UFPE; UFRPE; RECIFE DE PEIXES; BANCO BRASIL; SEPROR; UFRPE/LASAq; UFC; ABCC; MCT-PE; Embrapa/CPAFAP; SANTOS PEIXE; IPA; Revista Panorama da Aquicultura; CETENE/LABOMAR; UEPB; SARAPE; UFRB; EMATER; COOPEMAR; SINEP UNITINS; IPA; ITEP; MAPA; Embrapa/CPAA; DIDAQ-SEAP; INPA; UFPE; ENDAGRO; NETUNO ALIMENTOS; PRODUTOR; UFMG; UFAM; UFRPE; CCHSA/UFPB; UFRPE; MCT; CPRH; IPA; UNIOEST; KLASTA; Embrapa/CPACT; UFRPE; Embrapa/CNPDIA; MAPA; DIOSECE FLORESTA; IEA-USP; UFPE; UFRPE; IBAMA/LABOMAR; ACCC; REDE AQUA; UFPB; RIPA; SARAP; UFPA; Embrapa/CPAA; UFRPE; Embrapa/CNPDIA; CENTEC; AQUALIDER; COSTA DOURADA; SEAP-PR; IQSC-USP; PRORURAL; UFRGS; UFPE; UFRPE; SP TOPOGRAFIA; ITEP; LABOMAR/UFC; Embrapa/CNPDIA; ITEP; Embrapa/CNPDIA; UFRPE; ADAGRO.

b) Projetos

Cadeias em Estruturação (algicultura, camarão de água doce, peixes ornamentais, ranicultura e malacocultura)

- Cultivo e processamento de macroalgas com potencial produtivo e socioeconômico.
- Biotecnologia: produção de biomassa, fotobiorreatores e sistemas de tanques abertos.
- Seleção de espécies de microalgas para aplicações diversificadas.
- Aproveitamento de exoesqueletos de camarões para obtenção de biomoléculas de elevado valor agregado e outras aplicações.
- Estudo e desenvolvimento de tecnologias de cultivo de espécies nativas de camarão de água doce.
- Otimização dos sistemas de produção comercial do camarão de água doce (*Macrobachium rosenbergii*).
- Aspectos sanitários das espécies cultiváveis de peixes ornamentais.
- Desenvolvimento de pacote tecnológico de espécies nativas emergentes marinhas e de água doce.
- Aperfeiçoamento da utilização dos subprodutos da rã na medicina humana e veterinária.
- Desenvolvimento de tecnologia pós-colheita na ranicultura.
- Desenvolvimento de pacote tecnológico das espécies nativas de ostras (*Crassostrea rhizophorae* e *C. brasiliana*) e mariscos (*Anomalocardia brasiliana* e *Lucina pectinata*).
- Zoneamento de áreas de cultivo de bivalves (ostras e mariscos) nativos.

Carcinicultura

- Sanidade e biosseguridade de camarões marinhos cultivados.
- Construção de linhagens de L. *vannamei* de alto desempenho e estratégias biotecnológicas.
- Estudos de avaliações nutricionais e desenvolvimento de estratégias de alimentação do camarão marinho L. *vannamei*.
- Mercado interno, dimensão e potencialidade.

Logística e infraestrutura da produção e recursos hídricos com foco em manejo e sustentabilidade

- Sistema de Informação Geográfica – SIG com identificação da logística e infraestrutura aplicada à aquicultura.
- Desenvolvimento de Modelos de Gestão de Parques Aquícolas.

Piscicultura Continental

- Consolidação da Cadeia Produtiva da Tilápia (*Oreochromis sp*).
- Desenvolvimento da Cadeia Produtiva do Tambaqui (*Colossoma macropomum*).
- Desenvolvimento da Cadeia Produtiva do Pirarucu (*Arapaima gigas*).
- Desenvolvimento da Cadeia Produtiva do Pintado e/ou Cachara (*Pseudoplatystoma corruscans* e/ou *Preticulatum*).
- Desenvolvimento da Cadeia Produtiva do Jundiá (*Rhamdia quelen*).
- Desenvolvimento da Cadeia Produtiva do Pacu (*Piaractus mesopotamicus*).

Piscicultura Marinha

- Desenvolvimento de tecnologias de cultivo comercial de peixes marinhos com potenciais aquícola e mercadológico.
- Formação e qualificação de recursos humanos em piscicultura marinha.
- Desenvolvimento de insumos e equipamentos para a piscicultura marinha.

Recursos Hídricos

- Modelos de capacidade de suporte regionais aplicados à aquicultura.
- Desenvolvimento e aplicação de tecnologias para a minimização da eutrofização e efluentes oriundos da aquicultura nos ambientes aquáticos.
- Desenvolvimento e aplicação de tecnologias de monitoramento de ecossistemas aquícolas através de bioindicadores e índices ambientais.
- Desenvolvimento e validação de sistemas integrados de produção aquícola com estabelecimento e difusão de boas práticas de manejo.

c) Exemplo de perfil de projetos

Tema do Projeto:
Aquicultura – Biotecnologia: produção de biomassa, fotobiorreatores e sistemas de tanques abertos

Resumo do Projeto:
As microalgas representam uma das mais promissoras fontes para a produção de biocombustível, fármacos, alimentação animal e humana e extração de biomoléculas. Apresentam também a potencialidade de poderem ser cultivadas em sistemas fechados como fotobiorreatores e sistemas de tanques abertos (*raceways*). Estudos demonstraram a viabilidade de produção de microalgas em larga escala, eficientes com a utilização de nutrientes e CO_2 injetado, o controle de pH e de outras condições físicas, assim como produtividades obtidas acima de 50 $g.m^2.dia$. Contudo, na prática, há muitas questões a serem respondidas quanto à produção de biomassa algal em larga escala. Os estudos desenvolvidos até então apontam ainda a necessidade de se pesquisar: 1) a eficiência fotossintética para energia da luz e alta produção de compostos de interesse (carboidratos, proteínas, lipídeos e ácidos graxos); 2) controle de produção em sistemas abertos; 3) produção de biomassa em sistemas fechados; 4) mecanismos de colheita e concentração algal; e 5) efeitos das condições de operação não regular (estresse) no metabolismo das algas.

Instituições Participantes Potenciais do Projeto:
EMPARN/CTA; Aquanálise Laboratório, UFRN, Embrapa, UFSCar, UFPB, UFRPE, FURG, UFSC, Iniciativa Privada.

Fomento:
CNPq, CAPES, Finep, Fapesp, Petrobras, Embrapa, SEAP

Impacto	Econômico	Ambiental	Antropológico	Capital humano	Social
	6,0	6,0	4,0	6,0	6,0

Objetivos relacionados	Instituições potenciais a se envolver
Identificar, caracterizar e determinar fatores limitantes para a produção de microalgas em larga escala, com uso de sistemas fechados e abertos.	
Desenvolver processos e sistemas de fotobiorreatores apropriados para microalgas.	EMPARN/CTA; Aquanálise Laboratório, UFRN, EMBRAPA, UFSCar, UFPB, UFRPE, FURG, UFSC, Iniciativa Privada.
Pesquisar alternativas de manejo e produção de biomassa algal em sistemas de tanques abertos, com enfoque no controle de contaminantes.	

Tema do Projeto:

Aquicultura – Consolidação da Cadeia Produtiva da Tilápia (*Oreochromis sp*)

Resumo do Projeto:

A cadeia de produção da tilápia é uma das mais organizadas na piscicultura. Entretanto, existem ainda questões a serem resolvidas, como a definição da melhor alimentação e exigências nutricionais específicas para cada fase de desenvolvimento, aspectos sanitários, tecnologias adequadas para sistemas de produção regionais e novas tecnologias de processamento agroindustrial que possibilitem melhores condições de aproveitamento e a transformação de resíduos em novos produtos, aliada a práticas de certificação em todas as fases de produção.

Instituições Participantes Potenciais do Projeto:

Embrapa, UNESP, UMC, UFPB, UEM, UNIOESTE, UFRPE, IPA, UFERSA, FC, DNOCS, UFRN, APTA-SP, UEMA, UFPI, USP, UFMG, UFBA, UFAL, EPAGRI, Rede de ATERs, IFETs, UFRRJ, UFLA, UFScar, UFSC, UFV, UEL, Codevasf, INX, UNEB e outras.

Fomento:

CT-AGRO, FINEP, CNPq, SEBRAE, MPA, MAPA, PETROBRAS, MDA, MI, MDS, ANEEL, MMA, FAPS, BNB, BB, SUDENE.

Impacto	Econômico	Ambiental	Antropológico	Capital Humano	Social
	5,6	6,0	4,5	3,6	4,3

Objetivos relacionados	Instituições potenciais a se envolver
Buscar alternativas de alimentação/nutrição em todas as fases do ciclo de cultivo.	
Sanidade.	Embrapa, UNESP, UMC, UFPB, UEM, UNIOESTE, UFRPE, IPA, UFERSA, UFC, DNOCS, UFRN, APTA-SP, UEMA, UFPI, USP, UFMG, UFBA, UFAL, EPAGRI, Rede de ATERs, IFETs, UFRRJ, UFLA, UFScar, UFSC, UFV, UEL, Codevasf, INX, UNEB e outras.
Desenvolver sistemas regionais de produção.	
Aproveitamento agroindustrial e mercado.	
Estatística de produção.	
Certificação em todas as fases de produção.	

6. CONCLUSÃO

O Brasil, para atingir a competitividade e o desenvolvimento sustentável desejado, necessita estruturar processos que visem articulação sistêmica de suas competências, abordagem regional ou territorial e a gestão estratégica e continuada de uma agenda de oportunidades. Para tanto, no âmbito da inovação no agronegócio tem-se buscado com base na implementação de redes colaborativas instrumentos que proporcionem os elementos essenciais para a credibilidade, a confiabilidade e a seriedade dos processos de gestão envolvidos, tanto por parte dos usuários como por parte dos desenvolvedores de conhecimento e tecnologia com base fundamentada em gestão do conhecimento e governança corporativa compartilhada.

7. RESUMO EXECUTIVO

- A nova configuração geopolítica do Brasil requer um papel ativo para ganho de competitividade.
- A inter-relação institucional se faz necessária para ampliar a cooperatividade.
- A mobilização de competências em redes colaborativas associada ao uso e adoção de novas tecnologias de comunicação e informação têm aspecto diferencial frente aos processos de desenvolvimento sustentável e geração de riqueza.
- Um maior esforço inovador no agronegócio do Brasil tem sido centrado na tecnologia da produção, porém a agregação de valor é indispensável para o futuro do agronegócio.
- A Rede de Inovação e Prospecção Tecnológica para o Agronegócio (RIPA) auxilia os tomadores de decisão para a construção de uma agenda propositiva para desenvolvimento sustentável e geração de riqueza.

QUESTÕES PARA REFLEXÃO

1. Como redes colaborativas e gestão do conhecimento podem auxiliar o desenvolvimento sustentável e o processo de geração de riqueza?
2. Qual é a importância do agronegócio para o Brasil?
3. Qual é a base para o desenvolvimento sustentável?
4. Por que a cooperatividade é a base para se construir a competitividade?
5. O que é a Rede de Inovação e Prospecção Tecnológica para o Agronegócio (RIPA) e seu conceito de portfólio de projetos?

REFERÊNCIAS BIBLIOGRÁFICAS

AMATO NETO, J. e OLAVE, M. E. L. Redes de cooperação produtiva: uma estratégia de competitividade e sobrevivência para pequenas e médias empresas. *Gestão & Produção*, São Carlos, vol. 8, nº 3, p. 289-303, 2001.

DAVIS, J. e GOLDBERG, R. *A concept of agribusiness*. Boston: Harvard University Press, 1957.

GRAY, B. e WOOD, J. (eds.). Collaborative alliances: Moving from practice to Theory. *Applied Behavioral Science*, vol. 27, nos 1 e 2, mar./jun., 1991.

LEON, M. H. *Uma análise de redes de cooperação das pequenas e médias empresas do setor das telecomunicações*. Dissertação de Mestrado, Engenharia de Produção da Universidade de São Paulo, dezembro de 1998.

Rede de Inovação e Prospecção Tecnológica para o Agronegócio (RIPA) e Instituto de Tecnologia de Pernambuco (ITEP), Portfólio em Aquicultura. Relatório Interno, 2008.

RIBAULT, M.; MARTINET, B. e LEBIDOIS, D. *A gestão das tecnologias*. Coleção Gestão & Inovação. Lisboa: Publicações Dom Quixote, 1995.

ROCHA, A. S.; SCHEFLER, M. L. M. e COUTO V. A. Organização Social e Desenvolvimento Territorial: reflexos sobre a experiência dos CMDRS na região de Irecê – Ba. *In: Superintedência de Estudos Econômicos e Sociais da Bahia*. Análise Territorial da Bahia Rural. Salvador: SEI, 222 p. (série estudos e pesquisas, 71), 2004.

SALIM, J. J. *Gestão do conhecimento e transformação organizacional*. In: 68ª Semana da EQ/UFRJ, Rio de Janeiro, agosto de 2001.

SEPÚLVEDA, S. Desarrollo rural sostenible: enfoque territorial. *In: Superintendência de Estudos Econômicos e Sociais da Bahia*. Análise Territorial da Bahia Rural. Salvador: SEI, 222 p. (série estudos e pesquisas, 71), 2004.

Capítulo 15

Sabedoria das Multidões: Estudo de Caso em uma Empresa de Energia

Autores:

Martius Vicente Rodriguez y Rodriguez, pDSc.
Maurício Abreu, MSc.
André Guedes, MSc.

Revisores:

Darwin Magnus Leite, MSc.

Fátima Auxiliadora Bezerra Lima Romi, BSc.

1. INTRODUÇÃO

O escritor James Surowiecki escreveu a seguinte afirmação em seu livro *A Sabedoria de Multidões* (Surowiecki, James, *Sabedoria de Multidões*, Doubleday – Casa de Acaso Inc., Nova Iorque, 2004):

> *"Por que muitos são mais inteligentes do que alguns e como sabedoria coletiva molda o negócio, a economia, a sociedades e as Nações? Diversidade e independências são importantes porque as melhores decisões coletivas são o produto da discordância e competem para o consenso e o comprometimento."*
>
> James Surowiecki

Usando os conceitos da sabedoria das multidões, foi desenvolvido um ambiente de previsão de preços de energia para o mercado brasileiro, que considera as premissas a seguir:

- **Diversidade de opinião** – cada pessoa deve ter informações privadas mesmo que seja apenas uma interpretação excêntrica dos fatos conhecidos (pessoas diferentes trazem informações diferentes).
- **Independência** – as opiniões das pessoas não são determinadas pelas opiniões dos que as rodeiam.
- **Descentralização** – as pessoas são capazes de se especializar e utilizar o conhecimento local ("ninguém é dono da verdade absoluta").
- **Capacidade para resumir opinião (agregação)** – habilidade para chegar a um veredicto em conjunto com algum mecanismo para tornar julgamentos individuais em uma decisão coletiva (exemplo: bolsa de valores, bolsa de apostas).

Baseado nestas premissas, o ambiente de previsão de preço de energia foi construído dentro dos seguintes parâmetros: comunicação equilibrada, nenhuma identificação dos participantes na previsão, impossibilidade de edição dos comentários realizados, gestão do conhecimento, colaboração e premiação para motivar os associados do grupo.

O objetivo do ambiente desenvolvido é a melhoria da predição de preços de energia no mercado brasileiro.

A evolução da predição do preço de energia ocorrerá a partir da incorporação deste conhecimento em um sistema de Gestão do Conhecimento, com o uso de mapas mentais e a descoberta do conhecimento a partir dos dados.

Os grupos – sob certas condições – têm provado ser extraordinariamente habilidosos para encontrar soluções e até prever acontecimentos futuros.[1]

---

[1] Segundo James Surowiecki em seu livro *The Wisdom of Crowds* (2004).

Nas eleições presidenciais americanas entre 1988 e 2000, as previsões eleitorais realizadas pela empresa Iowa Electronic Markets (IEM), na véspera do pleito, erraram por uma média de apenas 1,37%, resultado mais preciso do que o das pesquisas e avaliações realizadas pelas empresas de pesquisa mais proeminentes dos EUA. As previsões da IEM foram feitas por um grupo aberto e desorganizado de aproximadamente 738 participantes sem um líder, pesquisador, mestre ou estrategista político determinando o resultado final. A IEM utilizou como fundamento os conceitos da sabedoria das multidões ou inteligência coletiva.

A maioria das organizações acha absurda a ideia de o "coletivo" lidar com decisões corporativas importantes, porém esta visão, desconectada da realidade, pode trazer grandes problemas para elas. No final de 1998 a Caltech e a Hewlett-Packard (HP) desenvolveram um projeto conjunto que estabeleceu um mercado interno de comercialização dentro da HP para realizar a previsão de vendas para as impressoras. Como resultado do primeiro teste, esse "mercado" de inteligência coletiva errou por 6%, contra 13% da previsão oficial da HP. Nos três anos seguintes, esse mercado de previsão experimental teve um desempenho melhor do que as projeções da companhia 75% das vezes.

Na Siemens, infelizmente, a não percepção do enfoque sobre a Sabedoria das Multidões levou a empresa a um fracasso. A Siemens criou um mercado interno de inteligência coletiva para prever sua capacidade de cumprir o prazo de um projeto-chave. A diretoria executiva previu sucesso, porém o mercado de previsão coletiva previu fracasso. No final do projeto o resultado foi que a Siemens não cumpriu o prazo.

Com esses exemplos fica claro que experiências desse tipo podem desencadear o conhecimento coletivo dos grupos para prever os resultados futuros e criar otimização. O que os ambientes de previsão coletiva com sucesso fizeram foi canalizar um conjunto diverso e independente de opiniões e imparcialmente agregar essas opiniões. Essas são as chaves para canalizar o poder do conhecimento de grupo ao mesmo tempo que se evitam os problemas do pensamento em grupo.

2. A Importância da Diversidade

Infelizmente, entender as condições necessárias da inteligência coletiva e saber como aproveitá-la dentro das restrições das estruturas corporativas são duas coisas diferentes. Mesmo em uma época de tecnologia da informação, obter informações francas e completas de funcionários é na verdade quase impossível.

Quase tudo no ambiente corporativo pesa contra o livre fluxo de informações, apesar do crescimento das ferramentas de colaboração (BLOG, Wiki, Fórum etc.), intranets e produtos de código aberto. Até mesmo organizações horizontais com políticas de portas abertas têm dificuldade em agregar informações sem estarem contaminadas de alguma tendência. Não importa se a organização é centralizada ou distribuída, ou tem uma cultura cooperativa ou competitiva, será sempre um grande desafio para qualquer uma delas canalizar a inteligência coletiva. O primeiro pré-requisito da sabedoria coletiva, que é o pensamento diversificado, é pouco levado em conta. As equipes gerenciais se fundamentam na ideia do senso comum de que um grupo de pessoas inteligentes deveria normalmente se sair melhor do que um grupo de pessoas com níveis de inteligência aleatórios.

3. A SABEDORIA DAS MULTIDÕES

A ideia central da Sabedoria das Multidões gira em torno de dois elementos essenciais:
- A tomada de decisão em si.
- Dois dos maiores erros de julgamento que todos cometem quando tomam decisão:
  > *Groupthink:* tendência dos grupos de tomarem decisão em torno de um simples ponto de vista comum (senso comum do grupo). Quando o grupo acredita em alguma coisa, geralmente não acreditando em mais nada que venha a desacreditar suas crenças.
  > *Arrogância:* tendência dos grupos em acreditar no seu poder de influência das suas experiências ou sentimentos, as quais seriam mais confiáveis do que o consenso de especialistas, grupos focais, ou dos próprios clientes.

Muitos executivos se orgulham de suas habilidades em tomar decisões críticas mesmo com informação incompleta e acham que pedir a informação completa é desnecessário ou mesmo um sinal de liderança fraca.

Para prevenir a ocorrência do Groupthink podem ser utilizadas as seguintes estratégias:
- Diversidade intelectual do grupo.
- Independência dos membros do grupo.
- Balanceamento nas questões de centralização e descentralização do grupo.

Um grupo com estas características tem muito mais capacidade de discernimento, inteligência e uma forma de julgamento mais sofisticada, informada e fidedigna do que qualquer executivo ou especialista no assunto do negócio, com capacidade de liderança, que tende a confiar para tomar decisões críticas.

4. ESPÉCIES DE SABEDORIA DAS MULTIDÕES

Surowiecki estabelece as vantagens que ele observa em decisões descentralizadas em três tipos principais que ele classifica como:

- *Conhecimento:* O julgamento do mercado, que ele sustenta ser muito mais rápido e hábil e menos sujeito a forças políticas do que as decisões de especialistas ou de comissões de especialistas.

- *Coordenação:* A coordenação de comportamentos (por exemplo, a coordenação de movimento entre os frequentadores de um restaurante popular que se movem através de filas, sem que haja, entre eles, colisões) que ele atribui como o senso comum que consegue julgar reações específicas de outros membros.

- *Cooperação:* Como grupos de pessoas formam redes de relacionamentos sem uma sistema central controlando seu comportamento ou direcionando.

5. FALHAS NA SABEDORIA DAS MULTIDÕES

Existem situações em que a sabedoria das multidões produz um julgamento muito ruim. Neste tipo de situação o que ocorreu é que a cognição ou cooperação da multidão falhou porque os seus membros devem estar muito conscientes das opiniões dos outros e começam a imitar um ao outro e a se conformarem ao invés de pensar individualmente. Normalmente, nesses casos a razão principal para que grupos de pessoas se conformem intelectualmente é que, em geral, o sistema de tomada de decisões tem um defeito sistemático ou que gera um efeito tendencioso.

Surowiecki afirma que o que acontece quando o ambiente de tomada de decisões não está preparado para aceitar a opinião de uma multidão é que os benefícios vindos do julgamento individual e de informações pessoais são perdidos, e que o melhor que a multidão conseguirá fazer é o melhor que seu membro mais inteligente puder, ao invés de ter uma performance mais bem relacionada com a multidão. Esta falta de preparação do ambiente decisório pode incluir: muita centralização, muita divisão e muita imitação (efeito de uma "cascata de informação").

6. VISÃO DE UM AMBIENTE PARA TOMADA DE DECISÃO COM BASE NA SABEDORIA DAS MULTIDÕES

Um ambiente, para atender estas características de tomada de decisão, não deve ter uma comunicação excessiva, pois poderá causar uma disfunção de grupo ocasionada pela paralisia da análise em função do excesso de informação. Outra questão é ocorrer o excesso de consenso ou de acordo entre os membros do grupo produzindo soluções fracas, devido ao fato de que visões adversárias, que devem ter uma base de convicção, não são adequadamente expostas e levadas em consideração.

O conhecimento que os indivíduos colocam para o grupo não deve ser editado ou selecionado por indivíduos ou grupos menores pertencentes ao grupo geral nem deve ser filtrado. O conhecimento colocado para o grupo deve ser apresentado sem edições ou comentários.

O conceito de Sabedoria das Multidões não é um *referendum*, pois neste as "multidões" simplesmente ratificam ou rejeitam uma solução que um especialista está apresentando. Neste modelo a "multidão" realmente determina qual é a melhor solução, eliminando do processo, através de sucessivas rodadas de análise, soluções que sejam derivadas de falsos entendimentos sobre os assuntos e soluções secundárias.

Cada membro do grupo deverá agregar à solução um pouco do seu valioso conhecimento (geralmente tácito) ou perspectiva, e qualquer erro presente neste conhecimento, ou perspectiva, será descartado pela contraposição de outros membros do grupo. Com isso é bem provável que o conhecimento coletivo trabalhado pelo grupo seja extremamente preciso, fidedigno, inteligente e preditivo.

Um grupo muito grande e com características bem amplas pode ser um convite à anarquia, devido ao grande número de respostas e seriam necessários vários meses para serem lidas, com isso o número de ideias tornar-se-ia não gerenciável e nunca seria possível encontrar a "agulha no palheiro". Para tratar grandes volumes de respostas, caso seja necessário para a tomada de decisão, poderiam ser utilizadas técnicas de mineração de dados (*data mining* ou *text mining*) com a finalidade de obter conhecimento a partir do grande volume de informações.

Um modelo de inteligência coletiva deve levar em consideração os seguintes aspectos:

- Em muitos casos o grupo necessitaria de um conjunto discreto e quantificado de possíveis soluções (respostas) sobre as quais cada membro do grupo só pode escolher uma e apostar nela (bolsa de apostas).
- Ter muito cuidado na qualificação e na escolha dos membros do grupo.
- Cada membro do grupo tem que entender do problema.
- Cada membro do grupo deve ser diversificado em suas perspectivas.
- O grupo deve ser independente das tendências de conformidade (*groupthink*).
- Cada membro do grupo deve ter a capacidade de trazer um pouco de conhecimento, sem igual, para solucionar o problema (colaboração de conhecimento).
- O ambiente deve proporcionar algum incentivo para que as pessoas participem do grupo (premiação).

Com base nas visões apresentadas acima é possível traçar o perfil de um ambiente desta natureza que utilizasse Internet ou intranet como suporte de operação:

- Para minimizar as questões de cognição deve ser utilizado um ambiente de Gestão do Conhecimento orientado para seu compartilhamento.
- Com relação à questão de coordenação, deve ser constituído um grupo de moderados.
- Para trabalhar a cooperação podem ser utilizados os seguintes grupos de ferramentas: BLOG e Wiki.
- Caso seja utilizado o conceito de bolsa de apostas, deve ser empregado um ambiente de votação (*Poll*).

Antes do desenvolvimento de um ambiente tecnológico com estas características, é necessária a construção do modelo que atenda as necessidades de tomada de decisão. Este modelo deve ser desenvolvido com base nos aspectos da Sabedoria das Multidões.

7. O PODER DAS CONEXÕES

Utilizando o modelo apresentado na Figura 1, pode-se verificar que à medida que mais sinergia há no grupo, maior capacidade de geração de valor é possível de ser gerada, como descrito a seguir:

- **Nível 1 – Isolado:** neste nível as pessoas tendem a desenvolver seu trabalho de forma independente das demais, havendo baixa contribuição com os seus colegas não somente no transferir como no receber algum tipo de contribuição. Normalmente estas pessoas contribuem para sistemas de elevada entropia interna com muito retrabalho.
- **Nível 2 – Pequeno Grupo:** neste nível as pessoas tendem a desenvolver o seu trabalho dentro de um pequeno grupo com o foco somente interno. Nesta situação as contribuições externas não são consideradas ou bem-vindas.
- **Nível 3 – Interage com outros Grupos:** neste nível as pessoas, além da interação dentro do próprio grupo, buscam identificar práticas em outros grupos que possam ser utilizadas internamente. Nesta situação as pessoas identificam e utilizam práticas de outros grupos, absorvendo e construindo novos conhecimentos a partir da experiência do próprio grupo e oriunda de terceiros.
- **Nível 4 – Grupo Ampliado:** neste nível as pessoas interagem dentro do próprio grupo e entre grupos, possibilitando uma troca de informações e práticas entre grupos. Nesta situação cada grupo desenvolve seus conhecimentos e práticas internamente e depois os troca entre si.
- **Nível 5 – Pequena Rede:** neste nível as pessoas estruturadas na forma de grupos integrados utilizam o conhecimento do próprio grupo e de tercei-

ros, trazendo significado para o trabalho. Nesta situação os grupos interagem e trazem consigo uma percepção da importância de uma atuação em rede.

- **Nível 6 – Rede Ampliada:** neste nível as redes levam o conhecimento a outras redes, contribuindo para o crescimento das pessoas inter-redes, promovendo um ambiente de cogeração do conhecimento.
- **Nível 7 – Multirrede:** neste nível as pessoas atuam em múltiplas redes e desenvolvem soluções, utilizando o conhecimento distribuído pelas redes, dentro de um ambiente participativo onde todos saem ganhando e crescem pessoal e profissionalmente. Neste ambiente a geração de soluções ocorre de uma forma aparentemente caótica mas com objetivos e uma visão de futuro compartilhada por todos.

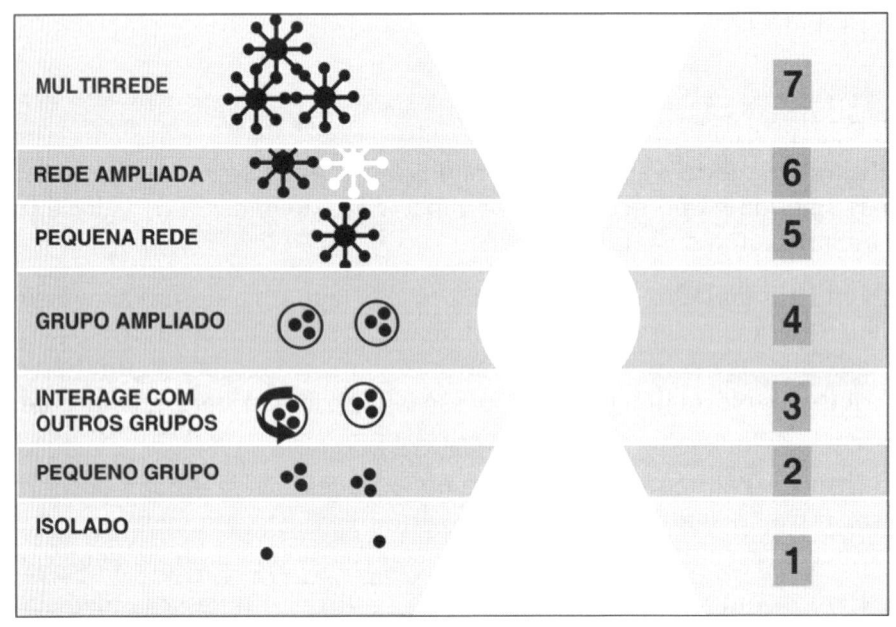

Fonte: Rodriguez, 2006.

Figura 1 – Níveis de consciência na construção do conhecimento organizacional.

Pela escala apresentada desde o nível mais isolado, ou dependente de uma estrutura organizacional hierárquica e formal, até o nível mais integrado e conectado, ou totalmente capaz de trabalhar em uma estrutura não estruturada pela hierarquia, mas pela necessidade de realização de um trabalho, pode-se observar que a cultura ou o modelo mental do trabalhador estão diretamente relacionados a sua capacidade de trabalhar em rede.

Na prática isso é percebido em pessoas nível 1 – elas somente funcionam quando a orientação vem por um canal formal e hierarquicamente constituído. Quando a demanda ocorre por um canal não formal, mesmo sendo necessário ao seu resultado final, essas pessoas não são capazes de realizar, ficando bloqueadas pela hierarquia.

Já pessoas que atuam no nível 7 são capazes de funcionar em situações as mais diversas e, independente de serem demandadas por alguém hierarquicamente superior, elas é que geram a solução e até mesmo a demanda para os níveis acima. São consideradas as empreendedoras corporativas, ou seja, atuam focadas no resultado que a empresa precisa e não somente pelas solicitações que chegam até elas.

O entendimento destes perfis de profissionais nos ajuda a entender por que algumas soluções de criação e gestão do conhecimento funcionam e por que outras não funcionam.

8. ESTUDO DE CASO – AMBIENTE DE PREVISÃO DO PREÇO DE ENERGIA NO MERCADO BRASILEIRO DA PETROBRAS (PLD MENSAL)

Para a construção do ambiente de previsão da PLD Mensal, baseado na visão da Sabedoria das Multidões, foram utilizados os seguintes enfoques:

- Comunicação balanceada (coordenação – moderadores).
- Não identificação dos membros do grupo no momento da colocação da previsão (conceito de "aposta").
- Impossibilidade de edição dos comentários por outros membros do grupo.
- Gestão do Conhecimento (cognição).
- Ambiente colaborativo (cooperação).
- Fundamentação com base em uma realidade próxima e disponível para todos os membros do grupo.
- Premiação para incentivar a participação das pessoas.

O objetivo do ambiente desenvolvido é a melhoria da predição dos preços de energia no mercado brasileiro. Na Figura 2 é apresentada uma visão geral da arquitetura do ambiente e as fases de evolução.

A evolução da predição do preço de energia ocorrerá a partir da incorporação deste conhecimento em um sistema de gestão do conhecimento, com o uso de mapas mentais e a descoberta do conhecimento a partir dos dados.

Prever o preço de energia não é nada simples, e se pudéssemos ter um pequeno percentual de incremento na assertividade do preço de energia, hoje definida pela Câmara de Comercialização de Energia Elétrica – CCEE, traria grandes benefícios para o planejamento da Petrobras. Para isso, foi desenvolvida uma solução baseada na Sabedoria das Multidões a fim de incrementar esta predição.

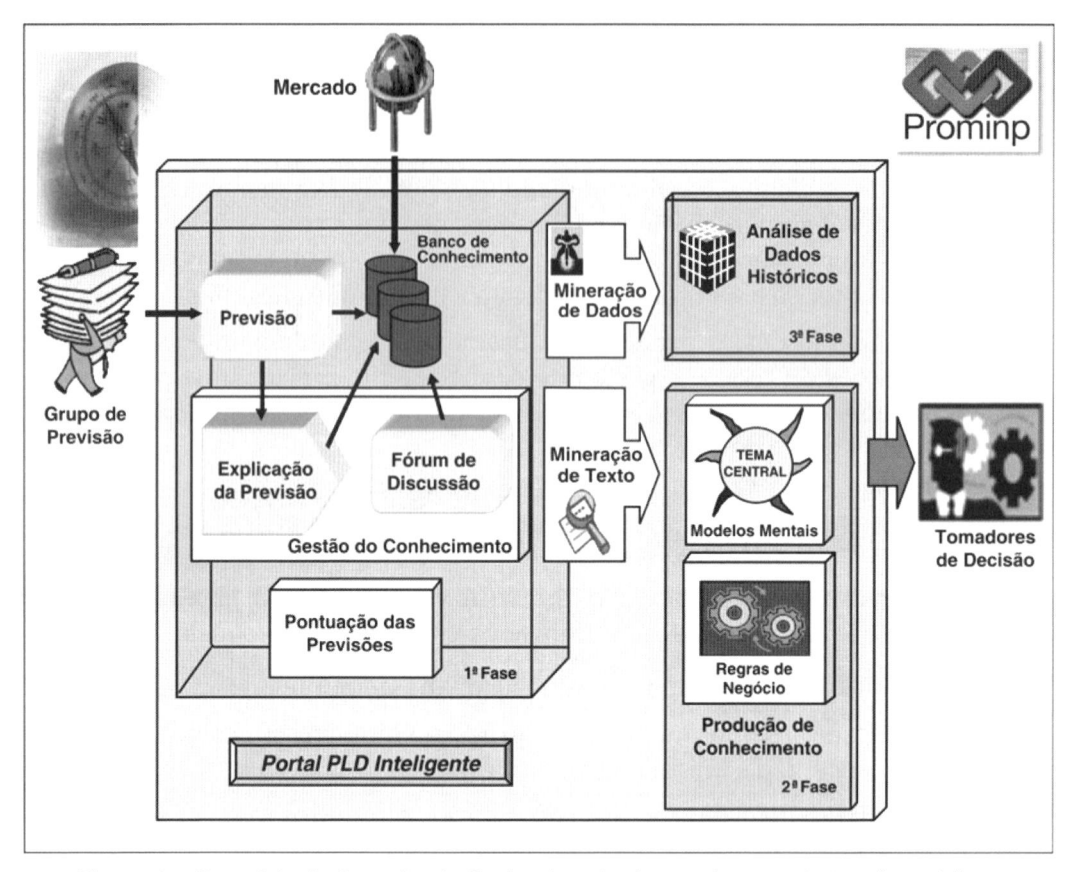

Figura 2 – O modelo de Geração do Conhecimento de uma forma estruturada e cíclica.

O Sistema de Estimativa de Preço de Energia (SEPE) foi construído utilizando-se o conhecimento de profissionais da empresa que lançam suas estimativas no sistema. Estas estimativas, feitas por grupos de até três pessoas, concorrem com as realizadas por outros grupos internos, e aqueles que mais se aproximam da realidade são no final premiados.

As indicações dos preços futuros de energia são acompanhadas de uma justificativa que é de fato o conhecimento tácito explicitado. Este conhecimento explícito é posteriormente utilizado na construção de um modelo mental dos especialistas e também na geração de regras de negócio que irão alimentar as bases de dados utilizadas pelos sistemas de informação que lançam mão de modelos matemáticos e regras de negócio para a predição dos preços de energia no mercado.

Desta forma, um ciclo se fecha, indo desde a troca de conhecimento tácito com tácito, a explicitação de tácito para explícito, a organização do conhecimento explícito, para posterior uso nos modelos mentais e sistemas especialistas para a geração de novas predições.

9. Resumo Executivo

- Segundo James Surowiecki, em seu livro *The Wisdom of Crowds* (2004), os grupos – sob as condições certas – têm provado ser extraordinariamente habilidosos para encontrar soluções e até prever acontecimentos futuros.

- A maioria das organizações acha absurda a ideia de o "coletivo" lidar com decisões corporativas importantes, porém esta visão, desconectada da realidade, pode trazer grandes problemas para elas.

- Infelizmente, entender as condições necessárias da inteligência coletiva e saber como aproveitá-la dentro das restrições das estruturas corporativas são duas coisas diferentes. Mesmo em uma época em que a tecnologia da informação tem alcançado um grande avanço, obter informações francas e completas dos funcionários é, na verdade, quase impossível.

- Usando os conceitos da sabedoria das multidões e a tecnologia da informação, a Petrobras desenvolveu um ambiente de previsão de preços de energia para o mercado brasileiro, considerando as premissas de diversidade de opinião, independência, descentralização e agregação. Sua construção seguiu os seguintes parâmetros: comunicação equilibrada, nenhuma identificação dos participantes na previsão, impossibilidade de edição dos comentários realizados, Gestão do Conhecimento, colaboração e premiação para motivar os associados do grupo.

- O objetivo do ambiente desenvolvido é a melhoria da predição de preços de energia no mercado brasileiro.

QUESTÕES PARA REFLEXÃO

1. Qual o sentido de se utilizar grupos de pessoas e não um ou dois especialistas no processo decisório de uma organização?
2. Com base na sua própria observação, responda: por que se torna tão difícil aplicar a inteligência coletiva dentro de uma organização empresarial?
3. Como o Ambiente de Previsão da Petrobras trabalhou a questão da inteligência coletiva?
4. O que pode causar problemas em um ambiente que utiliza a sabedoria coletiva como elemento central?
5. Que ciclo do conhecimento é gerido e organizado pelo Ambiente de Previsão da Petrobras?

REFERÊNCIAS BIBLIOGRÁFICAS

ANGELONI, Maria Terezinha. *Gestão do conhecimento no Brasil*. Capítulo: Sabedoria das Multidões. Rio de Janeiro: Qualitymark Editora, 2010.

RODRIGUEZ, Martius. *Gestão empresarial – organizações que aprendem*. Rio de Janeiro: Qualitymark Editora, 2006.

SUROWIECKI, James. *The wisdom of crowds*. Nova York: Doubleday, 2004.

Capítulo 16

Os Princípios e Requisitos da Inovação: Estudo de Caso 3M

Autores:
Laureano Silva, BSc.
Luiz Eduardo Serafim, BSc.
Antônio Espeleta, BSc.

Revisora:
Ingrid Stoeckicht, MSc.

1. Introdução

Para muitas empresas, a transformação de ideias em sucessos comerciais é chamada de inovação. Trata-se da aplicação prática e disciplinada da criatividade para gerar produtos e serviços comercialmente viáveis e, em escopo mais amplo, para produzir soluções mais efetivas para a gestão, seja no desenho de novo modelo de negócio, na revisão de uma cadeia de suprimentos ou no relacionamento diferenciado com o cliente.

Deve-se ter em conta que não existe uma fórmula universal para isso; existem, sim, princípios a serem seguidos e requisitos a serem cumpridos, conforme o modelo de negócios definido para cada empresa. No caso da 3M, o modelo de negócios adotado há décadas é o crescimento por meio do lançamento de novos produtos que implica grandes investimentos em P&D e forte priorização da inovação em todos os processos da empresa.

Aqueles que desejam implementar um processo consistente de inovação em sua empresa devem cuidar para que todos na organização entendam que esse é um processo que requer altos investimentos a longo prazo. Para ilustrar, o processo de inovação é similar ao garimpo, em que toneladas de rochas serão destruídas para que algumas gemas de valor sejam encontradas.

Do mesmo modo, o retorno de um processo de inovação bem conduzido é muito grande e compensador.

Este capítulo se propõe a apresentar questões importantes na implementação de um processo de inovação, com base na experiência de sucesso da 3M.

1.1. Princípios e requisitos da inovação

A inovação é regida por dezenas de princípios e requisitos complexos que interagem e se complementam. Ações pontuais e isoladas definitivamente não transformarão uma organização numa empresa inovadora.

A inovação deve ser parte da cultura da empresa e permear todas as áreas da companhia. Algumas empresas criam seus departamentos de inovação e podem, em dados momentos, alcançar resultados significativos, acelerando processos e liderando mudanças. Entretanto, o ideal é que a cultura organizacional incorpore de tal forma o espírito da inovação que os profissionais de todas as áreas assumam a responsabilidade por inovar, seja nos laboratórios de P&D, seja no atendimento ao cliente, no departamento de crédito e cobrança, e assim por diante.

Dessa forma, a inovação deve fazer parte da visão e da estratégia de longo prazo da empresa que optar por este caminho, obtendo o total comprometimento da alta liderança nas suas definição, implementação e consolidação.

1.2. Empreendedorismo e tolerância a erros

O empreendedorismo caminha de mãos dadas com a inovação e, mais do que isso, é pré-requisito. Para que haja crescimento é necessário que o empreendedorismo possa ser exercido, e para tal é fundamental delegar responsabilidades e encorajar as pessoas a colocarem em prática suas iniciativas.

Alocar as pessoas com perfil adequado nas funções em que possam obter o melhor de seu potencial, desafiá-las a buscar o melhor resultado possível, estimulá-las a sempre aprender e comunicar claramente que o funcionário tem a "propriedade" (*ownership*) daquele projeto são ações importantes para cultivar o comportamento empreendedor dentro das organizações.

Sabemos também que todos aqueles a quem forem delegadas autoridade e responsabilidade, se forem pessoas empreendedoras, irão querer fazer os seus trabalhos do seu jeito e cometerão erros. Os erros provenientes do esforço criativo genuíno são "bons" erros. O erro é inerente ao empreendedorismo e à inovação. Muitos grandes produtos vieram de erros cometidos durante a sua criação ou confirmação de determinado conceito. O bloco de recados autoadesivos *Post-it* foi criado porque houve um erro cometido durante o desenvolvimento de um adesivo, que deveria apresentar uma alta adesão. O resultado obtido foi o oposto, ou seja, o adesivo obtido apresentava baixa adesão e podia ser reposicionado várias vezes em diferentes superfícies.

Na história da 3M existem várias invenções patenteadas que não obtiveram êxito comercial. Entretanto, posteriormente as tecnologias foram aperfeiçoadas enquanto novas aplicações relevantes foram detectadas, dando origem a grandes produtos de sucesso como os respiradores para proteção do trabalhador e as mantas de absorção de óleo Sorbent.

Atualmente, pesquisas apontam que um dos elementos que mais atrapalham a capacidade de inovação das pessoas é justamente este ambiente de tolerância ao erro. Se um funcionário desenvolve um pensamento diferente, sai de sua zona de conforto e assume riscos, de forma alguma deve ser punido, ainda que o projeto novo fracasse. Este funcionário precisa ser amparado e respeitado pela liderança, e seus conhecimentos e experiências com o projeto devem ser registrados e compartilhados.

É importante ressaltar que essa tolerância a erro dentro deste escopo de inovação nada tem a ver com complacência por baixa performance.

2. Gestão do Conhecimento

Um dos requisitos mais importantes para o desenvolvimento de uma cultura de inovação nas organizações é a Gestão do Conhecimento.

Nas empresas bem estruturadas há uma série de ferramentas, práticas e mecanismos que promovem o intercâmbio de conhecimento entre pessoas e áreas, garantem o registro e a disponibilização de informações relevantes e pertinentes, divulgam as melhores ações para serem replicadas. E assim muito se otimiza e se acelera nos processos de negócios, seja no desenvolvimento de produtos ou de uma ação de marketing.

Voltando ao *case* do *Post-it*, o cientista Spencer Silver desenvolveu o adesivo que não "colava" no final dos anos 1960, sem existir então uma aplicação comercial para o produto. A mente criativa de outro inventor da 3M, Art Fry, conseguiu transformar esse erro técnico em um produto de sucesso e extremamente lucrativo, lançado vários anos depois. Na história da 3M, centenas de produtos são criados através desses processos de colaboração e compartilhamento de informações e conhecimento.

3. Geração de Ideias

A inovação é um processo que utiliza as ideias como matéria-prima. São necessárias muitas ideias para que se tenha sucesso no processo de inovação. A chamada "curva universal" da indústria para desenvolvimento de produtos sugere que, de cada 3.000 ideias, surge apenas um produto de sucesso. Essa curva permanece inalterada por mais de quarenta anos. Para um processo de inovação ter sucesso é necessário que essas ideias sejam analisadas e priorizadas por pessoas de perfil criativo. As melhores delas deverão ser encaminhadas para o processo de introdução de novos produtos. O pré-requisito para ideias de qualidade é a criatividade.

Há um provérbio chinês que diz: "uma imaginação bem direcionada é a fonte de grandes realizações". O grau de criatividade das pessoas envolvidas no processo de inovação talvez seja o requisito mais importante.

Um estudo realizado, envolvendo 69 analistas que trabalharam em 267 projetos de desenvolvimento de produtos por mais de dez anos, mostrou uma correlação muito forte entre a lucratividade dos projetos e o nível de criatividade dos analistas. Os projetos conduzidos pelas pessoas com criatividade acima da média foram entre 12 e 13 vezes mais lucrativos do que aqueles gerenciados por pessoas com criatividade abaixo da média. O método escolhido para avaliar o grau de criatividade das pessoas envolvidas nessa pesquisa foi o MBTI/Creativity Index, metodologia comercialmente disponível no mercado. Ele permite identificar os indivíduos criativos e estabelecer um índice de criatividade para essas pessoas.

O desenvolvimento de novos produtos requer pessoas criativas porque as ideias, em seu princípio, não são comercializáveis e, para isso, necessitam ser substancialmente revisadas.

Portanto, o primeiro requisito para um processo de inovação é a participação de pessoas criativas, pois elas apresentam as melhores ideias e somente elas sabem reconhecer o valor ou o potencial de uma ideia em seus estágios iniciais.

4. INVESTIMENTO EM PESQUISA

A inovação de produtos exige um alto nível de investimento. Ele deve direcionar-se à pesquisa pura e à pesquisa aplicada. Ou seja, deve-se investir no trabalho de descobrimento das propriedades intrínsecas (pesquisa pura) e também em como transformar essas propriedades intrínsecas em extrínsecas (pesquisa aplicada). Por exemplo, descobriu-se que um filamento de tungstênio aquecido emite luz. Essa é a propriedade intrínseca; a transformação da propriedade intrínseca em extrínseca foi a invenção da lâmpada de filamento.

A propriedade intrínseca do adesivo do *Post-it* é baixa adesão, que permite reaplicação e remoção, que são propriedades extrínsecas desses blocos. Esse tipo de investimento é o que leva ao aumento contínuo da base tecnológica, crucial para o desenvolvimento de novos produtos.

No caso da 3M há muitos centros focados em pesquisas puras, o que gerou um bom domínio sobre cerca de 45 plataformas tecnológicas e que, combinado com a pesquisa aplicada, relacionada à necessidade de mercados e consumidores, geraram cerca de 55.000 itens de produtos que hoje compõem o portfólio global de produtos da companhia.

4.1. Processos para introdução de novos produtos

Um bom processo para execução do desenvolvimento de produtos é tão importante quanto o perfil das pessoas envolvidas. A disciplina de seguir um bom processo é o que garante a eficiência em se transformar ideias em produtos de sucesso.

O procedimento mais conhecido para introdução de novos produtos, *stage-gate*, existe há décadas, criado com base em observações de processos já usados empiricamente por empresas que apresentavam excelência relativa na atividade de desenvolvimento e lançamento de produtos. Algumas empresas pioneiras na aplicação e aperfeiçoamento desse processo foram Dupont, United Aircrafts, Nortel Electronics, Procter & Gamble e Emerson Electric.

Nesse processo do *stage-gate* as etapas são executadas de forma linear e sequencial do início ao fim. Trata-se de um *roadmap* para a introdução de novos produtos, dividindo os esforços em etapas distintas, desde a geração e armazenamento das ideias, passando pelas fases de conceito, estudo de viabilidade, desenvolvimento, teste e validação até a etapa de lançamento.

Equipes multifuncionais trabalham para responder questões relevantes definidas em cada etapa, momento em que se tomam as decisões gerenciais que promovem o projeto para a fase seguinte, ou requerem informações adicionais ou ainda o cancelam. Estudos mais recentes mostram que este processo, na realidade, é formado por dois subprocessos, sendo o inicial randômico e o segundo linear.

O primeiro subprocesso requer pessoas criativas por ser randômico, em que as ideias são constantemente reformuladas e os conceitos são revistos. O segundo é linear e deve ser realizado por pessoas disciplinadas e lineares. Portanto, dois perfis de pessoas são requeridos para uma execução eficiente de desenvolvimento de produtos, criativos e lineares; porém os líderes dos projetos devem ser pessoas criativas com capacidade de assumir riscos. As pessoas com essas capacidades possuem uma alta intuição para não destruir boas ideias em seu início.

5. Métricas para a Inovação

Muitas métricas podem e devem ser estabelecidas para se medir a eficiência da transformação de ideias em produtos de sucesso comercial. A principal delas é a lucratividade.

O lucro deve ser mensurado, considerando-se o retorno de vendas, ou seja, o que sobra depois de descontados todos os custos, incluindo equipamentos, prédios, pessoas, matérias-primas, propaganda etc. A corporação deve estabelecer o seu índice de lucratividade baseado no retorno do investimento feito. Também é importante fixar um índice para a porcentagem das vendas provenientes de novos produtos, meta que pressiona positivamente toda a engrenagem da empresa (marketing, vendas, laboratório etc.) a desenvolver e executar planos de introdução de novos produtos. Na 3M, estes novos produtos são monitorados por um período de cinco anos, a contar de seu lançamento no mercado.

Número de patentes, produtos lançados por ano, produtividade por funcionários de P&D são alguns parâmetros úteis para medição da produção intelectual e criativa da empresa. Por outro lado, deve-se ter muito cuidado para não exagerar e instituir excesso de controles e de burocracia que, assim como as exigências de curto prazo, envenenam a criatividade e a inovação.

5.1. Liderança: Os 10 Princípios da Inovação

Para a inovação florescer, mais importante do que os processos e métricas são o ambiente e o comportamento das lideranças. Já foi mencionado que construir uma cultura organizacional sólida voltada para a inovação requer a interação de muitos fatores; vale agora ressaltar que o papel das lideranças é talvez o aspecto prioritário.

Afinal, são os líderes das empresas que recrutam os funcionários e os alocam nas funções; são eles que recompensam a contribuição inovadora; que estabelecem as métricas desafiadoras para a equipe; que implementam processos e garantem sua utilização disciplinada; que delegam autoridade, respaldam e validam as decisões tomadas e que, principalmente, moldam um ambiente favorável, transparente, com objetivos claros, onde as pessoas se sentem desafiadas e apoiadas em sua autonomia.

Para efeito de simplificação, podemos enumerar 10 princípios para a liderança inovadora e o desrespeito a algum deles significa um pecado mortal, que será pago pela perda da inovação:

1. Pense em longo prazo: o preço de resultados em curto prazo é a perda da inovação. Deve-se manter uma estratégia para curto prazo separada daquela de inovação, que é em longo prazo. A pesquisa básica de longo prazo jamais deve ser sacrificada em benefício da pesquisa aplicada de curto prazo, pois a criatividade genuína ocorre a longo prazo. O pensamento deve ser estratégico e não apenas tático, encontrando o delicado equilíbrio entre projetos para o futuro da corporação e as demandas de resultados para o próximo trimestre.

2. Assuma riscos consideráveis: altos riscos trazem maiores retornos. Muitas vezes, é necessário analisar ideias de outro ponto de vista e assumir o risco de seguir em frente. Portanto, dê suporte e deixe os outros assumirem riscos, tolerando erros provenientes de esforços honestamente criativos. Em geral, os erros geram conhecimentos que no futuro podem trazer grande retorno.

3. Vença os obstáculos e não se deixe vencer por eles: obstáculos são inerentes ao processo criativo e somente são vencidos pela perseverança. Aceite as perdas de curto prazo para ganhar em longo prazo. Ideias criativas não se vendem facilmente, portanto seja perseverante e criativo na defesa de suas ideias ou propostas.

4. Cuidado com falta de conhecimento ou com excesso dele: em P&D, a falta de conhecimento pode ser fatal. Deve-se saber o máximo possível a respeito do que acontece em nosso campo de atuação e por isso é tão importante recrutar e reter os melhores talentos, investindo inclusive em seu contínuo desenvolvimento.

   Já o excesso de conhecimento específico é tão perigoso quanto a falta dele. Os maiores enganos são cometidos por *experts*. Para crescer, é necessário existir variedade e amplitude de conhecimento, onde equipes multidisciplinares e diversidade de formação e experiências contribuem significativamente.

5. Reconheça os mais criativos: recompense a criatividade de forma concreta, clara e definitiva. Cada empresa pode definir, de acordo com sua cultura,

seu modelo de reconhecimento. Há empresas que apostam agressivamente em premiar com dinheiro e isso pode certamente funcionar. Outras criam modelos que conferem visibilidade, status e honra do premiado diante de seus colegas, favorecendo ainda a replicação rápida dessa inovação pela empresa. Independente do modelo, é vital que haja um mecanismo consistente de reconhecimento dos contribuintes mais criativos.

6. Continue crescendo: uma inovação não é suficiente para garantir o crescimento sustentável, portanto não seja complacente com o sucesso inicial. Lembre-se de que nem todas as ideias criativas são imortais. Desligue-se do passado e não se acomode ao sucesso de hoje. Mantenha-se focado no futuro. A própria 3M se afastou de mercados que lhe foram muito importantes no passado, mas que as mudanças da sociedade e da tecnologia afetaram fortemente, como sua participação significativa na indústria de fitas magnéticas (fitas cassete, videocassete e de armazenamento de dados) e filmes fotográficos Scotchtm, na linha de retroprojetores e na indústria farmacêutica. Por outro lado, investimentos foram feitos para que fossem inaugurados novos negócios em comunicação visual, produtos ópticos e energias renováveis, por exemplo.

7. Tolere ambiguidade: ideias criativas surgem subitamente mas desenvolvem-se lentamente. É como montar um quebra-cabeça; portanto, aprenda a tolerar a ambiguidade e a frustração de resolver problemas – o que leva tempo – e a tomar decisões que, em geral, são imediatas. As ideias mais criativas vêm de pessoas com capacidade de esperar, sendo que os resultados sempre superam a frustração da espera.

8. Reformule problemas insolúveis: muitas boas ideias são provenientes de problemas insolúveis à primeira vista. Sempre que um problema parecer insolúvel, tente reformulá-lo. Em geral, as maiores dificuldades em se resolver um problema vêm da maneira como ele é abordado e não pela falta de soluções. Novamente aqui, diversidade, trabalhos em equipe e grandes experiências exercem papel significativo.

9. Faça o que você mais gosta de fazer: as ideias mais criativas vêm de pessoas que amam o que fazem. Não existe substituto para a motivação intrínseca. A motivação por si só não garante a inovação, porém a falta dela garante o fracasso. As ideias mais criativas são de pessoas que amam o que fazem. Por isso, sempre que possível, procure colocar pessoas em funções mais adequadas a seus talentos.

10. Reconheça quando moldar o ambiente e quando deixá-lo: mudar o ambiente é uma tarefa árdua, lenta e que exige mudanças incrementais. Quando mudar o ambiente ou a companhia não for possível, troque de empresa. A inovação exige comprometimento, o que, às vezes, requer decisões corajosas.

5.2. A importância dos clientes no processo de inovação

Mantenha-se próximo aos clientes ou mantenha os clientes próximos a você: há muito tempo essa é uma das principais estratégias da 3M para prolongar a vida útil de seus produtos, isto é, desenvolver novas aplicações e processos para aqueles já existentes e encontrar oportunidades para a criação de novos produtos, identificando problemas dos clientes e apresentando soluções na forma de produtos.

Os dois primeiros produtos inovadores criados pela 3M, que iniciaram a construção de sua reputação em inovação foram a lixa d'água (em 1921) e a fita crepe (1925), ambas desenvolvidas a partir de *inputs* dados por consumidores insatisfeitos com seus processos de trabalho da época.

Desde então, a 3M vem insistindo neste processo de incluir seus clientes nos processos de inovação. Por meio de seu serviço técnico, que é um braço do laboratório especializado nos produtos existentes, com um alto conhecimento de suas características técnicas e processos dos clientes, a 3M presta assistência técnica a todo usuário de seus produtos e, por vezes, identifica oportunidades que levam à inovação.

Atualmente, ferramentas de pesquisas diversas são também preciosas para dar suporte ao processo de desenvolvimento de novos produtos bem como o trabalho próximo a formadores de opinião indica tendências e valida conceitos do processo de inovação.

6. Caso de Sucesso – Líquido Supressor de Poeira – LSP 1000

O estudo de caso em questão trata de um produto 3M desenvolvido em 2006, chamado de LSP 1000. O desenvolvimento partiu da necessidade expressa de um grande cliente de mineração de evitar a suspensão de partículas sólidas (poeira) durante a movimentação e o transporte de minérios.

O escopo do projeto era obter um produto capaz de reter ao máximo a suspensão de partículas sólidas (poeira), como mostra a Figura 1. As etapas críticas de dispersão dos sólidos na atmosfera ocorriam durante o transporte do minério bruto das minas até as unidades de transformação e destas até os portos para embarque marítimo.

Outra preocupação era quanto ao manejo desse minério nos pátios de despacho das unidades de transformação. Algumas unidades localizavam-se próximas às áreas de preservação ambiental ou áreas turísticas e a suspensão de poeira, além do problema respiratório, também era considerada possível poluidora da vegetação dos arredores e potencial meio de assoreamento de corpos d'água quando lixiviada.

Fonte: 3M.

Figura 1 – Aplicação do LSP 1000.

A Figura 2 mostra claramente a dificuldade que existia com o manejo de minérios. A Figura 3 mostra a aplicação do produto, depois que houve a completa supressão da suspensão de partículas.

Figura 2 – Manejo dos minérios.

Antes, as indústrias tentavam amenizar o problema com a aplicação de água. Contudo, nem todas as plantas eram situadas em locais com disponibilidade de tal recurso e o fato de a água evaporar rapidamente tornava o tempo de transporte da carga mais demorado, posto que fosse necessária a reaplicação do líquido ao longo dos trechos e a diminuição da velocidade das locomotivas quando passavam por cidades ou comunidades para evitar a suspensão das partículas.

Parte II – Inovação

Fonte: 3M.

Figura 3 – Aplicação do produto no solo.

A Figura 4a nos mostra o percurso realizado pelas locomotivas que saíam da mina em Itabira no estado de Minas Gerais, percorrendo 500 km, até chegar ao porto de Tubarão em Vitória, no estado do Espírito Santo, passando por diversas cidades.

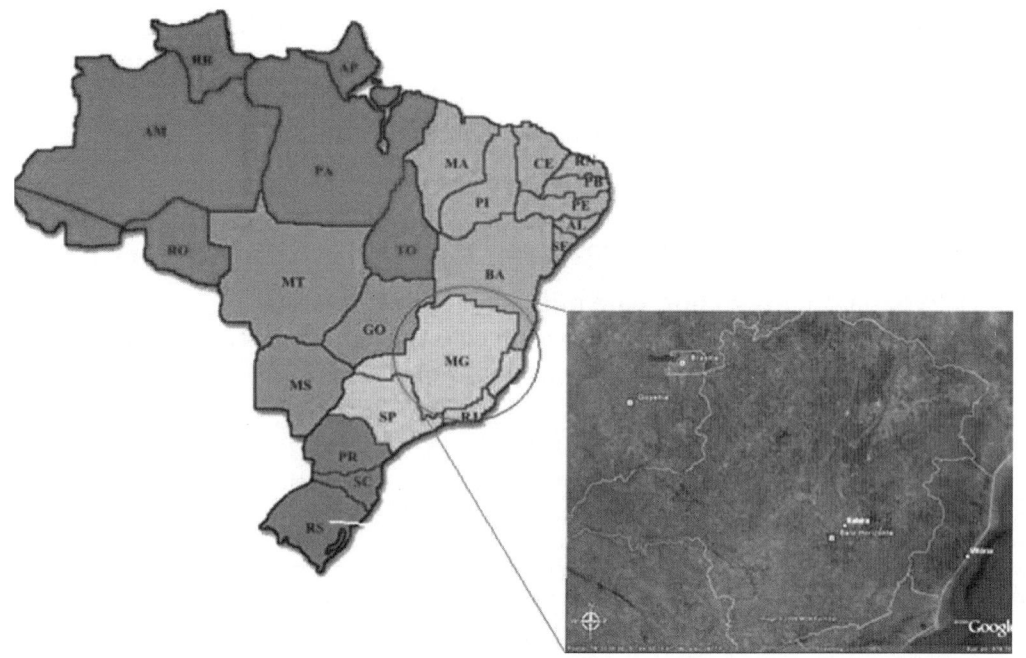

Fonte: 3M.

Figura 4a – Teste de eficiência prática na Estrada de Ferro Vitória–Minas. Trem de transporte de minério de ferro.

Fonte: 3M.

Figura 4b – Teste de eficiência prática na Estrada de Ferro Vitória–Minas.
Trem de transporte de minério de ferro.

Na Figura 4b a foto da direita mostra a suspensão de partículas, tendo em vista que não foi feita a aplicação do produto. Na foto da esquerda, onde houve a aplicação do produto, não há suspensão das partículas.

O desafio era obter um produto que resistisse a longos períodos de transporte e trepidação, que fosse de baixa toxicidade e que levasse o mínimo impacto possível ao meio ambiente. Por isso o produto foi obtido a partir de ferramentas ligadas ao processo de Gerenciamento de Ciclo de Vida (LCM), considerando inclusive as etapas de planejamento de transporte e de desenvolvimento de embalagens que fossem mais adequadas ao acondicionamento do produto.

Vários foram os benefícios auferidos pelo projeto. Ao longo dos anos que sucederam a venda e aplicação do LSP 1000, algumas oportunidades, tanto para melhoria do produto como para novos negócios, foram identificadas, tais como:

1) Exportação do produto para outros países da América Latina, Ásia, Europa e Estados Unidos. A produção local colocou o produto com preço competitivo no mercado internacional, a ponto de outras subsidiárias 3M, mesmo fabricando produtos muito similares, não oferecerem custo compatível ao concorrente local. Uma oportunidade indireta foi o crescente aumento da demanda que proporcionou à divisão de adesivos da 3M Brasil a possibilidade de expandir sua área produtiva com investimentos em linhas novas e maior capacidade de produção.

2) Desenvolvimento de serviço e sistemas de aplicação customizados. A partir do conhecimento adquirido junto aos clientes sobre os diferentes graus de necessidade de aplicação em cenários diversos, a 3M está trabalhando no desenvolvimento de sistemas de aplicação do LSP 1000 direcionados para cada cliente, ramificando assim a atividade do negócio.

3. Diversificação de aplicações em mercados diferentes, como construção civil. O problema de exposição à poeira também é uma preocupação da construção civil, principalmente por questões de saúde ocupacional. Uma segunda versão direcionada para esse setor está em fase de finalização e deve ser lançada ainda no primeiro semestre de 2010 com um derivante do LSP 1000. A ideia é realizar o desenvolvimento de formulações que exijam concentrações menores de aplicação sem comprometer o desempenho do produto: levar o produto o mais concentrado possível para que a diluição seja realizada pelo cliente conforme sua necessidade. O fato de concentrar o produto reflete um ganho ambiental em termos de emissões evitadas por parte do transporte, menos energia consumida ao longo do processo de fabricação e menor quantidade de recursos utilizados por todo o ciclo do produto etc.

7. CONCLUSÃO

A 3M acredita que a inovação não é acidental. Ela é o produto de um conjunto complexo de princípios e práticas que suportam a combinação de tecnologia e criatividade para satisfazer às necessidades dos clientes.

A inovação é reflexo da visão da companhia, do comprometimento e posicionamento de suas lideranças, das políticas de RH, da qualidade dos recursos físicos e tecnológicos disponíveis, da eficiência da comunicação dentro da empresa, de sua postura ética, do perfil e capacitação de seus funcionários, da estrutura de negócios, dos mecanismos de reconhecimento, da Gestão do Conhecimento, entre tantos fatores.

Mais que tudo, a inovação depende principalmente de pessoas, de líderes que encorajam, de equipes que trabalham com determinação e imaginação e, finalmente, de clientes que expressam suas necessidades e opiniões durante o processo.

8. RESUMO EXECUTIVO

Há mais de 100 anos, em 1902, era criada no estado do Minnesota, região dos Grandes Lagos, nos Estados Unidos, a 3M Company, uma das maiores empresas do mundo. A 3M é hoje uma companhia de tecnologia diversificada com vendas globais de US$ 25,3 bilhões em 2008, atendendo clientes em cerca de 200 países. A empresa gera 79.000 empregos diretos globalmente. Oferece cerca de 65 mil itens, desenvolvidos a partir de mais de 40 plataformas tecnológicas. Seus produtos são utilizados em torno de 40 segmentos de mercado.

A empresa, em âmbito mundial, é constituída por seis grandes grupos de negócios: Consumo e Produtos para Papelaria e Escritório; Display e Comunicação

Visual; Elétricos e Comunicações, Cuidados com a Saúde; Mercados Industriais e de Transportes; e Produtos e Serviços para Segurança, Limpeza e Proteção.

No Brasil (Figura 5), a empresa iniciou suas atividades em 1946, em Campinas, interior de São Paulo, com o nome Durex Lixas e Fitas Adesivas Ltda., e em 1954 transferiu-se para Sumaré, iniciando a produção de lixas de papel. Em 2008, teve um faturamento bruto de R$ 2 bilhões. Há 64 anos no Brasil, a empresa possui mais de 3.700 funcionários em quatro unidades industriais no interior paulista – Sumaré, Ribeirão Preto, Itapetininga e Mairinque – e uma em Manaus. Além disso, detém a Abzil (São José do Rio Preto – SP), fabricante de produtos ortodônticos.

Atua em vendas em todo o país, através de suas equipes, distribuição e revendas, comercializando mais de mil produtos básicos, dos quais derivam cerca de 25.000 itens. Com esta gama de produtos, a 3M tem como principais mercados os setores: industrial; elétrico e eletrônico; comunicação visual (com sistemas de impressão e comunicação); construção; manutenção; reparação automotiva; hospitalar; cuidados pessoais; consumo (com produtos para uso doméstico, linha Faça Você Mesmo e papelaria e escritório); saúde ocupacional, segurança do trânsito; entre outros.

Fonte: 3M.

Figura 5 – Sede da 3M na cidade de Sumaré – São Paulo.

8.1. Empresa visionária

A visão da 3M é "ser a primeira empresa em tecnologia diversificada do mundo". Inovar é a palavra-chave da empresa em todos os países onde atua. Mas inovação, em si, não é nada, a menos que se consiga transformá-la em utilidade. A missão da 3M – "crescer ajudando os clientes a vencer" – completa este ciclo, pois busca levar as soluções e inovações da empresa para seus clientes, para agregar valor e diferenciais aos seus negócios.

Há uma série de condições para que esta inovação se torne realmente uma utilidade. Esta ambiciosa visão está expressa nos seis mandamentos para a inovação na 3M. O primeiro é manter a empresa sempre dividida em pequenas unidades de negócios. O segundo é tolerar falhas. Para a 3M quem não se arrisca a pensar e a fazer as coisas de maneira diferente dificilmente obtém bons resultados. Este mandamento está baseado na própria história da 3M, que teve em seu começo uma falha superada com muito trabalho e espírito inovador. O terceiro mandamento é motivar os campeões: os donos de uma boa ideia podem também se tornar donos do seu negócio na 3M.

Estar sempre próximo ao cliente é o quarto mandamento e significa que os profissionais da 3M devem visitar sempre os clientes. Isso permite que se identifiquem aplicações e produtos que o cliente nem mesmo imaginava necessitar, oferecendo soluções 3M para seus problemas.

O quinto mandamento é compartilhar recursos. Em outras palavras, as tecnologias desenvolvidas pela companhia, independente da divisão que as originou, pertencem a todos na 3M. O sexto mandamento é estimular ideias e projetos, pois, por mais irrelevantes que possam parecer, não devem ser descartados antes de uma avaliação criteriosa.

Todo este esforço pode ser resumido em uma determinação da companhia: oferecer soluções práticas e engenhosas que ajudam os clientes a obterem sucesso. Para isso, a companhia destinou em 2007, em nível mundial, US$ 1,4 bilhão para P&D.

Além disso, a 3M mantém cerca de 6.500 cientistas e técnicos atuando em P&D. No Brasil são cerca de 100 profissionais distribuídos entre as áreas de desenvolvimento e serviço técnico, dedicados às novas ideias, tecnologias e produtos.

Outro estímulo à criatividade vem da política de Recursos Humanos: os pesquisadores têm o direito de utilizar 15% de seu horário de trabalho para se dedicar ao aperfeiçoamento de seus conhecimentos, assim como para desenvolver pesquisas de interesses pessoais. A regra para a utilização deste tempo prevê que o pesquisador não deixe de cumprir com as prioridades definidas pela companhia e registre suas pesquisas e desenvolvimento em documentação apropriada. Um exemplo do sucesso desta iniciativa é o bloco de recados autoadesivos Post-it®. Tudo começou com uma iniciativa individual de um cientista que precisava de um adesivo removível para o seu livro de salmos.

QUESTÕES PARA REFLEXÃO

1. Todos na empresa sabem definir inovação?
2. As lideranças da organização estão preparadas para estimular o ambiente de inovação?
3. Como a visão da empresa está alinhada com a inovação?
4. Os objetivos da organização são desafiadores e ambiciosos para perseguir ao mesmo tempo que há uma tolerância ao erro daqueles que assumiram riscos?
5. A empresa reconhece resultados inovadores de maneira significativa?

REFERÊNCIA BIBLIOGRÁFICA

SILVA, Laureano. Conhecimento Tecnologia e Inovação, FIA – TCC: Trabalho de Conclusão de Curso, São Paulo, 2009.

Capítulo 17

Crises e Inovação: Dinâmicas Moderna e Contemporânea do Capitalismo e do Estado

Autor:

Cláudio Gurgel, DSc.

Revisor:

Martius Vicente Rodriguez y Rodriguez, pDSc.

1. INTRODUÇÃO

Recentemente saídos ou a sair de uma crise econômica, cujos efeitos ainda estão sendo observados, em especial nos países centrais, somos obrigados a revisitar as teorias das crises e principalmente as teorias que nos apontam como sair delas.

No caso recente, as teorias se dividem em explicações que vão desde a consideração de que faltou liberação e, se mais tivéssemos liberalismo ou neoliberalismo, não teríamos entrado em crise, até a explicação de que o mal residiu exatamente no recrudescimento de um capitalismo selvagem, liberal ou similar a isto, em que a regulação do sistema de crédito foi abandonada. Teria sido esse abandono que nos levou a presenciar os empréstimos sobre empréstimos, as *subprimes*, e enfim a crise de desconfiança que trincou, quando não quebrou, meia centena de bancos, financeiras e seguradoras em todo o mundo.

Há também as explicações que remetem à estrutura do sistema, indicando um quadro de desajuste entre a produção e o consumo. Esse desajuste chegaria periodicamente a situações extremas que explodiriam o sistema. Merece-se uma exposição mais detalhada, porque de fato interessante, pois a explicação aponta para uma situação, digamos, irreparável, ao estilo daquelas doenças que não têm cura, mas apenas controle. Sinteticamente, diz-se que no sistema capitalista a produção é social – são milhões a trabalhar – e a apropriação é individual, com poucos, portanto, a se declarar donos dos bens produzidos. Daí que os poucos que ficam com muito precisam vender aos muitos que ficam sem nada ou com uma remuneração que não lhes dá condição de compra.

O sistema de crédito entra neste impasse para habilitar os muitos a comprarem. Mas como são milhões, acaba que o sistema de crédito vai se expandindo até tomadores de empréstimos que não podem de fato pagar, aqueles classificados como *subprimes*. Não se iria além desses limites por falta de regulação, mas pela absoluta necessidade de habilitar compradores para tantas mercadorias produzidas. Estes tomadores de empréstimos vão em breve tempo ser muitos, e lentamente sua inadimplência vai interrompendo o fluxo de reposição dos capitais bancários e estourando o sistema de crédito.

A questão está exatamente na inexorabilidade deste procedimento, aparentemente irresponsável, de emprestar a quem não tem como pagar. Isto, portanto, aconteceria, não por irresponsabilidade ou falta de controle, mas pela absoluta necessidade de criar compradores para os milhões de mercadorias produzidas.

Ora, o que fazer para evitar as crises? Como fazer para que de tempos em tempos as taxas de crescimento não despenquem, as falências não se multipliquem e o desemprego não cresça além daquilo que o próprio capital considera adequado e a que chama de *taxa natural*?

Em face dessa explicação estrutural, da contradição entre a produção social e a apropriação individual, para o que o sistema de crédito vai até os extremos para depois implodir e levar consigo o sistema econômico, há pouco a se fazer. É algo inerente ao sistema e, como dissemos, cabe apenas controlar.

Controlar é o que receitam os reguladores, em particular os keynesianos. A regulação e seus meios e agentes precisariam estar monitorando a economia de modo mais atento do que um controlador de voo deve fazer em noite de tempestades.

Mas a verdade é que as crises às vezes, tal qual os aviões, fogem ao controle e se precipitam, levando consigo grande parte da confiança dos agentes e atores do sistema. Nestes momentos, percebe-se que é necessário algo mais do que o simples controle. Em outras palavras, não basta continuar a fazer o mesmo de um modo menos aloprado. É preciso fazer algo diferente, para interromper o processo de queda; algo capaz de redirecionar para cima e, mais do que evitar a tragédia do choque final, retomar o voo e ousar até que esse novo voo seja capaz de elevar-se acima do passado. Isto é o que se chama inovar, no sentido que os teóricos do desenvolvimento do capitalismo dão ao termo.

A relação que ora fazemos, entre crise e inovação, refere-se a mudanças empreendidas pelo Estado, inovações no plano dos macroprocessos de trabalho públicos, que lhe deram um papel diferente no desenvolvimento do capitalismo moderno. Tal qual a administração privada empreendeu mudanças em seus processos, além dos equipamentos, também o Estado realizou suas mudanças, com o mesmo fim de promover o desenvolvimento do capitalismo.

Estaremos mostrando aqui como esta relação entre economia, poder político e administração se verifica para incrementar a produção e enfrentar as crises do capitalismo, com base na criatividade e inovação. Também não nos estaremos atendo apenas à inovação no setor público, mas também e acentuadamente às inovações no setor privado.

Desde já esclarecendo que esta referência à criatividade e à inovação não se inscreve entre as visões, algumas piegas, que atribuem a estas duas manifestações da inventividade humana o descompromisso com a pressão da necessidade. Antes, o contrário. Criatividade e inovação são frutos de esgotamento dos processos em prática, revelado pelas crises que ameaçam o desenvolvimento do capitalismo e às vezes o próprio capitalismo.

2. O Quarto Fator

O desenvolvimento da sociedade e, em particular, o desenvolvimento do capitalismo são geralmente explicados a partir dos chamados três fatores de produção: terra, trabalho e capital. Os três fatores são fatores, no sentido da teoria dos fatores, mas também elementos constitutivos da produção, no sentido da análise fatorial. A correlação que mantêm entre si estes fatores é efetivamente a maneira mais concreta de compreendê-los como responsáveis pelo desenvolvimento.

Olhados de *per si*, terra, trabalho e capital não têm o poder de gerar absolutamente nada, ainda que possamos dizer que o trabalho tem uma dose de substantividade que os dois outros fatores não possuem. Neste sentido, acompanhamos a tradição clássica de Smith e especialmente Ricardo.[1]

Mas até mesmo o trabalho precisa se efetivar sobre algo a transformar, para gerar valor.

Essa correlação tem um ponto de partida, no capitalismo, que é a formação do capital, assim como houve um ponto de partida para o desenvolvimento feudal, a terra, e haveria um ponto de partida para o socialismo, que é o trabalho.

A formação do capital, desde a acumulação primitiva, esteve, entretanto, associada ao desenvolvimento das forças produtivas, isto é, à invenção e à inovação, e esta em linha direta com o trabalho, realizado no âmbito de certas relações de produção dadas, as relações que se verificam no modo de produção capitalista.

Neste sentido, podemos dizer que a acumulação de capital, resultante da associação entre as forças produtivas e as relações de produção, associação esta que define o modo de produção, é o ambiente da geração e acumulação de capital, no modo de produção capitalista.

Portanto, a associação dos fatores e como esta associação se verifica são o fundamento da geração de valor, da riqueza e da acumulação.

Muito após a identificação dos fatores de produção no modo de produção capitalista como terra, trabalho e capital, tornou-se evidente que um quarto fator, de natureza subjetiva, se introduziu. Este fator, que é responsável pelo resultado fatorial, é a gestão da produção. Não se trata de uma descoberta ou uma afirmação herética. Na realidade, este reconhecimento já existe e frequenta a literatura.

É bem verdade que Schumpeter, apesar de reconhecer que a gestão, na relação trabalho e terra, "exibe-se, como se fora um terceiro fator de produção", desmerece isto, dizendo que "é fácil observar que o fato característico de estar numa classe superior à própria função da superintendência não constitui uma distinção econômica essencial" (Schumpeter, 1961:34).

Para ele, trata-se apenas de um tipo de trabalho, "trabalho indireto", porque "a mera circunstância, que sobrepõe um trabalhador ao outro, na organização industrial, na posição de dirigir e supervisionar, não faz deste trabalho uma coisa específica" (*ibid.*, 35).

---

[1] Smith, como é sabido, vai atribuir a riqueza das nações ao novo método, certamente uma inovação: a divisão do trabalho. Em última forma, está se referindo ao trabalho, então dividido e gradativamente especializado, porque outra finalidade não tem a divisão senão a especialização. Ricardo é sem dúvida o formulador clássico da teoria do valor trabalho.

A gestão da produção, que para alguns autores significa a *organização da produção*, entretanto, é responsável por articular os fatores e levá-los a um resultado que seja satisfatório. Não cabe equipará-la aos chamados fatores básicos – terra, trabalho e capital. Mas certamente que a operação fatorial que realiza tem consequências no resultado.

Vale dizer, para não passar uma impressão equivocada, que esta gestão não é absolutamente natural, nem imprescindível como exercício de liderança individual ou de alguns. Assim como o capital igualmente não é natural e imprescindível a todos os tempos, também a gestão como trabalho individual ou de alguns, personalizado, não é algo atemporal. É possível pensar-se em economias primitivas em que este papel organizador da produção se realizava coletivamente e não significava estar "numa classe superior", como uma pessoa destacada das demais. Aliás, tem sido um sonho de diferentes matizes do humanismo que isto deixe de acontecer no ambiente da produção de bens e serviços. De há muito tempo e frequentemente o tema ocupa os teóricos, em particular aqueles que estudam as relações sociais de trabalho.

Mary Parker-Follet, ainda nos anos 1930, chegou a imaginar a despersonalização da ordem. Segundo ela, "se as ordens fossem despersonalizadas, estou certa de que muitas das queixas dos trabalhadores, decorrentes do tratamento tirano, acabariam" (Parker-Follet, 1997:135). Contemporaneamente, Karl Albrecht imaginou uma "pirâmide invertida", em que os gestores funcionariam como servidores dos trabalhadores, dando origem posteriormente à ideia de líder servidor e outras formulações que em síntese procuram reduzir o caráter autoritário e a superioridade dos organizadores da produção, gerentes, supervisores etc. (Albrecht, 1992:112).

Mas, ao que parece, no modo de produção capitalista este fenômeno da coordenação e do comando se realizarem por atores que ocupem hierarquia superior é muito sólido. Esta solidez estimula até mesmo a que se imagine como parte do caráter do ser humano carecer de algum comando.

No próximo ponto deste artigo, vamos nos deter em explicar as razões desse fenômeno, porque ele efetivamente é apenas a expressão de fenômenos mais profundos e mais relevantes. Através dele podemos chegar ao que consideramos os dois objetivos permanentes das teorias administrativas que informam a gestão da produção capitalista.

Cabe finalmente, nesta abordagem da relação entre o desenvolvimento capitalista e a gestão, observar que o resultado satisfatório, nos empreendimentos dominantes no capitalismo, empreendimentos cujos fins determinados são a oferta de bens e a obtenção de lucro, é, em última e estrita análise, o lucro. A rigor, o maior lucro possível.

É este lucro que vai proporcionar a acumulação necessária à reprodução do micro e do macrossistema, isto é, do próprio empreendimento e do sistema capitalista como um todo.

Na reprodução do macrossistema, inscreve-se a geração de valor, como já é evidente, e a sustentação do Estado como instrumento superestrutural necessário. É neste sentido, do cumprimento do seu dever histórico, que o Estado igualmente precisa se renovar, inventar e inovar, para auxiliar à reprodução do sistema.

3. OBJETIVOS PERMANENTES: PRODUTIVIDADE E COOPERAÇÃO

Temos sustentado a ideia de que a história do pensamento administrativo tem sido a história da busca incessante e obsessiva de elevar a produtividade e obter cooperação.[2]

Se observarmos a produção metodológica de Taylor e a tomarmos como ponto de partida do desenvolvimento teórico da administração, o que não seria estranho, podemos perceber que este diapasão de abordagem está presente ao longo do século de produção de ideias sobre a gestão.

Em dado momento, os idos de 1950, o movimento liderado por Ohno, na Toyota, vem de encontro a tudo que se havia acumulado de métodos e técnicas para elevar a produtividade e obter cooperação, particularmente o fordismo. Mas, ainda assim, naquele momento em que se inicia o que alguns chamam de pós-fordismo, o interesse do formulador, Ohno, não é outro senão a produtividade.

Sua indagação preocupada, contida em *L'Esprit Toyota*, seu texto-narrativa da criação do toyotismo, é muito reveladora do centro de suas reflexões: "O que fazer para elevar a produtividade quando as quantidades não aumentam?" (Ohno, 1989:27). Ele se referia a quantidades dos volumes de produção encomendados. Como é sabido, naquele momento, a Toyota e as demais montadoras japonesas estavam sendo demandadas para produzir pequenos volumes, isto é, quantidades bem diferentes daquelas que eram típicas do modelo de produção em massa fordista.[3]

Seja como for, mais uma vez se colocava em evidência a questão da produtividade.

Como disse Furtado, tratando do nosso assunto em *Criatividade e Dependência:* "A pesquisa científica foi frequentemente posta a serviço da invenção técnica, que,

---

[2] Em alguns textos e mais detidamente em nosso livro *Administração – Elementos Essenciais para a Gestão das Organizações* procuramos explorar esta afirmação pelo seu significado fundamental para a compreensão do desenvolvimento da teoria administrativa. Vide GURGEL, Claudio, e RODRIGUEZ, Martius V. R., *op. cit.* São Paulo: Atlas, 2009.

[3] No Brasil, Benjamin Coriat faz excelente exposição sobre esta passagem histórica e teórica em seu *Pensar pelo Avesso*. Ali se pode compreender que a mudança na logística da guerra das Coreias, sul *versus* norte (1953), realizada pelos EUA, incluiu uma alteração vital para a economia japonesa. Em vez de remeter os veículos automotores de guerra através do Pacífico, com todos os riscos e custos, os EUA, que patrocinavam a Coreia do Sul, passaram a financiar a indústria japonesa para que esta produzisse e o governo japonês enviasse todos os veículos necessários ao vizinho aliado. Como se tratava de diversos tipos de veículos e a demanda foi repartida entre as montadoras, as encomendas eram de pequenos volumes, ainda que frequentes. Vide CORIAT, Benjamin. *Pensar pelo Avesso*. Rio de Janeiro: UFRJ, REVAN, 1994.

por seu lado, está a serviço da busca de maior eficiência do trabalho humano e da diversificação dos padrões de consumo" (Furtado, 1978: 83).

Temos explicado a emergência e a ascensão destes dois objetivos – elevar a produtividade e obter cooperação – como parte integrante do desenvolvimento do capitalismo. Isto é, elevar a produtividade tornou-se absolutamente necessário, em função da formação do mercado de massa, com as características que o marcaram: grande e pobre. Sua composição foi essencialmente de trabalhadores rurais, "liberados" do campo pela introdução das inovações técnicas, e que ocuparam as cidades, trazendo consigo todas as demandas insatisfeitas. Produzir para esse mercado significava obrigatoriamente trabalhar com custos baixos e ganhos de escala. O fordismo, cujo sucesso encantou a todos, que passaram a adotá-lo, é bem este modelo. Já a busca da cooperação teria origem, em nosso entender, na passagem do sistema artesanal ao sistema das oficinas industriais, mudança que vem cercada de inúmeros desgostos para o trabalhador artesão: desde o aumento da jornada de trabalho, que passou de uma média de 4 horas ao dia para 16 horas, até as relações sociais de trabalho, que passaram de algo dominado pelo próprio artesão, em sua atividade doméstica, portanto, familiar, para algo dominado por um capataz, cuja afeição pelos trabalhadores não era o ponto mais forte.

Entretanto, elevar a produtividade e obter cooperação, apesar de objetivos contemporâneos e contributivos, porque a cooperação sem dúvida ajuda a elevar a produtividade, tem nesta contribuição uma longa trajetória de mão única. Se a cooperação foi sempre amiga da produtividade, a recíproca não é verdadeira.

Para conseguir uma produção maior, sem que com isto se elevem os custos unitários, é necessário ou aumentar a jornada de trabalho sem remuneração correspondente ou reduzir os custos com o trabalho, entenda-se, mais comumente, diminuir o número de trabalhadores. Por isto é que Ohno, respondendo a sua própria pergunta, vai dizer que "na Toyota, o conceito de economia é indissociável da busca da redução de efetivos e da redução de custos". E esclarece: "A redução dos efetivos é, com efeito, considerada um meio de realizar a redução de custos" (Ohno, *ibid.*, 65). As inovações tecnológicas, métodos e ferramentas foram frequentemente nessa direção: diminuir os efetivos.

Elevar a produtividade incluiu frequentemente práticas ou inovações que desestimularam a cooperação, no sentido que damos ao termo, que considera uma certa dose de vontade de cooperar por parte do trabalhador.[4] A divisão de trabalho, o tempo-padrão taylorista, a linha de montagem fordista, a multifuncionalidade toyotista, todas estas inovações significam a acentuação do sofrimento, ainda que se possa envolver este sofrimento em discursos e compensações amenizadoras.

---

[4] Nosso conceito de cooperação tem relação com o conceito weberiano de dominação, no sentido de que exige o que Weber define como "certo mínimo de vontade de obedecer" determinado por algum interesse do dominado (Weber, 2009:139). Este interesse é satisfeito ou pode ser satisfeito como retribuição à cooperação e esta perspectiva é o incentivo ou motivo para a cooperação.

A produtividade, portanto, exigiu inovações e não raro essas inovações trouxeram e trazem em paralelo razões para o desagrado e a desmotivação do trabalhador. Aquilo que veio a ser o segundo objetivo, digamos, permanente, obter cooperação, vem tendo assim suas razões renovadas. Não sendo mais aquelas razões do primórdio, não por desaparecerem, mas por se amenizarem ou serem esquecidas, as novas razões, associadas às inovações produtivistas, refazem igualmente a necessidade de inovação no campo da cooperação, que na literatura administrativa se inscreve como teoria da motivação.

4. CRISES E INOVAÇÃO

A linha de montagem pode ser a mais expressiva inovação tecnológica da gestão da produção, antes de ocorrer a grande crise dos anos 1930, inaugurada com o epifenômeno do *crack* da Bolsa de Nova York. A ser verdadeira a explicação da crise pela superprodução – ou ainda se admitindo como explicação o subconsumo –, a linha de montagem, inovação tipicamente produtivista, terá até mesmo sido um fator importante na geração do problema.

Naquela ocasião o capitalismo entrou em crise profunda. Não foi apenas uma crise do capital – o que já seria grave. Isto é, não foi uma crise relacionada apenas com a rentabilidade, o crescimento econômico, a acumulação do capital, a falta de liquidez bancária, a queda na taxa de lucro ou algo restrito à economia. Ainda que a economia seja a essência da história do capitalismo, as crises, quando circunscritas ao capital, não têm o condão da radicalidade.

A crise dos anos 1930 foi uma crise radical, uma crise do capitalismo, como projeto societário. Não só houve um processo de superprodução ou subconsumo, esta última minha explicação preferida, mas também a descrença nos valores apregoados pelos capitalistas, empresários, empreendedores, gestores e teóricos. A ideia da *mão invisível*, de Smith, a fórmula de Say, para quem a oferta cria sua própria procura, o *laissez faire*, as máximas de Franklin, que Weber identificou como o *espírito do capitalismo*, isto e muito mais entraram em crise.

Os corolários destes versículos sagrados, tais como a capacidade autorreguladora do mercado, a concepção de um Estado lockiano, quase que limitado à distribuição da justiça, o *laissez* amplo e irrestrito, tudo isto ainda reinava nos EUA, enquanto na Europa já eram notados os primeiros sinais do *capitalismo organizado*, para usar a expressão de Hilferting.

Foi uma crise do capitalismo com origem nos EUA, cujo papel internacional já era suficientemente forte para que suas dificuldades irradiassem para o mundo.

Paralelamente a isto, quando as estatísticas da produção norte-americana acusavam queda constante, o sucesso do Plano Quinquenal soviético era exibido ao mundo. Segundo Kalecki, baseado nos relatórios oficiais do governo, em pouco mais de três anos a renda bruta do setor privado dos EUA caiu quase US$ 20 bilhões – de US$ 37 bilhões, em 1929, para US$ 19,8 bilhões, em 1933 (Kalecki, 1978:104).

Não é pouca coisa para os dias de hoje, imaginem para os anos 1930. No mesmo momento, crescia exponencialmente a produção industrial da URSS.

Tudo convergia para o aprofundamento da crise que, repetimos, não era apenas uma crise econômica, mas uma crise do modelo societário capitalista. Envolvia valores materiais e valores subjetivos, política e ideologia.

É neste contexto que se percebe como prioritária a inovação no campo da cooperação e se descobre como necessária a inovação da gestão pública. É o que podemos definir como a reinvenção do ser humano e a renovação do Estado.

4.1. A reinvenção do ser humano

Se no presente o objetivo das pesquisas industriais é criar uma máquina que imite o homem, no passado, primórdio das teorias administrativas, a pretensão foi criar o homem que imitasse a máquina. A rigor, pode-se dizer que, à luz dos teóricos de então, operar como uma máquina seria o ideal de todos os organismos, seja humano ou empresarial.

Weber, quando desejou ilustrar a racionalidade da burocracia, disse que ela funcionava como uma máquina; Ford, como observaria Gramsci, enfim torna verdadeira a profecia de Marx, para quem o capitalismo faria do homem um apêndice da máquina. Captando isso de modo supersensível, o cineasta Fritz Lang, em *Metropolis*, exibe, nos anos 1920, a vida de trabalhadores maquinais, como igualmente faria Chaplin em sua obra da mesma época, *Tempos Modernos*. Não satisfeito com isto, Aldous Huxley, no seu romance *Admirável Mundo Novo*, também retrata o fordismo, agora como um modelo não apenas industrial, mas um modelo de vida social, e prediz uma humanidade mecânica e reprodutiva, como as máquinas.

Na onda positivista que correu o mundo, impulsionados pelo racionalismo, os formuladores das primeiras teorias administrativas produziram métodos destinados a fazer dos trabalhadores apenas aquilo que se tornaria a designação simbólica de mão de obra. É isto, nada mais que isto, mão de obra. Não cabeça, onde haveria um cérebro, não tronco, onde existiria um coração, mas apenas membros, onde se estendia a mão, que deveria se ater aos movimentos mais simples e rotineiros.

A crise dos anos 1930 em certa medida implode esta leitura ao mesmo tempo confiante, otimista na capacidade humana de ser racional, a ponto de tornar-se máquina, e ao mesmo tempo reducionista da capacidade humana, a ponto de destituir um tipo de homem, o trabalhador, de sua possibilidade de ter razão. No duplo sentido da palavra.

O Grande Homem, que havia subjugado a natureza, inclusive a natureza humana, e produzido riqueza em proporção inesperada – vale lembrar que só a Ford Company, em 1926, produzira dois milhões de automóveis –, aquele extraordinário Taylor com seus métodos, aquele fantástico Ford, com sua esteira móvel, aqueles fabulosos Morgan, Rotschild e Rockfeller, aqueles antepassados Say e Smith, com suas afirmações peremptórias e duradouras sobre o mercado e seu milagroso mecanismo de estabilidade e crescimento, enfim, tudo aquilo, de uns dias para outros, viraram uma enorme dúvida, uma imensa incerteza, uma extensa onda de pobreza, desemprego e desconfiança. De repente, uns e outros se descobriram humanos, *demasiadamente humanos*, como já havia dito Nietzsche.

Os discursos antes pouco ouvidos sobre a necessidade de reconhecer o cérebro e o coração dos trabalhadores, os visionários humanistas, que já haviam pressentido a crise do modelo autoritário, e pregavam a humanização das relações de trabalho, passaram a ser escutados. Não havia como ser diferente. Já não se pagavam os 5 dólares ao dia, como fazia Ford, atraindo as imensas filas de operários, candidatos a trabalhar em sua fábrica de Detroit. Agora, pagavam-se 50 cents. Não se sinalizava com a prosperidade para todos, mas se adotava o *salve-se quem puder* das sociedades individualistas. Do outro lado do mundo, na antiga e pobre Rússia, se exibia uma união de repúblicas socialistas para quem o crescimento e a bonança, diferentemente, segundo os jornais dos sindicatos, se estendiam a todos.

Foi preciso reinventar o ser humano. Dialogar, entender-se, *re-unirse*.

A inovação já não era a máquina, ferramenta e modelo de produtividade. Isso já existia. A inovação consistiria em novos comportamentos gerenciais que permitissem que esta máquina, a linha de montagem, e este modelo de trabalhador, disciplinado e cooperativo, voltassem a operar, lado a lado. Agora, em ambiente de nem tantas certezas, riqueza e promessas.

O *humanismo* administrativo é a inovação. Um humanismo interessado, que Habermas certamente não acolheria como seu humanismo, mas enfim, algo que fazia diferença. Não a diferença fundamental, dado que a produção continuava social, e a apropriação, individual. Continuava o capitalismo, mas, como diria Lampedusa, para o capitalismo continuar ele precisava mudar.

Quando Chester Barnard (1971:169), teórico e empresário, disse que a autoridade não residia em quem dava a ordem, mas em quem a recebia, na mais radical das reconceituações sobre autoridade e relações de trabalho, estava consolidada a inovação da gestão participativa.

4.2. A renovação do Estado

A crise também encontrou um Estado limitado, cuja despesa, em face do PIB, era diminuta, quando comparada aos termos atuais. Isto correspondia ao papel que se reservava ao Estado. Um Estado remanescente do *laissez faire, laissez passé*, cuja função era basicamente manter a ordem – a ordem da propriedade, a ordem financeira e a ordem social.

A crise se arrastou por mais de três anos, sem novidade. O presidente Hoover, nisto acompanhado por quase todas as lideranças mundiais, discursava nos salões pregando uma tranquilidade inimaginável, ainda crendo que o mercado se encarregaria de pôr ordem na economia.

A eleição presidencial de 1933, nos EUA, se deu sob a perplexidade e a expectativa. Perplexidade, porque a concepção clássica de que ao Estado não cabia qualquer papel na Economia, senão um papel de coadjuvante discreto, era um entendimento comum a todos que soubessem alguma coisa das regras do jogo. Acreditar na capacidade reguladora do mercado era um dogma econômico, que os próprios economistas, ignorando o caráter social da realidade econômica, chamavam de Lei de Say. Mas a eleição era também expectativa, porque algo haveria de acontecer, tais o desacerto e a desagregação que estavam instalados. Vale lembrar mais uma vez que as notícias da URSS circulavam e não mais como notas dos jornais, mas como parte do discurso político que animava o movimento socialista internacional e doméstico. Dentre as alternativas do que poderia acontecer, inscrevia-se a revolução social, para o que não faltavam as lideranças trabalhistas locais e o exemplo internacional.

A ação do Estado, que se desencadeia a partir da eleição de Franklin Roosevelt, naquele ano, 1933, no âmbito do programa de governo conhecido como *New Deal*, é, nos primeiros cem dias, um ataque intenso em busca da revitalização da economia. Ali estava um Estado mobilizado para uma guerra, correspondendo às palavras do presidente recém-eleito, que no discurso de posse pedira poderes semelhantes àqueles que teria se o país estivesse invadido pelo inimigo.

Observem na Tabela 1 a evolução da primeira grande intervenção econômica de um Estado de economia capitalista (Tabela 1):

Tabela 1. Estados Unidos da América do Norte – 1929-1941
Renda Bruta do Setor Privado e Lucros (em bilhões de dólares)

Ano	Renda Bruta do Setor Privado	Lucros s/Impostos
1929	74,1	37,0
1930	65,9	31,4
1931	59,3	26,7
1932	48,0	20,2
1933	46,9	19,8
1934	51,9	22,8
1935	57,7	27,3
1936	65,5	30,5
1937	69,0	32,2
1938	64,3	30,1
1939	68,8	32,0
1940	75,9	36,3
1941	89,6	43,6

Fonte: Kalecki, Michal, 1978:104.

O capitalismo que emerge desta inovação no campo da gestão pública continua capitalismo – a propriedade privada, a apropriação individual ou grupal do trabalho social, a mais-valia, a livre negociação –, mas a parceria aberta e generosa com que passa a contar vai lhe proporcionar enorme crescimento e estabilidade.

Alguns vão atribuir à guerra em que entraram, em 1941, a efetiva recuperação dos EUA. De fato, há um salto entre 1940 e 1941, como se pode ver nos números da Tabela 1. Mas também não se pode negar que, antes disso, conforme se pode ver, a economia já respondia crescentemente e os números se dirigiam àqueles que antecederam a crise. Ainda que a guerra viesse a potencializar esse crescimento, estaria apenas confirmando que a intervenção estatal – mais forte do que nunca durante as guerras – cumpre o papel de emular e sustentar o crescimento econômico.

Daquele dia em diante, não se conheceria qualquer crise semelhante. Grandes, algumas, mas nenhuma semelhante. E em todas elas o Estado renovado apareceria como um gestor comprometido e atencioso, prestimoso, disposto a empenhar o erário na salvação do sistema.

4.3. O Estado servidor

Para fortalecer a impressão de que isso se tornou uma nova chave para compreender o desenvolvimento capitalista, tivemos recentemente uma crise que lembrou, por sua revelação súbita, surpreendente para quase todos nós, a crise dos anos 1930. Uma crise que significativamente sucedia um período em que alguns postulados econômicos liberais, antikeynesianos, em certos casos, como por exemplo, a diminuição dos controles e restrições ao crédito, passaram a ser mais uma vez tidos como método, quando na verdade não passam de expedientes cíclicos. Foi nesse ambiente que ocorreu a mais recente crise do capital. De um momento para outro, bancos e seguradoras poderosos se declararam incapazes de responder por seus compromissos. Alavancados em empréstimos imobiliários, passaram a sofrer do mal dos seus mutuários que, *sub-primes*, não conseguiam arcar com as prestações dos imóveis adquiridos.

A crise de liquidez se espraiou para o mundo e alcançou quase todos os setores produtivos. Foi se convertendo em crise de confiança e em pouco tempo o sistema financeiro se tornou incapaz de cumprir o seu papel. Naquele momento, seu objetivo se tornou escapar da *débâcle* ameaçadora.

A quem recorreu?

Ao Estado inovado, que sob inspiração do conservadorismo ou do *fundamentalismo de mercado*, como diria George Soros, ainda demorou-se muito. Segundo alguns, tivessem mais prontidão, teriam evitado completamente a crise. Houvessem socorrido o Lehman Brothers, pivô dos acontecimentos, no momento em que seus dirigentes apelaram por ajuda desesperadamente, avaliam os analistas, a crise seria estancada.

O Estado renovado em seu papel de fomentador e segurador do desenvolvimento enfim veio em socorro e continua em socorro, evitando que não só bancos viessem a quebrar, mas quebrasse o sistema produtivo como um todo. Foi um procedimento mundial. Ninguém, absolutamente ninguém, do império do norte à pequena Suíça; do Japão ao Brasil, ninguém seguiu o conselho que os iluminados defensores do Estado mínimo davam dois meses antes. Nem eles mesmos.

Os que não saíram de cena (para voltar depois) aderiram, reconhecendo que a inovação nascida dos anos 1930 não podia ser dispensada.

Ousamos dizer que, assim como Schumpeter atribui ao empreendedor a função de promover o desenvolvimento do capitalismo, ao Estado se deve atribuir o papel de segurar este desenvolvimento, exatamente porque ele se faz de um modo tão avassalador e predatório que reduz, quando não destrói, no seu caminhar, aqueles que o poderiam sustentar com o seu consumo. O empreendedor, ao inovar em busca da produtividade, como fez Ford, como fez Ohno, cria processos destrutivos, não só dos seus concorrentes, mas também da capacidade de consumo das massas para a qual produz.[5]

É este paradoxo, esta contradição, que está na base das crises. A sua compreensão como um fenômeno inerente ao capitalismo moderno e contemporâneo vai permitir igualmente compreender o porquê do papel inarredável do Estado inovado, o Estado intervencionista. Não se trata mais de dar a essa palavra – intervencionista – uma acepção negativa, mas reconhecê-la como uma necessidade para a sustentabilidade do sistema. Um Estado servidor – que opera como um *Good Father* para o *Big Brother* e seus irmãos. Castigando-os quando se comportam mal, mas os pondo no colo, ao final dos gritos e lágrimas derramadas.

Esse Estado servidor, nascido da crise dos anos 1930, poderia ser algo pontual e datado. Ou seja, algo que teria servido naqueles difíceis anos. Mas, observando melhor, seu formulador, Keynes, não o concebeu assim. Concebeu-o como parte integrante da dinâmica do capitalismo. Por mais que alguns tentem negá-lo exatamente neste aspecto, é exatamente neste ponto que se verifica o maior acerto keynesiano. Ele não descobriu este caráter contraditório do sistema, este caráter suicida, dado que esta descoberta é de Marx. Mas deu à descoberta um amparo teórico especial e a subordinou aos interesses do capital.

O Estado servidor que nasce daí não é novo em sua natureza. A natureza do Estado é servir aos que o controlam por intermédio do governo de suas instituições. Mas o Estado servidor tem um caráter novo. Ele se despe de qualquer dis-

---

[5] Para Schumpeter, a propósito, esta seria uma marca essencial do capitalismo: a criativa destruição. A expressão "destruição criadora" tornou-se uma das fórmulas mais referidas do pensador austríaco. A passagm *"this process of Creative Destruction is the essential fac about capitalism"* se encontra em SCHUMPETER, Joseph. *Capitalism, Socialism and Democracy*. Nova York: Harper, 1975, p. 83. O contexto da frase é exatamente o debate sobre o que ele denomina de *"process of industrial mutation"*, em que se refere a *"incessantly destoying the old one, incessantly creating a new one"*.

farce de *tertius*, que durante séculos vestiu. Ele não tem qualquer pudor em usar o dinheiro público para salvar o privado. Mas quer que o privado tenha pudor ao aceitar o dinheiro público.

Esta é a diferença que se observa quando o Estado norte-americano e o Estado francês, por exemplo, coíbem a distribuição de bônus aos dirigentes dos bancos e empresas que foram recentemente salvos pelo erário estatal.

Nesse pudor exigido se inclui um compromisso mínimo com a estabilidade, com o emprego, com a taxa de juros e com outros aspectos que giram em torno da dinâmica do capitalismo. E que o capitalismo não tem maturidade ou grandeza, e talvez jamais tenha, para desenvolver sozinho, sem o Estado a lhe cobrar.

Esse Estado servidor obtém legitimidade para se declarar a serviço da salvação das empresas privadas com o dinheiro público, com renúncias fiscais, com empréstimos subsidiados, com carências para pagamento, com apoio a fusões e incorporações, tudo envolvendo fortunas públicas, construídas com altos impostos, taxas, emolumentos e contribuições provisórias, porém duradouras.

É esta a mais recente e importante inovação no cenário do capitalismo mundial. Não é mais o Estado assistencialista, o Estado monopolista, o Estado previdência, o Estado Robin Hood em suas mais diversas formas. Agora, temos um Estado servidor, cujo caráter diferenciado e já descrito parece emprestar a ele a perenidade que Keynes concebeu.

5. CONCLUSÃO

Capitalismo e inovação parecem ser duas palavras siamesas. Como disse Marx, no capitalismo "tudo que é sólido desmancha no ar". A cada dia, algo que era novo se torna obsoleto e algo provisoriamente novo é apresentado. A expressão "a última palavra" sempre nos passa a impressão de que estamos tratando da "penúltima palavra". A necessidade de aperfeiçoamento e/ou superação das ferramentas, dos processos de trabalho e dos produtos, em busca da maior produtividade possível, da maior cooperação dos trabalhadores possível e da maior capacidade de realização de negócios (venda, comercialização) possível é sua dinâmica mais evidente.

A qualidade dos processos e produtos adquiriu um novo sentido. Não é mais aquele que lhes davam os antigos: preço, funcionalidade, custo e durabilidade. Este último quesito até parece ter sido trocado pela efemeridade.

Por isto, estava certo Schumpeter quando disse que o desenvolvimento do capitalismo depende do empreendedor. Não se referia ao que vulgarmente passou a ser tratado como empreendedor no ambiente econômico e administrativo. Este pequeno reprodutor, que está em busca de algo que lhe dê independência econômica e social, que o tire da condição de assalariado, que lhe permita recuperar a liberdade dos artesãos, não é o empreendedor schumpeteriano. O verdadeiro empreendedor não se faz aprendendo a elaborar um Plano de Negócio. Empreendedor é o que se dispõe a correr o risco de ousar o novo e o aparentemente impossível. É aquele que, antes do plano, tem uma vontade, que enfrentará o próprio plano, se este, nas análises ambientais, desaconselhá-lo a ir adiante. É o espírito taylorista, fordista, toyotista, o espírito dos criadores, cujo resultado da ação significa um patamar diferente e superior de padrão de produção.

Mas esse desenvolvimento do capitalismo é frequentemente predatório. Uma grande destruição, à qual o mesmo Schumpeter chamou de "destruição criadora", acompanha a ação dos empreendedores. Só e tão somente quando essa destruição excede os seus limites, e isto vai se apresentar como uma ameaça ao sistema, é possível ver surgir do próprio interior da gestão das empresas alguma ideia mais generosa, à semelhança do que ocorreu nos idos de 1930, com a emergência do *humanismo administrativo*.

De modo geral, as inovações produtivistas – divisão de trabalho, especialização, linha de montagem, multifuncionalidade – não despertam a preocupação do que oferecer em troca ao trabalhador – senão a proposta secular de remuneração por peça ou participação nos lucros. Em regra, os salários continuam os mesmos e não raro até diminuem relativamente, pela igualmente relativa desvalorização do trabalho ou redução da demanda de trabalhadores.

Os formuladores ou defensores do Estado intervencionista, nas variadas formas de intervenção – social-democracia, Estado de Bem-Estar Social, keynesianismo e suas variações ou combinações – sempre estiveram atentos a este caráter predatório do desenvolvimento capitalista. As políticas públicas geradas por esse Estado intervencionista tiveram preocupações com o interesse dominante, mas nesta preocupação introduziram a face social do serviço que prestam à reprodução do sistema.

Pensou-se, em certo momento, que essa sensibilidade pudesse fazer parte das preocupações do setor privado, e uma ruidosa movimentação se verificou em torno do que se chama de responsabilidade social. Mas logo se percebeu que os custos do enfrentamento da destruição criadora, os custos sociais, não podiam fazer parte dos custos da produção privada. No debate que travaram Friedman e Toffler sobre o papel da empresa, Toffler saiu-se vitorioso. Os novos padrões do capitalismo absorveram essa responsabilidade social. Mas isso se deu no plano das ideias, porque na prática os recursos empregados são muito pequenos em face do tamanho do problema social.

Tem algum valor absorver a responsabilidade social no plano das ideias? Sim. Sem dúvida. Ainda que não se disponha a investir financeiramente na ideia.

Possivelmente aceitar que há uma dívida com a parte pobre da sociedade ajuda a não ser tão intolerante com os custos sociais e trabalhistas. Ajuda a ver estes custos como integrantes desta espécie de seguro de vida do desenvolvimento, que são os tributos pagos pelas empresas. Esses tributos são hoje um fração do dinheiro público que garante o desenvolvimento capitalista, em ambiente agora mais consciente de que não há mais Lei de Say nem mão invisível do mercado.

O mercado conta efetivamente com as leis do Estado servidor e com a mão generosa do orçamento público.

6. Resumo Executivo

- A relação entre o desenvolvimento do capitalismo e a inovação pode ser reconhecida com facilidade. Um dos mais agudos analistas do capitalismo, Joseph Schumpeter, já fez esta relação, seguido anos mais tarde de Toffler. Ambos associando o futuro e o sucesso às inovações. A relação com a gestão pública tem sido feita apenas na perspectiva do apoio do Estado às pesquisas. Mas não da ação do Estado em si mesma.

- As inovações frequentemente se destinam a elevar a produtividade, como foram as criações metodológicas de Taylor, a linha de montagem de Ford e mais recentemente as células de produção de Ohno, na Toyota.

- Entretanto, as inovações que se destinam a elevar a produtividade muito frequentemente comprometem a cooperação, porque exigem procedimentos e relações de trabalho exaustivos e tensos. Mas a cooperação, isto é, a disposição e a predisposição do trabalhador para executar sua função, tem peso relevante no rendimento, na qualidade e na sustentabilidade do trabalho.

- A gestão pública, além do apoio que presta às pesquisas, sendo a principal responsável pelo desenvolvimento tecnológico e metodológico dos países, tem também inovações relativas ao seu papel de agente do desenvolvimento econômico. Este papel, modernamente exercido desde a crise dos anos 1930, é de um Estado Servidor. Um Estado pronto para proteger e assegurar as condições para que o sistema se mantenha e evolua – como a crise mais recente demonstrou, em escala mundial.

- Esta função é cada vez mais evidente e já se torna um grave equívoco referir-se a Estado intervencionista ou expressões do gênero, que revelam preconceito contra a presença do Estado na ordem econômica e social. Para se pensar em desenvolvimento ambiental e socialmente sustentável, no capitalismo – quando o humano e a natureza, de modo geral, seriam preservados e respeitados – é necessário que o Estado seja chamado a exercer um papel cada vez mais relevante.

QUESTÕES PARA REFLEXÃO

1. Por que a inovação é tão crucial para o desenvolvimento do capitalismo?
2. Será apenas do Estado, portanto custos públicos, pagos pela sociedade, a responsabilidade pela pesquisa?
3. Por que as inovações voltadas para a elevação da produtividade não são acompanhadas de inovações voltadas para que os trabalhadores se sintam mais recompensados e motivados para o trabalho?
4. A inovação por que passou o Estado nos anos 1930 e que se revelou muito atual, diante da crise global mais recente, deve ser acolhida como uma necessidade, como diz o texto, ou se constitui de uma deficiência que o capitalismo deve superar? Nesta última hipótese, como se daria a superação?
5. No exercício dessa função sustentadora do capitalismo e fomentadora do seu desenvolvimento, como o Estado poderia contribuir relevantemente para o desenvolvimento ambiental e socialmente sustentável?

REFERÊNCIAS BIBLIOGRÁFICAS

ALBRECHT, Karl. *Revolução nos serviços*. São Paulo: Pioneira, 1992.

BARNARD, Chester. *As funções do executivo*. São Paulo: Atlas, 1971.

CORIAT, Benjamin. *Pensar pelo avesso*. Rio de Janeiro: UFRJ, REVAN, 1994.

FURTADO, Celso. *Criatividade e dependência na civilização industrial*. Rio de Janeiro: Paz e Terra, 1978.

GURGEL, Claudio e RODRIGUEZ y RODRIGUEZ, Martius. *Administração – elementos sssenciais para a gestão das organizações*. São Paulo: Atlas, 2009.

KALECKI, Michal. *Teoria da dinâmica econômica*. São Paulo: Abril Cultural, 1978.

OHNO, Taiichi. *L'ésprit toyota*. Paris: Masson, 1989.

PARKER-FOLLET, Mary. *A profeta do gerenciamento*. Rio de Janeiro: Qualitymark Editora, 1997.

SCHUMPETER, Joseph. *Teoria do desenvolvimento econômico*. Rio de Janeiro: Editora Fundo de Cultura, 1961.

_____. *Capitalism, socialism and democracy*. Nova York: Harper, 1975.

WEBER, Max. *Economia e sociedade*. Brasília: UnB, 2009.

Capítulo 18

O Papel dos Órgãos de Fomento ao Desenvolvimento da Gestão do Conhecimento no Brasil: Estudo de Caso FINEP

Autor:

Marcelo Sampaio, MSc.

Revisora:

Solange Lima de Souza, MSc.

Agradecimentos:

Meus agradecimentos ao Superintendente da Área de Universidades, Dr. Ricardo Gattass, patrocinador do ProInfra, pela concordância na divulgação do programa, pelos incentivos incondicionais e sugestões.

1. INTRODUÇÃO

De acordo com Veloso e De Meis (2000), um número reduzido de países gerou a maior parte das descobertas com enorme impacto nos séculos subsequentes por terem institucionalizado a ciência nos séculos XVII a XIX. Este quadro de segregação só tem se agravado com o tempo pela revolução tecnológica, especialmente depois da Segunda Guerra Mundial.

Na encíclica Centesimus Annus, promulgada em 1991, o Papa João Paulo II sustenta que existe, em particular no nosso tempo, uma forma de propriedade revestida de uma importância nada inferior à da terra: a propriedade do conhecimento, da técnica e do saber. Drucker (1993) argumenta que o conhecimento não representa apenas mais um recurso, como a terra, o capital e o trabalho, mas o recurso determinante, capaz de fazer a diferença em termos de desempenho, não somente de empresas, mas também de países. Dessa forma, não haverá países pobres, haverá países ignorantes.

Em 1999 a Organização para a Cooperação e Desenvolvimento Econômico (OECD) apontou que, naquele ano, o conhecimento foi responsável por 55% da riqueza gerada no mundo. Quer dizer, pela primeira vez na história da humanidade os fatores de produção tradicionais deixaram de ser os principais criadores de riqueza.

Dessa forma, o cenário mundial atual apresenta países centrais geradores de conhecimento convivendo com países periféricos consumidores do conhecimento embutido nos remédios, sementes, equipamentos médicos, fertilizantes, automóveis ou telefonia, por exemplo. Portanto, um país que deseja se inserir na competição do comércio global deve desenvolver a capacidade de gerar tecnologia inovadora para criar novos produtos e processos e não recorrer ao licenciamento de patentes e de tecnologias do exterior.

O presente estudo de caso está dividido em três partes. A primeira parte introduz o Brasil na Era do Conhecimento, apresentando alguns números que explicam os motivos pelos quais nos encontramos na nossa situação atual de país periférico. Em seguida, apresenta o conceito do Modelo da Hélice Tripla, bem como os benefícios das relações entre governo, universidades e empresas, abordando o novo papel das universidades e das Instituições Científicas e Tecnológicas (ICTs) como centros de produção e transferência de conhecimento, o novo papel das empresas e trata do papel da Financiadora de Estudos e Projetos do Ministério da Ciência e Tecnologia (FINEP), apresentando um dos seus programas que, ao financiar a infraestrutura e a pesquisa em ciência, tecnologia e inovação nas universidades e ICTs, fortalece as relações destas com as empresas e estimula o desenvolvimento do Brasil, dado que relações de cooperação são componentes importantes dos esforços necessários à geração de inovações. Finalmente, apresenta o Modelo da Hélice Tripla na prática, relatando alguns exemplos da interação entre universidades e empresas a partir de instituições que receberam o apoio financeiro da FINEP.

2. O BRASIL NA ERA DO CONHECIMENTO

Em maio de 1500 Pero Vaz de Caminha descreveu ao rei de Portugal que nesta terra extensa e graciosa, então Terra de Vera Cruz, de muitos bons ares frescos e temperados, com infinitas águas, querendo-se aproveitar, em se plantando tudo dá. À época, a tecnologia que envolvia o ato de plantar não era tão diferente entre os países. Hoje, ao contrário, a tecnologia que envolve sementes, mudas, fertilizantes, desenvolvimento do solo, dentre outros, faz a diferença. Na Era do Conhecimento, o que alavanca o desenvolvimento econômico de um país não é tão somente se este é um exportador de *commodities* ou de produtos eletrônicos, mas o quanto ele é capaz de inserir ciência e tecnologia próprias em seus produtos.

A projeção do dispêndio nacional em Pesquisa e Desenvolvimento (P&D) como razão do Produto Interno Bruto (PIB) na Era do Conhecimento em 2010 será de 1,5%. É um avanço em relação ao que já foi, mas é pouco diante dos investimentos finlandês (3,47%), japonês (3,39%), coreano (3,22%) e norte-americano (2,68%). Aliás, recentemente o presidente dos Estados Unidos, Barack Obama, anunciou um investimento recorde em ciência. Em discurso feito na Academia Nacional de Ciências, em Washington, ele disse que vai destinar 3% do Produto Interno Bruto dos Estados Unidos (aproximadamente US$ 414 bilhões, tomando como referência o PIB americano de 2007, US$ 13,8 trilhões) para despesas nas áreas de ciência e tecnologia. O número é 0,4% superior aos valores atualmente investidos nessa área. Segundo ele, nunca a ciência foi tão essencial para a prosperidade, segurança e qualidade de vida americanas. Afinal, ciência e desenvolvimento econômico andam de mãos dadas.

O Brasil tem hoje 2% dos artigos científicos de revistas e jornais internacionais, mas o número de patentes é baixo. Apenas 0,18% das patentes internacionais é brasileira, o que reforça nossa tradição de importar e adaptar tecnologias, em vez de criá-las. Enquanto outros países em desenvolvimento, como China, Índia e Coreia, estão se transformando em produtores de conhecimento graças a investimentos na formação de pesquisadores em áreas tecnológicas – e com isso alavancando suas economias –, o Brasil segue dependente de seus bens naturais, crescendo em um ritmo menor.

De acordo com o Banco Mundial, o Brasil está ficando para trás na comparação com outros países em desenvolvimento quando se trata de produzir conhecimento novo e de convertê-lo em resultados práticos. Um estudo apresentado em 2008 aponta que o ensino básico brasileiro é precário, o que resulta em profissionais pouco qualificados, e que as universidades estão distantes do setor produtivo e voltadas mais para conhecimento teórico do que prático. Por sinal, a relação brasileira de cientistas e engenheiros em P&D na indústria também é muito baixa: são apenas 5 por 10 mil habitantes, enquanto a média dos outros países é de 66.

Nosso país, rico em recursos, precisa com urgência de gente qualificada e capaz de transformar sustentavelmente os recursos que a geografia nos presenteia em conhecimento e riquezas capazes de elevar nossa condição de país em eterno desenvolvimento e "do futuro" como país desenvolvido e "de futuro". Sem a formação de recursos humanos qualificados nas diversas áreas de conhecimento, dependeremos eternamente da transferência de conhecimento dos outros países.

3. O Modelo da Hélice Tripla

Um Sistema Nacional de Inovação pode ser definido como uma rede de instituições públicas e privadas que interagem para promover o desenvolvimento científico e tecnológico de um país. Inclui universidades, escolas técnicas, institutos de pesquisa, agências governamentais de fomento, empresas de consultoria, empresas industriais, associações empresariais e agências reguladoras, num esforço de geração, importação, modificação, adaptação e difusão de inovações (Nelson, 1993).

Dentre vários modelos de inovação baseados no conhecimento, aquele que privilegia as relações entre universidade, governo e indústria, também conhecido como Modelo da Hélice Tripla, ganha força. A Hélice Tripla é um modelo inovador sistematizado por Etzkowitz e Leydesdorff (1996; 1998; 2000) em que universidade, indústria e governo trabalham juntos e interagem de perto enquanto cada um mantém sua identidade. Isto é, universidades, indústrias e governos assumem algumas das competências dos outros, sem perder seus papéis principais.

Assim, empresas enfrentam desafios e apresentam demandas às universidades e, em contrapartida, oferecem investimentos e oportunidades de desenvolvimento de tecnologia em parceria; universidades que, além de pesquisa e ensino, adicionaram nova e legítima função de produzir conhecimento associado aos problemas do setor empresarial, ofertam informação tecnológica, desenvolvimento de novos produtos e processos, educação continuada, cursos, consultorias e mão de obra especializada; e governo ajudando a identificar parceiros potenciais, fornece fundos para o desenvolvimento de projetos e apropria-se de resultados da parceria com a indústria e com a universidade.

3.1. O novo papel das universidades e das ICTs na Era do Conhecimento

De acordo com Francis Bacon (1620) a ciência é uma ferramenta para a criação de novo conhecimento que pode ser usada para promover avanços no bem-estar e no progresso do ser humano. Um tema central recorrente no campo dos estudos sobre ciência, tecnologia e sociedade, seja no Brasil, seja nos países capitalistas avançados, é o de como fazer com que a geração local de conhecimento possa ser levada à produção e assim disponibilizar para a sociedade bens e serviços cada vez mais efetivos e baratos.

Uma das grandes contribuições diretas das universidades e ICTs é a geração de conhecimento. Por "geração de conhecimento" entenda-se a busca da produção e aprimoramento de técnicas e procedimentos, tanto no nível do fazer (objetivo), quanto no nível das ideias (subjetivo).

Os conhecimentos por si mesmos são estéreis. Eles somente se tornam produtivos se forem soldados em um só conhecimento unificado. Drucker (2000) sustenta ser função das organizações tornar produtivos os conhecimentos. No entanto, as universidades passaram, na década de 90, por uma nova revolução acadêmica que, conforme citado anteriormente, as levou a participar mais ativamente do desenvolvimento econômico, incorporando novas funções às atividades tradicionais de ensino e pesquisa (Webster e Etzkowitz, 1993). Tal fato contribui para reforçar o grau de importância das universidades na manutenção do equilíbrio dinâmico do arranjo universidade-governo-empresa.

O cerne da teoria da Hélice Tripla é o papel transformador da universidade na sociedade. À medida que a universidade vem se sensibilizando com a dimensão dos problemas da sociedade da qual é parte integrante, seu gesto extensionista se reveste de outro caráter – o de participar dos processos emancipadores da sociedade, propondo caminhos possíveis de construção da cidadania a partir do lugar que lhe é concedido: o de construtora de conhecimento e de ciência.

Os trabalhos realizados atualmente sobre as relações universidade e sociedade apontam que as universidades, além de suas clássicas atividades de formação de recursos humanos, de ensino continuado e de pesquisa, estão, crescentemente, incorporando uma terceira atividade: a atuação em desenvolvimento econômico local e regional (Webster e Etzkowitz, 1993). Estes autores sustentam que está sendo elaborado um novo contrato social entre universidade e sociedade, no qual o financiamento público para a universidade está condicionado à sua contribuição direta para a economia.

3.2. O novo papel das empresas na Era do Conhecimento

Séculos atrás, produtores e nações conservavam sua supremacia comercial mantendo em segredo seus materiais e processos. Hoje em dia, com a vida média da inovação tornando-se cada vez mais curta, à medida que a tecnologia transforma a lógica da concorrência, ela desaparece como fonte sustentável competitiva.

Em sua busca de novos fatores de eficiência, as empresas globais terceirizaram grande parte do trabalho de produção para países onde o custo da mão de obra ainda é relativamente baixo. Cada vez mais, as atividades baseadas no conhecimento e voltadas para o desenvolvimento de produtos e processos estão se tornando as principais funções das empresas e aquelas com maior potencial de obtenção de vantagem competitiva.

Uma empresa realmente é um conjunto de pessoas organizadas para produzir algo, sejam produtos, serviços ou alguma combinação de ambos. Sua capacidade de produzir depende daquilo que ela sabe e do conhecimento subjacente nas rotinas e equipamentos de produção. Se "saber fazer" define o que a empresa é, então o conhecimento realmente é a empresa. Dessa forma, o fator humano é o único diferencial competitivo, e a única vantagem sustentável que uma empresa tem é aquilo que ela coletivamente sabe, a eficiência com que ela usa o que sabe e a prontidão com que ela adquire e usa novos conhecimentos.

Nonaka e Takeuchi (1997) argumentam que o sucesso das empresas japonesas não se deve à sua capacidade de fabricação; acesso a capital de baixo custo; relações estreitas e de cooperação com clientes, fornecedores e órgãos governamentais; ou práticas de gestão de recursos humanos, embora os autores reconheçam que todos esses fatores sejam importantes. O sucesso se deve à sua capacidade e especialização na criação do conhecimento organizacional.

A competitividade de uma empresa, portanto, está no conhecimento especializado dos empregados, na habilidade de gerar novo conhecimento e inovação e nas ações estratégicas provenientes da inovação (Grant, 1996). A inovação é vista como uma vantagem competitiva pelas organizações e, consequentemente, investimentos em pesquisa e desenvolvimento devem ser incentivados e realizados para se criar conhecimento, o principal insumo do processo inovativo. Esses novos conhecimentos podem ser desenvolvidos pela integração de fontes internas com fontes externas (Leonard-Barton, 1995).

3.3. O novo papel do governo na Era do Conhecimento: a FINEP

A Financiadora de Estudos e Projetos (FINEP) é uma empresa pública, ligada ao Ministério da Ciência e Tecnologia (MCT), cuja missão é "promover o desenvolvimento econômico e social do Brasil por meio do fomento público à Ciência, Tecnologia e Inovação em empresas, universidades, institutos tecnológicos e outras instituições públicas e privadas". Isto é, a FINEP promove e financia a inovação e a pesquisa científica e tecnológica cujos resultados possam contribuir para a expansão do conhecimento e gerar impactos positivos no desenvolvimento socioeconômico brasileiro.

Criada em 24 de julho de 1967 com o objetivo de institucionalizar o Fundo de Financiamento de Estudos de Projetos e Programas, substituiu e ampliou o papel até então exercido pelo Banco Nacional de Desenvolvimento Econômico e Social (BNDES) e seu Fundo de Desenvolvimento Técnico-Científico (FUNTEC), constituído em 1964 com a finalidade de financiar a implantação de programas de pós-graduação nas universidades brasileiras.

Em 31 de julho de 1969, o governo instituiu o Fundo Nacional de Desenvolvimento Científico e Tecnológico (FNDCT), destinado a financiar a expansão do sistema de Ciência e Tecnologia (C&T), tendo a FINEP como sua Secretaria Executiva a partir de 1971. Na década de 70 a FINEP promoveu intensa mobilização na comunidade científica ao financiar a implantação de novos grupos de pesquisa, a criação de programas temáticos, a expansão da infraestrutura de C&T e a consolidação institucional da pesquisa e da pós-graduação no país.

Ao longo de seus 43 anos, a FINEP vem estimulando a articulação entre universidades, centros de pesquisa e empresas. Dentre os inúmeros programas de financiamento está o ProInfra.

Em 2004 a Diretoria da FINEP instituiu o Programa ProInfra, como continuação do Programa de Modernização da Infraestrutura das ICTs Públicas, iniciado em 2001, com a percepção do sucateamento das universidades. O ProInfra tem por objetivo apoiar a execução de projetos institucionais de implantação, modernização e recuperação de infraestrutura física de pesquisa nas instituições públicas de ensino superior e/ou de pesquisa.

O programa ProInfra da FINEP é bem diferente dos outros programas de fomento científico que existem no país. Enquanto o Conselho Nacional de Desenvolvimento Científico e Tecnológico (CNPq), também vinculado ao MCT, concede bolsas individuais para o cientista, a Coordenação de Aperfeiçoamento de Pessoal de Nível Superior (CAPES), que é vinculada ao Ministério da Educação (MEC), investe nos alunos de mestrado e doutorado, o ProInfra é o único que financia a construção de laboratórios, infraestrutura de redes, obras e equipamentos para pesquisa de ponta, priorizando tudo o que for multidisciplinar e multiusuário. O programa não é focado na área de pesquisa do cientista mas no desenvolvimento institucional da ciência na universidade.

Entre 2001 e 2008 o ProInfra apoiou 647 projetos, atingindo um montante de R$ 1.220 milhões em investimentos. Um dos méritos do ProInfra foi induzir as universidades a discutirem e planejarem suas missões como centros de pesquisa e desenvolvimento de novos conhecimentos. E a certeza da continuidade do programa, juntamente com o aumento da oferta de recursos financeiros, veio transmitir a confiança necessária para projetar e planejar o futuro da ciência na universidade e assim contribuir para vencermos o desafio da geração de conhecimento.

4. A HÉLICE TRIPLA NA PRÁTICA

São inúmeros os benefícios que uma empresa engajada na gestão do conhecimento transorganizacional, no compartilhamento sistemático e na troca de conhecimento com entidades externas pode adquirir.

Os exemplos a seguir demonstram que a integração do conhecimento é mais eficiente quando se baseia em diferentes fontes, através de parcerias com empresas e agências do governo, universidades e outros atores do segmento da indústria. Referindo-se às noções lineares sobre o processo inovativo, Lemos (1999) ressalta que hoje a ciência não pode mais ser considerada a fonte absoluta de inovação, bem como o mercado também não deve ser apontado como o único elemento determinante para que ela ocorra. Os diferentes aspectos da inovação a tornaram um processo complexo, interativo e não linear (Tomaél, Alcará e Chiara, 2005). Ainda segundo Lemos (1999), a organização não inova sozinha e precisa de fontes de informação e conhecimentos que podem estar dentro ou fora dela.

4.1. Universidade Federal de Viçosa

Em 2007 a Universidade Federal de Viçosa (UFV) inaugurou o laboratório de biotecnologia e melhoramento vegetal que ampliou sua capacidade de trabalho em diversas culturas vegetais. Este laboratório foi construído com recursos do Ministério da Educação (MEC) e contou com a parceria entre a UFV e a Monsanto, empresa que atua no setor agrícola, que proporcionou a cessão dos equipamentos. Em contrapartida, a empresa se beneficia das pesquisas avançadas em biologia molecular da UFV para seus segmentos de biotecnologia e sementes.

A UFV mantém também uma parceria com a Nestlé, empresa mundial de alimentos e nutrição, desde 1998, que, juntamente com a Universidade Federal de Goiás (UFG), desde 2000, proporciona por meio do Programa de Desenvolvimento da Pecuária Leiteira um atendimento a estudantes de Medicina Veterinária, Agronomia, Zootecnia, Tecnologia em Laticínios, Engenharia de Alimentos e Agrimensura. Trata-se de treinamento integrado, em nível tecnológico e operacional, no que diz respeito à produção de leite.

4.2. Universidade de São Paulo

O Laboratório Max Feffer de Genética de Plantas na Escola Superior de Agricultura Luiz de Queiroz (USP/ESALQ) mantém estudos relacionados à celulose e ao papel para a Suzano, uma das mais tradicionais organizações empresariais brasileiras que atua neste setor. A iniciativa faz parte da parceria da empresa com o Departamento de Genética da ESALQ no Projeto Inovação Tecnológica, cujo objetivo é desenvolver a tecnologia de regeneração e transformação genética das espécies de eucalipto. Com os resultados positivos dessa parceria em meados de 2000, quando foram obtidas e registradas as patentes do processo de transformação, a Suzano decidiu intensificar a parceria com a ESALQ. Para desenvolver projetos mais complexos era necessário ampliar as instalações do laboratório e contratar novos profissionais. Os recursos necessários para isso foram doados em 2001 por Max Feffer, então presidente da Suzano. Segundo o coordenador do Laboratório, professor Carlos Alberto Labate, o sucesso da parceria mostra o potencial da universidade brasileira na geração de inovações tecnológicas e transferência para o setor privado, além da formação de pessoal qualificado.

4.3. Centro de Tecnologia Mineral

Criado em 1978, o Centro de Tecnologia Mineral (CETEM) acumula mais de 800 projetos para 180 empresas do setor minerometalúrgico, além de editar 250 diferentes tipos de publicações. Mesmo instalado no Rio de Janeiro, no *campus* da Universidade Federal do Rio de Janeiro (UFRJ), longe das principais regiões mineradoras do país, localizadas no Pará, Goiás e Minas Gerais, o CETEM nunca teve problemas para cumprir sua missão de desenvolvimento de tecnologias para o uso sustentável dos recursos minerais brasileiros em todas as regiões do país.

Ao longo desses 32 anos de atuação, o CETEM se tornou referência nacional e internacional no desenvolvimento de estudos em escala de laboratório e piloto, visando o aproveitamento de matérias-primas minerais. O centro atua também na prestação de serviços tecnológicos, de forma a obter os parâmetros necessários para dimensionamento de projetos industriais de empresas privadas ou estatais, permitindo que muitas delas deixassem de realizar pesquisas fora do país. Entre as empresas que já fizeram encomendas ao CETEM estão: Votorantim Metais, Votorantim Novos Negócios, Casa da Moeda do Brasil, Petrobras, Galvani, Alunorte, Vale, Acumuladores Moura, entre outras.

Com o ProInfra, dentre outros projetos, o CETEM modernizou sua infraestrutura de flotação de minerais, no qual adquiriu uma miniusina-piloto de flotação instrumentada e colunas de flotação. A principal vantagem da miniusina de flotação é a possibilidade de trabalhar com um volume de amostra muito menor do que a unidade-piloto convencional, facilitando a realização de ensaios-piloto de flotação e reduzindo custos operacionais. Entre outros efeitos que afetam um circuito de flotação, a recirculação de cargas e de produtos intermediários é quantificada com um índice de confiabilidade que excede aqueles obtidos em testes padrões de flotação em circuito fechado. Os resultados já obtidos com minérios de ferro para o grupo Votorantim são uma clara comprovação de que a aquisição desses equipamentos é um sucesso comprovado.

4.4. Empresa Brasileira de Pesquisa Agropecuária – Trigo

A Empresa Brasileira de Pesquisa Agropecuária (EMBRAPA) Trigo tem se dedicado ao desenvolvimento de tecnologias que aumentam a produtividade do trigo, seja pela melhor adaptação das cultivares às condições ambientes, seja pela seleção de materiais com melhor tolerância às pragas e doenças, bem como através do uso de práticas agrícolas que buscam otimizar a produção de grãos.

Desde 1990 uma grande oportunidade se abriu para a pesquisa de trigo no Brasil: a demanda por qualidade tecnológica. Todos os segmentos do agronegócio trigo, alavancados pelos segmentos moageiro e de panificação, requeriam cultivares com aptidão tecnológica definida: trigos com qualidade específica para serem usados em panificação, trigos com qualidade específica para serem usados na fabricação de bolachas e biscoitos, trigos para uso doméstico etc.

O Centro Nacional de Pesquisa de Trigo da EMBRAPA recebeu financiamento do ProInfra para contribuir tecnológica e cientificamente para maior agilidade, eficácia e eficiência da pesquisa brasileira voltada à produção de trigo.

A expansão da capacidade instalada da EMBRAPA Trigo, em consórcio com instituições de todo o Brasil e do exterior, como o Centro Internacional de Melhoramento de Milho e Trigo, vem contribuindo para o melhoramento genético de trigo e ampliação da competitividade do agronegócio brasileiro. A utilização de equipamentos altamente especializados tem-se mostrado fundamental para o crescimento e a consolidação da pesquisa em qualidade de grãos, que se constitui em fator fundamental para a competitividade do trigo brasileiro e a sustentabilidade da triticultura nacional.

4.5. Fundação Universidade Federal do Rio Grande

Um dos projetos aprovados pelo ProInfra na Fundação Universidade Federal do Rio Grande (FURG), o Centro Integrado de Desenvolvimento Regional do Ecossistema Costeiro do Extremo Sul do Brasil (CIDEC-SUL), vem atendendo as pesquisas desenvolvidas no âmbito dos programas de pós-graduação de Engenharia e Ciência de Alimentos e Química Tecnológica Ambiental.

A aquisição de equipamentos financiados pela FINEP neste projeto, que permitem a separação, análise e identificação de compostos orgânicos a partir de diferentes matrizes, vem viabilizando o desenvolvimento de projetos de pesquisa, principalmente na área do biodiesel, possibilitando a concretização de uma parceria entre a FURG e a Petrobras, que culminou na construção de uma usina-piloto para a produção de biodiesel no *campus* universitário junto à Escola de Química e Alimentos.

O desenvolvimento de fontes alternativas de energia, em particular a produzida a partir de biomassa, tem sido apontado como uma das possibilidades de desenvolvimento socioeconômico sustentado para regiões economicamente deprimidas, como é o caso do extremo sul do Rio Grande do Sul. Neste contexto, o desenvolvimento das pesquisas, além de apoiar programas de pós-graduação e possibilitar o estabelecimento de convênios interinstitucionais, será infraestrutura de apoio ao ensino de graduação nos novos cursos de Engenharia Agroindustrial, Química Tecnológica, Engenharia de Bioprocessos e Biotecnologia; além dos atuais cursos de graduação em Engenharia Química, Engenharia de Alimentos e Química.

4.6. Universidade Estadual de Maringá

Os investimentos recebidos pela Universidade Estadual de Maringá (UEM) nos editais do ProInfra permitiram a constituição do Complexo de Centrais de Apoio à Pesquisa (COMCAP), que é formado pelas Centrais de:

1. Análises Avançadas de Materiais.
2. Biologia Molecular, Estrutural e Funcional.
3. Documentação.
4. Produtos Naturais.
5. Microscopia
6. Microscopia de Agropecuária e Agronegócio.
7. Microscopia de Estudos sobre Mudanças Globais.

A FINEP viabilizou também a reestruturação da rede de transmissão de dados, imagem e voz da UEM, que permitiu a implantação de uma nova tecnologia de acesso à rede mundial de computadores e ao portal da CAPES e outros portais de informações de ensino e pesquisa, proporcionando um ganho de velocidade e confiabilidade. Todas as centrais implantadas são constituídas por laboratórios multiusuários que contam com equipamentos de médio e grande portes, dando suporte ao desenvolvimento da ciência e tecnologia na universidade, além de estar atendendo pesquisadores de outras instituições.

No decorrer da implantação do COMCAP de 2001 até 2008, verificou-se que a UEM obteve aumento significativo no número de projetos de pesquisas (de 377 para 715), de grupos de pesquisas (de 107 para 308), de pesquisadores com bolsa produtividade (de 76 para 137), de publicação de artigos de periódicos indexados no Institute for Scientific Information (ISI) (de 196 para 542), de mestres titulados pela instituição (de 657 para 2.893), de doutores titulados pela instituição (de 31 para 439), e de patentes depositadas (de 6 para 47).

4.7. Universidade Federal de Goiás

O impacto da aplicação dos recursos financeiros provenientes do ProInfra resultou no aumento do número de programas de pós-graduação e no ingresso e titulação de alunos, na elevação substancial da produção científica (qualitativa e quantitativamente), no aumento do número de laboratórios de pesquisa e na melhoria da infraestrutura destinada a atender à demanda dos cursos de pós-graduação e dos projetos de pesquisa.

Entre 2002 e 2008, verificou-se que a Universidade Federal de Goiás (UFG) obteve aumento significativo no número de projetos de pesquisas (de 1.240 para 1.500), de grupos de pesquisas (de 144 para 218) e de número de bolsas de iniciação científica (de 197 para 309). Além disso, a UFG passou de 19 cursos de mestrado (1.008 alunos), e 6 de doutorado (99 alunos) em 2002, para 34 de mestrado (1.359 alunos) e 13 de doutorado (476 alunos) em 2008.

4.8. Universidade Federal de Santa Catarina

A infraestrutura implantada com os investimentos do ProInfra contribuiu para a ampliação dos grupos de pesquisa e dos cursos de pós-graduação nas áreas de Ciências Agrárias, Biológicas Humanidades e Engenharias, bem como para o aumento da produção científica, notadamente do número de artigos internacionais indexados.

Houve a ampliação de cursos de mestrado e doutorado. Em 2001 a Universidade Federal de Santa Catarina (UFSC) contava com 42 cursos de mestrado e 22 cursos de doutorado. Em 2005, já como reflexo dos investimentos em infraestrutura, foram implantados 49 cursos de mestrado e 28 cursos de doutorado. A área de Ciências Agrárias foi ampliada em dois novos cursos de doutorado: o de Ciências de Alimentos, em 2002, e o de Recursos Genéticos Vegetais, em 2003. A área de Engenharia foi ampliada com os cursos de mestrado em Arquitetura, em 2002, mestrado e doutorado em Engenharia e Gestão do Conhecimento, em 2004, e mestrado em Logística e Transporte de Cargas, em 2004. A área de Humanas foi ampliada com o novo curso de mestrado em Ciência da Informação, em 2003, e mestrado e doutorado em Educação Científica e Tecnológica, em 2002. A área de Letras foi ampliada com o novo curso de mestrado em Estudos da Tradução. A área de Saúde foi ampliada com o curso de mestrado em Nutrição.

Finalmente, o número de artigos internacionais indexados de acordo com o ISI em 2000 era de 339; em 2001 passou para 351; em 2002 passou para 436; em 2003 ficou em 392; e em 2004 foram publicados 387 com ISI e 305 com outros indexadores, o que demonstra a sensível evolução, só possível com a melhoria das condições de infraestrutura de pesquisa na UFSC.

5. CONSIDERAÇÕES FINAIS

Ao longo deste capítulo vimos alguns exemplos positivos de investimentos em pesquisa e desenvolvimento em universidades e ICTs brasileiras que alavancam diversos setores industriais do país. No entanto, ainda que se descrevam todos os casos de sucesso nacionais, estes não são suficientes para causar impactos nas cadeias produtivas mais complexas.

As implicações de compartilhar conhecimento numa economia baseada no conhecimento são substanciais. O conhecimento possui certas características que o fazem muito distinto dos outros meios de troca, como financeiro ou físico. Conhecimento pode ser transferido entre empresas e pessoas, como qualquer outro recurso. Mas ao contrário do capital e da terra, o conhecimento, quando transferido, passa a ser tanto do emissor quanto do receptor.

Enquanto a teoria da gestão estratégica tradicional discute a competitividade (Porter, 1980), a discussão de estratégias para encorajar a cooperação é limitada

(Axelrod, 1984). Brandenburger e Nalebuff (1996) utilizam o termo *co-opetition* para descrever o uso simultâneo de estratégias de cooperação e competição. Ao invés de ver todos os atores como competidores, na Era do Conhecimento, uma empresa precisa reconhecer que alguns destes aparentes oponentes podem complementá-los, adicionando valor para seus produtos e serviços. Parcerias estratégicas significativas entre governo, universidade e indústria representam novas formas transorganizacionais para facilitar o fluxo de novos conhecimentos, ideias, informações e inovações entre os setores da economia. Diante deste novo modelo, apresenta-se o maior dos desafios: como assegurar que o compartilhamento do conhecimento seja mais lucrativo do que seu enclausuramento?

A transição da Sociedade Industrial para a Sociedade do Conhecimento pode se tornar uma ameaça a países como o Brasil, por aprofundar o fosso que separa países pobres e ricos ou se transformar numa grande oportunidade de virarmos o jogo a nosso favor, aproveitando algumas de nossas características, como a criatividade, a flexibilidade e a facilidade de adaptação.

A FINEP, em seu relevante papel de transformar o Brasil por meio da inovação, através de seus diversos programas e instrumentos, vem fortalecendo a interação dos diversos atores econômicos, desenvolvendo a infraestrutura necessária às universidades, ICTs e empresas investirem em inovação, na formação de redes, transformando o conhecimento científico em conhecimento técnico e gerencial. A FINEP, de acordo com sua missão histórica, acredita que aqui em se plantando tudo dá. O caminho é longo e difícil mas possível aos que desejam percorrê-lo.

6. RESUMO EXECUTIVO

Os avanços tecnológicos reduziram distâncias, inseriram a velocidade e a intangibilidade em nossa sociedade e causaram um profundo distúrbio de ordem econômica, geográfica e social. Na Era do Conhecimento os países estão separados em duas classes: os que produzem conhecimento e incorporam tecnologia aos produtos e processos; e os que importam conhecimento. O presente estudo de caso, não exaustivamente, analisa como as consequências das relações entre governo, universidades e indústria beneficiam o desenvolvimento de um país através da geração de conhecimento aplicado à produção e descreve como a Financiadora de Estudos e Projetos (FINEP) do Ministério da Ciência e Tecnologia (MCT) tem agido através de seus programas para reduzir as barreiras entre os atores econômicos.

QUESTÕES PARA REFLEXÃO

1. As novas formas de atuação e as parcerias estratégicas entre governo, universidade e indústria requerem novas competências? Quais?
2. Como deveria ser o perfil dos profissionais da Era do Conhecimento? Os currículos das universidades estão adequados para a formação dos profissionais com as novas competências que o mercado necessita?
3. Quais são os principais desafios que o Brasil enfrentará nos próximos 50 anos (energia, água, transportes, infraestrutura, alimentos, Amazônia, Amazônia Azul, saúde, defesa etc.)?
4. Estamos formando recursos humanos suficientes nas áreas que necessitamos para enfrentar os desafios nacionais dos próximos 10 anos? Quais são as áreas nas quais precisamos investir mais e formar mais?
5. Afinal, o que fazer para reverter a situação brasileira e inserir o país de vez no cenário mundial? Quais os fatores determinantes para a nossa grande virada?

REFERÊNCIAS BIBLIOGRÁFICAS

AXELROD, R. *The evolution of cooperation*. Nova York: Basic Books, 1984.

BRANDENBURGER, A. M. e NALEBUFF, B. J. *Co-opetition*. Nova York: Currency Doubleday, 1996.

BRUHN, J. e ZAJAC, G. The Moral Context of Participation in Planned Organizational Charge and Learning. *Administration and Society*, vol. 30, nº 6, p. 707-733, jan./1999.

CHOO, C. W. *A organização do conhecimento: como as organizações usam a informação para criar significado, construir conhecimento e tomar decisões*. São Paulo: SENAC, 2003.

COHEN, W. L. e LEVINTHAL, D. A. Absortive Capacity: a New Perspective on Learning and Innovation. *Administrative Sciences Quarterly*, vol. 35, nº 1, 1990.

CRIBB, A. Y. *Acumulação de capacidades biotecnológicas no sistema alimentar: uma matriz de estratégias para países em desenvolvimento*. Tese. Coordenação dos Programas de Pós-Graduação de Engenharia, Universidade Federal do Rio de Janeiro, Rio de Janeiro, 1999.

_____. *Caracterização de determinantes da transferência de tecnologia na agroindústria brasileira de alimentos*. VII ESOCITE. Jornadas Latino-Americanas de Estudos Sociais das Ciências e das Tecnologias. Rio de Janeiro, 2008.

DAVENPORT, T. e PRUSAK, L. *Conhecimento empresarial: como as organizações gerenciam o seu capital intelectual*. Rio de Janeiro: Campus, 1998.

DIXON, N. M. *Common knowledge: how companies thrive by sharing what they know*. Boston: Harvard Business School Press, 2000.

DRUCKER, P. O advento da nova organização. In: *Harvard Business Review* (org.) Gestão do Conhecimento. Rio de Janeiro: Campus, 2000, p. 9-26.

_____. *Sociedade pós-capitalista*. São Paulo: Pioneira, 1993.

ETZKOWITZ, H. e LEYDESDORFF, L. *The Triple Helix – University, Industry, Government Relations: a Laboratory for Knowledge Based Economic Development*. In: The Triple Helix of University-Industry-Government Relations: The Future Location of Research Conference. Amsterdã, 1996.

_____. Emergence of a Triple Helix of University-Industry-Government Relations. *Science and Public Policy*, vol. 23, nº 5, 1998.

_____. The Dynamics of Innovation: from national systems and "mode 2" to a Triple Helix of University-Industry-Government Relations. *Research Policy*, nº 29, 2000.

GRANT, R. M. Toward a Knowledge-based Theory of the Firm. *Strategic Management Journal*, 17, 1996.

HARO-DOMÍNGUEZ, M. C.; ARIAS-ARANDA, D.; LLORÉNS-MONTES, F. J. e MORENO, A. R. The impact of absortive capacity on technological acquisitions engineering consulting companies. *Technovation*, vol. 27, nº 8, 2007.

JOÃO PAULO II. *Centesimus Annus*. São Paulo: Loyola, 1991.

LEMOS, C. *Inovação na era do conhecimento*. In: LASTRES, H. e ALBAGLI, S. (orgs.) Informação e Globalização na Era do Conhecimento. Cap. 5, p. 122-144. Rio de Janeiro: Campus, 1999.

LEONARD-BARTON, D. *Wellspring of knowledge: building and sustaining the sources of innovation*. Boston: Harvard Business School Press, 1995.

McLAGAN, P. *A nova era da participação: o desafio de emocionar e envolver pessoas*. Rio de Janeiro: Campus, 2000.

NELSON, R. *National innovation systems: a comparative analysis*. Oxford University, 1993.

NONAKA, I.; TAKEUCHI, H. *Criação de conhecimento na empresa: como as empresas japonesas geram a dinâmica da inovação*. Rio de Janeiro: Campus, 1997.

PORTER, M. *Estratégia competitiva*. Rio de Janeiro: Editora Campus, 1980.

RAW, I. O papel aceita tudo: ciência e tecnologia. *O Estado de S. Paulo*, jan., 2002.

SANKAT, C. K.; PUN, K. F. e MOTILAL, C. B. Technology transfer for agro-industries in developing nations: a Caribbean perspective. *International Journal Agricultural Resources, Governance and Ecology*, vol. 6, nº 6, p. 642-665, 2007.

SENGE, P. The knowledge era. *Executive Excellence*, p. 15-16, jan., 1998.

SILVA, D. D. O desafio tecnológico brasileiro: reflexões sobre uma difícil jornada. *Caderno de Pesquisas em Administração*. São Paulo, vol. 10, nº 3, jul./set., 2003.

SITKIN, S. B. Learning through failure: the strategy of small losses. *Research in Organizational Behavior*, vol. 14, p. 231-266, 1991.

TEECE, D. J. Technology transfer by multinational firms: the resource cost of transferring technological know-how. *The Economic Journal*, vol. 87, nº 346, 1977.

TOMAÉL, M., ALCARÁ, A. e CHIARA, I. Das redes sociais à inovação. *Ci. Inf.*, Brasília, vol. 34, nº 2, p. 93-104, maio/ago., 2005.

TRINDADE, J. C. S. e PRIGENGI, L. S. Instituições Universitárias e Produção do Conhecimento. *São Paulo em Perspectiva*, vol. 16, nº 4, out./dez., 2002.

VELOSO, A. A. e DE MEIS, L. *A explosão do saber*. X Encontro da Associação das Universidades de Língua Portuguesa. AULP, 2000.

WEBSTER, A. e ETZKOWITZ, H. *Academic-Industry Relations: The Second Academic Revolution*. Science Policy Support Group. Londres: Inglaterra, 1993.

Anexo I

Custos Invisíveis: Conhecendo o Invisível Pode-se Fazer Melhor! Uma História no Camboja

Autor:
Renilda Ouro, BSc.

Revisor:
Darwin Magnus Leite, PMP, MSc.

> *Não basta abrir a janela*
> *Para ver os campos e o rio.*
> *Não é bastante não ser cego*
> *Para ver as árvores e as flores.*
> *É preciso também não ter filosofia nenhuma.*
> *Com filosofia não há árvores: há ideias apenas.*
> *Há só cada um de nós, como uma cave.*
> *Há só uma janela fechada, e todo o mundo lá fora;*
> *E um sonho do que se poderia ver se a janela abrisse,*
> *Que nunca é o que se vê quando se abre a janela.*
>
> (...)
>
> *Porque conhecer é como nunca ter visto pela primeira vez,*
> *E nunca ter visto pela primeira vez é só ter ouvido contar.*
>
> (...)
>
> *A espantosa realidade das coisas*
> *É a minha descoberta de todos os dias.*
> *Cada coisa é o que é,*
> *E é difícil explicar a alguém quanto isso me alegra,*
> *E quanto isso me basta.*
> *Basta existir para se ser completo.*
>
> *Poemas inconjuntos*, Alberto Caeiro, em
> *Obras completas* de Fernando Pessoa

1. Introdução

A organização e seus colaboradores criam e respondem a roteiros, que podem se relacionar a vários aspectos, da qualidade do produto oferecido ao prazo de entrega, ao atendimento pós-venda. Fora desse *script*, nada acontecerá, embora sob a visão de cliente muitos desses *scripts* não fazem nenhum sentido.

Os roteiros organizacionais muitas vezes criam os chamados "custos invisíveis", que são grandes vilões bloqueadores dos resultados potenciais das organizações e seus projetos. Eles aparecem sob a forma de desperdício de recursos (físicos, humanos e financeiros), informação incorreta, relações conflituosas, desconhecimento da estratégia, falta de agilidade decisória, planejamento descolado do "fazer acontecer", resistência às mudanças, desalinhamento da gestão, estrutura inadequada, comunicação ineficaz, estratégias mal definidas, retrabalhos, desmotivação, indefinições, tecnologia obsoleta, processos carentes de inteligência, ativos ociosos, não aproveitamento de talentos etc.

Tudo isso se apresenta, em grande parte, a partir dos modelos mentais das pessoas que formatam e estabelecem o padrão organizacional: os valores, que regem a organização, orientados pelas práticas, o que podemos chamar da cultura da organização.

É válido assumir que a cultura de uma organização estará inserida numa cultura-mãe, que corresponderá à da sociedade onde ela predominantemente se insere.

Podemos imaginar que nos países do chamado grupo de Primeiro Mundo as coisas acontecem de determinada maneira; já nos países mais pobres, com indicadores econômico-sociais que deixam a desejar, acontecem de outra. De forma peculiar, as organizações atendem aos mercados, a seus clientes e respondem às suas necessidades.

Acostumamo-nos a apreciar os padrões do Primeiro Mundo e a querer ser como eles, a imitá-los. Comparamos seus padrões aos nossos, dos processos produtivos à logística de distribuição, ao atendimento ao cliente. Ignoramos, invalidamos, descartamos qualquer saber que venha de outros, dos países com menos recursos, dos mais pobres.

2. A Viagem

Se a membros de um grupo de Gestão do Conhecimento fosse dada a oportunidade de realizar um *benchmarking* em outros países, o que eles escolheriam? Muitos iriam à Alemanha, Canadá, França, Estados Unidos, Noruega, Austrália, Japão e outros assemelhados. Talvez um pulo aos emergentes, China, Índia e Rússia. A finalidade seria pesquisar, conhecer, constatar aquelas melhores práticas e suas facilidades, de forma a que se pudesse encontrar um padrão de referência, nota 10. Teríamos certeza de que estaríamos na seara do melhor atendimento às demandas do mercado e da satisfação dos clientes, pois essa é a razão de ser de qualquer organização.

Estive na busca do que pudesse ser copiado. Mas não cumpri à risca o roteiro ideal dos países com práticas imitáveis; fiz desvios radicais: da Austrália, à Indonésia, Malásia, Camboja, Vietnã, Laos e Tailândia. Muitas experiências, muito para se copiar, apesar da distância cultural e da constatação de que quase todos esses países não fazem parte da lista daqueles copiáveis.

Já no voo da Austrália à Indonésia, a diferença cultural se mostrava evidente. Garuda Airlines Indonesia, a companhia aérea escolhida, apresentava um padrão de serviços perto do que conhecemos como a classe executiva de voos que costumamos fazer: café, sorvetes e toda forma para agradar ao passageiro; a tripulação circulava o tempo todo, garantindo que seus passageiros estivessem confortáveis e atendidos. O nome Garuda é originário de um mito hinduísta, é um pássaro tão brilhante como o fogo, que serve ao deus Vishnu, que faz dele sua montaria para cruzar os céus.

Do Camboja ao Vietnã nada de mitos, e sim a forte presença budista, principalmente na cultura cambojana, apesar da guerra civil pela qual o país passou tivesse querido exterminar qualquer crença metafísica, qualquer menção à religião, tendo destruído inúmeros templos budistas. É claro que os padrões não se repetem, e a cada cultura aquilo que foi sendo necessário e adequado foi estabelecido, e no caso desses dois países, restabelecido, depois da devastação pela qual passaram. Hoje vê-se a veneração a Buda em grande escala, principalmente entre os chamados *monks*, os monges encontrados em todo o país; eles estendem as mãos para cumprimentar os homens mas não podem, de modo algum, encostar nas mulheres.

Do Camboja ao Vietnã uma longa viagem de barco pelo delta do rio Mekong, até alcançar Chau Doc, na fronteira Vietnã-Camboja, passando, ora vejam, pela Conchinchina, localidade assim apelidada por navegadores portugueses no século XVI, tendo o significado de região intermediária entre a Índia e a China, em que "Cochim" era o termo que se aplicava à Índia. Vale registrar que até 1954 a Indochina era constituída pelo Laos, Camboja e Vietnã, quando foram então separados em países independentes. Hoje diz-se que, além desses países, também Myamar (antiga Birmânia) e Tailândia também fazem parte, mas não há ainda um critério que defina a região, a não ser aquele mesmo inicial, anteriormente citado.

Com todo esse enriquecimento cultural, não me passava pela cabeça contestar o que quer que fosse, até porque a comunicação era algo extremamente difícil! E assim, me vi contemplada com uma viagem de seis horas (fora as duas de Van até alcançar o rio, em Phnom Penh) que me levaria do Camboja ao Vietnã, cuja compra fora feita numa loja, a partir de um prospecto, onde se via um grande barco com dois andares e deque, propício para curtir a viagem em região tão cheia de história. Mas eis que surpresas não paravam de acontecer, e de repente estava eu no transporte que me levaria ao Vietnã (Figura 1).

Figura 1 – Meio de transporte utilizado para ir do Camboja ao Vietnã.

Mas isso não foi o início da viagem. Não conseguiria registrar aqui o que tenho contado em palestras sobre essa incrível aventura. Porém tem um fato intrigante que merece ser contado, como uma história, que pode ilustrar o que chamamos de custos invisíveis, e que começa a se formatar desde o início da viagem, como vamos ver aqui.

Na cidade de Gold Coast, estado de Queensland na costa leste da Austrália, a 850 km ao norte de Sydney, perdi minha bolsa, e dentro dela todos os meus documentos, óculos, dinheiro etc. Procedi a todo o protocolo local relacionado à perda de documentação e outros, mas tive que retornar, via aérea, a Sydney sem nada que me identificasse. Sorte a minha, pois os voos domésticos dentro da Austrália não exigem comprovação de identidade. Como eu havia perdido o bilhete, retirei outro acessando o terminal da companhia aérea no aeroporto, e só. Viajei tranquilamente, num país de Primeiro Mundo. Voltei a Brisbane e depois ainda a Sydney, sem problema algum.

Chegando a Sydney, tratei de organizar minha vida documental, e em dois dias consegui junto ao Consulado do Brasil um novo passaporte, com a mesma validade de cinco anos! Resgatei alguns cartões de crédito, recuperei cheques de viagem, e estava pronta para partir, quatro dias depois, para a Indonésia, não fosse a necessidade de novos óculos, pois depois da perda da bolsa me sobrara um único, e escuro...

Oxford Street, George Street, Elizabeth Street, busca incessante pelas ruas do centro de Sydney, no coração do Primeiro Mundo, por uma ótica que atendesse à minha necessidade: uns óculos dentro de no máximo quatro dias. Eu não tinha a receita do grau, mas todas as óticas conseguiram essa informação pelos óculos que eu ainda tinha. Porém, naquele país de Primeiro Mundo, eu não consegui fazê-lo em tempo hábil. Todas as óticas pediam-me um prazo de no mínimo cindo dias! Não servia, minha passagem estava comprada, e não era viável prorrogá-la.

Assim fui para Bali. Como não fiquei na capital, Denpasar, e sim em Ubud, também não consegui em tempo hábil os óculos. Disseram-me que se eu tentasse na capital, talvez eu conseguisse, já que ficaria dez dias ali. Mas como eu tinha óculos de reserva, apesar de escuros, relaxei e não investi tempo nessa empreitada.

Ao mesmo tempo, meu bom-senso dizia: cinco dias em Sydney, na média seria isso que eu conseguia no Brasil. Certa vez, fiz uns óculos nos Estados Unidos, e também levei cinco dias para tê-los prontos, assim como outro par de óculos escuros comprado em Paris. Era o roteiro, adotado pela minha experiência para se adquirir óculos. Aceitável, quando estamos em zonas conhecidas, seguros pelo entorno a que estamos acostumados. Talvez por isso não questionemos os roteiros, que por vezes nos colocam em filas de mais de 30 dias para realizar exames médicos de "urgência"! E achamos "natural"!

Quem chega em Bali não duvida que a crença religiosa esteja presente 24 horas na vida dos balineses (Figura 2). Único reduto não islamita na Indonésia, 93%

de seus habitantes são hindus e mostram isso com as oferendas em todos os lugares: nos automóveis, nas bicicletas e motos, nas ruas, casas, bares, banheiros e nas mãos da população, em seu percurso rotineiro, levando-as aos mais diversos templos (Figura 3): os formais, os improvisados, os existentes na maioria das casas de Ubud.

Figura 2 – Uma cerimônia em Ubud, Bali. "A comida é para alimentar os diabos maus; as flores são para os espíritos bondosos", afirmou um habitante local.

Tudo é feito reverenciando Brahma, o criador, Vishnu, o preservador, e Shiva, o destruidor. Os rituais são permanentes, tanto que quando eu retornava à noite pela estrada que corta campos de arroz para chegar ao hotel onde eu me hospedara, na completa escuridão e silêncio, sem uma luz sequer, o fazia enxergando a todo momento "fantasmas", que nada mais eram do que as imagens dos deuses em pequenos templos caseiros, cobertas com mantos cerimoniais, que balançavam ao vento.

Figura 3 – Templo de Besakih, o maior de Bali, na base do monte Gunung Agung, um vulcão com 3.140m de altura, sendo o ponto mais alto da ilha.
Sua última erupção ocorreu 1963, quando matou milhares de pessoas.

Os dez dias em Bali me fizeram constatar a delicadeza intrínseca nas relações comerciais, algo que perdemos por aqui, e com isso pude atentar para a possibilidade de adoção de outros padrões nas situações fornecedor-cliente, independentemente da sua natureza. Bali guarda toda a delicadeza do mundo, imagino. Com seu forte sistema de castas, onde até os nomes que são dados aos filhos seguem a tradição cultural (eles usam quatro nomes, e se têm cinco filhos, o primeiro nome é repetido no quinto filho, e assim por diante).

Dez dias passados, e Malásia à vista. Kuala Lumpur, a capital, com seus edifícios gigantescos, dois dos quais foram por muito tempo os mais altos do mundo: as torres Petronas. Progresso evidente, tecnologia emergente, ruas agitadas, contraste imenso com a realidade de onde eu estava chegando e semelhança no padrão de fornecimento ótico: cinco dias, e eu não poderia esperar, viajaria antes. Mas vale observar que a modernidade e o progresso da cidade (Figura 4) convivem com algo de primitivo que se mostra: mercados ao ar livre e muitos deles com uma imensidão de restaurantes pelas ruas onde, em muitos, a louça é lavada ainda dentro de bacias, e é mesmo aí que você conseguirá lavar as mãos!

Figura 4 – Um dos *shoppings* em Kuala Lumpur, Malásia.

A caminho do Camboja, curiosidade aguçada, mas percepção mínima sobre o que iríamos encontrar. Uma de minhas filhas me acompanhava nessa viagem, trilha cultural, conversávamos sobre o que nos esperava. O voo da Air Asia nos deixaria no norte do Camboja, na incrível e histórica cidade de Siem Reap, onde se situa o famoso Angkor Wat (Figura 5), antigo templo central dentro de um complexo, inicialmente hinduísta, depois, budista.

O complexo foi construído na mesma época da construção da Catedral de Notre-Dame, em Paris. Primeira capital do reino de Kampuchea (Camboja), o templo de Angkor foi abandonado em 1432 e só veio a receber atenção novamente em 1863, quando foi encontrado escondido nas selvas cambojanas, por um explorador francês. Anos depois, uma instituição francesa iniciou sua restauração, interrompida pela devastadora carnificina do Khmer Vermelho na década de 70.

Figura 5 – Angkor Wat, templo central do Complexo de Angkor. Após o seu abandono em finais do século XVI, o Complexo de Angkor ficou sepultado pela selva, à exceção do templo de Angkor Wat, que permaneceu habitado por monges budistas.
É o maior monumento religioso já construído em todos os tempos.

Angkor é composto por mais de cem templos construídos de pedras e tem importante significado religioso. Muitos dos templos foram afetados pela guerra civil do Camboja; alguns, totalmente destruídos; outros mantiveram-se de pé e foram tomados pela floresta (Figura 6).

Não dá para descrever o que se vê nos templos de Siem Reap. Considerado o maior templo do mundo, sua beleza é estonteante. Talvez Schopenhauer, o filósofo, diante de tanta beleza dissesse: "Isto é o sublime!"

As consequências da guerra estão presentes nas construções, campos minados, nas ruas, nas crianças abandonadas, na população numerosa de mutilados da guerra que se estendeu de 1970 a 1975, na pobreza e aparente falta de perspectivas que assolam o país e seus habitantes.

Figura 6 – Templo de Ta Som, pertencente ao Complexo de Angkor. Este, como outras centenas, foi coberto pela selva (parece que desde 1431), até meados de 1860, quando um pesquisador francês o encontrou na densa floresta em Siem Reap, Camboja.

Compramos um livro oferecido por uma criança à porta de um dos templos, chama-se *First they killed my father*, escrito por Loung Ung, que tinha cinco anos quando o regime do Khmer Vermelho foi imposto no Camboja. Quanto pagamos? Quatro mil *riel* (fala-se "real"!), que equivale a US$ 1,00.

Comparável em beleza, embora com características muito diferentes, com o que conheci no Egito, Angkor Wat é insuperável, tão marcante e inesquecível que minha emoção quis deixar algo meu por lá: perdi meus óculos escuros, exatamente dentro do Angkor Wat.

É compreensível que, diante de tamanha descoberta naquele país tão pouco visitado e tão devastado, se queira deixar alguma coisa e trazer algo de lá. Fiquei preocupada, pois eu tinha tido alergia à lente de contato e precisava dos óculos para apreciar a beleza dos lugares, para me locomover com segurança e para ler indicações, principalmente à noite.

Mas isso não tem importância quando fica evidente a realidade presente naquele país. Sequelas da guerra são vistas nas ruas, em todo o país, de norte a sul. A miséria está explícita, assim como a falta de saída dessas condições. É incrível como o ser humano é capaz de tanta destruição. Escolas transformadas em prisões, minas ainda presentes e quando são encontradas, claro que com sérias consequências físicas a quem o fez, por vezes até com a morte, são marcadas e se mantêm lá, com o aviso: "campo minado" (Figura 7).

Figura 7 – Campo minado localizado (geralmente a partir do trágico). Um dos milhares que ainda se encontram nas áreas do Camboja.

Algo me tocou a alma. O primeiro *tuk-tuk* que pegamos ao chegar ao Camboja tinha no teto a inscrição: *"I hope you know labour of the world"* (Que você saiba trabalhar para o mundo). E é isso que escolhi trazer de lá (Figura 8). Talvez deixar os óculos e trazer isto tenha algo de importância superior. Primeiro que quando se vai ao Camboja é impossível retornar como a mesma pessoa: você se transforma. Depois, esse lema ficou gravado no meu coração e a toda hora me pergunto: esse trabalho que faço ajuda a construir um mundo melhor? E é muito bom encontrarmos algumas referências que são realmente essenciais!

Figura 8 – Vale a pena registrar a grande inspiração: num teto de *tuk-tuk*, meio de locomoção local no Camboja, um dos países mais pobres do mundo e que ainda sofre os efeitos intermináveis da guerra civil, podemos ler: *"I hope you know labour of the world"*.

3. SUPERANDO BARREIRAS DE COMUNICAÇÃO

Depois de cinco dias em Siem Reap, pegamos um ônibus para Phnom Penh, a capital do Camboja, que fica a 314 km, distância que é feita em sete horas de viagem interrompida por animais, *tuk-tuks*, buracos e até bebês engatinhando nas estradas. Esse é o cenário, acrescentado à buzina constante do ônibus, durante as sete horas do percurso, e a uma comédia cambojana, exibida numa pequena televisão em cima de um móvel que parecia uma pequena cômoda, dentro do ônibus.

A curiosidade maior se fazia presente no sanitário de bordo. Ele fica três degraus abaixo do patamar das cadeiras onde os passageiros se acomodam e sua porta tem uns setenta centímetros de altura; não consegui inferir o espaço interior, pois foi impossível atravessar a pequena porta. Na saída do veículo, todos os passageiros recebem de um "rodomoço", que usa um protetor bucal, uma garrafinha de água mineral.

A viagem transcorreu com as cortinas de renda empoeiradas bailando ao vento, enquanto selecionávamos hotéis no nosso livro-guia da viagem, ao mesmo tempo que eu assistia a uma comédia cambojana pela televisão. É claro que eu não entendia uma única palavra, mas as imagens eram tão engraçadas e tão expressivas que se podia entender o teor da comédia, e com isso me diverti a viagem quase toda.

À noite chegamos em Phnom Penh. Ao descermos nos deparamos com centenas de *tuk-tuks* (Figura 9), alguns motorizados, outros não. Pegamos um dos motorizados e fomos à procura dos hotéis que tínhamos selecionado durante a viagem.

Figura 9 – *Tuk-tuk* em Phnom Penh, não motorizado.

Cruzamos a cidade indo de um hotel a outro, e de repente eis que passamos por uma ótica, numa rua totalmente escura, sem qualquer luz. Eram 22:00 horas. Pedi ao condutor do *tuk-tuk* que parasse, com a resistência da minha filha, que imediatamente se lembrou de não termos conseguido os óculos em Sydney e certamente não conseguiríamos ali naquele lugar. Como ficaríamos seis dias por lá, talvez houvesse tempo hábil para encomendá-lo, retruquei. Era uma ótica de ótima aparência, moderna, clara, limpa.

Estávamos com mochilas e pedi que minha filha fosse perguntar na loja se eles faziam óculos, agora com o adicional de eu ter que conseguir uma receita! Eu precisaria de um oftalmologista para medir o meu grau, pois eu não tinha mais os óculos escuros para servir de referência ao grau das lentes. O desafio era maior.

Mas o desafio maior mesmo era a comunicação. A ótica estava com quatro empregados, aos quais minha filha se dirigiu. Do lado de fora, eu sentia seu esforço. Os atendentes só falavam *khmer*, a língua oficial do Camboja. Às vezes falavam alguma outra língua da região, algum dialeto, querendo fazer-se entender, mas todas eram inteiramente desconhecidas para nós; se eles tentassem qualquer outra da mesma família, para nós não faria diferença.

Depois de minutos tentando se comunicar, minha filha retornou ao *tuk-tuk*, com o estresse comum aos jovens quando não conseguem seus objetivos; ela ficou com as mochilas, e eu fui atrás da oportunidade que surgira. Entrei na ótica e tentei me comunicar, porém eu já sabia que seria inócuo. Usei então a linguagem dos sinais e a corporal. Fiquei muito feliz quando um senhor de um metro e meio (altura média de todos os cambojanos) me fez um sinal para que eu fosse para uma sala nos fundos da loja; qual minha surpresa: era uma sala com diversos aparelhos oftalmológicos, dentre os quais um destinado a diagnosticar o grau da disfunção visual.

O senhor me indicou a cadeira e continuávamos na troca de sinais. Sentei na sala escura, enquanto ele ajustava o aparelho e o adaptava à minha posição, à distância entre meus olhos. Eu estava tão ansiosa que me esqueci de avisar à minha filha. Poucos minutos depois, ela adentra a sala, assustada, achando que eu tinha sumido, sido raptada, pois ela não me via mais no interior da loja e desconhecia a existência de uma sala nos fundos da loja. Pude imaginar a sua angústia num local completamente desconhecido, sem qualquer referência, sem conhecer a língua, sem reconhecer nada culturalmente semelhante.

Ela me viu sentada na cadeira com o equipamento sobre meus olhos e também o senhor projetando os elementos que serviriam para definir meu grau de miopia. Minha filha me puxou pela mão, tentando me tirar da cadeira e dizendo que na cidade deveria haver algum *shopping* com ótica, onde as pessoas, ao menos, falassem inglês. Eu me justifiquei, dizendo que não: eu ia sair dali no mínimo com a receita do meu grau, ao que ela retrucou: "Não vai não, mãe, olha lá na projeção, ele colocou as letras em cambojano e você não sabe ler isso!" Fiquei estarrecida, era verdade.

Por meio de sinais perguntei se ele não teria o alfabeto ocidental. Ele admitiu que sim, ao que a minha filha também argumentou: "Mas mãe, como é que ele vai saber que você falou a letra correta, ele não sabe nada de inglês!" E rindo muito e ao mesmo tempo pedindo desculpas ao senhor, acordamos que ele projetaria as letras ocidentais e a minha filha daria um pequeno belisco nele a cada vez que eu acertasse. E assim foi feito. Pouco tempo depois eu tinha a minha receita, em cambojano! Deviam ser 22h:30min.

Saí da sala de exame frustrada pela receita na língua *khmer*, quando o senhor pediu para que eu escolhesse os óculos. Todos da loja estavam à nossa volta, tentando explicar que eles fariam os óculos e então eu arrisquei: "Para quando?", apontando para um pequeno calendário que estava no balcão. E a resposta que demorei a compreender, pois eles apontavam para o mesmo dia e já eram 23h, foi: "para daqui a uma hora"! (Figura 10).

Figura 10 – Ótica em Phnom Penh, com sua equipe. Coloquei-me atrás na foto para não destoar na altura. Esse é um dos óculos Ray-Ban que escolhi.

Não esperamos essa hora no local, pois nem hotel tínhamos ainda, mas no dia seguinte, na primeira hora, eu já estava com os dois óculos que escolhi: um de lentes claras e outro de lentes escuras.

4. LIÇÕES APRENDIDAS

Esse fato exacerbou em mim a constatação de custos invisíveis que correntemente verificamos nas nossas organizações e desestruturou ideias sobre padrões, sempre importados de países de Primeiro Mundo, que muitas organizações pesquisam e adotam.

O Camboja poderia ser descrito como um país com centenas de vezes a miséria que encontramos nas áreas mais pobres do Brasil. Então, pode-se concluir que ao progresso se aliam procedimentos menos eficazes, que levam os produtos e serviços a utilidades limitadas? E tudo o que se verifica nos processos de negócio que os deixam engordurados seriam custos invisíveis?

Um pouco mais de Phnom Penh pode-se ver quando se visita seus principais pontos. Os contrastes ficam evidentes, da ostentação do Palácio Real (Figura 11) ao museu da guerra (Figura 12), passando pelas ruas com a população mutilada, muitos sem braços e/ou pernas, cegos, todo tipo de deficiência que a guerra pode causar, e pior, sem alternativas, muito diferente do Vietnã, onde a população de mutilados está engajada em indústrias especiais, fabricando móveis, utensílios e artesanatos; lá não se vê rastros da terrível guerra pela qual o país passou.

Figura 11 – Palácio Real em Phnom Penh, capital do Camboja.

Ninguém daria a correta resposta à questão a seguir: em qual país do mundo se consegue realizar um exame de vista e sair com os óculos prontos dentro de uma hora? Estados Unidos? Austrália? Brasil? França? Camboja?

No Natal fui comprar um presente numa loja de acessórios femininos, e estava com o meu Ray-Ban comprado no Camboja. A vendedora me disse: "O seu Ray-Ban é lindo!" Ao que eu respondi: "Eu o comprei no Camboja." Ao que ela respondeu: "Eu também já tive muitos óculos do Camboja!" Ela queria falar dos "óculos do camelô", falsificados; não poderia nunca admitir que do Camboja pode-se trazer coisas que, no tempo demandado, aqui e em outros países de referência, não se conseguiria!

Vale registrar que a primeira vez em que levei os óculos para ajustar as hastes, o atendente me disse: "Esses seus óculos são feitos com liga de ouro!" Vai entender!

Figura 12 – Visão externa e recepção do museu da guerra do Camboja

O Camboja guarda especificidades que fazem as nossas empresas parecer jurássicas, ao menos nos aspectos que vivenciei. O país guarda joias no desenho de seus procedimentos e estratégias que nos fazem refletir sobre o que reside dentro dos nossos processos que é inteiramente supérfluo. O que vem fazendo para que processos, produtos e serviços percam o valor? O que vem fazendo para que o custo de produtos e/ou serviços estejam muito além do necessário? O que vem fazendo com que as organizações não atendam a demanda e necessidades de seus clientes? O que vem gerando acúmulo de desperdícios, comprometendo a saúde do planeta?

Essas questões explicitam alguns paradoxos das organizações. A ideia de que uma das premissas para a atuação de qualquer área dentro da organização é buscar ou manter o nível de excelência junto aos clientes, nunca pode ser perdida ou deixada em segundo plano, pois é somente daí que vêm os ganhos de rentabilidade, de ampliação do *market share*, dentre outros. Vale a pena reforçar a seguinte questão: o quanto do conhecimento já existente sobre gestão as nossas organizações hoje fazem uso?

Não é difícil se concluir sobre a necessidade de mudanças bem conduzidas, considerando que a tecnologia, por si só, não é uma panaceia. Esse conhecimento é a base para a apuração de todas as disfunções não perceptíveis "a olho nu", que, se combatidas, colocarão a organização no caminho da excelência sustentável: credenciamento em liderança que leve as equipes a caçarem os fantasmas que ainda se atrevem a por ali rondar!

Pode ser que para isso seja preciso limpar as mentes e seguir à risca a recomendação dada por um monge budista na ilha de Ko Samui, na Tailândia: "Quando você limpar seu corpo, não esqueça de limpar sua mente. Quando você alimentar seu corpo, não esqueça de alimentar sua mente. Quando você estudar o mundo, não se esqueça de estudar sua mente. Em cada tentativa que você empreender, lembre-se de saber sobre você!" (Figura 13).

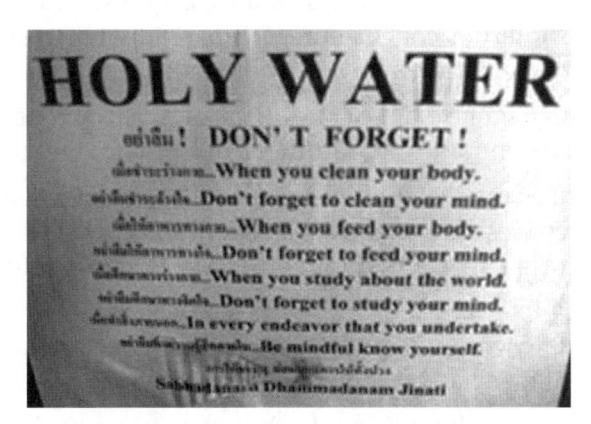

Figura 13 – Água benta dada por um monge budista em Ko Samui, uma ilha da Tailândia.

Alguns exemplos colocados a seguir dão a dimensão do que pode ser detectado como "custo invisível" dentro das organizações, dando uma ideia do vácuo ainda hoje existente, coisa que a tecnologia, por mais avançada que seja, não conseguirá resolver.

Um breve passeio pelos corredores de algumas organizações, e nos deparamos com algo como:[1]

- Já existe uma familiarização com aquilo "que sempre dá errado", e a organização segue a cultura de aceitação do erro, de sua repetição e do pouco questionamento sobre possibilidades de "acertar de primeira".
- A organização vive prisioneira das forças que a impelem a trabalhar como sempre fez, sem questionar se existem melhores maneiras de fazê-lo.
- Não se investe na busca das causas do desalinhamento interno; elas não são conhecidas e assim se eternizam.

---

[1] Adaptado de notas de aula e material de Oscar Motomura, da Amana-Key, SP.

- Os clientes são ditos como "em primeiro lugar", mas essa referência não está totalmente impregnada na cultura das empresas; na verdade, eles é que "devem" se adaptar.
- Certos tópicos nunca são discutidos. Alguns aspectos do dia a dia das empresas tornam-se tabus e os colaboradores são dissuadidos de fazer perguntas sobre como as coisas funcionam. Por vezes, eles ficam sem essa compreensão e são levados a não contribuir.
- As pessoas que ousam falar sobre as coisas, do modo como as veem, são colocadas para escanteio. A empresa inibe novas possibilidades, pois geralmente não quer ser confrontada nas suas crenças arraigadas.
- Os verdadeiros problemas continuam, sem serem discutidos, postos sobre a mesa e sem serem resolvidos; os diálogos que são essenciais nunca ocorrem, e grupos internos concorrentes ficam evidentes: grande parte da organização ignora a existência disso e seus malefícios para os resultados.
- Ênfase excessiva na fase de execução em sacrifício aos necessários esforços, muitas vezes extenuantes, para um planejamento adequado.
- O planejamento é reativo; muitas vezes abre-se mão de ousar adotar o "novo" em favor de concessões, inclusive em função da luta de poder entre áreas que valorizam "sua parte", ao invés do todo. Sair do "roteiro" significa quebrar as regras que "parecem dar certo".
- Os rituais sociais servem mais para separar do que para unir pessoas; os convites para convivência social não agregam pessoas mas as excluem.
- Não se dá grande valor à "arte de chegar ao consenso". Os líderes brigam pelo poder de seu território e gastam tempo e energia no seu engrandecimento pessoal e demonstração de status e poder; predomina uma sutil arrogância.
- As pessoas se deixam orientar somente pelo desempenho e por isso lutam constantemente com o tempo: não sobra tempo para "cuidar" das relações e do ambiente, que são realmente essenciais à vida.
- Os fornecedores fazem parte do escopo do que é necessário à empresa mas muitas vezes são tratados com descaso, comprometendo as possibilidades de relacionamentos seguros e verdadeiros.
- A linguagem é imprecisa e o conhecimento não é compartilhado, com isso os problemas de comunicação crescem, tendo grande impacto nos negócios e gerando grandes conflitos, comprometendo o ambiente da empresa.
- A cooperação é mais valorizada nos limites de cada unidade organizacional, não se expandindo para toda a rede de atividades da empresa; por vezes existem até inimigos internos que lutam entre si, em detrimento dos propósitos empresariais.

- As organizações criam hipóteses sobre si mesmas, sobre seus clientes e concorrentes, tomam decisões e agem sobre essas hipóteses, não atentando para o fato de que hipótese não é realidade.
- As informações são um bem cuidadosamente guardado e seu fluxo é bloqueado por regras e procedimentos burocráticos; muitas vezes são usadas como estratégia de poder.
- As diferenças de opinião causam incômodo; algumas pessoas têm a "verdade revelada" e outras não; não existem espaços para o exercício dos diálogos que são essenciais.
- A inovação é um processo não valorizado em diversos níveis das empresas, causando estagnação desnecessária e bloqueando ganhos em potencial.

A lista não se esgota aí. À medida que avançamos nas diversas perspectivas de uma organização, depois que apuramos nossa visão e nos sensibilizamos para perceber a presença dos custos invisíveis em ação, podemos verificar a incidência com que esses custos tomam forma e se agregam aos processos, ao mesmo tempo que nos capacitamos, cada vez mais, para eliminá-los. Esse parece ser o caminho da sustentabilidade organizacional.

Vale ressaltar que de nenhuma forma estou querendo tecer comparações entre o que é feito aqui com qualquer outra parte do mundo; isto não é um registro científico. O fato de este anexo constar deste exemplar de tanto valor, principalmente pela maneira criativa como foi desenvolvido, e com tal tema, me inspirou a questionar possibilidades, e uma delas vincula-se à maneira viciada como olhamos o mundo, sempre com as referências àquilo e àquelas localidades onde imaginamos tudo ser muito melhor.

Depois dessa viagem, constatei que cultura diferente mesmo está ainda muito longe da Europa, ou Estados Unidos, ou Canadá, ou de todo o continente da Oceania. Cultura radicalmente diferente eu vi por lá, nessa viagem também para dentro de mim que me levou a questionamentos sobre o quanto tempo passamos na vida repetindo as mesmas coisas, como se nada além houvesse?

Essa questão me leva de volta ao Laos, a um novo conceito de tempo; lá eles não são mesquinhos com "o tempo", eles não entendem que o tempo está passando ou passará. A impressão que se tem é que o tempo tem outra dimensão, está aí a toda hora, e eles se colocam dentro dele! É como se eles tivessem o conhecimento de que o tempo está fixo e eles se movem dentro dele! Da mesma forma, a beleza silenciosa local nos toca, trazendo também *insights* profundos, e um sentimento que não nos abandona, como se a todo momento vivêssemos em meditação, numa eterna experiência de auto-observação. E tanto mais isso se faz presente tão mais nos deparamos com os inúmeros templos, com suas comunidades de monges e seus Budas, exuberantes, gigantescos, inimagináveis, sublimes, verdadeiramente sublimes! (Figura 14).

Figura 14 – Templo em Luang Prabang, cidade do Laos, às margens do rio Mekong.

No Laos você se percebe e se assusta com a sua capacidade esquecida de ouvir o silêncio e reconhecer no seu corpo um ritmo menos veloz. Se não o fizer, destoará do conjunto tão harmonioso e singular que lá se encontra. E dificilmente conseguirá apreender o Laos, entrar em sintonia com aquela vida tão peculiar. O ambiente guarda um cenário quase intocado pelos que vêm de fora, que ainda são poucos curiosos, como eu.

Não gostaria de encerrar sem tecer alguns comentários sobre a Tailândia. Suas ilhas, assim como sua capital Bangkok (Figura 15), guardam tesouros indescritíveis. Grandes palácios, museus, culinária saborosíssima, o Mercado Chatuchak. O rei e a rainha tailandeses são figuras reverenciadas; nas ruas, nos monumentos, nos *tuktuks*, nos táxis, nas praças, em todo lugar você se depara com a foto dos dois, e idolatrados, ao menos por todas as pessoas que tivemos contato durante os dias tailandeses.

Figura 15 – O grande palácio de Bangkok.

O inusitado? O nome formal (eles dizem o nome cerimonial) da cidade de Bangkok, dado pelo Buda Yodfa Chulaloke, que foi rei local: "Krung Thep Mahanakhon Amon Rattanakosin Mahinthara Yuthaya Mahadilok Phop Noppharat Ratchathani Burirom Udomratchaniwet Mahasathan Amon Phiman Awatan Sathit Sakkathattiya Witsanukam Prasit". Quem tentará pronunciar?

E como não falar sobre o Vietnã? De norte a sul, um país de muitas peculiaridades, de regiões bastante diferentes umas das outras, e tão exclusivo! A chegada por Chau Doc, naquela viagem de "bote" cheia de surpresas. Já à chegada fomos convidados a assistir ao pôr do sol, no alto de uma montanha da cidade, de onde se pode apreciar os dois países: o Camboja e o Vietnã. É uma visão belíssima e pode-se ver exatamente os recortes do solo, os rios, o delta do Mekong. Depois partimos para Ho Chi Minh, antiga Saigon, que é indescritível!

Em Saigon (nome eterno!), a constatação da passagem da guerra e a dura realidade vivida pelo povo. Cidades subterrâneas, com túneis escavados com as mãos ou com ajuda de pás de madeira, essas estruturas chegavam a 20m de profundidade e a uma extensão de até 120km. Eles abrigavam a população local, por períodos que podiam durar vários meses. O maior complexo é o de Cu Chi, que fica a 70km de Saigon, onde estavam abrigadas as bases militares americanas, sob as quais muitos desses túneis se estendiam.

Essas cidades subterrâneas (Figura 16) abrigavam escolas, hospitais, moradias e uma ala para a construção de equipamentos de guerra feitos com os restos das armas, bombas e outros apetrechos americanos. Lá viviam milhares de vietnamitas, adultos e crianças.

Figura 16 – Entrada de um túnel Cu Chi, nas proximidades de Saigon.

O que mais aprendi diferente daquilo que costumava fazer? Aprendi a passear pelo mundo longe dos hotéis cinco estrelas, que parecem tecer em nós, visitantes, um véu (talvez semelhante ao véu de Maya, que modifica a visão!) que deturpa os cenários, a visão local e bloqueiam a possibilidade de nos depararmos com a verdadeira cultura que ali está. Aprendi a nutrir a minha alma com o contato o mais próximo possível de como a vida é vivida, apreciada, esculpida pela comunidade local.

Aprendi a entender novas regras e a aceitar por antecipação tudo aquilo por vir. Encantei-me com a capacidade humana, sobre a qual ainda procuro palavras, de nutrir-se da diferença, e que é o que faz nos transformarmos em outro ser mais especulativo, mais conectado, flexível, enriquecido com às vezes o som, às vezes o silêncio, desse mundo reverenciado como sagrado, antes tão distante de mim.

> *Vale mais a pena ver uma coisa*
> *Sempre pela primeira vez que conhecê-la,*
> *Porque conhecer é como nunca ter visto pela primeira vez,*
> *E nunca ter visto pela primeira vez*
> *É só ter ouvido contar.*
>
> Fernando Pessoa em *Ficções do Interlúdio*,
> *Poemas Completos* de Alberto Caeiro.

Anexo II

A Proteção do Conhecimento

Autor:

Fernando Braune, MSc.

Colaboração:

Rafael Canellas Werneck
(Estagiário de Direito de Propriedade Intelectual)

Revisora:

Ingrid Stoeckicht, MSc.

1. Introdução

O Capital Intelectual sempre se manifestou em nossas vidas, principalmente nos âmbitos das empresas. Porém, apenas há pouco tempo, quando os administradores perceberam a sua imensa influência nos resultados das organizações foi que passaram a reconhecer o seu devido valor. O fato é que a valorização de uma empresa não se sustenta mais pelos elementos clássicos de produção.

A produtividade calcada nas ferramentas físicas, fruto dos desdobramentos da Primeira e da Segunda Revoluções Industriais, cedeu seus espaços à "Revolução do Conhecimento". A sociedade contemporânea passou a acrescentar o conhecimento à mão de obra e ao capital, tendo a informação e consequentemente a inovação como seus principais alicerces.

O conhecimento, portanto, tornou-se o grande diferencial competitivo. No entanto, a sua eficácia está intimamente atrelada ao seu uso adequado. O conhecimento passou a ter, de fato, importância para as empresas, a partir do momento em que ele agregou valor aos produtos e serviços das mesmas, ou seja, quando ele passou a ser transformado em Capital Intelectual. Assim, o Capital Intelectual nada mais é do que ativos intangíveis que agregam valor às empresas e que, para isso, precisam ser, não apenas adquiridos, mas, sobretudo, mantidos.

Dentre os ativos intangíveis compreendidos pelo Capital Intelectual, tais como Ativos de Mercado, Ativos Humanos e Ativos de Infraestrutura, encontram-se os Ativos de Propriedade Intelectual, que englobam patentes, marcas, *softwares*, direitos de autor, segredos de negócios, *know-how*, dentre outros, e que precisam ser apropriadamente protegidos. Proteger novos produtos significa, na realidade, prevenir que competidores passem a copiar e vender os produtos a um preço muito mais competitivo, uma vez que eles não foram onerados com os custos de pesquisa e desenvolvimento como as empresas inovadoras.

Assim sendo, as proteções adequadas para os diferentes tipos de produtos (ativos intangíveis) gerados pelas empresas podem ser vistas conforme a seguir.

2. A Patente

A patente, em sua mais simples definição, é uma concessão pública conferida pelo Estado que garante, a seu titular, monopólio comercial temporário sobre sua criação. A patente garante, a seu titular, o direito de evitar que outros se utilizem, vendam, fabriquem ou ofereçam sua criação.

O processo de obtenção de uma patente começa quando se deposita esta perante no Instituto Nacional da Propriedade Industrial (INPI). A partir desse depósito, o INPI verificará se esta consiste em solução para determinado problema técnico, ou seja, se a patente é uma invenção.

Para se verificar se poderá ser concedida uma patente a uma invenção, esta tem de atender aos três requisitos de patenteabilidade, quais sejam: novidade, atividade inventiva e aplicação industrial.

- **Novidade:** A criação tem de ser substancialmente diferenciada de qualquer criação que esteja no mercado ou já tenha sido exposta em qualquer tipo de apresentação, seja oral ou escrita.
- **Atividade Inventiva:** A criação não pode ser óbvia, o que significa dizer que um indivíduo com conhecimento prévio sobre o assunto não teria a mesma ideia após examinar os produtos já existentes.
- **Aplicação Industrial:** A criação deverá ser útil em algum ramo industrial.

Os requisitos da patente são examinados por técnicos do INPI. Na grande maioria dos casos, este profissional tem formação na área inventiva. Por essa razão, a grande maioria dos escritórios que atuam na área de patentes tem, em suas equipes, engenheiros químicos, biomédicos, farmacêuticos etc.

No momento do exame, o examinador busca, em seus bancos de dados, documentos que reúnam tudo que se sabe sobre a área do conhecimento examinada até a data de depósito da patente. A partir disso, o examinador poderá verificar se a criação é nova e não óbvia e, portanto, possível para tornar-se patente.

O processo de obtenção de patente começa, normalmente, com uma busca prévia. Isto é, uma varredura nos arquivos de patentes preexistentes à procura de alguma inovação igual ou similar àquela que se pretende patentear. Não é uma etapa obrigatória, porém pode diminuir custos e tempo.

Após essa varredura inicial, e posterior verificação de que não existe inovação similar à que se pretende depositar, tem de se ter conhecimento dos documentos necessários para se cumprir o depósito, como o preenchimento de formulário fornecido pelo INPI.

Após o depósito no INPI, se forem atendidos todos os requisitos, a patente será publicada. A publicação serve como um meio para demonstrar a possíveis interessados que se manifestem ou percebam que não mais terão a prioridade sobre determinada invenção. Na sequência, ocorre o exame da criação em si, bem como das razões de terceiros para impossibilitar o registro da criação como patente.

Passadas todas essas etapas e verificado que a criação possui novidade, atividade inventiva e aplicação industrial, a patente será concedida e será então expedida a Carta-Patente, que é o documento que prova a validade e veracidade da patente.

Após o registro da marca, qualquer interessado poderá, dentro de um prazo legal de 180 dias, apresentar o Procedimento Administrativo de Nulidade (PAN). A defesa ao PAN deverá ser apresentada dentro de 60 dias. Esse procedimento encerra a instância administrativa.

A questão mais importante sobre patentes, como já visto, é a questão do monopólio temporário. Após 20 anos, contados a partir do depósito, a cessão da patente expira e esta cai em domínio público, o que significa que fica disponível a qualquer pessoa.

Quadro 1. Patentes

Tipo de Proteção	Características	Exemplo
Patente de Invenção	• Produtos químicos, farmacêuticos, biotecnológicos etc., além de objetos de uso comum com alta complexidade de inventividade. • Tempo de duração: 20 anos a partir do depósito. • Requisitos: novidade, atividade inventiva e aplicação industrial	Atorvastatina
Modelo de Utilidade	• Realização de melhoria funcional em objeto de uso prático. • Tempo de duração: 15 anos a partir do depósito. • Requisitos: novidade, ato inventivo (menos complexo que atividade inventiva) e aplicação industrial.	Centrífuga
Desenho Industrial	• Proteção da configuração externa de um objeto (forma plástica de um objeto). • Tempo de duração: 10 anos do depósito + 3 períodos de 5 anos. • Requisitos: novidade, originalidade e aplicação industrial	Garrafa de coca-cola.

3. A Marca

Marca é uma designação de alguma entidade, algo que a diferencie e a referencie. Marca é qualquer palavra ou figura que, quando percebida, se deve associar a algo. Na teoria da comunicação, marca pode vir a ser um ícone, um signo ou um símbolo. No caso do registro de marcas, estas designarão produtos ou serviços contidos em 45 classes (34 para produtos e 11 para serviços).

No Brasil, a marca pode ser de três tipos: nominativa, figurativa, mista ou tridimensional. A marca nominativa consiste apenas em palavras, sem elementos figurativos. A marca figurativa contém apenas os elementos figurativos e sem elementos nominativos. Já a marca mista contém ambos os tipos de elemento: nominativo e figurativo.

Entretanto, a marca tridimensional difere de todas as outras quando tem como requisito principal um sinal constituído pela forma plástica distintiva e necessariamente incomum do produto.

O registro da marca no INPI acontece da seguinte forma. Primeiramente, deve-se verificar se a marca não é de caráter genérico, comum, descritivo etc., conforme previsto no art. 124, da Lei de Propriedade Industrial (Lei nº 9.279/96), que descreve quais palavras ou expressões não podem ser registradas como marca.

Após a verificação sobre a possibilidade de, por lei, poder registrar sua marca, deve-se definir se esta vai designar produto ou serviço, e incluí-la numa classe e, a partir daí, deve-se verificar no banco de dados do INPI se há possibilidade de conflito com outra marca preexistente na mesma classe ou classe-afim.

Depois, como a maioria dos pedidos de registro é feito *on-line*, deve ser feito o cadastramento no *site* do INPI[1], a emissão do Guia de Recolhimento da União (GRU), pois afinal, para o registro de marcas, existe um custo a ser arcado. Depois, deve-se acessar o e-Marcas (um serviço oferecido pelo *site* do INPI) e gerar um formulário eletrônico para preenchimento e posterior envio para protocolar seu pedido de registro. É importante ressaltar que, quanto mais correto for o preenchimento desse formulário, menor a possibilidade de o pedido de registro cair em exigência, que significa ter de apresentar algum outro documento ao INPI para comprovar fato constante no formulário eletrônico e dessa forma reduzir o tempo até a concessão da marca.

A partir dessa etapa, protocolado o pedido de registro de maneira correta, com o formulário eletrônico de pedido de registro devidamente preenchido, documentos necessários anexados e o pagamento da GRU, é recomendável anotar o número do processo, que será gerado após o protocolo e a data de depósito. Esta data é importante, pois ela representa a ordem de prioridade do pedido. Se algum outro titular tentar posteriormente depositar marca semelhante referente a outra cujo pedido já tiver sido registrado, a prioridade da mais antiga será respeitada.

Depositada a marca, o titular deve acompanhar as publicações semanais da *Revista da Propriedade Industrial* (RPI) e cumprir alguma possível formulação de exigência. Havendo qualquer problema relativo ao pedido de registro, este deve ser sanado dentro do prazo de cinco dias. Cumpridas as exigências, o pedido de registro será publicado na RPI.

Após a publicação necessária para dar conhecimento ao público da intenção de registrar determinada marca, eventuais interessados poderão apresentar oposição a um pedido de registro dentro do prazo legal de 60 dias. Ocorrendo tal fato, o titular da marca oposta será notificado pela RPI, receberá uma cópia da petição de Oposição apresentado contra seu pedido de registro e terá mais um prazo de 60 dias para enviar sua defesa.

---

[1] http://www.inpi.gov.br.

A verificação constante da RPI é importantíssima, pois, através dela, o titular de determinado pedido de registro tomará ciência de qualquer exigência formulada pelo INPI e poderá saná-la dentro do prazo legal de 60 dias, bem como apresentar recurso, também dentro de um prazo de 60 dias, contra qualquer decisão desfavorável do INPI.

O pedido de registro seguindo o procedimento natural, após exame técnico dos examinadores do INPI, será deferido e será aberto novo prazo legal de 60 dias, mais uma vez, para pagamento das taxas finais relativas à expedição do Certificado de Registro e concessão da sua marca. Pagas essas taxas, o curso natural do processo será a publicação, também na RPI, do despacho comunicando o deferimento final da marca. A partir disso, com a marca devidamente registrada, esta terá vigência de 10 anos contados a partir da data da publicação do deferimento. Esta vigência poderá ser prorrogada indefinidamente, contanto que se paguem as taxas de renovação de vigência.

Após o registro da marca, qualquer interessado poderá, dentro de um prazo de 180 dias, apresentar Procedimento Administrativo de Nulidade (PAN), nesse caso a defesa deverá ser apresentada dentro de 60 dias. Esse procedimento encerra a instância administrativa.

Quadro 2. Marcas

Tipos	Características	Exemplo
Nominativa	• Consiste apenas em palavras.	Coca-Cola
Figurativa	• Contém apenas os elementos figurativos.	
Mista	• Contém ambos os tipos de elemento, nominativo e figurativo	Coca-Cola
Tridimensional	• Sinal constituído pela forma plástica distintiva e necessariamente incomum do produto.	Coca-Cola

4. O DIREITO AUTORAL

O Direito Autoral, no Brasil, é regido pela Lei de Direitos Autorais (Lei nº 9.610/98). Não existe o registro de obras relativas a Direito Autoral, como acontece no caso de marcas ou patentes. Pode-se fazer o depósito de determinada obra no Escritório de Direito Autoral. Esse depósito não tem caráter atributivo, o que significa que não gera qualquer tipo de direito sobre a obra, apenas servindo como demonstrativo de anterioridade.

O Direito Autoral é gerado exatamente no momento da materialização da obra, ou seja, quando ela está finalizada, não existindo durante sua concepção. Por exemplo: só existe Direito Autoral sobre uma escultura quando esta estiver pronta. Enquanto está sendo preparada, esculpida, não existe qualquer tipo de direito sobre ela.

Existem normas e recomendações internacionais que dizem que a obra protegida por Direito Autoral cai em domínio público 70 anos após a morte de seu criador, contados a partir do ano subsequente ao da morte deste.

5. NOMES DE DOMÍNIO

O registro de Nomes de Domínio no Brasil deve seguir alguns passos demonstrados a seguir:

1. Verificar disponibilidade do Nome de Domínio no *site* www.nic.br.
2. Se houver disponibilidade do Nome de Domínio, faz-se o requerimento de registro diretamente no *site*.
3. Após esse registro, será emitido um tíquete via e-mail para o titular.
4. Esse tíquete deverá ser pago em dois dias e, junto com ele, deverão ser apresentados o número no CNPJ e os Atos Constitutivos da Empresa.
5. O Nome de Domínio deverá estar inscrito em dois servidores DNS (*Domain Name System*) para estar ativo na internet.

6. INDICAÇÕES DE ORIGEM

As indicações de origem seguem um trâmite diferenciado para registro no INPI. Para isso, deve ser preenchido integralmente um formulário constante no *site* do próprio INPI.[2] Neste formulário deverão constar todos os dados do requerente, que, normalmente, é uma entidade que representará a coletividade de produtores ou de prestadores de serviço de determinada região. Não existindo mais de um produtor ou prestador de serviço estabelecido nessa região, este pode, sozinho, requerer a indicação.

---

[2] http://www.inpi.gov.br/menu-esquerdo/indicacao/resolveUid/4b99843da91592e8356619fd63704dc3

Além disso, deverá estar contida nesse formulário a espécie de indicação geográfica protegida. Isto é, o titular dessa indicação geográfica deverá escolher entre "Indicação de Procedência" e "Denominação de Origem".[3] Além disso, deve conter o nome da área geográfica a ser registrada, como seriam sua apresentação (similar à de marcas) e a natureza desse registro, definindo se será de produto ou de serviço. Deverá conter, ainda, a delimitação da área geográfica – conforme definido no instrumento oficial de delimitação da área geográfica, estabelecendo os limites físicos da indicação geográfica e, para finalizar, o objeto dessa proteção.

Os seguintes documentos instrutórios têm de ser obrigatoriamente juntados no momento do pedido de registro:[4]

- Instrumento comprobatório da legitimidade requerente.
- Cópia dos atos constitutivos (ex.: estatuto social) do requerente e da última ata de eleição.
- Cópias do documento de identidade e de inscrição no CPF do representante legal da entidade requerente.
- Regulamento de uso do nome geográfico.
- Instrumento oficial que delimita a área geográfica.
- Descrição do produto ou serviço.
- Características do produto ou serviço.
- Comprovante do recolhimento da retribuição devida ao INPI.
- Procuração, no caso de existir procurador.
- Etiquetas, quando se tratar de representação gráfica ou figurativa da indicação geográfica ou representação geográfica de país, cidade, região ou localidade do território.
- Comprovação de estarem os produtores ou prestadores de serviços estabelecidos na área geográfica objeto do pedido e exercendo efetivamente a atividade econômica a ser protegida.

---

[3] A Indicação de Procedência é caracterizada por ser o nome geográfico conhecido pela produção, extração ou fabricação de determinado produto, ou pela prestação de dado serviço, de forma a possibilitar a agregação de valor quando indicada a sua origem, independente de outras características.
Ela protegerá a relação entre o produto ou serviço e sua reputação, em razão de sua origem geográfica específica, condição esta que deverá ser, indispensavelmente, preexistente ao pedido de registro.
Desta forma, os produtores ou prestadores, através de sua entidade representativa, deverão fazer prova desta reputação ao pleitear o reconhecimento junto ao INPI da Indicação de Procedência, anexando documentos hábeis para isso.
A Denominação de Origem cuida do nome geográfico "que designe produto ou serviço cujas qualidades ou características se devam exclusiva ou essencialmente ao meio geográfico, incluídos fatores naturais e humanos".
Em suma, a origem geográfica deve afetar o resultado final do produto ou a prestação do serviço, de forma identificável e mensurável, o que será objeto de prova quando formulado um pedido de registro enquadrado nesta espécie ante ao INPI, através de estudos técnicos e científicos, constituindo-se em uma prova mais complexa do que a exigida para as Indicações de Procedência.

[4] Informações retiradas diretamente do *site* do INPI.

- Existência de uma estrutura de controle sobre os produtores ou prestadores que tenham o direito ao uso exclusivo da Indicação Geográfica bem como sobre o produto ou o serviço por ela distinguida.

Além destes, no caso de Indicação Geográfica, devem ser apresentadas comprovações de que determinada localidade se tornou conhecida como centro de extração, produção ou fabricação do produto ou como centro de prestação do serviço, podendo-se valer, para isso, desde reportagens de jornais e revistas, até artigos de livros, artigos científicos, peças etc.

No caso da Denominação de Origem, deve ser apresentada descrição das qualidades e características do produto ou serviço que remetam exclusiva e essencialmente ao meio geográfico, incluindo fatores naturais e humanos e descrição do método de obtenção do produto ou serviço que devem ser locais e constantes. Após o preenchimento do formulário, o requerente apresentará toda a documentação ao INPI.

Quadro 3. Indicações de Origem

Natureza	Características	Exemplo
Indicação de Procedência	• Protegerá a relação entre o produto ou serviço e sua reputação, em razão de sua origem geográfica específica.	Vale dos Vinhedos Produto: vinho tinto, branco e espumantes.
Denominação de Origem	• Protegerá a designação de produto ou serviço cujas qualidades ou características se devam exclusiva ou essencialmente ao meio geográfico.	Franciacorta Produto: vinhos, vinhos espumantes e bebidas alcoólicas

Portanto, cada tipo de conhecimento demanda uma proteção adequada, que deverá ser criteriosamente selecionada, no intuito de resguardar, da melhor forma possível, os direitos de seus autores.

Anexo III

Autores e Revisores

Adriana Esther Asenjo Silva é graduada em Engenharia Civil pela UERJ. Pós-graduada em Análise de Sistemas pela PUC-Rio. Advanced Trainee na Siemens-KWU (Alemanha), Pós-graduada em Gestão do Conhecimento e Inteligência Empresarial MBKM pelo CRIE-UFRJ. Trabalha na Eletrobras Eletronuclear desde junho de 1986, atualmente atuando na área de planejamento.

Depoimento: "Ao revisar um capítulo deste livro houve uma identificação muito grande com o tema por estar atualmente participando do momento de transformação das Empresas Eletrobras, sendo muito prazeroso contribuir para este desafio de construção coletiva do conhecimento materializado nesta obra."

Alberto de O. Barros possui MBA em Sistemas de Gestão pela UFF; é mestre em Sistemas de Gestão pela UFF; com pós-graduação em Engenharia de Segurança do Trabalho pela UFF; especialização em Ergonomia pela COPPE/UFRJ; bacharel em Engenharia Mecânica pela FTESM. Atua como Gerente de Administração de Serviços da Thyssenkrupp CSA – Siderúrgica do Atlântico. Experiência de vinte anos na indústria do Petróleo em Operação, Manutenção e Infraestrutura – Petróleo Brasileiro S/A – Petrobras. Professor convidado de Ergonomia, Saneamento do Meio, Segurança do Trabalho e Higiene Ocupacional nos cursos de Pós-Graduação no LATEC-UFF, da COPPE-UFRJ e da Faculdade São Camilo.

Depoimento: "Sinto uma grande satisfação por ter contribuído neste livro cujo tema é elemento-chave para o sucesso das organizações contemporâneas, uma vez que conecta os profissionais, materializa o conhecimento e inova o capital intelectual."

Américo da Costa Ramos Filho é doutor em Administração pela Escola Brasileira de Administração Pública e de Empresas da Fundação Getulio Vargas e certificado pela American Society for Quality em Engenharia da Qualidade e Excelência Organizacional. Experiência de vinte anos como administrador (Petrobras). Professor universitário e conferencista, atuando em Estratégia, Qualidade, Comportamento, Aprendizagem e Conhecimento nas Organizações.

Depoimento: "Escrever é um ofício que, ao mesmo tempo que gera prazer, porta uma grande responsabilidade e é um ato de compartilhamento, algo imperativo para quem almeja crescer não só como profissional, mas como pessoa. Agradeço ao Martius e ao Darwin a oportunidade de exercer esta prática em um livro que será um marco significativo na produção, de dentro para fora das organizações, de conhecimento sobre conhecimento."

Ana Cláudia Freire é graduada em Pedagogia – PUC/RJ. É mestre em Engenharia de Produção e doutoranda no mesmo curso, ambos pela COPPE/UFRJ. Sua ênfase de pesquisa é Gestão do Conhecimento e Inovação. Atualmente é Gerente de Gestão da Inovação na Vale.

Depoimento: "A possibilidade de compartilhar as experiências e conhecimentos adquiridos com o projeto deste livro é tão gratificante quanto o seu próprio desenvolvimento. Escrevê-lo aqui neste livro reflete, portanto, essa satisfação e compromisso em disseminar o aprendizado construído nesse percurso."

André Luis Azevedo Guedes é mestre em Sistemas de Gestão pelo LATEC/UFF, concluiu o MBA em Organização e Estratégia e é bacharel em Informática com Ênfase em Análise de Sistemas. Atualmente é analista do SERPRO – Serviço Federal de Processamento de Dados e atua na Superintendência de Negócios com foco no Atendimento aos Clientes, Gestão de Projetos e Gestão de Ouvidoria.

Depoimento: "A colaboração e a interação dos diversos participantes no processo de escrita se tornaram uma oportunidade especial para a construção do saber coletivo, onde o conhecimento de cada profissional foi ampliado e disponibilizado nas páginas deste primoroso livro."

Angela Albernaz Skaf é graduada em Economia pela Faculdade Ibmec, mestre em Economia pela Pontifícia Universidade Católica do Rio de Janeiro, possui pós-graduação em Desenvolvimento Econômico (UFRJ), Meio Ambiente pela COPPE/UFRJ e Gestão do Conhecimento e Inteligência Empresarial pela COPPE/UFRJ. Atualmente é gerente do Centro de Pesquisa de Informações e Dados do BNDES.

Depoimento: "Participar do processo de confecção deste livro foi uma oportunidade única de refletir sobre experiências bem-sucedidas de implantação de Gestão de Conhecimento em empresas."

Antonio Espeleta é diretor de P&D da 3M do Brasil, possui graduação em Química pela UNESP Araraquara, 25 anos 3M, tendo atuado no desenvolvimento de novos produtos e serviço técnico; implementação da estratégia e ferramentas do processo de Inovação; NPI – New Products Introduction; Sistema de Propriedade Intelectual; Ecodeclaração; coordenador do grupo de parcerias tecnológicas; Implementação do Centro Técnico para Clientes da 3M do Brasil e Implementação do Laboratório de Pesquisas Corporativo.

Depoimento: "Considero a oportunidade de expressar visões e experiências muito importante, sendo que elas poderão contribuir para a orientação de ações práticas que resultarão em mudanças que farão parte de um novo e melhor panorama futuro."

Ariane Ramos Gonçalves é mestre em Engenharia de Produção pela Universidade Federal Fluminense (UFF), área Tecnologia, Inovação e Trabalho. Graduada em Engenharia de Produção pela UFF. Bolsista no mestrado pela CAPES e na graduação pela FAPERJ, desenvolvendo pesquisas em gestão do conhecimento e modelos de gestão. Atualmente é gerente setorial de gestão do conhecimento do Abastecimento/Petrobras.

Depoimento: "Participar deste livro é contar como traduzimos a teoria de grandes autores em ações práticas e específicas. O aprendizado com experiências reais de grandes organizações brasileiras, aqui relatadas, certamente ampliará nossa visão sobre gestão do conhecimento."

Beatriz Resende Hallak é mestre em Sistemas de Gestão pela Universidade Federal Fluminense – UFF, pós-graduada em Gestão de Negócios pela Fundação Getulio Vargas – FGV-RJ, possui graduação em Administração de Empresas pela Universidade Federal do Rio de Janeiro – UFRJ. Atualmente é consultora de Negócio da Petrobras, atuando na área corporativa de Recursos Humanos/Planejamento e Avaliação. Tem experiência nas áreas ligadas à cultura organizacional, gestão de pessoas e estratégia.

Depoimento: "Uma experiência inédita e gratificante, principalmente pela característica de construção e compartilhamento de conhecimento impressa desde o início deste projeto de construção coletiva de um livro."

Carlos Alberto Pereira Soares é doutor em Engenharia de Produção pela UFRJ, professor associado do Programa de Pós-Graduação de Engenharia Civil da UFF, é diretor da Associação dos ex-alunos da Fluminense Engenharia, atuou como diretor da Fundação Euclides da Cunha, assessor de Pesquisa e Pós-Graduação e assessor de Administração e Finanças do Centro Tecnológico da UFF. É consultor e já publicou diversos artigos no Brasil e no exterior.

Depoimento: "É um grande desafio escrever um livro onde há tantas pessoas envolvidas com estilos, formas e pensamentos diferentes. Esta é, portanto, a realidade do momento – caos e complexidade gerando conhecimento e inovação."

Cláudio Benevenuto de Campos Lima é graduado em Engenharia Química – Universidade Federal de Minas Gerais – UFMG. É engenheiro de Petróleo Sênior da Petrobras, atuando desde 1987 nas áreas de Avaliação das Formações, Perfuração e Completação de Poços de Petróleo. Foi gerente da Elevação e Escoamento do Ativo Nordeste da Bacia de Campos. Esteve à frente da Gerência de Integração e Automação de Processos da UN-BC. Atualmente, é o coordenador da Implantação do Gerenciamento Integrado de Operações na Bacia de Santos.

Depoimento: "Começa-se a escrever muito tempo antes do texto ser digitado. As palavras vão se formando ao longo da vida. Externalizar o saber é uma nobre oportunidade."

Claudio Gurgel é economista é mestre em Administração Pública, mestre em Ciência Política, doutor em Educação e professor da Universidade Federal Fluminense. Autor de quatro livros: *Estrelas e Borboletas – Origens e Questões de um Partido a Caminho do Poder*; *Evolução do Pensamento Administrativo*; *A Gerência do Pensamento – Gestão Contemporânea e Consciência Neoliberal* e *Administração – Elementos Essenciais para a Gestão das Organizações*, este último lançado em março de 2010, com Martius Vicente Rodriguez y Rodriguez.

Depoimento: "A inovação é uma palavra açúcar. Todos temos simpatia para com ela. Mas é preciso perguntar sempre que sentido humano estamos dando a ela."

Darwin Magnus Leite é PMP, graduado em Ciências Navais, Engenharia Eletrônica (Escola Naval), especialização em Gerenciamento de Projetos (UFRJ), mestrado em Sistemas de Gestão (UFF). Atua profissionalmente como coordenador de cursos de pós-graduação e professor na Escola de Guerra Naval, como gerente de projetos na construção de navios na Marinha do Brasil e como consultor em gestão de projetos na Petrobras.

Depoimento: "Participar da elaboração de um livro de Gestão do Conhecimento é sem dúvida uma experiência marcante e enriquecedora. Pesquisar, analisar, redigir, revisar e aprender foram as principais atividades que caracterizaram minha participação neste projeto. Acredito que compartilhar os resultados desses esforços ajudará também ao desenvolvimento pessoal e profissional do leitor."

Fatima Auxiliadora Bezerra Lima Romi é mestranda em Sistemas de Gestão pela Universidade Federal Fluminense (UFF), pós-graduada em Gestão Empresarial pela Fundação Getulio Vargas (FGV-RJ); graduada em Administração de Empresas pela Universidade Salesiana Dom Bosco (Unisal); graduada em Direito pela Universidade Metodista de Piracicaba – SP (Unimep). Possui experiência em Consultoria em Gestão de Pessoas e do Conhecimento, tendo atuado como assessora da Presidência da Diretoria e assessora da Presidência do Conselho Consultivo Indústrias Romi S.A. por 10 anos.

Depoimento: "Compartilhar conhecimentos e experiências individuais e pessoais é eficaz e imprescindível para o crescimento e maturidade do coletivo."

Fernando Braune, formado em Engenharia Química pela Universidade Federal do Rio de Janeiro (UFRJ), agente de Propriedade Intelectual, coordenador do Departamento de Patentes do escritório Veirano Advogados (Rio de Janeiro), membro de diversas associações e comissões relacionadas à Propriedade Intelectual, professor de Patentes da ABAPI (Associação Brasileira dos Agentes da Propriedade Industrial).

Depoimento: "Nada mais instigante do que compartilhar ideias com pessoas tão interessantes!"

Fernando Luiz Goldman é doutorando em Políticas Públicas, Estratégias e Desenvolvimento no IE/UFRJ, engenheiro eletricista pela UFRJ, mestre em Engenharia de Produção, pela UFF. Possui ainda especialização em Gestão Empresarial pela FGV. Desde 2007 é presidente da SBGC-RJ. É engenheiro de FURNAS Centrais Elétricas SA.

Depoimento: "Um livro como este ajuda a desarmar muitas das armadilhas e mal-entendidos que se escondem na ideia de Gestão do Conhecimento. Participar dele foi uma excelente oportunidade para exercer aquilo que talvez seja o maior fator para a construção do conhecimento em cada um de nós, a reflexão."

Gerson Gimenes é mestre em Gestão do Conhecimento e Tecnologia da Informação, possui formação superior em Matemática/Ciências, com especialização em Análise de Sistemas e Rede de Computadores, tem mais de 20 anos de experiência na área de Tecnologia da Informação. Trabalhou em grandes instituições como o Ministério da Aeronáutica, Telebrasília e Correios, onde atualmente desenvolve trabalhos na área de TI, Gestão do Conhecimento e Inovação. Atuou como docente na Fundação

Bradesco, Fundação Educacional do DF e faculdades UPIS – União Pioneira de Integração Social, AEUDF – Associação de Ensino Unificado do DF, FACTU – Faculdade de Ciências e Tecnologia de Unaí, FIPLAC – Faculdades Integradas do Planalto Central e FACSENAC DF (Faculdade do SENAC do DF), onde leciona atualmente.

Depoimento: "Sinto-me honrado em participar deste trabalho de compartilhar estudos sobre um dos grandes desafios organizacionais da atualidade, que é gerenciar o conhecimento e as inovações nas organizações."

Heitor Pereira é doutor em Administração (FGV-EAESP, 1995); mestre em Administração (UFMG, 1987); graduação em Administração (UFPR, 1976). Professor da PUC-PR no Mestrado em Administração/Líder do Grupo de Pesquisa em Gestão do Conhecimento (1997-2007). Professor da FIA – Fundação Instituto de Administração (desde 2008), onde atua no Mestrado Profissional (em implantação), MBAs e Projetos nos temas Gestão do Conhecimento; Gestão da Inovação e Empreendedorismo. Ex-presidente da SBGC – Sociedade Brasileira de Gestão do Conhecimento (Gestão 2005-2009) e atual Coordenador de Programas Estratégicos. Diretor da R&H Consultoria Gerencial Ltda.

Depoimento: "O sentimento de escrever parte do conteúdo deste livro apresentando uma experiência concreta de implantação de Gestão do Conhecimento numa empresa foi extremamente gratificante, por dois motivos: inicialmente, como um processo de compartilhamento desta experiência com os demais autores e com os futuros leitores do livro; e segundo, como uma missão pessoal à qual me propus como colaborador da SBGC – Sociedade Brasileira de Gestão do Conhecimento, no sentido de disseminar os conceitos e práticas de GC entre organizações, profissionais e acadêmicos interessados no assunto. Este livro reúne alguns dos principais pesquisadores e praticantes de GC no Brasil."

Ingrid Stoeckicht é fundadora e diretora executiva do Instituto Nacional de Empreendedorismo e Inovação – INEI (www.inei.org.br). Sócia-diretora da INNOVATION, Practices & Strategies – Desenvolvendo o Potencial Humano e Organizacional. Doutoranda na Universidade Federal Fluminense. Mestre em Sistemas Integrados de Gestão pela UFF. Psicóloga, com pós-graduações em Gestão de Recursos Humanos pela FGV, Inteligência Empresarial e Gestão do Conhecimento pelo CRIE – COPPE-UFRJ. Professora convidada da FGV – Management, FGV Projetos e IDE

Cursos Corporativos. Criadora e moderadora da comunidade de prática da Gestão do Conhecimento e da Inovação - GC&I. Consultora, pesquisadora e palestrante, atuando há mais de 15 anos em empresas nacionais e multinacionais nas áreas de Recursos Humanos, Gestão do Conhecimento e da Inovação. Autora e coautora de vários artigos, trabalhos científicos e livros sobre gestão do capital intelectual e da inovação, liderança e negociação.

Depoimento: "É sempre um grande desafio escrever sobre o tema da Gestão da Inovação e seus processos. Ter participado da criação conjunta deste *wikibook*, com tantos outros especialistas da área, foi uma experiência extremamente enriquecedora. Parabéns aos organizadores deste 'empreendimento literário' tão inovador."

José Augusto Carrinho Antonio é graduado em Engenharia Química – Faculdades Oswaldo Cruz (São Paulo). É mestre em Administração pela UFMG e possui certificação em Gerenciamento de Projetos (PMP) pelo Project Management Institute – PMI. Atualmente é engenheiro de Processamento na Petrobras, atuando em Gestão do Conhecimento na Área de Negócio Internacional da empresa.

Depoimento: "O processo para escrever o capítulo de um livro é ímpar, uma vez que traz reflexões importantes sobre o conteúdo que se quer transmitir e também é uma oportunidade para compartilhar experiências e conhecimentos práticos."

José Gilberto Formanski é graduado em Engenharia Elétrica – Universidade Federal do Rio Grande do Sul – UFRGS-RS. Possui especialização em Engenharia Econômica e da Produção – UNESC, Gestão Empresarial – UNESC, MBA em Gestão de Pessoas – FGV e é Mestrando MSG – Gestão do Conhecimento – LATEC – UFF. Atualmente é engenheiro de Automação na ALTUS S.A., atuando em automação de plataformas *offshore*.

Depoimento: "Quando se começa a refletir a respeito do que se sabe, começa um novo aprendizado formado pelas conexões entre saberes multidisciplinares."

Laureano Silva é graduado em Engenharia Química – Escola de Engenharia de Lorena – EEL-USP, São Paulo. Marketing Leadership Development Program – Indiana University. MBA em Conhecimento Tecnologia e Inovação pela FIA – USP, São Paulo e Gestão da Tecnologia e Inovação pela Bentley University – Boston, Massachusetts. Atualmente é gerente de Desenvolvimento de Soluções para a Construção Civil na 3M do Brasil Ltda., atuando para prover produtos e soluções inovadoras.

Depoimento: "Escrever este capítulo sobre inovação é uma forma prática e abrangente de compartilhar o conhecimento de 20 anos de experiência em uma empresa em que a Inovação faz parte do DNA de sua cultura."

Luís Eduardo Duque Dutra é bacharel em Ciências Econômicas pela UnB em 1981, mestre em Planejamento Energético pela COPPE/UFRJ em 1987, doutor em Economia pela Universidade de Paris XIII em 1993, pós-doutorado em propriedade intelectual pela Universidade de Turim em 2000. É professor adjunto da Escola de Química/UFRJ desde 1997 e professor colaborador da COPPE/UFRJ desde 1995. Desde 2007, é chefe de Gabinete da Diretoria Geral da ANP. Publica trabalhos em Economia Industrial, da Inovação, Planejamento Energético e História Econômica. Ministra as disciplinas Micro, Macroeconomia e Economia da Energia.

Depoimento: "Este trabalho é o resultado da experiência como assessor da ANA e ANP, como chefe de Gabinete da ANP e de quem acompanhou a implementação das Agências Reguladoras no Brasil, marco na modernização da Administração Pública do país. A Gestão Eletrônica de Documentos, assim como a Gestão do Conhecimento, são partes importantes deste processo."

Luiz Cláudio Skrobot é graduado em Engenharia Química pela UFPR, mestre e doutor em Engenharia de Produção pela UFSCAR. Atualmente é coordenador de projetos em Gestão do Conhecimento no Instituto Brasileiro da Qualidade e da Produtividade – IBQP. Tem experiência em Gestão do Conhecimento no setor público relatada no livro *Gestão do Conhecimento na Administração Pública*. Participação em projetos de Gestão do Conhecimento com aplicação de modelos corporativos. Colaborador da SBGC, atuou em diversas diretorias. Participação em congressos, seminários, fóruns, simpósios nacionais e internacionais, com publicação de artigos e conferências.

Depoimento: "O livro proporcionou o compartilhamento da experiência prática da aplicação de um modelo desenvolvido. É uma ótima oportunidade para colaborar com a realização da missão da SBGC de contribuir para disseminar conceitos, métodos e técnicas que promovam maior efetividade, competitividade e sustentabilidade das organizações."

Luiz Eduardo Serafim é administrador de empresas (FGV-SP) e publicitário (ECA-USP), pós-graduado em Marketing pela EAESP/FGV. Atualmente, é gerente de Marketing Corporativo da 3M do Brasil. É também professor de Gestão da Inovação na Business School São Paulo e de Gestão de Marketing nos cursos de MBA da ESAMC/Campinas.

Depoimento: "Participar deste projeto foi muito gratificante, uma vez que se baseia totalmente na colaboração e no intercâmbio de conhecimento, pilares básicos da inovação, com preciosas reflexões sobre este assunto fascinante e muito atual: Direitos Autorais."

Luís Gustavo Sobreira é graduado em Engenharia Eletrônica pelo CEFET-RJ. Está cursando Pós-Graduação em Engenharia de Petróleo e Gás na UNESA e é, atualmente, engenheiro de Equipamentos na Petrobras, onde atua no Gerenciamento Integrado de Operações da Bacia de Campos da Petrobras.

Depoimento: "Escrever talvez seja a forma de expressão do pensamento que nos permite um maior limite para explanação. Quando esta exposição está embasada através de situações reais, a percepção do leitor se enriquece, pois se estabelece aí uma conexão importantíssima entre o que é tácito e o que é explícito."

Marcelo Sampaio é administrador de Empresas, graduado em 1996 pela PUC-Rio e pós-graduado em Marketing pelo IAG/Master em 1998. Recebeu o título de mestre em Administração de Empresas pela PUC-Rio após a defesa da dissertação "Economia de Comunhão e o Conceito de Organizações de Aprendizagem", em 2006. Trabalhou por cinco anos como analista de Planejamento em Logística na Xerox do Brasil, dois anos como analista do IBGE e coordenou por dois anos, como consultor do TecGraf/PUC – Rio, pesquisas na área de gestão da informação para a Petrobras. Desde 2006 é analista de C&T da FINEP.

Depoimento: "Participar deste livro me fez aprender muito sobre o Brasil e questionar que caminho devemos seguir. Somos ricos em recursos e, dentre outras coisas, temos que enfrentar o problema de preparar recursos humanos e elevar o nível educacional de nossa população, reduzindo as desigualdades regionais e equilibrando a distribuição de riquezas. No cenário que se apresenta para os próximos 10 anos nós enfrentaremos o grande desafio de formar e educar pessoas especializadas para atender o desejável desenvolvimento em diversas áreas do conhecimento se desejamos deixar de ser país periférico."

Márcia Figueiredo Girão, graduada em Engenharia de Produção pela UFF (Universidade Federal Fluminense). Possui pós-graduação em Engenharia de Segurança do Trabalho pela UFF e em Gerenciamento de Projetos pela FIA-USP. É Engenheira de Produção da Petrobras, atuando na Gerência Setorial de Gestão do Conhecimento do Abastecimento.

Depoimento: Revisar o capítulo foi um exercício de entender a visão do autor e buscar contribuir para o processo de elaboração do livro.

Margareth R. C. Freitas é graduada em Biblioteconomia e Documentação (Universidade Federal Fluminense), pós-graduada em Desenvolvimento Econômico (UFRJ); e MBA em Gestão do Conhecimento e Inteligência Empresarial (COPPE/UFRJ). Atuação profissional em bibliotecas e centros de pesquisa. Atualmente coordena o Centro de Pesquisa de Informações e Dados do BNDES.

Depoimento: "Foi gratificante trabalhar num livro que une tácito e explícito, ou experiência e teoria, em Gestão do Conhecimento."

Maria Cristina Costa é sócia-diretora da Sisgen Consultoria, é especialista em Gestão do Conhecimento e Inteligência Empresarial pela COPPE/UFRJ. Atua como consultora há mais de 20 anos no desenvolvimento e implementação de Modelos de Gestão Organizacional em empresas no Brasil e exterior, liderando projetos. Participa há mais de 10 anos como voluntária da Fundação Nacional da Qualidade, como orientadora do PNQ (2007-2009) e instrutora (2001-2010).

Depoimento: "Além da alegria de poder partilhar experiências com tão seleto grupo de organizações, escrever um capítulo deste livro nos dá enorme satisfação em poder oferecer aos leitores exemplos práticos e de fácil aplicação para alavancar a Gestão do Conhecimento em suas empresas."

Maria Ignez C. A. Limeira é mestre em Sistemas de Gestão pela UFF; pós-graduada em Gestão pela Qualidade; graduada em Psicologia e cursa pós-graduação em Estratégia e Inovação pela Universidade de Oxford – UK. Possui mais de 22 anos de vivência em todos os subsistemas da área de RH e atua hoje como superintendente de RH da Acergy Brasil.

Depoimento: "Compartilhar conhecimentos e aprendizado sobre algo vivido é bastante especial porque traz à tona fortes sentimentos ligados à sua própria contribuição para um mundo melhor."

Marinês Danielsson é mestre em Engenharia da Produção e Sistemas pela PUC-PR, especialista em Controladoria e Finanças pela PUC-PR, especialista em Educação pela Faculdade SPEI-PR e graduada em Economia pela UFPR. Atua no Núcleo de Pesquisa e Desenvolvimento de Projetos do IBQP na área de Gestão do Conhecimento, envolvendo o setor público e privado, com foco nas grandes e pequenas empresas.

Depoimento: "Participar deste livro é uma oportunidade para registrar pensamentos e constatações importantes que ocorrem durante a realização de um processo. Assim, esperamos contribuir com aqueles que buscam desenvolver a Gestão do Conhecimento como um modelo de gestão."

Martius Vicente Rodriguez y Rodriguez é pós-doutor em Gestão Empresarial/UFRJ – Harvard Business School; doutor e mestre pela COPPE/UFRJ; MBA pelo MIT/Sloan; assistente da Gerência Executiva de Gás e Energia da Petrobras; presidente da Comissão de Petróleo, Gás e Energia da Câmara de Comércio do Estado do Rio de Janeiro. Conselheiro da Universidade Corporativa de Transporte (UCT). Coordenador do Grupo Interativo de Gestão do Conhecimento e Inovação – GIGCI. Professor da UFF e de cursos de pós-graduação em diversas universidades no país; fundador do site http://www.kmpress.com.br/; autor e coautor de mais de 60 artigos, publicados no país e no exterior; autor e organizador de mais de 15 livros. Orientou mais de 120 teses e monografias. Participou como avaliador em mais de 60 bancas de mestrado, pós-graduação e graduação.

Depoimento: "A construção de um conhecimento coletivo é ainda um grande desafio a ser vencido no dia a dia das empresas, sendo evidenciada esta complexidade nesta obra."

Mauricio Abreu é mestrando em Gestão da Inovação Tecnológica, pela Carleton University (Ottawa – Canadá), mestre em Inovação Tecnológica com ênfase em Gestão do Conhecimento, pela COPPE/UFRJ. Coautor dos livros *Projeto de Banco de Dados – Uma Visão Prática* (16ª ed., Ed. Érica), *Que Ferramenta Devo Usar? – Gestão do Conhecimento* (Qualitymark Editora) e *Gerenciamento de Processos de Negócio* (2ª ed., Ed. Érica). Consultor, com mais de 20 anos de experiência, nas áreas de Planejamento Estratégico da Informação, Gestão do Conhecimento, Data & Text Mining, Metadados e Modelagem da Informação. Professor em diversas instituições: COPPE/UFRJ, FGV, UFF, PUC-Rio, UNESA, IBMEC, FUNCEFET, ESG, PETROBRAS, TJERJ, entre outras. Chairman da Federação Canadá-Brasil de Negócios, com sede em Ottawa no Canadá.

Depoimento: "Na nova realidade mundial as inovações estão cada vez mais apoiadas sobre um processo de criação do conhecimento totalmente socializado, e as organizações não podem abrir mão deste processo sob o risco de desaparecerem. Escrever sobre este tema é realmente desafiador e apaixonante."

Nilvia Maura Vogel é especialista em Gestão do Conhecimento e Inteligência Empresarial pela COPPE/UFRJ e graduada em Administração de Empresas pela Fundação Santo André (FSA-SP). Coordenou diversos projetos em organizações privadas e públicas. Atualmente trabalha como consultora de Gestão do Conhecimento.

Depoimento: "Escrever sobre seu trabalho, sendo algo de que você gosta muito, é sempre satisfatório, assim como o exercício de reflexão e troca resultante deste processo."

Nivalde José de Castro é professor tempo integral do Instituto de Economia da UFRJ e coordenador do GESEL – Grupo de Estudos do Setor Elétrico. Doutor pela UFRJ, pesquisador, autor de vários livros e artigos sobre diferentes aspectos do setor elétrico – nivalde@ufrj.br.

Depoimento: "A dinâmica econômica e os cenários de desenvolvimento social do Brasil para a próxima década exigem continuo repensar das práticas e dos modelos de Gestão do Conhecimento e das tecnologias da informação. O presente livro procura contribuir para este processo."

Patrícia de Sá Freire Ferreira, graduada em Letras – USP (Universidade de São Paulo) e UERJ (Universidade do estado do Rio de Janeiro). Possui experiência como pesquisadora e revisora de textos. Atualmente trabalha como Consultora Educacional prestando serviços para área de Gestão do Conhecimento.

Depoimento: Revisar e estabelecer o texto de Paulo Cruvinel sobre Redes Colaborativas no Desenvolvimento do Agronegócio foi uma experiência de extrema importância, pois não só permitiu a parceria com o autor no refinamento do texto, como agregou valor na esfera do tratamento dos capitais organizacionais, com ênfase no relacionamento, na tecnologia e na inovação.

Paulo Estevão Cruvinel é pesquisador da Embrapa, engenheiro eletricista pela Faculdade de Engenharia da Unifeb. Mestre em Bioengenharia e doutor em Automação pela Unicamp. Desenvolveu programas de pós-doutorados na Università degli Studi di Roma La Sapienza (dipartimento di Física) com apoio do Abdus Salam International Centre for Theoretical Physics, Trieste, Itália e University of California (Crocker Nuclear Laboratory and Department of Land, Air and Water Resources) – Estados Unidos, com o apoio do CNPq-RHAE. Participou no grupo de fundadores da Embrapa Instrumentação Agropecuária. É professor colaborador nos programas de pós-graduação da USP, do Departamento de Computação da Universidade Federal de São Carlos. Atuou como chefe geral da Embrapa Instrumentação Agropecuária, presidente da Comissão Técnica do Programa Nacional de Automação Agropecuária. Foi o primeiro secretário técnico do Fundo Setorial de Agronegócio junto ao Centro de Gestão e Estudos Estratégicos – MCT. Membro do Conselho de Curadores da Fundação Parque de Alta Tecnologia de São Carlos e membro do Conselho Tecnológico do Sindicato dos Engenheiros no Estado de São Paulo e pesquisador visitante do Instituto de Estudos Avançados da Universidade de São Paulo (USP, IEASC).

Depoimento: "A construção de redes e a sua permanente manutenção é um dos grandes desafios da Sociedade Moderna."

Pedro Benoni Santos Gonçalves é graduado em Engenharia Elétrica – Universidade Federal do Rio Grande do Sul – UFRGS-RS. Possui MBA em Gestão Empresarial – FGV. Trabalhou na Petrobras – FRONAPE – 2º Oficial de Máquinas da Marinha Mercante e na ALTUS – Engenheiro de Automação. Atualmente é Gerente Setorial na Petrobras – E&P UO-BC – ENGP/IAP – Integração e Automação de Processos.

Depoimento: "No final (no início e também no meio) é tudo a respeito de comunicação. A contribuição para uma publicação destas é, para mim, explorar uma nova forma de me comunicar. Agradeço a oportunidade e o aprendizado dela decorrente."

Raquel Borba Balceiro possui graduação em Administração de Empresas pela UERJ e em Engenharia Civil pela UFRJ. Doutora em Engenharia de Produção pela COPPE/UFRJ, Raquel é especialista em Gestão do Conhecimento pela mesma instituição. Atualmente é consultora de negócios na gerência de Gestão do Conhecimento da Petrobras, atuando principalmente nos seguintes temas: Gestão do Conhecimento, Mapeamento de Capitais do Conhecimento, Estratégia de Conhecimento, Melhores Práticas e Árvore de Conhecimento.

Depoimento: "Organizar as ideias e os conhecimentos adquiridos ao longo de um projeto para um capítulo de livro que tem como proposta orientar gestores e especialistas em Gestão do Conhecimento com a implantação de iniciativas semelhantes, além de ser um enorme desafio, é extremamente gratificante para quem já atua nesta área há mais de 10 anos e que viu a Gestão do Conhecimento dar os seus primeiros passos no Brasil."

Regina B. Meneghelli é graduada em Serviço Social (Universidade Federal do Espírito Santo), pós-graduada em Serviço Social (PUC-MG); Planejamento Estratégico de RH e MBA em Gestão Empresarial (FGV), mestrando em Sistemas de Gestão (UFF). Atuação profissional em serviço social de empresa, consultoria interna de RH e como gestora nas áreas de Comunicação Empresarial, Ambiência Organizacional e de Desenvolvimento de RH na Unidade da Petrobras no Espírito Santo.

Depoimento: "O elo forte da criação do conhecimento reside no desafio de compartilhar e mergulhar no mundo da socialização."

Renilda Ouro é administradora, com mestrado em Administração Pública pela EBAP, Fundação Getulio Vargas-RJ. MBA em Gestão Empresarial e Marketing, pela COPPEAD, Universidade Federal do Rio de Janeiro-UFRJ; extensão na Amana-Key, São Paulo: APG e Avançado em Inovação e APG executivo internacional. Autora do livro *Mudança Organizacional, Soluções Genéricas para Mudanças*, Qualitymark Editora, RJ, 2005 e coautora do livro *Rede para Redes, Integrando a América Latina*, editora Aduaneiras, SP. Autora de mais de 80 artigos publicados no Brasil e exterior.

Depoimento: "A força criadora presente na iniciativa deste exemplar, escrito a muitas mãos, foi fantástica. 'Se existe algum infinito é o infinito da perspectiva', diz Nietzsche, em *Gaia Ciência*. Perspectiva é 'ver através de'. Essa foi a minha experiência, e acho que o ganho de todos: apoderarmo-nos de visões que nunca teríamos se o caminho trilhado não fosse o da verdadeira participação."

Sandra L. S. C. Gontijo é graduada em Letras (UFMS), especialização em Gestão de RH (UECE) e MBA em Gestão Estratégica (FGV), mestranda em Sistemas de Gestão (UFF), atuação profissional como gestora da Caixa Econômica Federal, além de atuar como instrutora da Universidade Corporativa Caixa.

Depoimento: "A empresa é uma escola e atuar como gestora e educadora nos permite fortalecer a crença de que somos a todo momento aprendizes e que crescemos à medida que partilhamos nossos conhecimentos."

Solange Lima de Souza é administradora, com pós-graduação em Gestão da Qualidade Total e Mestrado em Engenharia pela COPPE/UFRJ. Possui cursos de aperfeiçoamento em sistemas gerenciais e produtividade. Atuou na indústria nacional por 8 anos e em empresa multinacional por outros 16 anos. Participou de vários projetos de racionalização, mudanças e de fusão e aquisição de empresas. Desde abril de 2003 trabalha na Petrobras, em processos e projetos ligados à Gestão de Pessoas, Educação e Segurança da Informação. Cultiva uma paixão por Gestão do Conhecimento desde 1998, quando se filiou a grupos de discussão focados em informática, depois a comunidades e finalmente à Sociedade Brasileira de Gestão do Conhecimento. Atua em trabalhos voluntários que representem a valorização do ser humano. Defende a educação na sua melhor expressão, a conexão que enreda todos os seres e a nossa responsabilidade por uma vida sustentável.

Depoimento: "A importância deste livro está no sentimento de cada autor e no quanto se dispôs a ser um com todos."

Vanessa Mendes de Almeida é graduada em Gestão de Processos Gerenciais, pela Universidade Candido Mendes-RJ, especialista em Políticas Públicas, pelo Instituto de Economia da Universidade Federal do Rio de Janeiro – UFRJ. Ingressou na Agência Nacional do Petróleo, Gás Natural e Biocombustíveis – ANP em 2002, como secretária do diretor geral e foi nomeada em março de 2008 como coordenadora de atividades da Diretoria Geral.

Depoimento: "Nada como poder seguir exemplos práticos de *cases* complexos como os apresentados neste livro, para dirimir dúvidas e orientar estratégias. Escrever é a melhor forma de adquirir conhecimentos e consolidar ideias."

Vanja Nadja Ribeiro Bastos é mestranda do curso de Mestrado em Sistemas de Gestão – UFF, pós-graduanda do curso MBA – Organizações e Estratégia – UFF, bacharela em Biblioteconomia e Documentação pela Universidade Santa Úrsula – USU. Gerente da Biblioteca do Instituto Biomédico da UFF. É consultora em serviços técnicos e gestão de bibliotecas e centros de documentação. Atualmente é consultora do escritório Stussi Neves e Advogados. Tem experiência de mais de 30 em Biblioteconomia e ciência da Informação, em organizações privadas e públicas como: CNPQ; SENAI - RJ; Planave – Estudos e Projetos de Engenharia; MODDATA, Marinha do Brasil; SERMAPI – Serviços Auxiliares Marítimos; SERPRO do Brasil; Sociedade Educacional Professor Nuno Lisboa e USU. Palestrante em eventos de Iniciação Científica da UFF. Possui trabalhos publicados em anais de eventos de sua área de atuação.

Depoimento: "Como profissional da informação, sinto uma grande satisfação por ter contribuído para a construção deste livro cujo tema está ligado à minha área de atuação e experiência profissional – Gestão do Conhecimento. Estou certa de que as informações e temas apresentados nestas páginas contribuirão para o enriquecimento e desenvolvimento intelectual e profissional de seus leitores. Além disso, o livro apresenta estudos de casos relevantes que foram selecionados a fim de contribuir para a evolução das práticas profissionais nas organizações das diversas áreas de atuação."

Outros Títulos Sugeridos

Gerenciamento de Projetos

Como Gerenciar seu Projeto com Qualidade, dentro do Prazo e Custos Previstos

A obra preenche um espaço fundamental na literatura técnica sobre gerenciamento de projetos. Em sua 5ª reimpressão (1ª Edição), ela apresenta a essência das técnicas na gestão de projetos e resume os conceitos clássicos bem como apresenta as melhores práticas.

O livro é ideal para o uso em cursos básicos de Project Management, bem como para o leitor que quer conhecer os conceitos mais importantes ligados à arte e a ciência de se gerenciar projetos de diversas naturezas.

Autores:
Paul Campbell Dinsmore

e

Fernando Henrique
da Silveira Neto

ISBN: 978-85-7303-739-5

Nº de páginas: 176

Outros Títulos Sugeridos

Gestão do Conhecimento:
Um Guia Prático Rumo à Empresa Inteligente

1ª Edição: 2010

A obra apresenta os aspectos mais importantes da gestão do conhecimento (GC) nas empresas e oferece uma metodologia prática de implementação da GC tanto nas pequenas e médias empresas como nas grandes.

As rápidas mudanças nos mercados e a alta velocidade de inovação provocam queda de preços, ciclos de vida do produto mais curtos, individualização das necessidades do cliente e nascimento de novos campos de negócio. Todas essas características exigem maior eficiência e eficácia das empresas. Para isso devem ser mobilizados todos os recursos de conhecimento na empresa.

Autor:
Klaus North

Formato: 16 × 23cm

ISBN: 978-85-7303-909-2

Nº de páginas: 312

Outros Títulos Sugeridos

Indicadores de Desempenho de Processos de Planejamento

Em Indicadores de Desempenho de Processos de Planejamento, Iony Patriota propõe uma metodologia de avaliação e um conjunto de indicadores destinados a mensurar o desempenho de processos de planejamento de forma simples, mas eficaz.

São cinco estudos de caso (oriundos de uma importante empresa do setor elétrico brasileiro) que ilustram a aplicação da metodologia de avaliação do autor. O conceito é formado por um conjunto de indicadores destinados a mensurar o desempenho de processos de planejamento com o objetivo de quantificar a eficiência, eficácia, efetividade, produtividade e qualidade das ações.

Das definições genéricas destes termos, derivadas da Teoria de Sistemas, Iony Patriota nos apresenta um trabalho definido por métodos e fórmulas que possibilitam uma análise precisa e útil em sistemas de projetos de qualquer área corporativa. Seu grande mérito é promover ações contínuas na busca do bem-estar e do desenvolvimento do ser humano dentro nas organizações.

Autor:
Iony Patriota
Formato: 16 x 23 cm
ISBN: 978-85-7303-854-5
Nº de páginas: 192

Outros Títulos Sugeridos

Gestão Empresarial em Organizações Aprendizes

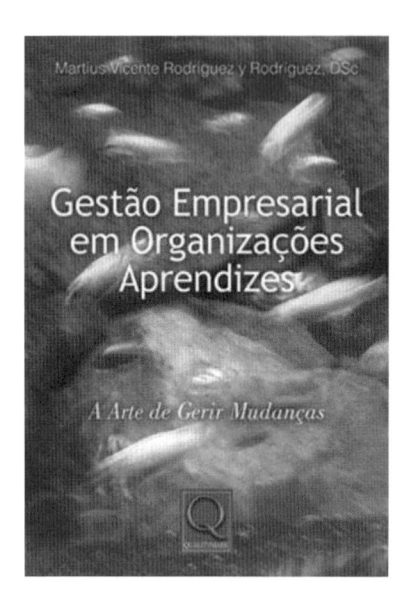

Esta obra traz uma experiência acumulada de mais de 15 anos, a partir da qual, são apresentados os novos paradigmas à Sociedade do Conhecimento e sobre como as empresas reagem a estas mudanças e aos respectivos desafios que precisam enfrentar.

O livro possui questões estratégicas a serem respondidas nos processos de mudança, assim como estudo de caso que exemplifica e torna a leitura fácil e agradável, a partir de correlações com o dia a dia de empresários e gestores de empresas.

O objetivo deste livro é despertar nos leitores a importância de serem construídas Empresas Orientadas ao Aprendizado e ao Conhecimento, de modo que elas possam estar em permanente processo de aprendizagem, quebrando a cada momento suas próprias regras, a partir de uma permanente redescoberta de si mesmas.

Autor:
Martius V. Rodriguez
y Rodriguez

ISBN: 978-85-7303-665-7

Nº de páginas: 344

Outros Títulos Sugeridos

Gestão por Processos
Fundamentos, Técnicas e Modelos de Implementação

Tentar corrigir erros ou solucionar problemas em curto espaço de tempo é um equívoco muitas vezes cometido. O livro organizado por Saulo Barbará mostra um caminho em que a aplicação da Gestão da Qualidade na empresa anda junto à cadeia produtiva e tem por objetivo uma melhoria contínua da qualidade e sua correspondente gestão por processos a partir dos processos organizadores e suas formas de modelo e gestão.

Embasada no conceito de administração científica de Taylor, a obra é uma excelente fonte de consulta para profissionais, professores e estudantes de administração, gestão de qualidade, engenharia de produção, engenharia de software e para todos que quiserem se familiarizar com uma maneira mais eficaz de gerenciar qualquer negócio, além de entender e praticar a gestão por processos.

Organização:
Saulo Barbará

ISBN: 978-85-7303-782-1

Nº de páginas: 344

Entre em sintonia com o mundo

QUALITYPHONE:

0800-0263311

Ligação gratuita

Qualitymark Editora
Rua Teixeira Júnior, 441 – São Cristóvão
20921-405 – Rio de Janeiro – RJ
Tels.: (21) 3094-8400/3295-9800
Fax: (21) 3295-9824
www.qualitymark.com.br
e-mail: quality@qualitymark.com.br

DADOS TÉCNICOS:

• FORMATO:	17,5×24,5CM
• MANCHA:	12×19CM
• FONTES TÍTULOS:	HELVETICA
• FONTES:	BOOK ANTIQUA
• CORPO:	11
• ENTRELINHA:	13,2
• TOTAL DE PÁGINAS:	432
• 1ª EDIÇÃO:	2011
• 1ª REIMPRESSÃO:	2013